立法法理学丛书 | 主编　宋方青

On the Judgment Criteria and Safeguard Mechanism for Legislative Quality

立法质量的判断标准与保障机制研究

宋方青 等　著

法律出版社
LAW PRESS · CHINA
北　京

图书在版编目（CIP）数据

立法质量的判断标准与保障机制研究 / 宋方青等著.
北京：法律出版社，2025. -- ISBN 978-7-5244-0396-8

Ⅰ. D920.0

中国国家版本馆 CIP 数据核字第 2025WG9195 号

立法质量的判断标准与保障机制研究
LIFA ZHILIANG DE PANDUAN BIAOZHUN YU BAOZHANG JIZHI YANJIU

著　　者 宋方青 等
责任编辑 陈　慧
编辑统筹 法律教育出版分社
装帧设计 汪奇峰
责任校对 李慧艳
责任印制 刘晓伟
出版发行 法律出版社/北京市丰台区莲花池西里7号(100073)
网　　址 www.lawpress.com.cn
经　　销 新华书店
印　　刷 北京新生代彩印制版有限公司
版　　本 2025年6月第1版
印　　次 2025年6月第1次印刷
字　　数 410千
开　　本 710毫米×1000毫米　1/16
印　　张 23
定　　价 69.00元
书　　号 ISBN 978-7-5244-0396-8
投稿邮箱 info@lawpress.com.cn
维权邮箱 jbwq@lawpress.com.cn
咨询电话 010-63939796
销售电话 010-83938349
客服电话 010-83938350

总 序

立法法理学(legisprudence),顾名思义即立法的法理学,它是一门用法律理论的方法及视角研究立法及其过程,并促进立法完善的学问,其学术旨趣在于探求理性的立法理论。

立法法理学肇始于20世纪50年代的欧美国家,它是伴随着对传统法律理论的批判以及对立法实践的反思而产生发展起来的。

在欧美国家,传统法律理论倾向于法制主义(legalism)的研究视角。法制主义将规范性行为视为规则遵守问题,主要关注的是裁判问题,即法官对规则的适用,而不重视这些规则的来源,不重视规则的创制,此外,法制主义认为,立法是前法律的(pre - legal)政治理论问题,应由政治家而非法学家去研究。由此,法律理论便逐步将研究重心聚焦司法,但是,由于研究对象的专业性质,政治家对立法问题的研究又显得力不从心,这便造成了立法这一重要问题域被忽视,被"边缘化"。总之,传统法律理论对于立法理论是忽视的,立法问题没有被认真对待。

20世纪欧美国家正处在一个"立法国"(legislation - state)的时代,面临着立法膨胀(legislative inflation)与立法紧缩(legislative deflation)共存的困境,这主要体现在,欧美国家成文立法的数量呈现指数性的增长,但立法的质量却越来越低,立法没有达到预期的目的。造成这种困境的直接原因是实践中立法的被贬低。在现实中,人们往往将立法问题视为政治问题,并且视政治为非理性、恣意的选择问题,因而立法具有诸多"坏名声"。例如,每每提到立法,人们经常将诸如决策交易、讨价还价、相互吹捧、利益迎合以及政治分肥等标签贴于其上。在当时,相对于司法、行政,立法被视为最不道德的(unprincipled)、最不连贯的(incoherent)、最无尊严的(undignified)的事业。

在这种背景下,立法法理学(legisprudence)作为研究立法问题的新进路应运而生,它试图构建一种理性的立法理论,以此恢复立法的尊严,并唤醒法律理论家对立法问题的严肃对待。最终,通过理论上的反思与重构为立法实践提供更好的智识支撑,实现提高立法质量的终极目的。

最早使用 legisprudence 这个名词的学者是美国法学教授朱利叶斯·科恩(Julius Cohen)。1950 年,他在《耶鲁法律评论》上发表《迈向现实主义的立法法理学》(*Towards Realism in Legisprudence*)一文中使用了这一名词。1982 年,其在《霍夫斯特拉法律评论》上发表了《立法法理学:问题与方案》(*Legispredence: Problems and Adenda*)一文,比较详细地说明了这个概念,但在美国并未引起很大的反响。推进立法法理学研究并引向深入的则是欧陆国家的学者。在欧陆国家,比利时布鲁塞尔大学维特根斯(Luc J. Wintgens)教授 2012 年出版的《立法法理学:立法中的实践理性》一书是立法法理学领域的第一部专著,该书对立法法理学的概念、背景、理论基础及主要内容进行了较为系统的分析。目前以布鲁塞尔大学法学院"立法·法例·立法法理学研究中心"、欧洲法律理论研究会等机构为基地,以《立法法理学》期刊(自 2007 年始,每年出版 1 期,维特根斯教授任主编)为载体,云集了一大批对立法法理学有浓厚兴趣的学者,从各个学科、各个领域、各个角度探讨立法的理论,成为立法法理学研究的重镇。

自 20 世纪 80 年代以来,我国的立法迅速发展,从中央到地方每年的立法都是以数以百计的规模产出。2011 年我国向全世界庄严宣告:"以宪法为统帅,以宪法相关法、民法商法等多个法律部门的法律为主干,由法律、行政法规、地方性法规等多个层次的法律规范构成的中国特色社会主义法律体系已经形成,国家经济建设、政治建设、文化建设、社会建设以及生态文明建设的各个方面实现有法可依,党的十五大提出到 2010 年形成中国特色社会主义法律体系的立法工作目标如期完成。"我国的立法可谓硕果累累。但我国立法的质量尚不尽如人意,加强"科学立法、民主立法",完善中国特色社会主义法律体系,成为时代的强音,国内相关的研究成果也越来越丰硕。但从总体上来说,我国现有的立法学研究成果更多是关于具体的立法制度和立法技术问题的研究,缺少对自身的理论反思及提升,因而,在创建中国特色社会主义法律体系的过程中以及在对立法制度的建构与完善方面,在整体上产出有限的知识贡献。

国内目前有关立法法理学的研究仅有极少量翻译资料及论文,无体系化的研究成果,研究基础比较薄弱。我与我的博士生姜孝贤合作发表的《立法法理学探析》一文,在国内算是最早的关于立法法理学的专门研究成果。为将立法法理学研究推向深入,并为完善中国立法提供决策参考和理论支撑,特组织一套"立法法理学丛书"。

厦门大学法学院法学理论教研室,尤其是以学院为依托的立法学研究中心,长期以来将立法学作为重点研究的方向,发表了一系列研究论文,研究成果为国家立法与地方立法提供理论支持。在我历年指导的硕士与博士论文中,以立法为选题的占大多数。立法是一门科学,要想真正为我国立法提供智力支持,我们的研究既需要有深厚的专业知识,还需要有丰富的实践经验,至少需要对中国立法的现状有充分的了解。为了使硕士与博士论文的写作不至于陷入空谈,我总是要求学生多了解我国立法的实际,并通过参与起草具体法案而直面立法,深切地感受立法,所写的论文能够理论联系实际,真正做到既有学术价值又有实践意义。

本丛书将由我自己的著作和历年指导通过答辩的立法法理学博士论文、博士后研究报告及立法学研究中心同仁相关的研究成果为基础构成。希望本丛书的出版能够为我国的立法提供理论支持,为完善我国的立法制度贡献绵薄之力。

宋方青

2014 年 6 月

目 录
Contents

导　论

第一节 研究背景与研究意义

一、研究背景

“法治当为良法之治。法治中国的建设要求我们必须认真对待立法”,[1]以实现善治目标。党的十八大以来,党中央进一步加强对立法工作的领导,以宪法为核心的中国特色社会主义法律体系不断完善。站在深化立法领域改革这一新的历史方位,新形势、新问题、新任务对立法工作提出了新要求。“推进科学立法、民主立法、依法立法,统筹立改废释纂,增强立法系统性、整体性、协同性、时效性”,[2]是时代赋予的立法重任和现实要求。稳中求进实现高质量立法是立法工作的长久课题。

首先,保障立法质量是完善中国特色社会主义法律体系的内在要求。长期以来,党和国家高度重视立法质量的提升。在中国特色社会主义法律体系形成之前,党的十五大报告就曾明确提出:“加强立法工作,提高立法质量”。[3] 但由于法律体系尚未建立,中央和地方立法存在诸多立法空白,实践中对立法数量和效率的追求往往胜于对质量的把握。2010 年中国特色社会主义法律体系形成之后,我国法律体系建设进入完善阶段。“人民群众对立法的期盼,已经不是有没有,而是好不好、管用不管用、能不能解决实际问题;不是什么法都能治国,不是什么法都能治好国;越是强调法治,越是要提高立法质量。”[4]对高质量立法的需求促使立法工作的重心转向提高立法质量。在有法可依的基础上,深入推进科学

---

[1] 宋方青:《立法质量的判断标准》,载《法制与社会发展》2013 年第 5 期。

[2] 习近平:《高举中国特色社会主义伟大旗帜 为全面建设社会主义现代化国家而团结奋斗——在中国共产党第二十次全国代表大会上的报告》,载《中国人大》2022 年第 21 期。

[3] 江泽民:《高举邓小平理论伟大旗帜,把建设有中国特色社会主义事业全面推向二十一世纪——在中国共产党第十五次全国代表大会上的报告(1997 年 9 月 12 日)》,载《求是》1997 年第 18 期。

[4] 中共中央文献研究室编:《习近平关于全面依法治国论述摘编》,中央文献出版社 2015 年版,第 43 页。

立法、民主立法、依法立法,制定有用、管用的法,成为立法工作的必然要求。自党的十八大以来,党和国家多次强调立法质量的重要性,围绕提高立法质量的命题提出了一系列具体目标和要求。党的十八届四中全会通过的《中共中央关于全面推进依法治国若干重大问题的决定》更是将提高立法质量作为发挥立法引领和推动作用,建设中国特色社会主义法治体系的关键,明确指出:"法律是治国之重器,良法是善治之前提。建设中国特色社会主义法治体系,必须坚持立法先行,发挥立法的引领和推动作用,抓住提高立法质量这个关键。要恪守以民为本、立法为民理念,贯彻社会主义核心价值观,使每一项立法都符合宪法精神、反映人民意志、得到人民拥护。要把公正、公平、公开原则贯穿立法全过程,完善立法体制机制,坚持立改废释并举,增强法律法规的及时性、系统性、针对性、有效性。"〔5〕与此同时,《立法法》的两次修改亦从法律层面凸显了立法质量的重要性,丰富了立法质量的内涵和要求。具体而言,2015 年《立法法》修改,将"提高立法质量"写入立法目的条款,〔6〕并规定法律规范应当明确、具体,具有针对性和可执行性,〔7〕同时在立法体制、人大主导、公众参与等方面作出具体规定。〔8〕2023 年《立法法》第二次修改,进一步丰富了关于高质量立法的规定,如补充依宪立法原则,〔9〕增加立法应当倡导和弘扬社会主义核心价值观的规定,〔10〕进一步指明法律的制定应"坚持科学立法、民主立法、依法立法,通过制定、修改、废止、解释法律和编纂法典等多种形式,增强立法的系统性、整体性、协同性、时效性"。〔11〕上述方针、政策以及法律规定,强调了提升立法质量的重要意义和现实需求,启发我们在实务层面增进立法质量,在理论层面深化对立法质量的相关

---

〔5〕《中共中央关于全面推进依法治国若干重大问题的决定》,载《求是》2014 年第 21 期。

〔6〕《立法法》(2015 年修正)第 1 条规定:"为了规范立法活动,健全国家立法制度,提高立法质量,完善中国特色社会主义法律体系,发挥立法的引领和推动作用,保障和发展社会主义民主,全面推进依法治国,建设社会主义法治国家,根据宪法,制定本法。"

〔7〕《立法法》(2015 年修正)第 6 条规定:"立法应当从实际出发,适应经济社会发展和全面深化改革的要求,科学合理地规定公民、法人和其他组织的权利与义务、国家机关的权力与责任。法律规范应当明确、具体,具有针对性和可执行性。"

〔8〕冯玉军:《高质量立法为良法善治奠基——兼论〈立法法〉再次修改的理由和要点》,载《法学杂志》2022 年第 6 期。

〔9〕《立法法》第 5 条规定:"立法应当符合宪法的规定、原则和精神,依照法定的权限和程序,从国家整体利益出发,维护社会主义法制的统一、尊严、权威。"

〔10〕《立法法》第 8 条规定:"立法应当倡导和弘扬社会主义核心价值观,坚持依法治国和以德治国相结合,铸牢中华民族共同体意识,推动社会主义精神文明建设。"

〔11〕《立法法》第 55 条规定:"全国人民代表大会及其常务委员会坚持科学立法、民主立法、依法立法,通过制定、修改、废止、解释法律和编纂法典等多种形式,增强立法的系统性、整体性、协同性、时效性。"

研究。

其次,在完善中国特色社会主义法律体系的过程中存在立法质量不高的现实问题,不利于法治建设和经济社会发展。随着我国法治进程的加快,我国立法体制得以进一步优化,立法主体扩容趋势明显,立法活动显著增加,立法数量不断扩张。但是由于立法能力、法治水平等方面存在差异,大量法律、法规、规章的质量参差不齐,并且总体来看有待提升。这一问题在地方立法中尤为突出。我国关于地方立法权的规定集中体现于《立法法》。2000 年颁布的《立法法》规定了省级、较大的市的人大及其常委会的地方性法规制定权;〔12〕经济特区所在地的省、市的人大及其常委会的经济特区法规制定权;〔13〕民族自治地方人大的自治条例和单行条例制定权;〔14〕以及省级和较大的市的人民政府的规章制定权。〔15〕 2015 年《立法法》修改,将立法权下放至更贴近人民群众的治理层级,就城乡建设与管理、环境保护、历史文化保护等事项内,赋予设区的市和自治州人大及其常委会地方性法规制定权,赋予设区的市和自治州地方政府规章制定权。

〔12〕《立法法》(2000 年)第 63 条规定:"省、自治区、直辖市的人民代表大会及其常务委员会根据本行政区域的具体情况和实际需要,在不同宪法、法律、行政法规相抵触的前提下,可以制定地方性法规。较大的市的人民代表大会及其常务委员会根据本市的具体情况和实际需要,在不同宪法、法律、行政法规和本省、自治区的地方性法规相抵触的前提下,可以制定地方性法规,报省、自治区的人民代表大会常务委员会批准后施行。省、自治区的人民代表大会常务委员会对报请批准的地方性法规,应当对其合法性进行审查,同宪法、法律、行政法规和本省、自治区的地方性法规不抵触的,应当在四个月内予以批准。省、自治区的人民代表大会常务委员会在对报请批准的较大的市的地方性法规进行审查时,发现其同本省、自治区的人民政府的规章相抵触的,应当作出处理决定。本法所称较大的市是指省、自治区的人民政府所在地的市,经济特区所在地的市和经国务院批准的较大的市。"

〔13〕《立法法》(2000 年)第 65 条规定:"经济特区所在地的省、市的人民代表大会及其常务委员会根据全国人民代表大会的授权决定,制定法规,在经济特区范围内实施。"

〔14〕《立法法》(2000 年)第 66 条规定:"民族自治地方的人民代表大会有权依照当地民族的政治、经济和文化的特点,制定自治条例和单行条例。自治区的自治条例和单行条例,报全国人民代表大会常务委员会批准后生效。自治州、自治县的自治条例和单行条例,报省、自治区、直辖市的人民代表大会常务委员会批准后生效。自治条例和单行条例可以依照当地民族的特点,对法律和行政法规的规定作出变通规定,但不得违背法律或者行政法规的基本原则,不得对宪法和民族区域自治法的规定以及其他有关法律、行政法规专门就民族自治地方所作的规定作出变通规定。"

〔15〕《立法法》(2000 年)第 73 条规定:"省、自治区、直辖市和较大的市的人民政府,可以根据法律、行政法规和本省、自治区、直辖市的地方性法规,制定规章。地方政府规章可以就下列事项作出规定:(一)为执行法律、行政法规、地方性法规的规定需要制定规章的事项;(二)属于本行政区域的具体行政管理事项。"

2023年《立法法》修改，在设区的市一级的立法权限中增加"基层治理"事项，[16]进一步拓展了地方立法权限范围。多层级的立法体制以及立法权主体扩容，尤其是赋予设区的市和自治州一级立法权限，使地方立法主体规模显著扩大，地方立法数量迅速增加。但与此同时，在立法工作推进的过程中，由于立法能力和立法经验不足、立法工作队伍建设不完善、立法机制缺乏、立法压力较大等原因，[17]地方盲目立法、重复立法、立法抄袭等问题也随之而来，造成立法资源浪费和立法质量困境。部分立法主体出于对立法数量和速度的追求，急于开展立法工作，未对地方立法进行合理规划而匆忙出台法规、规章，导致立法文本脱离本地实践；部分主体为规避越权立法的风险，片面地理解、僵化地落实"不抵触"原则，在文本起草过程中，不对上位法规定进行细化，而是倾向于简单复制上位法和其他地方的立法条款，或者制定概括、抽象的原则性、号召性规定，以致出现大量内容雷同或者缺少实质性规定的立法文本；部分立法主体忽视了对地方性知识的挖掘和运用，缺乏对本地问题的深入研究和思考，制定了大量不具有针对性和可操作性的法规、规章，在立法反映地方特色方面存在明显不足，未能解决地方性问题，也未能凸显地方立法的独特价值。上述情形影响了高质量立法的实现，阻碍了立法发挥保障和促进经济社会发展的应有作用。因此，加强立法质量建设，不断提高立法水平，制定科学、有效的高质量立法已然成为加强立法工作的当务之急。

最后，当下系统有效的立法质量判断标准的缺乏和保障机制的不完善，制约着高质量立法的实现。明确的立法质量判断标准和行之有效的保障机制是提高立法质量的基础和关键。目前，尽管各层级立法主体均已意识到立法质量的重要性，并纷纷强调在立法工作中积极推进高质量立法，但在实际操作层面，一套科学、全面、具体、具有可操作性的立法质量的判断标准体系尚未完全构建，无法

---

〔16〕《立法法》第81条第1款规定："设区的市的人民代表大会及其常务委员会根据本市的具体情况和实际需要，在不同宪法、法律、行政法规和本省、自治区的地方性法规相抵触的前提下，可以对城乡建设与管理、生态文明建设、历史文化保护、基层治理等方面的事项制定地方性法规，法律对设区的市制定地方性法规的事项另有规定的，从其规定。设区的市的地方性法规须报省、自治区的人民代表大会常务委员会批准后施行。省、自治区的人民代表大会常务委员会对报请批准的地方性法规，应当对其合法性进行审查，认为同宪法、法律、行政法规和本省、自治区的地方性法规不抵触的，应当在四个月内予以批准。"第93条第3款规定："设区的市、自治州的人民政府根据本条第一款、第二款制定地方政府规章，限于城乡建设与管理、生态文明建设、历史文化保护、基层治理等方面的事项。已经制定的地方政府规章，涉及上述事项范围以外的，继续有效。"

〔17〕李店标：《设区的市立法质量提高的逻辑理路》，载《理论导刊》2018年第7期。

为立法质量的判断和立法质量的提高提供切实有效的指导与参考。同时,立法质量保障机制尚存在一定程度的不健全、不完善之处,其体系化与制度化水平仍有提升空间。判断标准和保障机制的不足,使立法工作难以有效回应人民群众对立法质量的需求,距离高质量立法仍存在一定差距。具体而言,在判断标准层面,由于立法质量常常作为立法评估的重要内容,并且与备案审查具有一定关联性,因此对立法质量的判断标准的考察可以通过分析立法评估体系以及备案审查制度进行。我国尚未制定专门的立法评估法,立法评估相关问题主要体现在地方立法中。目前,多个省、市已制定关于立法评估的地方性法规、地方政府规章和地方规范性文件,其中基本都包含立法质量判断标准的相关条款。比如《陕西省地方立法评估工作规定》明确“立法后评估是指地方性法规施行后,就其立法质量、实施效果和存在问题进行调查、分析和评价的活动”,[18] 并且规定立法后评估的合法性、实效性、合理性、协调性、操作性等标准;[19]《吉林省人大常委会立法评估办法》规定“立法质量的评估,主要包括法规的合法性、合理性、操作性、协调性和规范性”。[20] 在备案审查维度,2023 年出台的全国人民代表大会常务委员会《关于完善和加强备案审查制度的决定》对合宪性、合法性等审查内容的规定,[21] 与立法质量的判断标准亦有所重合。上述规定为如何判断立法质量提供了一定依据。但是由于各项标准的内涵界定不清、形式要件不明,其可操作性亟待提升;加之具体表述存在差异,不利于构建统一的标准体系,在一定程度上影响了立法质量建设的整体协调性。与此同时,在保障机制方面,系统、有效的保障机制尚未形成,给高质量立法的推进带来一定阻碍。具体而言,

---

〔18〕《陕西省地方立法评估工作规定》(2012 年)第 2 条第 3 款规定:“立法后评估是指地方性法规施行后,就其立法质量、实施效果和存在问题进行调查、分析和评价的活动。”

〔19〕《陕西省地方立法评估工作规定》(2012 年)第 10 条规定:“立法后评估按照下列标准进行:(一)合法性,各项规定是否与上位法相抵触;(二)实效性,各项规定是否发挥效能,是否实现立法预期目的;(三)合理性,行政管理措施是否高效、便民,行政处罚、行政许可、行政强制是否必要,行政相对人权益是否有效保障,法律责任是否适当,公平公正原则是否得到体现;(四)协调性,地方性法规与现行政策、部门规章是否存在冲突,要求制定配套规定是否完备;(五)操作性,制度规范是否能够普遍实施,行政管理措施是否正当、有效。”

〔20〕《吉林省人大常委会立法评估办法》(2023 年修改)第 15 条第 2 款规定:“立法质量的评估,主要包括法规的合法性、合理性、操作性、协调性和规范性。”

〔21〕全国人民代表大会常务委员会《关于完善和加强备案审查制度的决定》(2023 年)第 11 条规定:“明确审查重点内容。在审查工作中,应当重点审查以下内容:(一)是否符合宪法规定、宪法原则和宪法精神;(二)是否符合党中央的重大决策部署和国家重大改革方向;(三)是否超越权限,减损公民、法人和其他组织权利或者增加其义务;(四)是否违反上位法规定;(五)是否违反法定程序;(六)采取的措施与其目的是否符合比例原则。”

在宏观层面,立法工作格局、立法体制和立法程序存在优化空间,各层级立法主体的立法能力有待进一步加强;在微观层面,高质量立法的理念尚未深度融入立项、起草、审议等立法的关键环节,对应立法质量各项标准的适宜的制度安排尚未落地,与提升立法质量密切相关的立法技术规范、立法论证、立法评估、公众参与等重要机制亟待健全。因此,有必要从立法工作格局、立法体制、立法程序、立法能力等多个维度,通过完善立项机制、公众参与机制、立法评估机制等多种途径,构建综合性的立法质量保障机制。唯有切实完成这些工作,才能为实现高质量立法提供坚实保障,推动立法工作更好地服务于发展全局。

二、研究意义

党的二十届三中全会明确指出,“法治是中国式现代化的重要保障。必须全面贯彻实施宪法,维护宪法权威,协同推进立法、执法、司法、守法各环节改革,健全法律面前人人平等保障机制,弘扬社会主义法治精神,维护社会公平正义,全面推进国家各方面工作法治化”。〔22〕 在立法方面,全会进一步强调“深化立法领域改革。完善以宪法为核心的中国特色社会主义法律体系,健全保证宪法全面实施制度体系,建立宪法实施情况报告制度。完善党委领导、人大主导、政府依托、各方参与的立法工作格局。统筹立改废释纂,加强重点领域、新兴领域、涉外领域立法,完善合宪性审查、备案审查制度,提高立法质量。探索区域协同立法。健全党内法规同国家法律法规衔接协调机制。建设全国统一的法律法规和规范性文件信息平台”。〔23〕 “提高立法质量是深化立法领域改革的重要维度”,〔24〕当下立基于立法质量的研究具有重大意义,具体体现在理论和实践两个层面。

(一)理论意义

本书的理论意义在于,植根立法实践,展开关于立法质量判断标准和保障机制的体系化探究,弥补现有研究的不足,进一步发展立法质量理论,充实立法评估理论、立法理论以及法治理论。长期以来,立法质量一直为立法学学者所关注,并且自中国特色社会主义法律体系形成后,学界关于立法质量的研究更为丰富。其中,大部分研究侧重于对立法质量的判断标准或者保障机制的单独分析,

---

〔22〕 《中共中央关于进一步全面深化改革　推进中国式现代化的决定》,载《党建》2024 年第 8 期。
〔23〕 《中共中央关于进一步全面深化改革　推进中国式现代化的决定》,载《党建》2024 年第 8 期。
〔24〕 沈国明:《论提高地方立法质量的路径与方法》,载《地方立法研究》2024 年第 6 期。

将两者有机结合的研究相对匮乏。因此,在现有研究的基础上,本书以解决立法领域的实际问题以及实现学术创新为出发点和落脚点,拟构建将立法质量的判断标准与保障机制密切联系的知识体系和理论框架,为回应何为立法质量的判断标准以及如何保障立法质量贡献理论智识。

(二)实践意义

本书的实践意义在于,破解立法质量难题,为提升立法质量提供可资借鉴的建议和意见,服务于全面依法治国、建设社会主义法治国家的时代要求。本书将基于实现高质量立法的现实需求,明晰立法质量的判断标准和保障机制,从如何判断立法质量和如何保障立法质量两方面探讨如何助力立法质量的提升。一方面,本书将明确立法质量的判断标准,阐述判断标准的构成和深刻内涵,为检验和提升立法质量提供参考。在立法起草环节,通过明确判断标准,增进立法主体对高质量立法的理解,强化良法理念,引导立法主体在立法过程中从立法程序、立法技术、立法内容等方面贴近标准,聚力提升立法能力和立法水平。在立法评估环节,为立法质量评估提供明确指引,促进形成完备的立法质量评估体系,提升立法质量评估的科学性和可操作性。另一方面,本书将立足实践,在深入检视中国立法实践的基础上,从立法质量的保障机制层面提出可行建议,为健全立法的制度体系提供一定借鉴。在明确立法质量的判断标准的基础上,本书将充分探讨立法体制机制、立法程序、立法评估的优化路径以及立法者立法能力的提升方式,助力立法质量保障机制的构建与完善以及良法之治理想目标的实现。

第二节 研究现状

一、国内研究现状

我国学界对立法质量的判断标准与保障机制的研究始于2000年前后。中国特色社会主义法律体系创建时期,大量立法工作围绕增进立法数量和效率展开,我国的立法有了大踏步的前行,但总体上对立法质量的重视程度还是不够,导致立法质量和实施效果存在一系列问题,也因此引发了实务界与学术界的关注。随着党和国家对立法质量重视程度的提升,以及《立法法》关于立法质量规定的增加，我国立法工作由“数量型立法”转向“质量型立法”，[25]相应地，也极大地推动了学界对相关实践与理论系统而深化的研究，形成包括立法质量的判断标准与保障机制在内的一系列创新性研究成果。根据现有的文献资料，学界关于立法质量的判断标准与保障机制的研究成果主要有以下几个方面。

（一）对立法质量判断标准的研究

学界对立法质量判断标准的研究主要是从立法质量判断标准的概念、立法质量判断标准的维度和设立原则、立法质量判断标准的具体内容等几个方面展开。

1. 立法质量判断标准的概念

立法质量的判断标准，亦有学者称之为立法质量的评价标准或立法质量的评估标准等，是指判断、衡量、检测立法优劣程度的标尺和准则。[26] 这一定义简明地阐述了立法质量判断标准的含义，然而通过梳理文献可知，因适用对象不明确，学界对这一概念的理解主要存在两个争议。第一个争议是，立法质量判断标准仅指法律文本质量的判断标准，还是既指法律文本质量标准又指实施效果标准。前一种观点认为，立法质量的判断标准侧重于对文本本身的质量进行评估，其范畴是法律文本质量的应然标准，即立法者制定或完善法律时所应当参照的准则或尺度，不关注法律实施实效。[27] 后一种观点则认为，立法质量判断标准既适用于法律文本，又适用于法律文本的实施，包含规范和实证双重标准。[28] 并且持后一种观点的部分学者将立法质量的判断标准等同于立法后评估的标准，认为立法后评估本质上是立法质量评估，立法后评估的标准实质上就是立法质量的标准。[29] 第二个争议是，立法质量判断标准的适用对象是仅指向立法产品还是包括立法工作。就这一问题，有学者指出，立法质量的概念包含立法工作的质量和立法工作成果（立法产品）的质量，因此立法质量判断标准应适用于立法工作和立法工作成果两方面，[30]其是指“关于衡量制定法律、法规和其他法规

[25] 任尔昕等：《地方立法质量跟踪评估制度研究》，北京大学出版社 2011 年版，第 74－75 页。

[26] 黄文艺：《论立法质量——关于提高我国立法质量的思考》，载《河南省政法管理干部学院学报》2002 年第 3 期。

[27] 王称心：《立法后评估标准的概念、维度及影响因素分析》，载《法学杂志》2012 年第 11 期；汪全胜：《立法后评估的标准探讨》，载《杭州师范大学学报（社会科学版）》2008 年第 3 期。

[28] 俞荣根：《地方立法后评估指标体系研究》，载《中国政法大学学报》2014 年第 1 期；刘义红：《地方立法质量的检测标准初探》，载《楚天主人》2005 年第 2 期。

[29] 任则禹：《关于立法后评估的几个理论问题》，载《公民导刊》2010 年第 7 期。

[30] 朱开杨等：《地方立法质量标准问题研究》，载《时代主人》2007 年第 6 期；董映霞、任刚军：《地方政府立法质量标准探析》，载《政府法制》2005 年第 11 期。

范性文件的工作和工作成果优劣程度的准则、规则的总称”。[31] 与之不同,部分学者所述的立法质量判断标准概念并未指向对立法工作的评估,比如有学者认为立法质量跟踪评估是指以评估法律立法价值、文本质量、实施情况为内容的立法后评估,这类定义侧重将立法质量评估作为立法工作的延续,较少指向对立法工作本身的评价。[32]

2. 立法质量判断标准的维度和设立原则

以探索提高立法质量的有益路径为目标,学界构建了层次明确、内涵丰富的立法质量判断标准体系。现有研究表明,立法质量判断标准体系主要由划分标准的维度、设立标准的原则和标准的具体内容三部分构成。

(1)立法质量判断标准的主要维度

立法质量判断标准的维度,是指立法质量判断标准的视角和划分立法质量判断标准的依据具有宏观性和概括性的特点,具体包括:

第一,国家维度、社会维度、公民维度。有学者从宪法学视角分析立法质量判断标准,根据宪法关系的逻辑,从国家、社会、公民三个维度构建立法质量判断标准。国家维度的判断标准以权力制约与功能最适当原则、权力决定资源理论为基础,具有政治性、宏观性、专业性的特点;社会维度的判断标准以功能最适当原则、有限国家理论、社会独立于国家理论为依据,具有补充性、优位性和双向性的特点;公民维度的判断标准,以人民主权原则、功能最适当原则、良法善治的核心要义和真理检验标准为前提,具有个体性、监督性和优位性的特点。[33]

第二,一般标准维度、特殊标准维度。依据适用对象的差异,有学者将立法质量判断标准分为一般标准和特殊标准。其中,一般标准也称为基础标准、共性标准,体现了立法实施效果的最基本的价值追求,任何一部法规范性文件必须满足基本标准;特殊标准也称为具体标准、个性标准,是根据评估对象、评估办法等所确定的具体判断标准。基于上述分类,有学者还将效率标准、效益标准、效能标准、公平标准、回应性标准作为立法后评估的一般标准,同时将由法律法规具体目标、任务所决定的判断标准以及对一般标准的细化作为特殊判断标准。[34]

第三,内在标准维度、外在标准维度。对内在标准和外在标准的划分,主要

〔31〕 佘绪新、周旺生、李小娟:《地方立法质量研究》,湖南大学出版社 2002 年版,第 50 页。

〔32〕 任尔昕等:《地方立法质量跟踪评估制度研究》,北京大学出版社 2011 年版,第 76 – 79 页。

〔33〕 秦前红、底高扬:《在规范与现实之间:我国地方立法质量评价标准体系的重构》,载《宏观质量研究》2015 年第 3 期。

〔34〕 汪全胜:《立法后评估的标准探讨》,载《杭州师范大学学报(社会科学版)》2008 年第 3 期。

存在两种观点。一种观点立足于“立法是内容和形式的统一”的论断，认为立法质量的内在标准是关乎立法质量内容和本质的标准，包括合法性标准、正义性标准和合目的性标准；而外在标准主要关乎立法的形式和现象，包括完整性标准、明确性标准和协调性标准。〔35〕另一种观点以“立法质量是蕴涵在立法产品之中并且表示立法工作优劣程度的一个概念”为依据，将立法质量的判断标准划分为衡量立法工作的外在标准和衡量立法结果的内在标准，并认为法理标准、技术和形式标准、实效性标准等属于内在标准。〔36〕

此外，立法质量判断标准还有短期、中期、长期维度，微观、中观、宏观维度，〔37〕价值、形式、事实等不同维度，〔38〕学界也多有阐述。

(2)立法质量判断标准的设立原则

学者认为，设立立法质量判断标准需要遵循一定的原则。这些原则主要包括以下几项：第一，科学性原则。科学性原则是指标准的设计要科学合理、实事求是，避免顾此失彼，不搞繁琐哲学。科学合理的判断标准能够正确反映立法的效果和效益；相反，如果判断标准不科学则可能误导制度和规范选择。〔39〕故应设立真实反映立法活动和法律实施活动客观规律、提供真实而客观的认识判断标准。第二，客观性原则。为避免由于评估主体、评估方法差异出现迥然不同的结果，需要遵循客观性原则，依据相对客观的标准判断立法质量，注意设定标准的可测性，同时为不同标准设定不同的判断方法。第三，可衡量性原则。可衡量性又称可比性，如果不同对象具备同样的基础与条件，或同一对象在不同的时间与地点具有相同的基础和条件，则这些评估结果或结论具有可比性，只有当标准具有可比性时，才能发现评估对象发生的效果变化及其规律。第四，稳定性原则。评估标准的稳定性是指对同类对象进行比较时要注意标准的一致、稳定，以保证立法实施效果的可比性，其并不意味着标准一成不变而是要求核心要素保持稳定。〔40〕

3. 立法质量判断标准的具体内容

根据一般和特别的划分维度，以适用对象为依据，可以将立法质量判断标准

---

〔35〕 李长喜：《立法质量检测标准研究》，载周旺生主编：《立法研究》(第2卷)，法律出版社2001年版，第114－115页。

〔36〕 朱开杨等：《地方立法质量标准问题研究》，载《时代主人》2007年第6期。

〔37〕 汪全胜：《立法后评估的标准探讨》，载《杭州师范大学学报(社会科学版)》2008年第3期。

〔38〕 任尔昕等：《地方立法质量跟踪评估制度研究》，北京大学出版社2011年版，第113页。

〔39〕 任则禹：《关于立法后评估的几个理论问题》，载《公民导刊》2010年第7期。

〔40〕 汪全胜：《立法后评估的标准探讨》，载《杭州师范大学学报(社会科学版)》2008年第3期。

分为一般判断标准和特别判断标准两部分。其中，一般判断标准适用于对各层级立法主体制定的各种形式的法律规范的检验，特别判断标准适用于对地方立法质量等特定法律规范的立法质量的衡量。

(1)一般判断标准

以理论分析和实践考察为基础，学者归纳出判断立法质量的重要标准。如有学者认为立法质量的基本判断标准是立法全面、正确反映社会发展客观规律；[41] 有学者指出合宪性是判断立法质量的关键；[42] 有观点认为科学性和民主性是法律体系最核心的标准；[43] 还有观点指出立法质量的标准在于是否“反映人民愿望”。[44]

还有学者对立法质量判断标准进行了深入的研究和探讨，主要是通过划分标准层次、阐述标准内涵等方式具体分析立法质量判断标准的内容。如有学者从形式合理性、价值合理性、现实合理性三方面初步建立关于立法质量评价的指标体系，并进一步阐释三种合理性的具体内涵，认为形式合理性包含明确性、规范性、协调性、稳定性、完备性标准，价值合理性包含权利本位、平等、效率、人道主义、可持续发展、国际化标准，现实合理性包含必要性、可行性、适应性标准。[45] 有学者提出包含内在标准和外在标准的“二维度说”，并认为内在标准包含价值标准、技术和形式标准、实效性标准等。[46] 有学者在检视国内外立法质量判断标准的基础上，提出立法质量的判断标准应当包括价值标准、合法性标准、科学性标准、融贯性标准以及技术性标准。[47] 还有学者认为国家、社会和公民三个维度均包含各自语境下的合法性、合理性、实效性等标准。[48]

此外，部分学者开展了可操作性更强的细化研究，构建由判断标准和一级指标、二级指标等组成的判断标准模型。比如，有学者将地方立法后评估指标体系分为立法文本和立法实效两个维度，设置合法性、合理性、规范性等一级指标，设置符合宪法精神和原则、权利与义务统一、逻辑结构严密等二级指标，并依据文

---

〔41〕 汤啸天：《提高立法质量与依法治国初论》，载《政法论坛》1998 年第 2 期。

〔42〕 韩大元：《关于提高立法质量的宪法学思考》，载《河南社会科学》2010 年第 5 期。

〔43〕 黄建武：《论贯彻全过程人民民主促进高质量立法》，载《地方立法研究》2023 年第 3 期。

〔44〕 胡玉鸿：《法治中国建设的良法图景》，载《国家检察官学院学报》2024 年第 1 期。

〔45〕 黄文艺：《论立法质量——关于提高我国立法质量的思考》，载《河南省政法管理干部学院学报》2002 年第 3 期。

〔46〕 朱开杨等：《地方立法质量标准问题研究(续)》，载《时代主人》2007 年第 8 期。

〔47〕 宋方青：《立法质量的判断标准》，载《法制与社会发展》2013 年第 5 期。

〔48〕 秦前红、底高扬：《在规范与现实之间：我国地方立法质量评价标准体系的重构》，载《宏观质量研究》2015 年第 3 期。

本内容灵活设置更具体的三级指标。[49] 有学者遵循综合法治观的理论范式，提出价值标准、规范标准、实效标准三个基本标准，同时将法的外在价值、合法性、合理性、完备性、满意度等作为一级指标，同时设置更为详细的二级指标。[50]

综上所述，学者从不同层面设置了多个立法质量判断标准，其中较具代表性的判断标准主要包括合法性、合理性、合目的性、价值性、民主性、科学性、技术性、协调性和实效性。

第一，合法性标准。合法性标准是检验立法质量的基本标准之一。有学者从正当性层面阐释合法性标准，认为合法性标准是指立法是否得到大多数民众的认同，指向立法的正当性来源。正当性层面的合法性包含实体公正和程序公正的内涵，其中程序公正是保证立法为大多数民众认同和支持的关键因素，通过公正的程序，利害关系人能够充分表达自己的意见和建议，进而从心理上接受和承认结果的正当性。[51] 还有学者从合法律性层面阐释合法性标准，认为应通过判断立法程序、立法结果是否违背上位法的精神、原则、规则，发现立法整体或部分可能存在的违法性因素，[52] 作出关于立法质量的评价。依据这一理解，合法性标准主要包括主体和权限合法、程序合法和内容合法三个子标准。具体而言，主体和权限合法要求立法主体和权限有明确的上位法依据，由具备立法主体资格的主体在相应立法权限内立法，不能代替立法，也不能越权立法；[53] 程序合法要求考察立法过程是否符合法定程序，法定的告知、听证、回避等制度是否得到落实；[54] 立法内容合法即立法文本合法，要求文本中的原则、精神、具体规定符合上位法。只有主体、权限、程序和内容均合法才能认定立法具有合法性。需要注意的是，在全部上位法中，宪法拥有最高的效力位阶，是立法的根本依据和合法性的来源，因此，合宪性判断是合法性判断的重要内容，衡量立法质量必须检验法律理念、基本原则和具体内容与宪法规范、宪法原则、宪法精神的符合情况。[55]

---

〔49〕 李店标、冯向辉：《地方立法评估指标体系研究》，载《求是学刊》2020 年第 4 期。

〔50〕 杜朴：《我国地方立法质量评价机制与标准体系的反思与构建》，中南财经政法大学 2021 年博士学位论文，第 133－140 页。

〔51〕 宋方青：《立法质量的判断标准》，载《法制与社会发展》2013 年第 5 期。

〔52〕 尤乐：《论地方行政立法后评估中的合法性评价》，载《广东行政学院学报》2007 年第 4 期。

〔53〕 李长喜：《立法质量检测标准研究》，载周旺生主编：《立法研究》（第 2 卷），法律出版社 2001 年版，第 132－135 页。

〔54〕 秦前红、底高扬：《在规范与现实之间：我国地方立法质量评价标准体系的重构》，载《宏观质量研究》2015 年第 3 期。

〔55〕 韩大元：《关于提高立法质量的宪法学思考》，载《河南社会科学》2010 年第 5 期。

第二,合理性标准。合理性标准将自然法学和经济理性理论运用于立法质量判断,[56] 主要是指立法契合公平正义等理念以及符合比例原则的程度。用合理性标尺来评价立法,有利于立法者全面、客观地认识所立之法,引导立法工作尽量排除和减少非理性因素的干扰,科学、审慎地开展工作,不断完善和发展法律制度、法律体系。[57] 对立法的合理性评价主要聚焦两方面:一是检验立法的价值,即法律规定是否与立法目的一致,是否符合公平、正义、民主、自由、秩序等价值,是否与社会习俗、传统道德、惯例相适应,以及是否符合权利义务统一、权力职责匹配的法治观。[58] 二是检验法律规范的构成,即规定的措施和手段是否适当、必要,是否采用对当事人权益损害最小的方式实现立法目的,有关法律责任设定是否适当等。[59] 与此同时,亦有学者将合理性划分为形式合理性、价值合理性、现实合理性三个方面,指出应从明确性、规范性、协调性、稳定性、完备性等方面检验形式合理性,从对权利本位、平等、效率、人道主义等价值的体现方面检验价值合理性,从必要性、可行性、适应性等方面检验现实合理性。[60]

第三,合目的性标准。立法目的是立法不可或缺的要素,代表了立法者制定法律的原始初衷或意图,蕴含着立法者的价值判断与利益衡量。[61] 立法目的以立法活动为表达过程,以立法文本为表达载体,与立法质量密切相关;立法目的在立法活动和文本中的反映和表达情况是检验立法质量的内在标准。一方面,立法目的作用于立法活动,为立法活动提供方向性指引;另一方面,立法目的主导和规制立法文本,为立法文本提供指导原则,使立法文本成为立法目的的细化和反映。立法活动创制的立法文本能否准确、全面、充分地反映立法目的,决定着立法活动成功与否,[62] 因此,立法的合目的性标准以衡量立法环节和法律法规文本是否准确、全面、充分反映立法目的为主要内容。[63] 对立法进行合目的性检验,首先要求发现和确定立法目的,其次需要将立法活动和法律法规的具体

---

〔56〕 王称心:《立法后评估标准的不同视角分析》,载《学术交流》2016 年第 4 期。

〔57〕 冯玉军、王柏荣:《科学立法的科学性标准探析》,载《中国人民大学学报》2014 年第 1 期。

〔58〕 秦前红、底高扬:《在规范与现实之间:我国地方立法质量评价标准体系的重构》,载《宏观质量研究》2015 年第 3 期。

〔59〕 任尔昕等:《地方立法质量跟踪评估制度研究》,北京大学出版社 2011 年版,第 90 页。

〔60〕 黄文艺:《论立法质量——关于提高我国立法质量的思考》,载《河南省政法管理干部学院学报》2002 年第 3 期。

〔61〕 杨铜铜:《论立法目的的类型划分与适用》,载《东岳论丛》2023 年第 2 期。

〔62〕 李长喜:《立法质量检测标准研究》,载周旺生主编:《立法研究》(第 2 卷),法律出版社 2001 年版,第 132 - 135 页。

〔63〕 刘义红:《地方立法质量的检测标准初探》,载《楚天主人》2005 年第 2 期。

内容与立法目的进行比照，分析、评价立法有关内容与立法目的的符合状况。[64]

第四，价值性标准。“法律的生命力首先在于法律必须有自己的灵魂，即必须有自己的价值，对于立法来说，则要求立法要有自己的价值诉求。”[65]立法的价值诉求源于立法者的价值判断，融入价值判断的法律集中体现了国家对该领域社会生活的价值选择和利益分配。[66] 作为法的内在表现形式，价值性为良法标准所要求，良善的法律必须准确把握公正、自由等理念，实现法的价值。[67] 具体而言，法的价值指向立法满足人的需要的积极意义或者有用性，价值性判断是侧重考量应然价值的实现情况的定性分析。对立法的价值性评价，重点在于考察立法是否为实现社会公平正义提供了法治保障，是否有利于社会生产力的发展，是否满足大多数人的利益且兼顾少数人的利益，是否符合传统良法标准以及符合时代价值。[68] 值得注意的是，在法的各项价值中，公正价值尤为重要。立法公正要求立法实现分配正义，在权利本位的立场下，保持权利与义务、权力与责任的统一。[69]

第五，民主性标准。民主立法是重要的立法原则，其不仅具有工具价值，还因构成对每个公民的平等尊重、构成公民的公共自治以及作为一项信息判断和信念调整的理性化活动而具备超越工具论的内在价值。[70] 在我国语境下，坚持民主立法，在立法层面践行全过程人民民主，对于实现人民当家作主、全面依法治国、社会公平正义和提高立法质量均具有重大意义。[71] 具体而言，立法质量的民主性标准是指立法反映人民意志和体现人民利益的程度。[72] 民主性要求立法从最广大人民的长远利益和根本利益出发，为了人民、依靠人民，贯彻全过程人民民主理念，加强有利于民主立法的制度建设。[73] 立法所体现的价值观是不是社会主流的、核心的价值观，立法所维护和促进的利益是不是整体上、根本

---

〔64〕 李长喜：《立法质量检测标准研究》，载周旺生主编：《立法研究》（第2卷），法律出版社2001年版，第136－138页。

〔65〕 宋方青：《立法质量的判断标准》，载《法制与社会发展》2013年第5期。

〔66〕 杨知文：《社会学解释方法的司法运用及其限度》，载《法商研究》2017年第3期。

〔67〕 王玉：《地方立法质量跟踪评估制度研究》，载《学术交流》2014年第5期。

〔68〕 杜朴：《我国地方立法质量评价机制与标准体系的反思与构建》，中南财经政法大学2021年博士学位论文，第135－136页。

〔69〕 宋方青：《立法质量的判断标准》，载《法制与社会发展》2013年第5期。

〔70〕 叶会成：《超越工具论：民主立法的内在价值》，载《法学家》2022年第2期。

〔71〕 许安标：《论立法践行全过程人民民主》，载《地方立法研究》2024年第6期。

〔72〕 石玉林：《全面提高地方立法的质量》，载《经济论坛》2003年第13期。

〔73〕 肖金明、王婵：《关于完善地方立法质量保障体系的思考》，载《理论学刊》2022年第1期。

上的利益，法律中的人民意志是不是依靠民主程序集成的意志等，是民主性评价的考察方面。[74] 与立法程序息息相关的立法公开性、公众参与程度等是民主性评价的细化内容。其中，立法公开性要求充分利用各种方式和渠道，及时、有效地公开立法信息，体现立法的可接近程度；[75] 公众参与要求建立有效的民意调查、基层立法联系点、听证会和论证会等制度，细化公众参与方式与规则，[76] 强化法律法规的正当性和权威性。

第六，科学性标准。立法活动本质上是发挥立法者有限的理性自觉能力，反思提炼出反映立法实践自有真理的语言和逻辑表达形态的活动。[77] 因此，立法面临符合客观实际、遵循客观规律的要求，即科学性的内在要求，[78] 科学性标准也相应地成为判断立法质量的标准之一。在理论意义上，立法科学性以立法权的专属性、立法过程的有准备性、立法事态的法调整性、立法行为的程序性为要件，以法律形式的相对吸纳化、立法逻辑的自下而上化、立法视野的全球化、立法案形成的专业化、立法效果的社会反馈化等为要求。[79] 在实践意义上，我国语境的科学性标准一般是对立法实践贯彻落实科学立法原则的检验。根据学者观点，科学立法指向立法内容、立法程序以及立法技术（包括立法形式）。在立法内容方面，科学性标准要求立法必须以调查研究为前提，通过科学的方法与手段充分了解政治、经济、文化、风俗、民情对立法的需求，[80] 不能急切立法、盲目立法。在立法程序方面，科学性标准要求确保立法信息的公开、透明，完善提案、审议、专家参与等机制，以精细化的程序规则保证立法科学性。另外，由于在立法中坚持科学立法的根本是方法和技术，即通过一些方法和技术发现法律和表述法律以实现法律的理性化、合理化，[81] 因此，有学者认为立法技术亦是科学性标准的考察维度。在立法技术方面，科学性标准要求立法遵循立法技术规范，采用科学的文本结构、立法语言，准确把握规范草案，将立法真理的实践形态顺利转

---

〔74〕 黄建武：《地方立法质量评价的层级及要素》，载《地方立法研究》2024 年第 4 期。

〔75〕 冯玉军、赵一单：《中国法律规范体系与立法效果再评估》，载《江汉大学学报（社会科学版）》2018 年第 1 期。

〔76〕 王群：《以人民为中心与高质量立法体系再造——学习〈习近平谈治国理政〉第三卷》，载《湖北社会科学》2021 年第 2 期。

〔77〕 宋方青、李炳辰：《地方立法之真：理论意涵、实践问题与完善》，载《世界社会科学》2025 年第 1 期。

〔78〕 宋方青：《立法质量的判断标准》，载《法制与社会发展》2013 年第 5 期。

〔79〕 关保英：《科学立法科学性之解读》，载《社会科学》2007 年第 3 期。

〔80〕 宋方青：《立法质量的判断标准》，载《法制与社会发展》2013 年第 5 期。

〔81〕 宋方青：《习近平法治思想中的立法原则》，载《东方法学》2021 年第 2 期。

化为规范形态,[82]实现立法的完整、协调、有效。

第七,技术性标准。技术性标准,亦被部分学者视作规范性标准,是以评判法之外在形式为核心内容,要求法律法规的名称、结构、语言等应当遵循普遍适用的准则。[83] 具体来说,应当从体例结构、立法语言两方面进行技术性评价。在体例结构方面,要求考察立法文本的体例结构是否合理、适当、规范,名称、总则、分则、附则及章、节、条款的安排是否恰当以及简繁是否适度,[84]法条逻辑是否严密。在立法语言方面,要求考察立法的名称是否精确、合理,法律概念是否严谨、统一,语言表达是否规范、简明、无歧义,标点、数字的表述是否符合立法规范,[85]重复立法、模仿立法的条文占比是否合理适当。[86] 此外,有学者分析了技术性标准的深层原理,认为立法既是一门科学,也是一门艺术。现实中将法律作为政治手段,过多使用宣传性、概括性、抽象性语言的现象,使立法缺乏具体性、规范性,同时也就缺乏可操作性、可诉性,不利于权利救济,可能导致以暴治暴的危险。[87] "准确立法是改善治理、保障法治的前提。"[88]因此,立法语言必须明确、具体,符合一定技术性标准,这是对于立法的最基本的要求。[89]

第八,协调性标准。协调性是高质量立法的重要特征,只有协调一致的法律法规和法律体系,才能为人们提供确定的行为指引。[90] 反之,如果立法缺乏协调性,法律法规或者法律体系内部存在矛盾或者衔接不畅,人们的行动就会无所适从,从而损害法律权威。协调性标准要求法条之间或者不同形式的法律规范之间不矛盾、不冲突,密切配合,衔接得当,共同构成和谐有序的法律体系。[91] 部分学者将协调性标准表述为融贯性标准,认为法律旨在调整人们的行为,为达

---

〔82〕 宋方青、李炳辰:《地方立法之真:理论意涵、实践问题与完善》,载《世界社会科学》2025 年第 1 期。

〔83〕 朱开杨等:《地方立法质量标准问题研究(续)》,载《时代主人》2007 年第 8 期。

〔84〕 佘绪新、周旺生、李小娟:《地方立法质量研究》,湖南大学出版社 2002 年版,第 58 页。

〔85〕 俞荣根:《不同类型地方性法规立法后评估指标体系研究》,载《现代法学》2013 年第 5 期。

〔86〕 杜朴:《我国地方立法质量评价机制与标准体系的反思与构建》,中南财经政法大学 2021 年博士学位论文,第 135 页。

〔87〕 宋方青:《立法质量的判断标准》,载《法制与社会发展》2013 年第 5 期。

〔88〕 [美]安·赛德曼、罗伯特·鲍勃·赛德曼、那林·阿比斯卡:《立法学:理论与实践》,刘国福、曹培等译,中国经济出版社 2008 年版,第 335 页。

〔89〕 宋方青:《立法质量的判断标准》,载《法制与社会发展》2013 年第 5 期。

〔90〕 李长喜:《立法质量检测标准研究》,载周旺生主编:《立法研究》(第 2 卷),法律出版社 2001 年版,第 132 - 135 页。

〔91〕 黄文艺:《论立法质量——关于提高我国立法质量的思考》,载《河南省政法管理干部学院学报》2002 年第 3 期。

到这个目标,"法律规范集合内的某种统一性即融贯性是一项根本要求。一个规范试图达到的目标不应该为另一个规范所破坏。如果基于某一法律规范的某种行为同时被其他规范禁止,那么鼓励该种行为也没有意义"。[92] 融贯性要求立法必须保证国家的全部法律相互一致、相互协调:首先,法律、法规的制定必须以宪法为依据,不得违背宪法;其次,下位阶的法不得同上位阶的法相抵触,同位阶的法之间不得相互矛盾;最后,必须保持法律规范逻辑结构的因果性和完整性,以及立法文本各组成部分的有机搭配和有序排列。[93]

第九,实效性标准。立法的目的在于实施。对立法实际有效性的检验是判断立法质量的重要内容。立法实效是指立法文本的施行效果,是立法应然效力的实然表现。[94] 在良法善治的前提下,如果法律制定出来后不能有效实施,那么其立法质量就无从谈起。[95] 实效性评价要求考察立法在实践中被适用和遵守的情况以及所带来的经济和社会效益,在一定意义上包含了效率性或者效益性标准。具体而言,实效性标准一方面要求判断立法规定的体制、机制、措施是否明确、具体、高效、便捷、具有可操作性是否得到普遍遵守和执行,是否实现了立法预期的效果,并且解决了现实问题;另一方面要求进行成本收益分析,检验立法成本和实施成本是否合理,是否达成较好的经济效益和社会效益。[96] 此外,还有学者基于实践是检验真理,也是检验立法质量好坏的根本标准的立场,提出与实效性标准类似的,由适用性、社会功能、法所规范行为的表现、社会认知程度、执法和司法情况构成的"实践标准"。[97]

(2)特别判断标准

除一般标准外,学界亦形成了关于特别标准的研究成果,其中地方立法质量特别标准相关成果尤为丰硕。根据研究,判断地方立法质量的主要标准还包括:

第一,不抵触标准。不与上位法相抵触是确保地方立法合法性和维护法制统一的基本要求,更是提高立法质量的约束手段。[98] 不抵触标准是衡量地方立法优劣的重要标准。[99] 在判定方法上,有学者将对地方立法是否抵触上位法的

---

〔92〕 [比]马克·范·胡克:《法律的沟通之维》,孙国东译,法律出版社2008年版,第29页。
〔93〕 宋方青:《立法质量的判断标准》,载《法制与社会发展》2013年第5期。
〔94〕 王玉:《地方立法质量跟踪评估制度研究》,载《学术交流》2014年第5期。
〔95〕 王亚平:《论地方性法规的质量评价标准及其指标体系》,载《人大研究》2007年第2期。
〔96〕 任则禹:《关于立法后评估的几个理论问题》,载《公民导刊》2010年第7期。
〔97〕 王亚平:《论地方性法规的质量评价标准及其指标体系》,载《人大研究》2007年第2期。
〔98〕 李店标:《设区的市立法质量提高的逻辑理路》,载《理论学刊》2018年第7期。
〔99〕 朱开杨等:《地方立法质量标准问题研究(续)》,载《时代主人》2007年第8期。

判断划分为两个方面：其一，在立法权限上，地方立法不能超越权限，侵犯上位法的领域；其二，在立法内容上，不得与上位法具体的条文相冲突（直接抵触），不得与上位法的立法宗旨、立法精神和基本原则相违背（间接抵触）。[100] 并且进一步指出，由于逐条列举抵触情形的判定方法难以覆盖例外情况，因此判断是否抵触的最佳方法是通过立法精神和目的来判定。[101] 亦有学者将对是否抵触的判断概括为三个层次：一是法权不抵触，即地方立法不得触碰法律保留的领域；二是法意不抵触，即地方立法不得抵触上位法的原则及精神；三是法条不抵触，即地方立法关键术语的表述不得抵触上位法。[102] 在判定步骤上，有学者将判定是否抵触的步骤概括为事实判断、法制统一原则的三条底线判断、有效治理与法制统一原则之权衡、权利保护与有效治理（或法制统一）之权衡四个步骤。[103] 此外，在具体操作层面，除运用上述方法、步骤外，还需要特别注意地方立法设置的收费、许可、处罚、强制措施等是否合法且适当，是否符合法律、行政法规的要求。[104]

第二，体现地方特色标准。地方立法是以维护法制统一为基础的因地制宜的立法。体现地方特色是地方立法生命力之所在，[105]"地方立法要有地方特色，需要几条就定几条，能用三五条解决问题就不要搞'鸿篇巨制'，关键是吃透党中央精神，从地方实际出发，解决突出问题"。[106] 是否体现地方特色成为判断地方立法质量的主要标准。根据学者观点，体现地方特色标准包括两个方面，一是在形式上有特色。立法主体可以摒弃"大而全"的体系化立法的，应采用精细化的"小切口"结构体例。"小切口"立法是一种通过凝练立法选题以简化立法结构、控制条文规模、突出实施性条款比重，增强立法的针对性和可操作性，最终提升整体规制效果的立法思维，[107] 对于抓准并解决地方经济社会发展的难点、堵

---

[100] 史建三、吴天昊：《地方立法质量：现状、问题与对策——以上海人大地方立法为例》，载《法学》2009 年第 6 期；周旺生：《立法学》（第 2 版），法律出版社 2009 年版，第 284 页。

[101] 刘雁鹏：《地方立法抵触标准的反思与判定》，载《北京社会科学》2017 年第 3 期。

[102] 罗培新：《论地方立法与上位法"不抵触"原则》，载《法学》2024 年第 6 期。

[103] 沈广明：《地方立法抵触上位法的判定方法及其价值取向》，载《中外法学》2023 年第 1 期。

[104] 任尔昕等：《地方立法质量跟踪评估制度研究》，北京大学出版社 2011 年版，第 100 – 102 页。

[105] 宋方青：《论地方立法的真善美及其实现》，载《学习与探索》2010 年第 1 期。

[106] 习近平：《坚定不移走中国特色社会主义法治道路　为全面建设社会主义现代化国家提供有力法治保障》，载《求是》2021 年第 5 期。

[107] 郑毅：《小而有度：地方"小切口"立法的策略选择》，载《当代法学》2024 年第 6 期。

点、痛点具有现实意义。二是在内容上实现本地化和独特性。[108] 这要求地方立法主体坚持从实际出发的原则，根据本行政区的具体情况和实际需要进行地方立法，使其符合地理资源、历史传统、人文背景、民情风俗等本地情况，适应独特的地方立法需求，切实解决本地突出的而法律、行政法规没有或者不宜解决的问题。[109] 此外，除考察地方立法的针对性和本地经验融入外，体现地方特色标准还包含判断是否存在重复立法、抄袭立法等要求。[110]

第三，可操作性标准。作为上位法的细化或者补充，地方立法必须具备一定的可操作性。可操作性差的法律规范大多表现为规定较为原则、提供的行为模式不切实际或者缺少具体的制裁措施，客观上造成执法机关有法难依，影响法律的实施效果，呈现一种"观赏性立法"的形态。[111] 对可操作性的检验包括形式和实质两方面：其一，判断立法规定的适用范围是否准确，法规中的名词术语是否清楚、无歧义，对上位法的原则规定、授权性规定和主要制度是否进行了细化，提倡性、号召性、宣示性条款是否较少，[112] 行为模式是否容易识别，[113] 职责划分是否清楚、得当；[114] 其二，考察规定的措施是否易于操作、高效便民，管理体制是否畅通，[115] 法律责任设置是否合理可行等。上述判断标准包含对地方立法的具体要求：一是在文本形式和表述方面，要求地方立法的语言要明确、简洁、严谨、易懂，法律规范完整包含假定、行为模式和法律后果，并且各条款之间协调融贯；二是在内容上，要求地方立法所创制的制度本身符合法理，反映社会的主导价值，同时符合地方实际状况、客观规律和统一的法律体制的内在要求。[116] 例如，选择有利于可操作性实现的"小切口"立法方式，在立法项目的选定、立法内容的安排、立法体例的设置方面体现立法精细化，提升地方立法的可操作性与实效性，便于执法者与公众解读、执行与遵守法律规范。[117]

---

〔108〕 史建三、吴天昊：《地方立法质量：现状、问题与对策——以上海人大地方立法为例》，载《法学》2009年第6期。

〔109〕 朱开杨等：《地方立法质量标准问题研究（续）》，载《时代主人》2007年第8期。

〔110〕 李店标、冯向辉：《地方立法评估指标体系研究》，载《求是学刊》2020年第4期。

〔111〕 史建三、吴天昊：《地方立法质量：现状、问题与对策——以上海人大地方立法为例》，载《法学》2009年第6期。

〔112〕 任尔昕等：《地方立法质量跟踪评估制度研究》，北京大学出版社2011年版，第101页。

〔113〕 李店标、冯向辉：《地方立法评估指标体系研究》，载《求是学刊》2020年第4期。

〔114〕 朱开杨等：《地方立法质量标准问题研究（续）》，载《时代主人》2007年第8期。

〔115〕 李店标、冯向辉：《地方立法评估指标体系研究》，载《求是学刊》2020年第4期。

〔116〕 林开华：《谈地方立法的可操作原则》，载《人大研究》2008年第11期。

〔117〕 杨铜铜：《地方小切口立法的形式主义困境及其破解》，载《学术界》2022年第10期。

（二）对立法质量保障机制的研究

以发现问题、分析立法质量的影响因素为基础，学者从规范指引、立法体制、立法程序、立法技术、立法主体等方面，提出建立健全立法质量保障机制的建议和意见。结合现有文献，可将这些建议和意见归纳为：制定保障立法质量的专项立法，完善党委领导、人大主导、政府依托、各方参与的立法工作格局，优化立法工作机制和提高立法者立法能力。

1. 制定保障立法质量的专项立法

为解决立法科学性、民主性、可操作性、有效性等有待提高的突出问题，实现高质量立法，有学者提出制定保障立法质量的专项立法，构建促进立法质量提高的法律规范体系的路径。具体而言，学者主要提出了制定立法标准法和立法评估法的建议。

就立法标准法而言，有学者以 2000 年《立法法》出台为背景，指出《立法法》只是有关立法行为的基本法，带有极大的原则性和抽象性，需要辅之配套的法律规则以实现行政立法和地方立法的规范化、标准化。以提高地方立法质量为例，应通过制定地方立法标准法，规范地方立法实体内容、技术准则、制定程序和立法责任，实现地方立法主体、调整对象、门类划归、行文方式等的标准化。[118] 还有学者对立法标准法问题进行进一步研究。其认为立法标准法应由全国人大常委会制定，以为立法设定标准并进行统一规范为目的，促使各个层次的立法在外部形式上和文本中位阶分明、主体清晰、上下有序、表述明确、不生歧义，从而规范立法主体和方便适用主体。[119] 就立法评估法而言，针对《立法法》对地方立法制度性的设计不充分，而地方自行建立立法评估制度可能损害评估的权威性、正当性，浪费立法资源的问题，有学者指出应当由最高国家权力机关制定地方立法评估法，实现地方立法评估的统一化与制度化运行。地方立法评估法应以规定地方立法评估的宗旨与原则、主体、对象与内容、标准与程序等制度性基本要素为主要内容，服务立法评估制度法治化发展的时代诉求。[120]

2. 完善党委领导、人大主导、政府依托、各方参与的立法工作格局

党的十八大以来，党和国家高度重视立法工作，多次强调完善党委领导、人

[118] 孟鸿志、关保英：《地方立法标准法构想》，载《山西大学学报（哲学社会科学版）》2001 年第 5 期。

[119] 侯淑雯：《制定“立法标准法”的必要性、可行性及原则》，载《地方立法研究》2018 年第 5 期。

[120] 陈伟斌：《地方立法评估的立法模式与制度构建》，载《法学杂志》2016 年第 6 期。

大主导、政府依托、各方参与的立法工作格局。党的十九届四中全会作出的《中共中央关于坚持和完善中国特色社会主义制度 推进国家治理体系和治理能力现代化若干重大问题的决定》明确指出“完善立法体制机制。坚持科学立法、民主立法、依法立法,完善党委领导、人大主导、政府依托、各方参与的立法工作格局,立改废释并举,不断提高立法质量和效率”。学者亦以此为基础探索保障立法质量的路径,具体研究的内容主要有以下几个方面:

(1)坚持党对立法工作的全面领导。党的领导是中国特色社会主义法治道路的根本政治保证,是坚持立法工作正确政治方向的重大政治原则。[121] 提高立法质量必须坚持党对立法工作的全面领导,充分发挥党在立法工作中总揽全局、协调各方的领导核心作用。党对立法工作的全面领导既体现在宏观层面,又体现在中观层面和微观层面。在宏观层面,党对立法的领导主要是政治领导即方针政策的领导,通过遵循民主集中原则,严格执行请示汇报程序,推进立法协商建设,强化执行监督程序,党能够作出正确的重大立法决策。[122] 在中观层面,党领导国家立法工作的形式主要有:加强对宪法修改及解释工作的领导,提出立法工作的目标、任务与方针战略,审定全国人大常委会立法规划以及加强对重要法律制定、修改工作的领导等。[123] 在微观层面,首先,党通过交办重大立法任务、部署重大立法工作、提出修宪建议和立法建议、审定批准立法规划、批准重要立法项目等在立法启动阶段发挥作用;其次,有提案权主体根据党的主张向立法机关提出法律议案,党员代表坚决拥护和贯彻并积极向非党员代表宣传党的主张,在法案表决阶段确保党的主张顺利转化为国家意志;最后,体现党的主张与人民意志的统一的法案顺利通过后,成为党和国家机关、社会组织以及公民的普遍行为准则。[124] 在实践中,始终坚持党对立法工作的领导,至少应做到以下两点。第一,坚持正确方向,贯彻落实党的政策主张。将党的理论、路线、方针政策和决策部署融入立法工作,形成与党的重大决策相适应的法律法规体系,善于使党的主张通过法定程序成为国家意志。第二,完善领导机制,充分发挥党委和党组的作用。党委和党组是党领导立法工作的重要抓手。在立法工作中坚持党的领导,要求完善党领导立法的程序和机制,强化党委在立法规划计划编制、立法草

---

〔121〕 公丕祥:《习近平立法思想论要》,载《法律科学(西北政法大学学报)》2017 年第 6 期。

〔122〕 冯玉军、周剑威:《加强党对立法工作的领导》,载《红旗文稿》2022 年第 1 期。

〔123〕 封丽霞:《中国共产党领导立法的历史进程与基本经验——十八大以来党领导立法的制度创新》,载《中国法律评论》2021 年第 3 期。

〔124〕 冯玉军、周剑威:《加强党对立法工作的领导》,载《红旗文稿》2022 年第 1 期。

案审议等立法工作中的积极作用,把握立法工作的正确政治方向。

(2)坚持人大在立法工作中的主导作用。坚持人大主导立法是保障立法质量的必要举措。之所以强调发挥人大及其常委会在立法工作中的主导作用,不仅是因为按照《宪法》规定,立法权是人大及其常委会的职权,其他国家机关的立法权源于其授权;[125]还在于立法的综合性很强,需要人大主导立法以引领推动改革、解决部门问题、提高立法效率、节约立法资源,以及防止地方保护主义。[126] 人大主导立法的核心在于面对分歧,主导达成共识,[127]强化人大主导立法的地位,对增强立法程序的正当性、权威性和立法过程的民主性具有重要意义。[128] 作为一项系统性工程,人大主导立法需要处理好其与党的领导、政府立法、常委会立法、"两高"司法解释的关系,用好用足立法权,实现对立项、审议等重要环节的主导,同时加强对政府立法的监督和对司法解释的监督,保障人大主导立法的实现。[129] 具体而言,人大主导立法要求有立法权的人大在立项、起草、审议、公布等环节具备实质意义上的决定权;[130]进一步加强人大及其常委会、专门委员会、工作委员会的制度建设,对部分法律草案履行牵头起草职责;提前介入其他部门牵头起草的法律草案,发挥协调配合、督促推动等作用;对于立法中的意见分歧和突出问题,要与有关方面一起加强沟通、协调解决,防止因为部门化倾向、争权诿责影响工作进度和立法质量。[131]

(3)发挥政府在立法中的依托作用。根据我国宪法及地方组织法的规定,地方各级人民代表大会是地方国家权力机关,地方各级人民政府是地方各级国家权力机关的执行机关,对人大负责,受其监督,因此发挥政府依托作用亦应在这一框架内进行。政府依托一方面是指人大借助政府部门的资源与智慧进行立法,另一方面是指政府必须服从人大主导的制度规范,配合人大进行立法活

[125] 郝铁川、竺常赟:《试论习近平同志关于人大理论和工作的新阐述》,载《学习与探索》2019年第8期。

[126] 刘松山:《人大主导立法的几个重要问题》,载《政治与法律》2018年第2期。

[127] 宋方青:《回顾与反思:地方人大立法论证咨询机制》,载葛洪义主编:《地方法制评论》(第6卷),华南理工大学出版社2021年版,第29页。

[128] 陈小君:《人大主导立法的路径选择与制度保障——基于地方立法实践》,载《人大研究》2015年第11期。

[129] 陈俊:《论人大主导立法所涉若干重要关系及其立法权行使》,载《政治与法律》2017年第6期。

[130] 封丽霞:《"全过程人民民主"的立法之维》,载《法学杂志》2022年第6期。

[131] 赵乐际:《在全国人大常委会立法工作会议上的讲话》,载《中国人大》2023年第18期。

动。[132] 具体而言，发挥政府的依托作用要求行政机关履行参与人大立法和制定行政法规或者规章两方面职责。就参与立法而言，行政机关作为执法主体承担着主要的管理和服务职责，在呈现执法问题、反馈立法需求方面具备独特优势。加之对产品标准、环境保护等复杂社会问题的专业性，其可以为立法调研、论证和起草等提供支持和帮助。[133] 就制定行政法规和规章而言，有立法职责的政府和部门是重要的立法主体，对立法权范围内的事项需以行政机关立法的方式满足治理需求。因此，应提高行政机关立法的规范化水平，完善公众参与、专家论证等立法程序制度，[134] 保障行政机关立法质量。

（4）确保公众有效参与立法。“公众参与是现代立法制度所追求的合法性、民主性与科学性的集中体现，也是推动善治和社会发展的理性选择。”[135] 公众参与立法指向立法主体与公众之间的双向沟通、协商和对话，[136] 是保障立法质量的内在要求。公众参与度不高、公众法律意识淡薄、法律宣传不够、立法过程公开性可再提升等问题是制约立法质量提高的共性问题。[137] 确保公众有效参与立法，应建立健全信息畅通、参与便捷的公众参与机制，拓展有序参与立法的途径，创新参与立法的方式。具体而言，应保障公民提出制定、修改、废止法律、法规和规章的建议权，邀请公众通过座谈会、听证会等方式，就相关立法内容发表建议和意见。[138] 并且注重公众实质参与立法的协商过程，建立和完善公众参与立法相关的自主选择机制、意见表达机制、宣传机制等，[139] 确保公众参与落到实处。同时充分运用大数据、人工智能等现代媒体和现代信息技术汇集和整合公众诉求，发挥其传播速度快、涉及面广、互动方便、反馈及时、收集意见精准等优势，扩大法律法规草案的社会影响力、拓展公民参与立法的渠道和形式。[140]

---

[132] 宋方青：《回顾与反思：地方人大立法论证咨询机制》，载葛洪义主编：《地方法制评论》（第6卷），华南理工大学出版社2021年版，第29页。

[133] 胡玉鸿：《法治中国建设的良法图景》，载《国家检察官学院学报》2024年第1期。

[134] 肖金明、王婵：《关于完善地方立法质量保障体系的思考》，载《理论学刊》2022年第1期。

[135] 宋方青：《地方立法中公众参与的困境与出路》，载《法学》2009年第12期。

[136] 宋方青、宋尧玺：《论我国公众有序参与立法的模式与实现路径》，载《法制与社会发展》2012年第6期。

[137] 张龑、江烁：《我国法治体系建设中的立法质量评估与分析——基于2020年28省份法学专家的调研数据》，载《北京行政学院学报》2024年第1期。

[138] 封丽霞：《“全过程人民民主”的立法之维》，载《法学杂志》2022年第6期。

[139] 宋方青、赵译超：《中国立法协商：演变、反思与展望》，载《中共中央党校（国家行政学院）学报》2024年第2期。

[140] 封丽霞：《“全过程人民民主”的立法之维》，载《法学杂志》2022年第6期。

3. 优化立法工作机制

立法工作机制是影响立法质量的要素之一，设计合理、运行有效的立法工作机制对推进高质量立法具有显著作用。因此，除通过专项立法和完善工作格局外，学者还提出以优化工作机制保障立法质量的建议。具体而言，优化工作机制的路径包括以下几个方面：

（1）完善立法立项机制。立法立项机制旨在确定立什么法、解决什么问题。借助立项机制，立法主体可以有序编制立法规划、立法计划或者出于实际需要临时追加立法，科学合理地确定立法项目，节约立法资源，保障立法质量。〔141〕进一步完善立法立项机制，要求增强立项机制的科学化和规范化。具体而言：第一，拓宽项目来源渠道，广泛听取立法建议，调动各方主体积极性，发挥专家学者的重要作用，向社会公开征询立项建议；〔142〕第二，加强论证，规范立项论证程序和论证方法，比如明确立项论证会流程、建立立项论证回应机制、确立项目选择标准等，〔143〕从而深入分析立法必要性、立法可行性、立法理论和实践基础等问题，并关注起草过程中可能存在的问题与不同意见；第三，加强重点项目立法，及时跟进、落实党中央决策部署、国家法律与行政法规以及政策所需的立法项目；第四，统筹考虑安排，把握制度建设的系统性、整体性、关联性，坚持问题导向，区分立法的轻重缓急。〔144〕

（2）健全立法评估机制。立法评估机制是确保立法质量的重要制度安排。按照立法过程，立法评估可以分为立法前评估、立法中评估和立法后评估三部分。其中，立法前评估是在正式进入立法程序前，对法律法规是否应当立、何时立、如何立，〔145〕以及立法重要制度设计、规则约束条件和立法预期的评估，〔146〕侧重在源头把好立法质量关。立法中评估是在草案提请表决通过前的立法程序阶段，〔147〕对具体制度、重要条款等的合法性、价值性、可操作性等的评估，有利于在起草、审议阶段形成良好的立法文本。立法后评估则是在法律法规实施后，对立

---

〔141〕 许安标：《我国地方立法的新时代使命——把握地方立法规律　提高地方立法质量》，载《中国法律评论》2021 年第 1 期。

〔142〕 刘伯安：《完善立法立项机制　提高地方立法质量》，载《学习论坛》2014 年第 10 期。

〔143〕 张三鑫、汪全胜：《地方立法的立项论证探讨》，载《重庆社会科学》2017 年第 10 期。

〔144〕 许安标：《我国地方立法的新时代使命——把握地方立法规律　提高地方立法质量》，载《中国法律评论》2021 年第 1 期。

〔145〕 李店标、冯向辉：《地方立法评估指标体系研究》，载《求是学刊》2020 年第 4 期。

〔146〕 席涛：《立法评估：评估什么和如何评估（上）——以中国立法评估为例》，载《政法论坛》2012 年第 5 期。

〔147〕 曹瀚宇：《论新时期地方立法评估的科学化》，载《理论学刊》2019 年第 2 期。

法文本、实施效果的评估，是立法质量的直观呈现，有助于发现立法质量问题，改进立法工作。在当前立法评估实践中，存在评估环节失衡、评估指标体系碎片化、评估信息不全面等不足。需要通过创新评估方式方法、科学整合评估信息、健全指标评估体系、完善评估结果反馈机制和责任制，[148] 优化立法评估机制等，实现立法评估机制保障立法质量的作用。完善评估机制的具体措施包括：设计立法前评估、表决前评估标准和表决后评估标准三套不同的评估标准，并建立完整、精细的立法评估程序，规定评估步骤、方法、时限等基本程序性问题；[149] 应用大数据、人工智能等信息技术，巩固立法评估的技术性基础，广泛收集并科学分析评估信息；由具有专业性、中立性、公信力的第三方机构对重要、有争议的立法事项进行评估等。[150]

(3)优化立法监督机制。权力监督是法治的应有之义。立法监督是权力监督在立法领域的具体化，是限制立法权恣意行使、保障立法质量的重要机制。完善的立法监督机制一方面有利于减少立法权滥用和越权立法、“立法放水”等损害立法合法性、权威性的问题，维护法制统一，降低立法损害公民权益的风险；另一方面有利于发现法律法规本身存在的不足，为后续立法完善提供依据。健全立法监督机制，要求明确监督主体、被监督主体、监督程序、主体责任以及立法失职的法律后果。[151] 并且，需要特别注意发挥备案审查制度提升监督实效、保障立法质量的功能，强化备案审查机构的地位、力量和作用，完善备案审查程序和标准体系，建立健全协商沟通、联席会议、专家咨询、第三方协助等制度，增强备案审查的规范性和有效性，[152] 实现审查程序与监督措施的有机对接。[153]

4. 提高立法能力

立法能力是立法工作的主体性要素，立法者的立法能力对立法质量具有直接影响。习近平总书记曾指出，“立法、执法、司法这 3 支队伍既有共性又有个性，都十分重要。立法是为国家定规矩、为社会定方圆的神圣工作，立法人员必须具有很高的思想政治素质，具备遵循规律、发扬民主、加强协调、凝聚共识的

---

〔148〕 肖金明、王婵：《关于完善地方立法质量保障体系的思考》，载《理论学刊》2022 年第 1 期。

〔149〕 陈伟斌：《地方立法评估的立法模式与制度构建》，载《法学杂志》2016 年第 6 期。

〔150〕 王春业、邓盈：《重要立法事项第三方评估机制研究》，载《中南大学学报(社会科学版)》2017 年第 6 期。

〔151〕 王方玉：《论我国立法过失的主要形态及解决路径》，载《江苏行政学院学报》2017 年第 3 期。

〔152〕 肖金明、王婵：《关于完善地方立法质量保障体系的思考》，载《理论学刊》2022 年第 1 期。

〔153〕 苗连营：《立法法重心的位移：从权限划分到立法监督》，载《学术交流》2015 年第 4 期。

能力。"[154]

部分学者对立法能力问题进行了系统研究。根据学者观点,立法能力是国家治理能力的重要组成部分,是立法者在立法过程中完成立法目的、满足立法需求所体现出来的本领和能量,表现为立法的生产力。立法兼具政治性与法律性、专业性与综合性、理论性和实践性,需要综合性的立法能力作为支撑。从这一意义上说,立法者不仅应具备理论知识,还应当具有实践智慧,能够将德性知识应用于法律创制。立法能力具体包括认知能力、决策能力、起草能力、协调能力、论证能力、审议能力、解释能力,这些能力贯穿于立法的全过程,并且在立法的准备阶段、由法案到法的阶段、立法的完善阶段各有侧重地发挥作用。立法者立法能力的提升,有赖于对影响立法能力的制度、体制、机制等进行的整体改进与完善。[155] 实践中,对立法者立法能力的要求在一定程度上转化为对拥有立法表决权的立法主体和对承担立法工作任务的立法工作队伍的要求。就前者而言,人大代表是代表选民行使国家权力的立法主体,提高人大代表的履职能力要求增进人大代表对立法的关注,[156] 使其充分参与立法,体察社情民意,提出建设性的议案和建议,并且相应完善代表参与立法工作的体制机制,充分发挥专门委员会等的重要作用。[157] 对于立法工作队伍而言,其是立法主体发布具体工作任务的主要执行者,是立项、起草、审议、公布等各立法环节的能动性组成部分,其组织力量和专业素质在一定程度上决定了立法工作能否顺利开展。保障立法质量,提高立法能力,必须建设德才兼备的高素质立法工作队伍。首先,培育复合型立法人才,借助高校教育和立法技能培训,培养掌握法学专业知识和其他学科知识,同时具备良好的政治敏锐性、社会洞察力以及深厚文字功底和写作能力的立法人才。[158] 其次,把好人才引进关,从具备法律专业背景的群体中选拔素质优良的立法人才;适当增加立法工作者编制,充实人员配备并优化人员结构,提升立法工作队伍的专业化和职业化。最后,完善第三方参与机制,依托高等院校、研究机构等第三方平台,聘请专家顾问参与立法实务和科研,健全司法机关、政府部门、律师事务所等法律职业共同体积极参与的交流合作机制。[159]

---

[154] 习近平:《加快建设社会主义法治国家》,载《求是》2015 年第 1 期。

[155] 宋方青:《立法能力的内涵、构成与提升——以人大立法为视角》,载《中外法学》2021 年第 1 期。

[156] 沈国明:《论提高地方立法质量的路径与方法》,载《地方立法研究》2024 年第 6 期。

[157] 许安标:《论立法践行全过程人民民主》,载《地方立法研究》2024 年第 6 期。

[158] 封丽霞:《人大主导立法之辨析》,载《中共中央党校学报》2017 年第 5 期。

[159] 胡弘弘、白永峰:《地方人大立法人才培养机制研究》,载《中州学刊》2015 年第 8 期。

二、国外研究现状

相较于国内学者试图构建体系化的立法质量标准和保障机制，国外学者的研究以立法起草为重点内容，并且国外学者的相关研究因法系不同存在一定差异。相较于英美法系国家注重判例法传统，大陆法系国家对制定成文法以及法典化更为重视，学者基于大陆法系国家立法实践而展开的研究相对更为充分。

（一）对立法质量判断标准的研究

以各个法学流派之良法理论以及“3E”原则（Economy、Efficiency、Effectivenness）为基础，国外学者对立法质量的判断标准展开了研究和探讨。在立法质量判断标准的维度层面，由于对立法概念和功能的不同理解而产生了不同的观点。从法律工具主义或者政治视角来看，立法活动和立法成果是实现政策目标的工具，因此是否达成政治和政策目标，是否实现经济、社会福利等政策目标，是判断立法质量的主要标准；[160] 而从法律本位主义来看，立法是对法律的表达，立法质量代表了表达法律的能力，因此表达能力的高低以及对法定原则和法定程序的符合程度是判断立法质量的主要标准。[161] 此外，还有学者将立法质量划分为实质质量和形式质量，认为实质质量指向立法政策问题，对实质质量的判断适用辅助性和相称性、工具适当性、与先前措施的一致性、效益性、对其他重要政策领域的影响性等标准，对形式质量的判断则适用立法的可获得性标准，即决策过程的透明度和法律传播效果。[162]

除对立法质量判断标准的类型划分外，学者亦对具体标准进行了研究。代表性的标准主要包括以下几点：

1. 技术性标准

判断立法质量的技术性标准与起草技艺密切相关，主要是指立法结构统一、规范，文本内容协调一致，立法语言清晰、简洁、无歧义并且易于理解。具体而

---

〔160〕 John Mark Keyes, *Parliamentary Scrutiny of the Quality of Legislation in Canada*, The Theory and Practice of Legislation, Vol. 9:2, p. 203 – 226(2021).

〔161〕 Wim Voermans, *Concern about the Quality of EU Legislation: What Kind of Problem, by What Kind of Standards?*, Erasmus Law Review, Vol. 2:1, p. 59 – 95(2009).

〔162〕 J. – C. Piris, *The Quality of Community Legislation: the Viewpoint of the Council Legal Service*, in A. Kellermann et al., Improving the Quality of Legislation in Europe, Kluwer Law, 1998, p. 25 – 38. Cited in Helen Xanthaki, *The Problem of Quality in EU Legislation: What on Earth is Really Wrong?*, Common Market Law Review, Vol. 38:3, p. 651 – 676 (2001).

言，技术性标准要求法案起草遵循业已确立的结构，具备标题、序言、生效术语等主体部分；[163] 在同一文本中使用相同术语，保证同一语词和条款内涵的一致性；遵循简洁性的文字表达原则，使法律规范易于理解和适用，[164] 以准确、精炼的语言表述具体内容，明确权利义务的设定，减少交叉引用、冗长表述等繁杂用语以及宣言性、重复或者冲突的表述。由于立法的适用对象主要是非法律专业的公众，[165] 需要确保立法文本可理解，使用对适用对象而言通俗易懂的语言。[166] 同时，还要实现法律之间的衔接一致，通过更新、合并等方式，[167] 保证法律体系内部的逻辑性和协调性。

2. 合法律性标准

在法治语境下，立法与其他活动一样，被限定在规范框架和法律秩序之内，受到法律本身的约束，因此合法律性成为判断立法质量的一项标准。合法律性标准强调立法的规范性，要求立法主体和权限、立法程序、立法内容等符合实证法，与法律秩序相一致。合法律的立法其主体的立法裁量权受到上位法的限制，立法文本内容不得违反上位法，立法权的行使必须遵循法定程序和法定方式。该标准特别强调立法的合宪性，即立法应符合宪法规范、宪法原则、宪法价值和宪法精神，立法主体的立法权必须具有宪法依据，立法权行使和立法内容等均应符合宪法要求。此外，合法性标准还要求立法适当考虑条约和不成文的法律原则。[168]

3. 有效性标准

有效性是立法质量的主要表现，它反映了立法目的与立法效果之间的关系，也表明了立法能够在多大程度上引导公众，以符合立法者的预期。[169] 在学者看来，无论植根于何种法律传统，起草者和立法者的最终目标都是形成能够产生预

〔163〕 Helen Xanthaki, *The Problem of Quality in EU Legislation: What on Earth is Really Wrong?*, Common Market Law Review, Vol. 38:3, p. 651 – 676 (2001).

〔164〕 *Mandelkern Group on Better Regulation Final Report*, 2001, p. 10.

〔165〕 Helen Xanthaki, *The Problem of Quality in EU Legislation: What on Earth is Really Wrong?*, Common Market Law Review, Vol. 38:3, p. 651 – 676 (2001).

〔166〕 [希][英]海伦·赞塔基：《立法起草——规制规则的艺术与技术》，姜孝贤译，法律出版社2022年版，第123–140页。

〔167〕 Elena Constantin, *Regulatory Quality Standards*, 6 Academic Journal of Law and Governance 22 (2018).

〔168〕 Wim Voermans, *Concern about the Quality of EU Legislation: What Kind of Problem, by What Kind of Standards?*, Erasmus Law Review, Vol. 2:1, p. 59 – 95 (2009).

〔169〕 Maria Mousmouti, *Effectiveness as an Aspect of Quality of EU Legislation: Is it Feasible?*, The Theory and Practice of Legislation, Vol. 2:3, p. 309 – 327 (2014).

期效果的立法文本。因此,立法质量在某种程度上等同于立法效果,[170]有效性亦成为判断立法质量的最终标准。对有效性的检验,主要涉及对立法是否有助于解决社会、经济、环境等现实问题以及立法产生的积极或者消极影响的考察。[171] 具备有效性的立法,能够使目标群体(个人、企业、负责施策或执法的公职人员)的态度和行为与立法规定的模式相对应并且实现立法目标,代表了对法律规范的遵守和执行。[172] 立法有效性取决于立法目的、实质内容和立法表述、总体结构以及实际效果四个因素,这些因素设定了立法的目标基准,决定了立法如何实现以及如何向其对象传达预期结果,明确了新条款与法律体系的作用关系,以及立法所取得的实际效果。[173]

4. 辅助性和合比例性标准

辅助性和合比例性是判断立法质量又一组重要标准。[174] 辅助性涉及立法必要性和立法层级的论证,侧重对立法决策的评判。根据辅助性原则,立法不是万能的,并非解决任何问题的最优方案,在立法的替代方案可以更好满足现实需求时,不宜采用立法方式。即使在需要采取立法手段的情形下,也应采取能够实现立法目的的最低层级立法。[175] 以欧盟为例,辅助性原则要求衡量立法目的能否通过成员国的行动实现;如若不能,方由欧盟采取行动,从而确保决策尽可能接近公民。[176] 合比例性是对立法践行比例原则的检验,涉及对立法文本中制度、措施之效率性、适当性的考察,旨在实现成本和效益理性,达成手段和目的之间的平衡。[177] 合比例性标准以及比例原则要求立法规定的措施或手段是实现立法目标有效、必要且损害最小的方案,即法律的具体规定是达至给定目标的适

---

〔170〕 Helen Xanthaki, *Quality of Legislation: An Achievable Universal Concept or A Utopian Pursuit?*, in Luzius Mader & Marta Tavares de Almeida eds., Quality of Legislation – Principles and Instruments, Nomos Verlag, 2011, p. 75 – 85.

〔171〕 John Mark Keyes, *Parliamentary Scrutiny of The Quality of Legislation in Canada*, The Theory And Practice of Legislation, Vol. 9:2, p. 223 – 226 (2021).

〔172〕 Luzius Mader, *Evaluating the Effects: A Contribution to the Quality of Legislation*, Statute Law Review, Vol. 22:2, p. 119 – 131 (2001).

〔173〕 Maria Mousmouti, *Effectiveness as an Aspect of Quality of EU Legislation: Is it Feasible?*, The Theory and Practice of Legislation, Vol. 2:3, p. 309 – 327 (2014).

〔174〕 [希][英]海伦·赞塔基:《立法起草——规制规则的艺术与技术》,姜孝贤译,法律出版社 2022 年版,第 375 – 376 页。

〔175〕 Vareen Vanterpool, *A Critical Look at Achieving Quality in Legislation*, European Journal of Law Reform, Vol. 9:2, p. 167 – 204 (2007).

〔176〕 *Mandelkern Group on Better Regulation Final Report*, 2001, p. 9.

〔177〕 Ulrich Karpen & Helen Xanthaki, *Legislation in European Countries*, in Ulrich Karpen & Helen Xanthaki eds., Legislation in Europe: A Country by Country Guide, Hart Publishing, 2020, p. 24.

宜且确有必要的方式,并且不会给公民带来过度负担。[178]

5. 程序性标准

程序性标准源于正当程序原则。正当的立法程序既有助于增进文本内容质量,也具有民主、法治、理性等独立价值。程序性标准主张跨越多个阶段的立法程序,[179]应允许不同的参与者质疑其他人的论点,并围绕不同的立法方式调动公众注意或影响公众利益。[180] 对立法程序性的考察,主要涉及立法是否公开、立法程序是否公正和理性、立法参与和论证是否广泛和充分等。其中程序性标准尤其强调立法透明度和公众的民主参与程度,认为除议会和政府外,其他组织机构、公民个人、各类利益相关方以及专家、学者等也是立法倡议、起草、协商、投票等环节的参与者。[181] 上述各方的积极参与,有助于立法工作充分吸纳利益相关方的建议与意见,以达到计划外的良好效果。[182] 因此,应以公开和包容的方式立法,及时公开立法信息,并在此基础上进行充分辩论,面向大众进行审议和表决,确保公众密切参与决策。[183]

6. 可获得性标准

立法作为法律表达媒介的属性,[184]使指向表达效果的可获得性成为判断立法质量的又一标准。立法能够被其适用对象所获取,是其得到贯彻实施的基本条件。[185] 具体而言,立法的可获得性是指立法被公众获悉和理解的难易程度,包括物理层面上立法信息公布、传递,内容层面上立法者对规范内涵的呈现。在完整的立法过程中,立法信息公开、起草风格和立法结构以及后续对法律的适时完善和清理等都是影响立法可获得性的重要因素。可获得性标准一方面要求立法信息和规范文本借助立法公开平台、立法数据库、立法信息系统等及时、便捷

---

[178] Tor – Inge Harbo, *The Function of the ProportionalityPrinciple in EU Law*, European Law Journal, Vol. 16:2, p. 158 – 185(2010).

[179] Deirdre M. Curtin & Päivi Leino, *In Search of Transparency for EU Law – Making: Trialogues on the Cusp of Dawn*, Common Market Law Review, Vol. 54:5, p. 1673 – 1712(2017).

[180] Christopher Lord, *The Democratic Legitimacy of Codecision*, Journal of European Public Policy, Vol. 20:7, p. 1056 – 1073(2013).

[181] Tímea Drinóczi, *Legislative Process*, in Ulrich Karpen & Helen Xanthaki eds., Legislation in EuropeA Comprehensive Guide for Scholars and Practitioners, Hart Publishing, 2017, p. 41.

[182] *Mandelkern Group on Better Regulation Final Report*, 2001, p. 10.

[183] Deirdre M. Curtin & Päivi Leino, *In Search of Transparency for EU Law – Making: Trialogues on the Cusp of Dawn*, Common Market Law Review, Vol. 54:5, p. 1673 – 1712(2017).

[184] Wim Voermans, *Concern about the Quality of EU Legislation: What Kind of Problem, by What Kind of Standards?*, Erasmus Law Review, Vol. 2:1, p. 59 – 95(2009).

[185] *Mandelkern Group on Better Regulation Final Report*, 2001, p. 10.

地被公众获取;另一方面要求立法文本易于被公众理解,即立法应以严密的逻辑、完善的结构和内容、言简意赅的文风、明确直接的表达方式、通俗易懂的语言,具备面向大众的可读性。[186] 此外,为实现普遍意义上的可获得性,立法者还需格外注意与受众的沟通交流,尤其是为那些因自身情况而在主张权利方面存在困难的人提供切实帮助。[187]

(二)立法质量保障机制研究现状

根据现有研究,可以通过制定和完善起草规则,实行专家起草和公众参与,优化审查和评估机制,加强立法的系统性和法典化,强化机构建设与人员培训,以及加强立法信息平台建设等方式实现高质量立法。

1. 制定起草规则实行专家起草和公众参与

法案的起草是影响立法质量的关键环节。由于起草工作具备较强的专业性和技术性,因此需要借助起草规则和采取专家起草的方式,提高立法技艺,同时鼓励公众参与,保障立法的民主性。长期以来,各国和国际组织的立法实践表明,制定和完善立法起草规则是保障立法质量的可行路径。作为指导立法起草的技术规范,起草规则多采纳起草手册、起草技术指南、立法技术规范等形式,如美国《统一和标准法案起草规则》对起草过程、草案结构、语言文字表达等加以规定,致力于创制结构完整、表达清晰、逻辑严谨的高质量立法。起草规则基于起草过程的阶段性划分,明确起草步骤、具体任务和工作程序;规定标题、序言、章、节、条、附则等的排列次序和表现形式;[188] 提出清晰、简洁、无歧义、通俗易懂、融贯等立法表达要求并提供相应方法。[189] 除对起草规则进行专门汇编,亦可以借鉴部分国家的经验,将起草规则纳入一部综合性"立法法",通过规定法律的规划、法律的起草和公布、法案的生效失效等,建立关于起草、颁布和适用规范的体系。[190] 此外,还可以通过专家和公众参与立法确保法案质量。比如公开选任程序,综合考量代表性、影响力、工作成就、法律水平、所代表的利益、职业经

[186] [法]孟德斯鸠:《论法的精神》,祝晓辉、刘宇飞、卢晓菲译,北京理工大学出版社 2018 年版,第 808 - 810 页。

[187] *Mandelkern Group on Better Regulation Final Report*,2001,p. 10.

[188] [希][英]海伦 · 赞塔基:《立法起草——规制规则的艺术与技术》,姜孝贤译,法律出版社 2022 年版,第 72 - 85 页。

[189] [希][英]海伦 · 赞塔基:《立法起草——规制规则的艺术与技术》,姜孝贤译,法律出版社 2022 年版,第 97 - 111 页。

[190] [德]乌尔里克 · 卡蓬:《论欧洲立法研究之状况》,姜孝贤译,载《现代法治研究》2020 年第 4 期。

历、学历等多项标准，选拔适宜承担起草工作的组织或者个人，组成起草小组，进行或者协助法案起草；向社会公众公开征求对法案或相关问题的意见和建议，实现立法信息公开，确保社会团体和公民的利益诉求的表达。[191]

2. 建立立法审查和评估机制

立法审查和评估机制是确保立法质量的有效制度安排。立法审查和评估一般由议会主导，以立法原则和立法标准为参照，通过设置评估条款、定期报告义务等程序性措施和组建评估工作机构等组织性措施实现评估制度化。[192] 具体而言，立法审查和评估可以分为事前和事后两阶段。[193] 事前审查和评估主要是指起草阶段的审查和评估，目的在于形成完善的法案。该阶段的审查和评估可以依托议会立法顾问等制度，由专业人员监督起草工作，[194] 通过健全立法标准和审查方法，分析成本和预期效果。[195] 具体而言，可以采用成本收益分析、成本有效性分析、风险分析和敏感性分析等分析方法，评估法案对经济、社会和环境的影响、成本—收益情况，并对法案内容的可替代性方案进行选择和评估，确保法案必要、合法、协调和可操作，能够规范市场秩序，促进市场竞争。[196] 事后审查和评估主要是指法律公布、实施后的审查和评估。该阶段关注法律实施的效果、相关判例法的发展以及对该法的学术讨论等情况，致力于反馈立法有效性，并借助评估结果进一步修订和完善立法，确保立法质量。事后审查和评估制度涉及议会机构、行政部门、司法机构、第三方等多元主体，以及议会审查、司法审查、行政监督等多种机制。[197] 不同国家宜根据各自的法治传统和立法制度，自主选择并综合运用议会专门审查、制定和完善立法质量标准清单、建立立法标准

[191] 高旭军、张飞虎：《欧盟科学、民主立法保障机制研究：以法律起草为例》，载《德国研究》2017年第1期。

[192] Luzius Mader, *Evaluating the Effects: A Contribution to the Quality of Legislation*, Statute Law Review, Vol. 22:2, p. 119 - 131 (2001).

[193] Ulrich Karpen & Helen Xanthaki, *Legislation in Europe: A Country by Country Guide*, Hart Publishing, 2020, p. 28.

[194] Enrico Albanesi, *Parliamentary Scrutiny of the Quality of Legislation within Europe*, Statute Law Review, Vol. 42:3, p. 313 - 334 (2020).

[195] Ulrich Karpen & Helen Xanthaki, *Legislation in Europe: A Country by Country Guide*, Hart Publishing, 2020, p. 22.

[196] 席涛：《立法评估：评估什么与如何评估——金融危机后美国和欧盟立法前评估改革探讨》，载《比较法研究》2012年第4期。

[197] Ulrich Karpen & Helen Xanthaki, *Legislation in Europe: A Country by Country Guide*, Hart Publishing, 2020, p. 28 - 29.

委员会等适宜方式。[198]

3.增进立法系统性和法典化

增进立法的系统性和进行必要的法典编纂是保障立法质量的路径。针对新的立法,系统性要求其融入法律体系。作为法律法规组成的有机体,法律体系是一个庞大而复杂的机制,其中任何部分的完整的解释都不能脱离其他部分,每部新法都应融入法律体系,避免与现行法律产生明显的矛盾和重叠。[199] 这意味着起草者必须考虑立法如何适应现有的法律框架,即提案将如何影响现有的法律规则、部分条款如何共存和解释以及如何进行过渡规定。[200] 而针对现有立法,法典化是促进立法完善的重要方式。通过整合新法与旧法,法典编纂有助于改善法律碎片化,确保法律的体系性和融贯性,提高立法有效性,增进法律统一。经编纂形成的法典,往往具有规范用语明确、简洁、合理的文本优势,以及完整、连贯、成体系,能够统一法律适用,避免规范冲突的法律适用优势。[201] 因此,宜根据实际需求适时调整法律结构,进行法条的清理和重述,借助一定的程序、技术规则,发挥立法专家、信息技术的作用,[202] 塑造完备法典。与此同时,除提升法律体系内部的系统性以外,宜进一步促进立法与行政等相关系统的整合,使法律与政策目标、实施机制等相适应,[203] 增强立法实效。

4.加强机构保障、信息化建设和人员培训

立法工作兼具理论性和实务性,保障立法质量宜加强立法相关机构和平台建设,开展立法工作人员的专业培训。具体而言,可以根据实际需求,在政府内部或者外部设置适当机构处理或者协助处理立法事务,[204] 比如立法顾问、立法

---

[198] Enrico Albanesi, *Parliamentary Scrutiny of the Quality of Legislation within Europe*, Statute Law Review, Vol. 42:3, p. 313 – 334(2020).

[199] Maria Mousmouti, *Designing Effective Legislation*, Edward Elgar Publishing, 2019, p. 81 – 82. Cited in Ross Carter, *Designing Effective Legislation*, The Theory and Practice of Legislation, Vol. 9:2, p. 251 – 268(2021).

[200] Vareen Vanterpool, *A Critical Look at Achieving Quality in Legislation*, European Journal of Law Reform, Vol. 9:2, p. 167 – 204 (2007).

[201] [意]纳塔利诺·伊尔蒂:《民法典的理念》,董能译,载《交大法学》2017 年第 1 期。

[202] Fotios Fitsilis & Georgios Theodorakopoulos, *Better Regulation and its Evolution in the Hellenic Legislative and Parliamentary System*, 45 Statute Law Review 1(2024).

[203] Ross Carter, *Designing Effective Legislation*, The Theory and Practice of Legislation, Vol. 9:2, p. 251 – 268(2021).

[204] N. A. Florijn, *Quality of Legislation: A Law nd Development Project*, in J. Arnscheidt & B. van Rooij eds., Lawmaking for Development Explorations into the Theory and Practice of International Legislative Projects, Leiden University Press, 2008, p. 87.

助理、立法质量标准委员会、政策科学委员会以及法律咨询机构等，以促进立法专业化。同时，加强对信息技术和数字化平台的充分运用。一方面，应用法律数据、算法和标准立法文本等，实现计算机对部分立法任务的自动化处理，使立法文本遵循预定的规则和模式进行精确的编排和表述；[205]另一方面，通过建立立法数据库等方式，改善公众获得立法的途径，履行国家向其公民提供法律的义务，[206]促进利益相关者之间的信息流动，制定包容、高效和实用的规范。[207]除加强机构和技术保障以外，确保立法质量还须重视立法者和立法工作人员的作用，通过设置专业课程组织学习立法准则和起草手册，以及传授立法经验等方式开展人员培训，提升立法主体和立法工作人员的立法能力。

三、研究评述

（一）对国内研究的评述

就国内研究而言，根据现有文献，我国学界对立法质量的判断标准与保障机制的研究主要呈现以下两个特点：第一，在方法上，将理论型研究和应用型研究相结合。学者首先通过界定立法质量和立法质量判断标准的概念，确定研究对象和研究范围，并以此为基础，建立立法质量判断标准体系的框架，明确标准的维度和具体内容，对合法性、合理性、价值性等具体标准进行理论剖析和内涵阐释。其次，实现理论向应用的转化。在理论分析的前提下，现有研究将立法质量判断标准具体化，指明判断标准的实践要求；同时构建由不同层级指标组成的判断标准体系，探索保障立法质量的路径，为完善立法工作格局，优化立法体制机制提供具有现实意义的指导和参考。第二，在内容上，围绕立法质量的判断标准和保障机制达成基本共识。通过阅读文献可知，学者提出合法性、合理性、技术性、有效性等多个质量标准，以及完善立法立项机制、评估机制、公众参与机制等多元保障机制。就实质层面而言，这些差异化的标准和机制大多是民主立法、科学立法、依法立法的立法原则在判断和提高立法质量中的反映与运用。因此，尽管表述不同，但学界基本形成了以立法原则为主要理念的立法质量判断标准和

---

[205] Fotios Fitsilis & Georgios Theodorakopoulos, *Better Regulation and its Evolution in the Hellenic Legislative and Parliamentary System*, 45 Statute Law Review 1(2024).

[206] Geoff Lawn, *Improving Public Access to Legislation: the New Zealand Experience (So Far)*, 6 UTS L. Rev. 49 (2004).

[207] Fotios Fitsilis & Georgios Theodorakopoulos, *Better Regulation and its Evolution in the Hellenic Legislative and Parliamentary System*, 45 Statute Law Review 1(2024).

保障机制。

总体而言,国内关于立法质量判断标准与保障机制的研究,一方面取得了较为丰硕的理论成果,有利于指导立法实践;另一方面亦存在稍许不足。这些不足主要表现在:第一,尚未形成完整的理论体系,现有研究阐述了繁多的立法质量判断标准和保障机制,但是对这些标准和机制缺少系统整合和深入论证,成果较为零散、分散;第二,在判断标准和保障机制结合研究方面存在研究空间,立法质量的判断标准与保障机制存在紧密联系,但当前对两者的结合研究有待加强与提升。

(二)对国外研究的评述

就国外研究而言,现有成果主要表现出以下特点:第一,在方法上主要运用描述型研究与对比分析。既有研究通过呈现和分析国家、国际组织关于判断标准和保障机制的规定、措施,或者进行国家之间、国家与国际组织之间的比较研究展开,侧重现状描述和实然性分析。第二,在内容上重视研究立法起草技艺。学界研究表明,立法起草是一门专业学科,也是一种高超技艺,立法起草工作对保障立法质量至关重要。因此,部分学者将以起草为核心的技术性标准作为判断立法质量的重要标准,将起草规则机制作为保障立法质量的重要机制。

既有研究展现了立法质量判断标准和保障机制的域外经验,拓宽了研究视域,对充实立法质量理论与完善立法机制有一定参考意义。但同时,这些研究亦存在局限性,具体包括:第一,研究碎片化。当前研究主要围绕立法质量标准和保障机制的某一方面展开,比如起草技术、审查评估机制等。对立法质量标准和立法全过程的保障机制的研究不甚丰富。第二,理论性有待加强。如前文所述,国外学界的研究以描述现象为主,在某些方面缺少强有力的说理论证,理论深度和创新性可进一步挖掘。

综上所述,对立法质量判断标准与保障机制的研究既有必要也有意义。对该命题的探讨应立足现有研究成果,同时突破现有研究的局限,增强研究的系统性和创新性,力求构建层次清晰、逻辑严谨、论证充分、内容精深的理论体系。

第三节　研究思路与研究方法

一、研究思路

本书基于完善理论体系和改进立法实践的需求展开,兼顾基础理论研究和应用对策研究,实现理论与实践的紧密结合。首先,本书阐释核心概念的理论基础,树立研究的立论之本。通过回溯“立法质量”概念的理论渊源,将立法质量与法学流派中的良法概念相联系,实现立法质量判断标准与良法标准的联结。其次,探讨关于立法质量的判断标准与保障机制的中国路径与国际经验,呈现研究的实践之基。现实层面的判断标准和保障机制是研究的主要素材,通过规范分析与实证分析,考察我国现行的判断标准和保障举措;同时分析国际做法,进行关于判断标准与保障机制的比较研究,寻求可资借鉴的方案方法。再次,构建立法质量具体判断标准体系,探索研究的创新之维。在明晰理论依据、总结实践经验的基础上,本书构建立法质量具体判断标准,并剖析各个标准的理论根源、具体内涵和形式要件,形成深入、全面的立法质量判断标准体系。然后,运用判断标准检视实践并提出机制优化策略,明确研究的应用之域。本书借助判断标准分析立法质量,发现立法实践的不足,并从立法主体、立法程序、立法机制等方面提出完善建议,以理论关照实践。最后,分析立法质量与立法效率的关系,坚持研究的逻辑之道。在剖析立法质量相关问题的同时,亦重视对立法效率的研究,通过阐明立法效率的内涵和重要性,树立保障立法质量、提升立法效率的质效思维。

根据上述思路,在结构安排上,本书的主体部分共分为七章:

第一章“立法质量的法理与评析”。该章阐述了西方自然法学派、分析法学派、社会学法学派的良法标准。自然法学派为立法活动提供了价值指引,致力于寻找“正确之法”,并将立法植根于深层次的价值诉求。分析法学派的讨论促使立法者和法学家思考如何更有效地设计和实施法律,强调应当重视实在法的规范结构和体系,从而不断增强立法的合法性、融贯性和技术性。社会学法学派的思想对于评估立法的科学性、指导和调控立法行为追求实效具有重要意义。为了全面提升立法质量,应当综合运用这些学派的知识和方法,从价值导向、规范结构和事实依据等多个维度进行深入分析。

第二章“立法质量的规范分析与实践考察”。该章着重探讨了我国法治建设进程中，提升立法质量的历史经验和实践方式。通过对政策性文件、法律法规的梳理，展现我国立法工作从寻求立法增量到重视治理效能的转向过程中立法理念和立法模式的转变。通过对立法后评估制度形成过程的研究和对立法后评估制度的规范解析，揭示现行立法后评估制度在评估内容和评估标准等方面存在的问题，在结合立法质量判断标准的实践的基础上，总结提升立法质量的经验，进一步探索新时代提升立法质量的着力点和创新举措。

第三章"立法质量判断标准的比较研究"。该章从学理、规范和案例三个层面对不同国家及国际组织的立法质量判断标准展开分析，总结和梳理了判断国内立法质量的五种基本标准、三种补充标准，以及判断国际立法质量的三种主要标准。判断国内立法质量的基本标准分别是价值标准、合法性标准、科学性标准、融贯性标准和技术性标准，补充标准则有历史标准、谦抑性标准和实效性标准。然而，国际法意义上的制定法不同于国内法，故据以判断国际立法的质量标准有其特殊性。国际立法能在多大程度上超越国家从而促进国家间的合作，又能在多大程度上实现对每个国家的平等关切与尊重，以及最重要的，能否有利于推动人类命运共同体的建设，构成了判断国际立法质量的主要标准。

第四章"立法质量的具体判断标准"。该章论述了本书确立的五项立法判断标准：价值性标准、合法性标准、科学性标准、融贯性标准以及技术性标准。其中，价值性标准侧重公平、秩序、效益；合法性标准涵盖正当性、合宪性、合法律性；科学性标准强调立法要尊重和反映经济社会发展的客观规律，揭示立法的真实属性；融贯性标准要求立法必须同时实现内外两个层面的融贯；技术性标准指向立法活动的具体统筹、法文本结构的营造和语言的表述。

第五章"立法质量判断标准的运用检视"。该章以上述五项标准关照我国立法实践，评判立法质量，发现现实问题。对立法质量的检验表明，在价值性标准层面，立法面临价值偏差和价值冲突双重困境；在合法性标准层面，立法权限行使、立法程序运行、立法内容的合法性均有待提高；在科学性标准层面，立法与经济社会发展需求不同步、立法可操作性不强、部门利益法制化和地方立法保护主义等问题突出；在融贯性标准层面，违反立法"不抵触"原则的行为和现象时有发生；在技术性标准层面，存在立法文本命名不规范、篇章布局欠缺逻辑完整性和规范性等问题。

第六章"立法质量保障机制的完善"。该章从立法的体制机制、人大立法程序、立法者立法能力、立法评估体系四方面探讨如何完善立法质量的保障机制。具体来说，其一，应健全人大立法体制机制，处理好党领导立法与人大主导立法、人大与政府、立法机关与第三方的关系；其二，应完善人大立法程序，扩大公众参与立法的范围，健全立法程序规则和程序保障、论证咨询等机制；其三，应提升立法能力，通过内部建设与外部保障赋能立法者；其四，应优化立法质量的评估机制，构建系统有效的指标体系。

第七章“立法质量与立法效率的有机统一”。该章探讨立法质量与立法效率的关系，提出实现立法质效的目标。首先，探讨立法效率的概念，梳理有关立法效率的哲学理论，评析“宜粗不宜细”的立法理念；其次，指出忽视立法效率可能带来的弊端，如上级立法机关的提前介入降低地方立法积极性、立法难以及时回应社会需要、突发公共事件下立法存在迟滞性等；最后，指明可以通过优化地方立法权配置、推进小切口立法、实施紧急立法的方式推动立法速度提升，实现立法质量与立法效率的平衡。

二、研究方法

本书坚持问题导向，借鉴既有经验，综合运用文献分析、历史分析、实证分析、规范分析、比较分析等多种研究方法对立法质量的判断标准与保障机制进行探讨。对上述方法的具体运用如下：

1. 历史分析方法。立足法治建设过程中发布的政策文件、法律法规等历史资料以及促进立法质量提升的既有举措，揭示立法观念向高质量立法转变的历史脉络，阐明立法质量相关制度的历史流变，进而形成关于立法发展的预期，把握制度优化方向。

2. 实证分析方法。通过案例研究、数据分析等方式，考察国内与国外立法实践，形成关于立法质量的判断标准和保障机制实践现状的认识，展现成果与不足，确保研究的客观性和实践导向。

3. 规范分析方法。分析法律法规中立法质量相关规定，把握既有的立法质量判断标准和保障机制，并对上述标准、机制进行价值衡量，明确“是什么”和“应当是什么”。

4. 比较分析方法。比较西方自然法学派、分析法学派、社会学法学派的“良法标准”学说，发现上述学说的共性与特性，以理论引导后续研究；比较不同地域的立法质量的判断标准，拓展理论视野，寻求有益于我国立法发展的经验。

第一章

立法质量的法理与评析

现代法治的主要标志或要素在于:一要有法;二要有良法;三要使法得到有效运行。前两者属于立法范畴,后者亦与立法直接关联。[1] “如何制定良法”既是现代法治国家的重要议题,也是立法的使命所在。在西方国家,自然法学派、分析法学派、社会学法学派均以不同的视角探讨了立法问题,其主要代表人物的研究成果具有重要的理论价值与实践意义,为指导立法实践、提高立法质量提供了相应的智识支撑。英国历史学家卡尔(Edward Hallett Carr)在谈及“历史”的意义时曾指出,历史是今日社会与昨日社会之间的对话。“我们只有根据现在,才能理解过去;我们也只有借助于过去,才能理解现在。使人能够理解过去的社会,使人能够增加把握当今社会的力量,便是历史的双重功能。”[2] 因此,本章将对西方不同法学流派的立良法思想进行梳理、对比和反思,希冀依此充分发挥法理之于立法的应有意义与功能,助力我国立法质量的进一步提升,以实现理想的目标指向。

第一节 自然法学派的立良法思想

自然法学派采用的是抽象的逻辑推理的方法,其排除经验和直觉,以形而上学的方式认识法律,注重对法的终极价值目标的探索。立良法观是自然法学理论的重要组成部分,自然法思想对于评估法律的正义性、指导和调控立法行为的价值追求具有重要意义。纵观自然法学派立良法观的发展历史可以发现,后续时期的立良法观以此前时期的思想作为基础,并因应时代的变迁不断改进和扩展。因此,这一理论体系变得更加丰富,更能适应时代发展的需求,同时也展现出更强的生命力和影响力。

一、自然法学派思想的历史溯源

“关于自然法的信念和自然法的理论一直是哲学、法律史和法律理论中最古老、最长久的内容之一。一般来说,它表示一种对公

---

〔1〕 周旺生:《立法学教程》,北京大学出版社 2006 年版,第 7 页。

〔2〕 [英]E. H. 卡尔:《历史是什么?》,陈恒译,商务印书馆 2017 年版,第 146 页。

正或正义秩序的信念，这种正义秩序普遍适用于所有为宇宙间最高控制力量支配的人，它不同于实在法，即由国家或其他人类组织制定的法。一切自然法学说的出发点是'理性'和'人性'。"[3]在西方，自然法思想发端于古希腊，在长达几千年的历史中，自然法思想的形态不断翻新——古代自然法思想、近代古典自然法思想、现代新自然法思想，但却经久不衰。自然法学派认为存在某些不依赖于人为制定的普遍原则或者规律，强调实在法与自然法之间的关系，即实在法服从自然法。与此同时，自然法学理论历经不同的历史发展阶段，其思想是特定历史背景的写照，呈现出不同的具体内涵。

古希腊哲学家最早使用"自然法"这个概念，并确定了自然法的基调和方法论。古希腊时期，在政治方面，雅典经历了民主政体的兴衰和伯罗奔尼撒战争，政局动荡促使哲学家思考法律、道德和政治秩序的基础；在经济方面，农业、手工业和贸易的相对繁荣为法律思想的发展奠定了物质基础；在文化方面，古希腊文化强调逻辑思辨和哲学探索，天文学、数学、自然哲学的发展促进了人们对自然法则和宇宙秩序的理解。对自然的依附性是自然法理论产生的前提和基础。第一批希腊哲学家关注的是自然。哲学家被一些特殊的困惑驱使，"事物实际上是什么?"以及"我们如何解释事物的变化过程?"，他们对这些问题给出的答案后来被统称为"哲学"——爱智。这些思考的前提在于人们逐渐认识到：事物并不像表面上看到的那样，现象往往不同于实在。之后的智者学派和苏格拉底将哲学关注点转到了对人类的研究。他们不去问"事物的终极原则是什么?"等一些关于宇宙的大问题，而是提出一些与道德行为有更直接关系的问题。哲学由主要关注科学问题转而关注基本的伦理问题。总之，在古希腊哲学家看来，万事万物都是有规则和秩序的，不仅自然界存在规则，社会之间、民族之间、个人之间的关系也都有它们先前已经确立的整合秩序。这个整合秩序或者叫作"自然法"，或者叫作"理性"，有待于人们用智慧去发现。这一时期，自然法指的是一种与自然秩序相符的原则。

17、18 世纪，西方进入了资产阶级革命的时代。在资产阶级革命的浪潮中，涌现出一大批启蒙思想家，如荷兰的格劳秀斯，英国的霍布斯、洛克，法国的孟德斯鸠、卢梭，德国的普芬道夫和意大利的贝卡利亚等。他们高举"自然法"和"自然权利"的旗帜，参与资产阶级革命并进行理论的研究与阐释。自然法思想经启蒙思想家的阐释，形成了以理性主义为核心的完整体系。与古代和现代的自

[3] [英]沃克编辑：《牛津法律大辞典》，北京社会与科技发展研究所译，光明日报出版社 1988 年版，第 629 页。

然法学说相区别,人们称这个时期的自然法学说为“古典自然法理论”。古典自然法学派重视自然权利和政府合法性,其理论为现代民主制度发展奠定了深厚的基础。这一时期,英国从都铎王朝过渡至斯图亚特王朝统治,王权和议会的冲突激烈,发生一系列重大政治事件如内战、君主制复辟、光荣革命等。法国则处于旧制度晚期,1789 年爆发的法国大革命最终结束了法兰西王国的封建制度。在经济方面,欧洲国家经历了商业革命和早期资本主义兴起,贸易和商业活动在社会中的作用增强,推进人们思考财产权和经济自由的法律保障。在文化方面,从宗教改革、文艺复兴到启蒙运动的发生,人们推崇理性、批判传统权威、追求科学和哲学上的进步,自然法学派也在这种文化氛围中逐渐壮大。牛顿的物理学定律证明了科学思维能够解释自然界的规律,这一成就激发了启蒙思想家对理性在社会治理中的信心,进而影响了人们对社会秩序的看法,即社会和政治生活在一定程度上能够被理性和普遍原则所指导。这一时期,自然法与人类固有的、不可剥夺的自然权利联系在一起。启蒙思想家所阐述的古典自然法学说,以“自由、平等、博爱、人权和法治等”为核心内容,以“社会契约论”“天赋人权论”为表达形式,其理性主义、个人主义、分权主义等思想观点为资产阶级革命提供了锐利的理论武器,也为近代民主、法治奠定了坚实的基础。例如,当代历史学家康马杰(Henry Steele Commager)把美国宪法称为“启蒙运动皇冠上的明珠”,是理性时代的顶峰之作。〔4〕

19 世纪,自然法学派在实证主义哲学和进化论的冲击下渐趋式微,人们更加重视基于观察和经验而获得的知识,而非某种恒久不变的自然法。随着民族国家的兴起和主权概念的强化,法律被视为国家意志的体现。20 世纪的新自然法学派在面对社会发展生发的新矛盾的过程中,尤为关注法律的道德维度,强调人的尊严和基本权利的重要性,强调法律对现实问题的回应与解决。这一时期,国际社会正处于两次世界大战之后的恢复时期。“冷战”形成了意识形态对抗,经济全球化增强了不同地区的互联互通,争取民权、女权、工人权利、消费者权利、同性恋权利等的运动体现了各种社会力量的觉醒,医疗、信息等科学技术发展带来了对伦理的挑战,诸如此类的事件推动人们思考如何在多元的、快速变革的社会中确定共同的法律和道德基础。新自然法学派主张复兴自然法,不再强制以永恒的自然正义作为国家和社会的普遍法则,而是在新的历史条件下面对现实,强调个人权利和社会权利应当在理性和正义的制度下相互结合,着力探索

〔4〕［美］迈克尔·G.罗斯金等:《政治科学》(第 12 版),林震等译,中国人民大学出版社 2014 年版,第 13 页。

可以适应现实环境的理想标准并力图使其成为实在法的指导原则。当时的主要代表人物有富勒、罗尔斯、德沃金等。“二战”后，新自然法学派在西方国家广泛流行，这一现象背后存在深刻的社会历史原因和多种因素的影响：其一是对法西斯专政和法西斯政治法律制度的必然反应。在纳粹立法中，西方文明传统中的人道主义价值以及公法和私法的基本原则（基本人权、自由平等等）遭到践踏。人们认为只有接受一种超越专横权力之上的自然法，才能防止今后再出现这种法的衰败。其二是美国国内发生的一系列政治事件和对这些事件的反思促进了自然法学说的复兴。种族歧视、越战、政治斗争暴露了民主帷幕后的黑暗，激发起人们渴望现代自然法的热情和追求。其三是“二战”后联邦德国发生的两个事件，即纽伦堡审判以及拉德布鲁赫的转变，促进了自然法的复兴和流行。相应地，这一时期，新自然法学派试图恢复法律理论对道德的关注，因此为立法提出了更高的道德标准和要求。

二、古代自然法思想中的立良法观

苏格拉底（Socrates）虽未直接留下书面著作，但他的哲学观点通过学生的作品，尤其是柏拉图的对话录进行了记录和传播。古罗马政治家、哲人西塞罗曾这样评价：“苏格拉底则是第一位将哲学从天上带到人间的哲学家。他把哲学安置在了尘世之中，关心尘世人们的家庭生活，强迫哲学回答关于生活和伦理以及事物的善恶等问题。”[5]苏格拉底反对智者学派在认识论上的主观主义和道德论上的相对主义，认为真理应该具有客观标准，并且存在普遍的道德原则。正义是一切事物最高且最终的权威，他强调应当反思性地敬重法律。所谓反思性，即人们依照自己对什么是正义的理性思考而决定采取行动。[6] 据此，他区分了两类人：一类人服从安排而坚守职责。坚守岗位是一个有责任感的公民应持守的义务，是共同体的公民应具备的政治德性。但是在他看来，未经关于正义和理性思考的检验而唯命是从是奴性的表现。另一类人仅听从自己的判断而去做自认为应当做的事情。自我决断的人乃行动的自主者，展现出能动的创造性力量，但自决的精神可能滑向无政府主义。因此，“唯命是从的人”和“自我决断的人”都

---

〔5〕［古罗马］西塞罗：《图斯库兰论辩集》，李蜀人译，中国社会科学出版社 2021 年版，第 184 页。

〔6〕［美］维斯：《不满的苏格拉底——柏拉图〈克力同〉疏证》，罗晓颖译，华东师范大学出版社 2011 年版，第 15 页。

不是理想的公民类型，苏格拉底试图将二者在"最正义"的意义上协调起来，[7]既尊重既定的权威和法律，又能够投之以检视的眼光。当法律与正义一致时，服从权威自不待言；但当法律与正义相悖时，则必须服从正义的要求。可见，苏格拉底主张一种哲学生活，对正义的考虑凌驾于法律之上。他在最后的审判中辩护自己的行为是为了寻求真理和推动正义，但并未提倡人们违抗不正义的裁判。显然，在行不义与遭不义之间，他以行动和生命选择了后者；因为在他看来，违抗城邦和法律是行不义，而行不义是较大的恶。慎思明辨和只做正义的事情是他谨守的原则，由此推断，正义也应当成为立法者的追求。

柏拉图(Plato)则是直接地论及立法的德性。《法律篇》中的对话发生在一位雅典哲人和克里特、斯巴达的两位立法者之间。一种观点是，这位雅典哲人是柏拉图想象中的自己，雅典哲人作为立法者之师，非常隐蔽地给城邦引入哲学。[8] 柏拉图在开篇就探问了两个城邦的法律制定及目的。克里特和斯巴达两个城邦好战，因而法律制度的安排也着眼于战争胜利，并同时考虑地理的自然特性。在克里特的立法者看来，战争是一种自然状态，城邦的公私律法悉皆针对战争。克里特的立法者又从城邦之间的战争，得出个体之间甚至个体内部的敌对关系。"不仅在公众范围内每个人都是他人的敌人，而且在私人领域，每个人也对他本人开战。"[9]柏拉图的辩论则试图从个人上升到城邦：如果个体内部存在敌对性，那么自己战胜自己就成了首要的胜利；从个体的灵魂来理解，自己强于自己意指灵魂的和谐与节制。这意味着，个人内部的和谐比冲突更加重要。同样，值得城邦追求的是和平而非战争。立法者制定法律的目的是获得最大的善，依据战争不过是从最低的要求出发。在此基础上，柏拉图将立法目的指向"完整的德性"，"'我们'若不想落入'低级'的行列，就得上升到'最高'的德性，以完整的视角看待立法"。[10] 正确的法律可以使人获得幸福，带来属人和属神的善，属人的善从高到低包括健康、漂亮、力量和财富，属神的善从高到低包括理智、节制、正义和勇敢。立法不应着眼于德性的某个部分，同时，属神的善应该成为立法的最高旨归。克里特和斯巴达立法的错误之处在于将"勇敢"这一单一

[7] [美]维斯：《不满的苏格拉底——柏拉图〈克力同〉疏证》，罗晓颖译，华东师范大学出版社2011年版，第11-12页。

[8] 林志猛：《柏拉图〈法义〉研究、翻译和笺注》(第1卷)，华东师范大学出版社2019年版，第27页。

[9] [古希腊]柏拉图：《法律篇》(第2版)，张智仁、何勤华译，商务印书馆2016年版，第9-10页。

[10] 林志猛：《柏拉图〈法义〉研究、翻译和笺注》(第1卷)，华东师范大学出版社2019年版，第59页。

德性凌驾于其他德性之上。[11] 因此，在柏拉图看来，立法者应当根据各种德性的秩序安排人的生活。

亚里士多德(Aristotle)则是在柏拉图的基础之上，主张“法治优先于人治”，对治理方式作出了更为理性的选择。“城邦中，一切政务还得以整部法律为依归，只在面对法律所不能包括而失其权威的问题时才可让个人运用其理智。”[12] 在亚里士多德看来，个人智慧确实能在某些情形中作出更灵活的处理，但即使是贤良也无法避免偏私；相较而言，法律是免除一切情欲影响的理智的体现，是“中道的平衡”。[13] 法律是最优良的统治者，“法治”包含“普遍守法”和“良法之治”双重意涵，即“已成立的法律获得普遍的服从，而大家所服从的法律又应当是本身制订得良好的法律”。[14] 学界一般认为，“良法”这一概念最早可以追溯至亚里士多德。进一步而言，应当如何理解“制订得良好的法律”？亚里士多德认为立法的首要目标在于促进全邦人民共同的优良生活以及由此获致的幸福，“凡订有良法而有志于实行善政的城邦就得操心全邦人民生活中的一切善德和恶性”。[15] 立法以城邦的共同利益作为目的，这在任何社会都具有一致性、不可变性。在具体的制定过程中，立法者应当熟虑国情，找到与本邦现实条件最相适应的规则，以使其人民预作相应的操练并安排好各种适当的措施。[16] 他特别提倡中产阶级应在立法过程中发挥主导作用，认为中产阶级的参与有助于实现更加稳定和平衡的治理。[17] 他还强调，公民的习惯和理性必经培养而得发展，所以立法者应当特别重视法制教育，使守法行为内化为道德自觉。

三、古典自然法学派的立良法观

霍布斯(Thomas Hobbes)区分了自然法与民约法(市民法)。自然法是理性所发现的戒条或一般准则，决定并约束人们做或者不做的自由。从利己主义人性恶论和战争的自然状态出发，霍布斯提出，和平是最高的善，自然法是避免冲突和自我保存的工具。自然法的具体内容皆是在力图指导人们走向一种集体的

---

〔11〕［古希腊］柏拉图：《法律篇》(第2版)，张智仁、何勤华译，商务印书馆2016年版，第15－17页。

〔12〕［古希腊］亚里士多德：《政治学》，吴寿彭译，商务印书馆2017年版，第166页。

〔13〕［古希腊］亚里士多德：《政治学》，吴寿彭译，商务印书馆2017年版，第172－173页。

〔14〕［古希腊］亚里士多德：《政治学》，吴寿彭译，商务印书馆2017年版，第202页。

〔15〕［古希腊］亚里士多德：《政治学》，吴寿彭译，商务印书馆2017年版，第141－142页。

〔16〕［古希腊］亚里士多德：《政治学》，吴寿彭译，商务印书馆2017年版，第353－354页。

〔17〕［古希腊］亚里士多德：《政治学》，吴寿彭译，商务印书馆2017年版，第211－214页。

政治秩序。具体而言:(1)第一自然律,也是最基本的自然律,即“寻求和平、信守和平”“利用一切可能的办法来保卫自己”。(2)由此引申出第二自然律,当有条件地放弃自然权利(社会契约)有利于实现和平时,那么签订信约便是必要的。(3)所定信约必须履行。在订立信约之后,失约就成为不义,而非正义的定义就是不履行信约。(4)接受他人单纯根据恩惠施与的利益时,应努力使施惠者没有合理的原因对自己的善意感到后悔。(5)每一个人都应当力图使自己适应其余人。(6)当悔过的人保证将来不再重犯,并要求恕宥时,就应当恕宥他们过去的罪行。因为恕宥就是允许取和。(7)在以怨报怨的过程中,人们所应看到的不是过去的恶大,而是将来的益处多。(8)任何人都不得以行为、言语、表情、姿态表现仇恨或蔑视他人。(9)每一个人都应当承认他人与自己生而平等,违反这一准则就是自傲。(10)进入和平状态时,任何人都不应要求为自己保留任何他不赞成其余每一个人都为自己保留的权利。(11)一个人受人信托在人与人之间进行裁断时,他应秉公处理。(12)不能分割之物如能共享,就应当共享,数量允许时,就不加限制;否则就应当根据有权分享的人数按比例分享。(13)但有些东西既不能分割,又不能分享,规定公道之理的自然法便要求全部权利以抽签方式决定。(14)凡斡旋和平的人都应当给予安全通行的保证。〔18〕可见,霍布斯提出的自然法强调的是人的义务,但最终以维护自然权利作为目标指向。相较于古代自然法思想,霍布斯的自然法观点更具有个人主义和现实主义色彩,使自然法摆脱了一种人性完满的状态。

霍布斯认为,民约法(市民法)对于每一个臣民来说,就是国家以语言、文字或其他充分的意志表示的、命令其用来区别是非的法规。从形式上看,霍布斯强调民约法(市民法)要以明文的方式公布,且要有明显的证据说明其来自主权者的意志。从内容上看,民约法(市民法)就是关于正义与不义问题的法规,被认为不义的事没有一种不是和某些法规相冲突的。在他的法律思想体系当中,法律由主权者颁布,主权者的理性被认为永远是公道的,而自然法又要求人们遵循公道。建立在“绝对主权”基础上的民约法(市民法)应当获得普遍的遵守。一切不违反道德法则的事物就是不违反自然法的事物,国家以法令宣布时,所有臣民便必须当成神律服从。〔19〕换言之,应当首先推断主权者颁布的法规符合自然法,除非有肯定的上帝意旨表示反对。但显然人们很难找到迹象证明自己得到了超自然的天启。如果按照个人理性任意判断民约法(市民法)是否符合自然

〔18〕［英］霍布斯:《利维坦》,黎思复、黎廷弼译,商务印书馆 2017 年版,第 97－123 页。
〔19〕［英］霍布斯:《利维坦》,黎思复、黎廷弼译,商务印书馆 2017 年版,第 205－226 页。

法,则会导致人人蔑视国家的诫命。由此,由主权者制定的法律获得了稳固的地位。虽然霍布斯认同民约法(市民法)应当符合自然法,但个人理性在判断民约法(市民法)善恶这一问题当中几无空间;立法权的行使以及立法好坏问题,在人们签订信约之后完全由主权者裁断。主权者认为法律不相宜时可径自修改或者废止,并不会宣布为恶法。因此,主权者的决定本身就定义了什么是法律和正义。霍布斯的立法观与其专制主义的政治体制主张相关联,立法权的行使具有自上而下的特征。

洛克(John Locke)是古典自由主义的代表人物。洛克认为自然状态是一种平等、自由但不放任的状态。人们在自然法的范围内,按照合适的办法,决定自己的行动、处理自己的财产和人身,而无须得到任何人的许可或听命于任何人的意志。自然法的基本内容可以归结为:人们既然都是平等和独立的,任何人就不得侵害他人的生命、健康、自由或财产。[20] 尽管如此,自然状态的固有缺陷使人们的权利经常处于恐惧和危险之中。为了克服上述缺陷,人们协议缔结契约,自愿放弃在自然状态下享有的解释和执行自然法的某些权利。与霍布斯的观点形成对比的是,洛克认为契约不是无条件缔结的。国家和法律的目的是保障人们和平地、安全地享受他们的各种财产,法律的目的不是废除或者限制自由,而是保护和扩大自由。[21] 因此,自然法不仅是自然状态下的行为规范,而且在政治社会也仍旧存在。自然法是所有人包括立法者的永恒的规范。“社会的同意”是享有立法权的绝对必需的条件,立法权的行使具有自下而上的特征。

洛克承认立法权是最高权力,但又具有明确的限制条件:其一,立法权对于人民的生命和财产不是并且也不可能是绝对专断的。他们的权力在最大范围内,以社会的公众福利为限。其二,立法或最高权力机关必须以颁布过的有效的法律,并由有资格的法官来执行司法和判断臣民的权利,一方面,使人民可以知道他们的责任并在法律范围内得到安全和保障;另一方面,也使统治者被限制在适当范围之内,不致为他们所拥有的权力所诱惑。其三,最高权力,未经本人同意不能去除任何人的财产的任何部分。立法权的行使受到权力之所以产生的理由的限制,并以达成这些目标为限。其四,立法机关不能把制定法律的权力转让给任何他人,因为既然立法权只是得自人民的一种委托权力,享有这种权力的人就不能将其让给他人。[22] 简言之,洛克的立法观建立在民主原则和权力限制的

---

〔20〕 [英]洛克:《政府论》,瞿菊农、叶启芳译,商务印书馆 2022 年版,第 145 - 146 页。

〔21〕 [英]洛克:《政府论》,瞿菊农、叶启芳译,商务印书馆 2022 年版,第 177 页。

〔22〕 [英]洛克:《政府论》,瞿菊农、叶启芳译,商务印书馆 2022 年版,第 225 - 232 页。

基础之上，立法权并非无限的，正因如此，立法权的行使过程和结果才具有被评价的可能性。但洛克提出的具体条件更多地只是从消极层面进行制约，根本上还是为新兴资产阶级的利益所作的辩护。

孟德斯鸠（Baron de Montesquieu）在《法的精神》开篇便写道："最广义之法，指源于物之本质的必然联系。万物皆有其法：神有其法，物质世界有其法，超人智能有其法，兽有其法，人有其法。"[23]法的内容和作用取决于它所调整的"关系"，最广义的法既已经存在于物质世界，也存在于人类社会。孟德斯鸠既不赞成霍布斯从自然的战争状态出发，也不认同他所提出的自然法的具体内容。他认为，人类首先自感弱小，故不会存在互相攻击之危险，和平应是第一自然法；随即发现有饥饿感，觅食果腹是第二自然法；自然而然地互往互爱形成第三自然法；社会性本能驱动的共同生活便是第四自然法。[24] 自然法乃人类理性，规范着地球上的一切居民；而实定法，尤其是政治法和市民法，不过是人类理性在具体情形中的适用而已。孟德斯鸠秉持积极创制的立法观，尤其关注法与社会因素、自然因素之间的关系，诸种关系构成了他所说的"法的精神"，进而指导立法者创制适合特定地情民意的优良法律。"法，应与各政体性质及其原则吻合……应与各国气候、土壤以及地理位置、疆域大小吻合；应与各国民众主要职业，诸如农夫、猎人或者牧民等各种职业吻合；应与其基本政治制度所能承受的自由度吻合；应与居民宗教、喜好、富裕程度以及人口数量、贸易状况、风俗习惯吻合。最后，法与法之间也应吻合。"[25]因此，孟德斯鸠虽未直接以"法的精神"定义"良法"，但间接地揭示了他所认为的法应有的状态以及立法者在具体情境之中应当如何选择。虽然实定法取决于自然法，但同时必须具有外部环境的适应性。

除法的内容外，孟德斯鸠同样注意到了立法能力和立法技术两个重要方面。只有那些具有足够才能的人，才能为本国或者他国起草法律。撰写法律条文应注意的事项包括：法律条文应简洁、平实、无歧义；应尽量避免用金钱衡量处罚，货币价值会因无数原因而发生变化；法律条文在明确概念后，就不应再使用模糊不清之词；法律应通俗易懂；无充足理由，就不要随意修法；要证明法律规定合理，就要讲得有道理；法律推定胜过人之推定；可轻易规避之法会削弱立法，每项

---

〔23〕［法］孟德斯鸠：《论法的精神》，钟书峰译，法律出版社2020年版，第4页。

〔24〕［法］孟德斯鸠：《论法的精神》，钟书峰译，法律出版社2020年版，第6－7页。

〔25〕［法］孟德斯鸠：《论法的精神》，钟书峰译，法律出版社2020年版，第9页。

法律都应得到执行;立法不得违背天理;法律在一定程度上是纯洁而坦荡的。[26]

四、新自然法学派的立良法观

富勒(Lon L. Fuller)的立良法观体现在"法律的道德性"这一命题当中,并区分了内在道德与外在道德。内在道德乃是一种程序性的自然法,"程序"所关注的不是法律规则的实体目标,而是一些建构和管理规范人类行为的规则系统的方式。这些规则使规则系统不仅有效,而且保持着作为规则所应具有的品质,法律的正当程序本身就蕴含着道德力量。[27] 法律的内在道德包含八项具体要求:法律的一般性、公开性、非溯及既往、清晰性、一致性、可行性、稳定性原则,以及官方行动与法律一致的原则。[28] 内在道德采纳的是一位尽职尽责的立法者的视角,是立法上至善的精湛技艺。可见,富勒以程序自然法观念使法律的合法性命题转换为合道德性命题,法律的正义性不仅取决于其内容是否符合道德标准,还取决于制定和执行法律的过程是否公正合理。他摆脱了仅以实体道德或正义观念来评价法的有效性的做法,为法提供了更加具体的评判标准。程序自然法与任何"至上的、孕育万物的普遍存在"都没有关系,它们无论从起源还是从应用上讲都是尘世的,它们不是"更高的"法则,而是"更低的"法则。[29] 对法律内在道德的背离,就是对人作为一个负责任的人的尊严加以冒犯。

外在道德乃是一种实体性的自然法,是指通过法律规则来实现某些恰当的目的。富勒对法律的各种定义进行了反思,并认为最合适的表述是,法律是使人类行为服从于规则之治的事业。他将法律视为活动,法律体系是一种有目的的持续努力的产物。[30] 自然法在法律之外设定良法的价值目标并作为判断标准,富勒的目的性不同于法律之外更高的道德善的观念,法律的目的是法律的组成部分。"目的"使人们关注法律运作过程中的发展方向,良好的秩序追求成为法律的内容要求。因此,富勒通过内在道德使规则成为法律,法律是良法的前提条件,并通过外在道德为法律附加持续发展的目标。这种形式和实质的辩证统一最终完整地指向"道德使良法成为可能"这一结论。

罗尔斯(John Rawls)指出,"正义是社会制度的首要德性,正像真理是思想

---

[26] [法]孟德斯鸠:《论法的精神》,钟书峰译,法律出版社2020年版,第641-646页。
[27] [美]富勒:《法律的道德性》,郑戈译,商务印书馆2017年版,第114页。
[28] [美]富勒:《法律的道德性》,郑戈译,商务印书馆2017年版,第55-106页。
[29] [美]富勒:《法律的道德性》,郑戈译,商务印书馆2017年版,第113页。
[30] [美]富勒:《法律的道德性》,郑戈译,商务印书馆2017年版,第125页。

体系的首要德性一样”。[31] 他建构了一种公平的正义观,试图替代功利主义有关社会基本结构的正义理论。他认为功利主义只考虑最大限度地满足幸福的总量,却不考虑这一总量在个人之间如何分配。换言之,功利主义的正义观以效率为先,只要能促进整体的利益,这一理论就允许牺牲小部分人的利益。罗尔斯反对这一观点并强调,每个人都拥有一种基于正义的不可侵犯性,这种不可侵犯性即使以整个社会的福利之名也不能逾越。因此,他否认为了一些人分享更大的利益可以剥夺另一些人的自由是正当的观点和做法。在批判了功利主义的谬误之后,他系统地阐释了他的正义论。首先,可以假定的是,社会是一种为了共同利益合作的事业,并且不只具有利益一致的特征;每个人都希望对协力产生的利益获得较大的份额,这样就产生了一种冲突。社会正义原则提供了一种在社会的基本制度中分配权利和义务的办法,确定了社会合作的利益和负担的适当分配。[32] 他认为,人们订立契约的目的不是建立或者进入一种特殊政体,而是一起选择安排权利义务和决定社会利益划分的原则。问题进而转变为,人们是如何选择正义原则的?他假设存在一种“平等的原初状态”,人们在“无知之幕”的遮蔽下进行选择。在这一状态中,有理性且相互冷淡的各方除了有关社会理论的一般知识,不知道任何有关个人的和所处社会的特殊信息。根据博弈理论,人们总是要保证自己在最坏的情况下损失也能够最小,这种思考最终将导向一种安全的均衡状态。[33] 因此,公平的正义既是程序上的也是内容上的正义要求。

罗尔斯指出,处在原初状态的人们得出了关于制度的两个正义原则。第一个原则为平等的自由原则,即每个人对与所有人所拥有的最广泛平等的基本自由体系相容的类似自由体系都应有一种平等的权利。第二个原则为差别原则和机会公正平等原则,即社会和经济的不平等应这样安排,使该种不平等在与正义的储存原则一致的情况下,适合于最少受惠者的最大利益;并且在机会公平平等的条件下,职务和地位向所有人开放。[34] 在这两个原则当中,第一个原则用以处理有关公民的政治权利,第二个原则用以处理有关社会和经济利益。第一个

---

〔31〕 [美]约翰·罗尔斯:《正义论》(修订版),何怀宏、何包钢、廖申白译,中国社会科学出版社2009年版,第3页。

〔32〕 [美]约翰·罗尔斯:《正义论》(修订版),何怀宏、何包钢、廖申白译,中国社会科学出版社2009年版,第4页。

〔33〕 [美]约翰·罗尔斯:《正义论》(修订版),何怀宏、何包钢、廖申白译,中国社会科学出版社2009年版,第9-11页。

〔34〕 [美]约翰·罗尔斯:《正义论》(修订版),何怀宏、何包钢、廖申白译,中国社会科学出版社2009年版,第237页。

原则优先于第二个原则,第二个原则中机会公正平等原则又优先于差别原则。因此,社会必须安排得使那些处于最不利条件下的人们认为是合理的,这才是平等的正义原则。此外,罗尔斯还考虑了关于制度的正义原则如何被具体应用的问题。他将制度分为在“在原初状态中选择正义”“立宪”“立法”“规范应用”四个阶段序列,每个阶段都有一种分工,并处理不同的社会正义问题。其中,第一个原则构成了立宪会议的主要标准。该标准要求在这一阶段,个人的基本自由、良心和思想自由应得到保护,政治过程在总体上应是一个正义的程序。在立法阶段,第二个原则发挥了作用,它表明社会、经济政策的目的是在公正的机会均等和维持平等自由的条件下,最大限度地提高最少获利者的长远期望。[35] 因此,罗尔斯不仅提出了以正义作为各种制度主张的评判标准,并且确定了正义的具体内容和适用。

第二节　分析法学派的立良法思想

分析法学派是以实证主义哲学为理论和方法论基础、以对实在法的逻辑分析为已任的学派。分析法学派认为,法律作为一个规范系统具有独立性和自足性。他们从系统内部发现检验立法的标准,对于评估立法的合法性、融贯性、技术性,指导和调控立法行为具有重要意义。

一、分析法学派思想的历史渊源

分析法学派是基于时代发展的要求而产生的。首先,随着资产阶级政权建立,古典自然法学理论已不能适应新的要求。资产阶级革命中发布的民主、人权、法治宣言及其法律原则需要具体化和法律化,而这单凭革命的热情或依赖先验的假说是不能完成的,它需要依靠对法和法律制度现状的实实在在的分析,对法律体系和法律规范的结构进行合乎逻辑的塑造。其次,从19世纪30年代开始,西方思想界出现了以孔德为代表的实证主义思潮。实证主义者反对任何不是建立在直接观察基础上的研究,排除价值考虑,主张“中立哲学”。只研究事物“是什么”,不研究“为什么”,以研究“实在的”“有用的”知识为对象。这种哲学渗透到所有的科学领域,对法学产生了深刻的影响。分析实证主义法学反对

---

〔35〕 [美]约翰·罗尔斯:《正义论》(修订版),何怀宏、何包钢、廖申白译,中国社会科学出版社2009年版,第156页。

形而上学的思辨方式和寻求法律终极价值的价值分析方法，认为价值分析方法是不科学的，表现在：其一，价值分析方法是一种主观的价值判断，始终是由感情因素决定的；其二，不同于实在法的自然法难以证明，并且注定达不到科学的程度；其三，自然法、正义的事物都是一些空洞的公式。分析实证主义法学把法律视为一个独立的、自治的系统，致力于维护法律体系内部的逻辑一致性。由于这种研究方法不追究法律规则本身的基础，而径自研究规则与规则之间的关系，所以又被称作法律教条学或教条论法学。

分析法学派形成于19世纪上半叶的英国。分析法学致力于构建系统化的成文法体系，而普通法讲求通过判例渐进发展，法学研究的侧重点与法律传统事实上存在反差。究其原因：一方面，开始于18世纪后半期的工业革命清除了经济制度中的封建残余，推动英国经济完成了从手工工业向现代机器大工业的转变，并由此加速了城市化的进程。这种崭新的社会经济基础要求与之相配套的上层建筑，但在当时的英国，普通法调整范围狭窄、诉讼程序僵化，使大量的新型社会关系或被排除在救济范围之外，或因程序问题而得不到应有的法律补偿，因此，改革旧的法律制度成为时代的迫切需要。另一方面，工业资产阶级将最大限度的资本主义自由化奉为奋斗目标，自由主义的政治法律思想成为一种占主导地位的社会思潮。〔36〕早期分析法学派（也称旧分析法学派）的代表人物主要有边沁、奥斯丁，作为理论家和改革者，他们既反对自然法学派主张的永恒不变的、抽象体现人类理性的自然法，也反对历史法学派鼓吹的具有不确定性的习惯法。他们主张以成文法取代自然法、习惯法，并通过分析法律内容使法律不断改进以满足最大多数人的最大幸福。因此，值得关注的是，早期分析法学派的主张体现了立法内容和形式的双重变革。

新分析法学是在第二次世界大战后形成的。与早期分析法学相比，新分析法学具有更广泛的范围、更成熟的方法、较少的教条气，更具有实践功能。首先，新分析法学放弃了旧分析法学试图把法理学的范围严格限于注解法律观念和法律概念的做法以及与此相应的方法论上的排他性，承认社会学和自然科学的方法在某些方面的合理性，并把这些方法或多或少地运用于法律制度和法律思想的研究。其次，新分析法学运用了新实证主义哲学方法，其中最突出的是语义分析方法。与新自然法学相比，新分析法学和新自然法学面临的情势具有共同之处，但二者对法律的阐释却显著不同。20世纪50、60年代，哈特与富勒之间的

---

〔36〕 程汉大主编：《英国法制史》，齐鲁书社2001年版，第369－376页。

论战最为直观地体现了两个学派的争议。新自然法学努力探求法律规则设定的价值目标,寻找一种共同的道德基础,以避免因为人们没有统一的善恶观而发生分裂。新分析法学试图通过语义分析方法厘清法律规则的确定性。尽管二者的理论存在分歧,但从同一时期的历史背景来看,二者都试图在法律的开放结构中追求一种确定性,并避免社会过度分化。

分析法学派从法的实施的角度提出区分"实际存在的法"和"应当存在的法",并非认为法的制定无所谓良恶之分。"法院关切的是法律的内容如何而非法律应当如何,但并不意味着法律可以不受道德的非难,假如它应受非难的话。我们也没有理由推测,因为实证主义者否认价值系统可以证明为真实,他便不再遵循他认为对他的时代是正确的道德价值,即使他知道他无法证明它们的正确性。"[37]分析法学派旨在将法学局限于对实在法结构的分析,将法律科学与正义哲学、法律社会学区分开来。与其说分析法学派不承认存在立法或者立良法这一问题,毋宁是他们将这一问题交给其他科学去研究。实际上,他们的著述也并非完全排除了此类问题。例如,早期分析法学派将功利主义作为立法的指导原则;再如,新分析法学派代表学者哈特明确提出了"自然法的最低限度的内容"理论。因此,分析法学派并不否认立法应有价值标准,在此之外还阐述了提升立法质量的规范标准。

二、早期分析法学派的立良法观

边沁(Jeremy Bentham)是英国法理学家、哲学家、经济学家和社会改革者。边沁最大的影响是奠定了分析实证主义法学理论和方法论的基础。这一理论和方法论由功利主义哲学、法学方法二元论和法律的命令概念三个部分构成。边沁认为以"避苦求乐"为标准的功利主义是个人行为和政府活动的准则,最好的立法就在于达到最大多数人的最大幸福;主张"实际的法"和"应当的法"的分离,即法律的有效性不依赖于道德标准;主张并助力于编纂完备的法典。

边沁是英国19世纪法律改革的重要推动者。在边沁看来,英国的法律现状是极为糟糕的:法律职业形成工匠行会式的封闭垄断状态,作为社会中层的绅士阶层想要涉足法律知识都变得逐渐困难起来。[38] 正是基于对英国法律封闭性的批判,边沁提出以功利原则重塑立法体系,而良法的建构需要从法律本质和形

---

〔37〕［英］丹尼斯·罗伊德:《法律的理念》,张茂柏译,上海译文出版社2014年版,第83页。

〔38〕［英］威廉·布莱克斯通:《英国法释义》(第1卷),游云庭、缪苗译,上海人民出版社2006年版,第8页。

式两个方面入手。首先是在法律本质方面,边沁力图以“为最大多数人创造最大幸福”这一标准来检验各种制度。“由于分析法学家是刻意制定法律的信奉者,进而是立法的信奉者,所以他们自然倾向于一种立法哲学。尽管功利主义是一种伦理学理论,但是它实际上却是一种应用伦理学的理论……这种学说乃是边沁为了建构一种立法理论而加以阐释的。”[39] 最大范围的功利应当成为立法者一切思考的基础,了解共同体的真正利益是什么乃立法使命之所在。[40] 功利原则建立在避苦求乐这一伦理基础之上,立法中苦乐的计算可以从“强度”“持续时间”“确定性”“接近性”“生产性”“纯粹性”“广度”这七个维度进行。[41] 这一道德计算方法试图将立法的决策过程量化并使之更加客观和可操作。但总体而言,快乐和痛苦不是任何肯定的或者恒定不变的东西,依靠边沁的方法难以得出准确的结果。对于苦乐的评价,还需要立法者具备感受力。除此之外,他还将社会幸福分为生计、富裕、平等和安全四个次级目的。在所有这些方面的快乐越充分,社会幸福的总量越大。法律的应然功能可以被归结在这四项之下:提供生计、产生富裕、促进平等和保证安全。[42] 其中,“安全”是社会幸福首要的、重于一切的条件,安全意味着就其所包含的所有善来说在未来时间的一种给定的延伸,是一种前瞻性的目标。在不违反安全目标的前提下,立法者应尽量提供平等。“平等”意味着,在一个以给予所有人以最大总量的幸福为目的的安排中,没有理由认为法律应该给予某一个人比其他个人更多。[43] 在边沁看来,立法不外是功利原则的推演而已。然而,鉴于应用的模糊性,功利原则的价值更多地不在于创造方面,而在于作为评价和批判现有法律和社会制度的工具,并从反面把不公道的地方揭露出来。

其次是在法律形式方面,边沁所期望和阐述的是编纂法典。在边沁看来,一部法典应当具备如下品质:一是法典的内容应当具有完备性。为了实现这一目标,必须将整个立法纳入其中,以便人们可以一目了然地看到所有部分。凡是不在法典中的,都不应当成为法律。只有成文法才能称得上法律,不成文法仅是一

---

〔39〕 [美]罗斯科·庞德:《法理学》(第1卷),邓正来译,中国政法大学出版社2004年版,第78-79页。
〔40〕 [英]吉米·边沁:《立法理论》,李贵方等译,中国人民公安大学出版社2004年版,第1页。
〔41〕 [英]吉米·边沁:《立法理论》,李贵方等译,中国人民公安大学出版社2004年版,第42页。
〔42〕 [英]吉米·边沁:《立法理论》,李贵方等译,中国人民公安大学出版社2004年版,第120页。
〔43〕 [英]吉米·边沁:《立法理论》,李贵方等译,中国人民公安大学出版社2004年版,第121页。

种猜测,是法官个人的未经证实的意见。[44] 二是法典的构成应当具有纯粹性。边沁主张,法典是立法者意志的表达,不应包含任何异质的或者非法律的东西。[45] 三是法典在形式方面应当达到理想状态,即当法律影响公民的行为时,他能够在脑海中呈现立法者有关这一问题的确切想法。边沁将这一目标划分为两个层次:清晰、准确和简洁是法典形式最基础的品质,富有美感的表达则属于较高层次的目标。[46] 四是法典制定完成后维护和改进的问题。当法典适用出现争议时,边沁认为合适的方案是向立法机关提出,由立法机关进行处理。边沁尤为反对对法典进行解释,因为这只会使法律泛滥,进而损害法典的清晰度和简洁性。[47] 边沁关于编纂法典的建议是值得关注的,他斥责了法律职业对法律知识的垄断,强调法的可认知性和可获取性,这是克服法官通过普通法实行专断的早期尝试。

奥斯丁(John Austin)是分析法学派创始人,他继承和发展了边沁的理论并使分析法学形成了相应的理论体系。他最为人熟知的是从实然层面以"法律命令说"阐释实在法的本质,并将实在法区别于其他广义上的法,包括上帝之法、实在的道德规则和隐喻意义上的法。而在应然层面,奥斯丁虽未就他所认为的归属于伦理学的部分展开详尽论证,但仍可从有关"上帝之法""功利主义"的阐释中看出,他并不排斥"应当如何"的讨论,甚至直接肯定了立法学与法理学之间的必要联系。奥斯丁同样认为,实在法应当符合功利原则。不同的是,他将功利原则作为理解上帝之法的辅助渠道,并由此展开叙述。其一,上帝之法是实在法的衡量尺度,也是人类行为的终极标准。然而,就上帝没有明确表达出来的命令而言,我们必须运用功利原则作出解释。功利原则,或者一般的善或幸福,就成为行为的当下标准或者直接尺度;也是仁爱智慧的立法者在所有法律中要实现的最终目的,是立法的最终原因。[48] 由此,功利原则成为联系应然与实然的媒介,实在法只有与上帝之法标识的内在精神相符时才能具备正当性。其二,一般的善或幸福是从所有单独个人那里汇集起来的具有公共性质、普遍性质的快

[44] Jeremy Bentham, *A General View of a Complete Code of Laws*, in John Bowring ed., The Works of Jeremy Bentham (volume 3), William Tait, 1843, p. 205 – 206.

[45] Jeremy Bentham, *A General View of a Complete Code of Laws*, in John Bowring ed., The Works of Jeremy Bentham (volume 3), William Tait, 1843, p. 206 – 207.

[46] Jeremy Bentham, *A General View of a Complete Code of Laws*, in John Bowring ed., The Works of Jeremy Bentham (volume 3), William Tait, 1843, p. 207 – 209.

[47] Jeremy Bentham, *A General View of a Complete Code of Laws*, in John Bowring ed., The Works of Jeremy Bentham (volume 3), William Tait, 1843, p. 209 – 210.

[48] [英]约翰·奥斯丁:《法理学的范围》,刘星译,商务印书馆 2022 年版,第 133 页。

乐享受,并不是决定具体行为应当如何的动机。[49] 在这个意义上,功利原则是行为结果的检验标准,关注的是人类普遍的行为趋向对一般的善或幸福产生的总体效果,而立法正是要为行为创设普遍适用的规范,功利主义是立法的指导原则。其三,奥斯丁指出了良法判断的相对性。“人类自己制定的法的好坏”是一个表达方式,其内容是相对的,时常会有所变化。如果参照了不同的尺度,那么一部法很可能对一个人而言是好的,对另外一个人而言是坏的。[50]

在法的形式方面,奥斯丁同样支持法典编纂的提议。他认为,英国的判例法具有编纂的可能性。如果只是从特定的判决当中提取理由,那么判例法就不是法律,而仅仅是一堆判决。只要不是基于成文法,裁判就只是取决于法官的任意。然而,判例法所依据的判决理由具有抽象性,应当可以适用于同一类别的案件而非局限于特定的、具体的案件。归纳判决理由的过程使判例法的编纂成为可能。[51] 从抽象意义上讲,一部完整的法典比判例法体系更好,或者说比部分由判例法、部分由制定法组成的法律体系更好。但是具体到这个问题时,就必须将现实与理想进行比对,由此,需要进一步思考当下是否有条件和能力胜任法典编纂这项艰巨的任务。[52] 此外,他还认为法典编纂还有一个有益之处没有引起人们的重视,即法律职业的性质可以得到改善,如果法律更简单、科学,那么更高层次的人也会进入这个行业并展开研究,然后人们就会看到比现在更好的立法、司法和执法。[53]

三、新分析法学派的立良法观

凯尔森(Hans Kelsen)是纯粹法学的代表学者,他认为法是调整人类行为的规范体系。“规范为何有效”这一问题无法通过对某个实然事实的确认来回答,一个规范的效力基础只可能是另一个规范的效力。探求规范效力的理由不是从现实中寻找,而是发现导致这个法律规范有效的另外一个法律规范;不再能从一个更高的规范中推导出自己效力的规范,就称为基础规范,它被预先设定为有

---

〔49〕 [英]约翰·奥斯丁:《法理学的范围》,刘星译,商务印书馆2022年版,第134页。

〔50〕 [英]约翰·奥斯丁:《法理学的范围》,刘星译,商务印书馆2022年版,第175页。

〔51〕 John Austin, *Lectures on Jurisprudence or the Philosophy of Positive Law*, John Murray Publishers, 1880, p. 331 – 332.

〔52〕 John Austin, *Lectures on Jurisprudence or the Philosophy of Positive Law*, John Murray Publishers, 1880, p. 342.

〔53〕 John Austin, *Lectures on Jurisprudence or the Philosophy of Positive Law*, John Murray Publishers, 1880, p. 342 – 343.

效。[54] 由此,所有能够从基础规范追溯效力渊源的规范,就组成了一个规范体系。根据效力基础的性质,他认为规范体系可以分为两类:静态秩序的规范因其内容而有效;动态秩序的规范因其被授权而有效,即被预设的基础规范仅仅包含对创设规范之构成要件的设定,规定了基于这一基础规范的一般规范和个别规范应当如何被创设。[55]

在凯尔森的纯粹法学说中,立法行为构成了动态秩序规范的组成部分,对立法行为的理解应当置于整个法的体系当中。其一,法律秩序是由不同层级的规范构成的等级体系。宪法规范是国内法中最高的一级,决定了立法机关和立法程序,同样也可以确定未来制定的法的内容;宪法之下有一般规范,包括制定法和习惯法,一般规范决定了法律的适用机关以及他们所遵守的程序,并决定这些机关的司法行为和行政行为;一般规范之下有个别规范。抛开临界情形——基础规范的预设和强制行为的执行,每个法律行为都同时是对更高位阶规范的适用和更低位阶规范的创设。[56] 其二,立法行为是根据宪法授权进行的意志行为。主观上具有应当之意义的立法行为在客观上有效,是因为宪法赋予了立法行为以这种客观意义。[57] 其三,属于同一个法秩序的规范具有逻辑统一性,即规范之间互不矛盾。由于当且仅当某个规范与确定其创设的更高位阶规范相符时它才属于特定法秩序,因此,"违反规范的规范"是不能成立的命题。[58] 若承认"违反规范的规范"存在,将导致法律体系自我否定,无效规范自始未被纳入法秩序。废除行为的实质是创设新规范、否定旧规范,被废除的规范必须首先有效。废除规范的行为与创设规范的行为相同,都具有构成性意义。[59] 因此,凯尔森试图呈现一个融洽的规范体系,这种体系性的分解和描述为立法追求合法性和融贯性目标提供了直观的参考。

哈特(Herbert L. A. Hart)的《法律的概念》是新分析法学形成的标志,他以"法律规则说"取代了奥斯丁的"法律命令说"。他对法律命令说进行了修正,其中包括他认为立法具有自我拘束性。立法本质上不仅指涉他人行为的规则,而且立法者自己也要受到法律的约束。相比"威胁","约定"更适用于理解法律的许多特征。"和做出约定一样,法律的制定预设着支配制定过程之特定规则的

---

[54] [奥]汉斯·凯尔森:《纯粹法学说》(第2版),雷磊译,法律出版社2021年版,第241-242页。
[55] [奥]汉斯·凯尔森:《纯粹法学说》(第2版),雷磊译,法律出版社2021年版,第243页。
[56] [奥]汉斯·凯尔森:《纯粹法学说》(第2版),雷磊译,法律出版社2021年版,第283页。
[57] [奥]汉斯·凯尔森:《纯粹法学说》(第2版),雷磊译,法律出版社2021年版,第293页。
[58] [奥]汉斯·凯尔森:《纯粹法学说》(第2版),雷磊译,法律出版社2021年版,第331-332页。
[59] [奥]汉斯·凯尔森:《纯粹法学说》(第2版),雷磊译,法律出版社2021年版,第342页。

存在:依循这些规则所规定的程序,并且由经过这些规则授予资格的人所说出或写下的语词,为这些语词明示或暗示之范围内的所有人创设了义务,而负义务的这些人可以包括那些参与立法程序的人。"[60] 因此,立法者同样置身于法律的调整范围之内。在奥斯丁的主权者理论之中,臣民有一般性的服从义务,立法权却不存在任何的法律限制。哈特则认为所有的权力都是有限的,对立法权的限制是一种宪法上的限制,它们是授予立法权规则的一部分。换言之,对立法权的法律限制并不是要求立法者服从某一个更高的立法者的义务所构成的,而是由授予他立法资格的规则中对其立法方式的限制所构成的。[61] 因此,在解构法律命令说并确定一个新的起点之前,哈特明确地指向了立法权行使的合法性原则。

哈特的"法律规则说"主张法律是初级规则与次级规则的结合。初级规则是法律体系中直接规范行为的规则,它们为个体行为确立标准,要求人们做或者不做某些行为,是设定义务的规则;次级规则是关于初级规则的规则,提供了创建、修改、废除初级规则的方法,是授予权力的规则。[62] 哈特认为,一个成熟的法律体系不仅需要规范个人行为的初级规则,还需要次级规则来提供法律的识别、变更和裁决机制。次级规则的引入解决了法律体系中的"不确定性""静态性""效率低下"等问题,使法律体系能够自我修正和适应社会变化。次级规则包括承认规则、变更规则和裁判规则,哈特的立法思想主要体现在不同的次级规则当中。具体而言:其一,承认规则构成立法正当性的来源,并保证整个法律体系的存在。在法律社会中,立法结果是否有效取决于该制定法是否符合承认规则所提供的标准。承认规则指引识别某些特征,如果一个规则具有这些特征,众人就会决定性地把这些特征当作正面指示,确认此规则是该群体的规则,并由社会压力加以支持,因此,立法者根据承认规则赋予其他规则以法效力。其二,变更规则构成立法的变化性根据。变更规则授权某个人或一些人为整个群体的生活引进新的初级规则并废止旧的规则。其三,裁判规则构成立法的补充性资源。裁判规则授权某些人对在特定的场合中初级规则是否被违反,作出权威性的决定。法院的这些决定就无可避免地会被当作对规则是什么的权威性决定,这是一种法官造法式的立法行为。[63] 因此,哈特的立法思想通过次级规则的架构,提供了一个对法律的现代理解,强调法律体系的动态性和适应性,强调法律

〔60〕［英］哈特:《法律的概念》,许家馨、李冠宜译,法律出版社 2018 年版,第 96－97 页。

〔61〕［英］哈特:《法律的概念》,许家馨、李冠宜译,法律出版社 2018 年版,第 126－127 页。

〔62〕［英］哈特:《法律的概念》,许家馨、李冠宜译,法律出版社 2018 年版,第 137 页。

〔63〕［英］哈特:《法律的概念》,许家馨、李冠宜译,法律出版社 2018 年版,第 152－155 页。

规则在社会中的实用功能和实践特征。与此同时,哈特只是提供了理解法律的框架,并未涉及规则的具体内容。

有关法律与道德的关系,无法否认的事实是,任何社会或时代的法律发展都会受到特定社会群体约定俗成的道德和理想的深远影响,法律体系必须和道德或正义保持一致性关系。[64] 而强调法律与道德的一致性关系是自然法学派的观点,哈特坚持分析实证主义立场,但他也承认自然法确实包含对于理解法律和道德有重要意义的某些真理,在此基础上,他提出了"自然法的最低限度的内容"理论。如果没有这些内容,法律和道德就不能推动人类在群体生活中实现自我保存这一基本意图。"自然法的最低限度的内容"包括:一是由于人的脆弱,法律和道德的大部分内容不是要求人们主动贡献,而是要求行为的自制。例如,禁止杀人或造成身体伤害的暴力使用。二是由于人与人之间大体是平等的,形成相互克制和妥协的体系具有必要性。三是有限的利他主义,人类既不是魔鬼,也不是天使,而是处于两个极端中间,这一事实同样使形成相互克制的体系成为可能。四是由于资源有限,我们需要财产权制度和财产流转制度来保障生活。五是由于有限的理解力和意志力,理性要求在强制体系中的自愿合作。[65] 可见,哈特并不否认价值观念通过公开立法的方式进入法律。

第三节 社会学法学派的立良法思想

社会学法学派是把法学的传统方法与社会学的概念、观念、理论和方法结合起来研究法律现象的法学学派,其注重法律的社会目的、作用和效果,强调社会不同利益的整合。社会学法学派的思想对于评估法律的科学性以及指导和调控立法行为追求实效具有重要意义。科学立法原则要求对调整对象进行调查研究,分析具体社会环境和社会关系的客观运作规律,并对达致立法目的的手段予以关注。社会学法学派促进了法学研究从法的价值、规范转向事实基础。

一、社会学法学派思想的历史渊源

社会学法学派强调法律与社会之间的关系,将法律视为一种社会现象。社会学法学派内部有社会连带法学、社会工程法学、利益法学、自由法学、现实主义

[64] [英]哈特:《法律的概念》,许家馨、李冠宜译,法律出版社 2018 年版,第 252 – 253 页。
[65] [英]哈特:《法律的概念》,许家馨、李冠宜译,法律出版社 2018 年版,第 261 – 264 页。

法学、伯克利学派等支派或形态。通常观点认为,社会学法学派是19世纪末20世纪初西方社会从自由资本主义向垄断资本主义过渡时的学术产物。财富集中、劳资冲突、社会福利、食品安全与环境污染等问题,促使政府从社会整体的角度出发思考解决社会矛盾的对策,诸如反垄断法、劳动法、社会福利政策等举措为社会学法学派的思想发展提供了现实土壤。[66] 法律社会化是19世纪末一个明显的法律转变趋势,法律本位进一步从抽象的个人主义转向更加重视个人尊严和社会利益。换言之,法律发展的目标不再局限于个人的物质利益,而是更加致力于全面地提升生活质量和完善人格。因此,社会学法学派的思想成为解释和指导这一时期法律变迁和社会调整的重要理论工具,它强调社会在塑造法律、法律在回应社会需求方面的双向作用。

北美社会学法学派受欧洲大陆影响,但其发展路径又具有独特性。欧洲社会学法学派受先验理性的影响较大,重在对法律与社会的关系进行理论探讨;北美社会学法学派则受经验理性的支配,重在对法律与社会现象进行经验性的社会实证研究。[67] 北美在承接欧洲社会学法学派思想的过程中,更加注重与当地的实用主义哲学融合,倾向将法律作为社会控制的工具。可见,北美社会学法学派的思想呈现更加明显的改革精神和实践倾向。这也表现在,北美社会学法学派的发生与进步运动相伴随,但前者的存在时间远超过后者。进步运动的核心思想是相信人类有能力通过行动改善环境,包括自然环境和社会环境。这种乐观信念推动人们积极寻求改变,反对消极地接受现状。进步主义者认识到仅靠自愿行动不足以应对大规模的工业化问题,有计划、结构性的政府干预更有可能实现社会正义。进步主义者强调通过干预、监管,甚至是强制来改善社会。[68] 因此,自发的进步运动逐渐促成政府思考应当如何妥善安排,让大多数人在工业化进程中获益。

除上述历史背景外,社会学法学派的思想还建立在对形式推理进行反思的基础之上。例如,埃利希和凯尔森之间的持续论争显著地体现了社会学法学派与分析法学派之间的分歧。社会学法学派坚持规范的多元主义和分散化立场,认为在法律的制定过程中,社会优先于国家;分析法学派则坚持法律的排他性和国家中心主义立场,认为法律源于国家权威。埃利希和凯尔森面临的环境具有

---

〔66〕 孙文恺:《社会学法学》,法律出版社2005年版,第2-6页。

〔67〕 孙文恺:《社会学法学》,法律出版社2005年版,第7页。

〔68〕 Richard L. McCormick, *The Party Period and Public Policy—American Politics from the Age of Jackson to the Progressive Era*, Oxford University Press, 1986, p. 269-271.

相似性，二者都处在地理或者血统上的边缘地位。但在处理主流文化和少数人文化这一问题上，埃利希更倾向于接纳文化差异，从而主张承认和调和不同文化，支持一种更具有包容性的法律和社会结构；而凯尔森则提出以单边主义进路来控制生活的多样性和差异性。〔69〕 尽管立场有所不同，但他们都对法律秩序作出了自己的理解。总体而言，社会学法学派对于反思立法限度和僵化弊端、关注社会事实对法律的影响，以及其他社会规范对于法律的补充作用具有积极意义。

二、欧洲社会学法学派的立良法观

耶林（Rudolph Von Jhering）是目的法学的代表学者，其有关立法质量的思考集中体现在对法的产生与发展这一问题的论证过程当中。他首先批判了历史法学派的观点——法如同语言或艺术一样，不受干扰地或者内在有机地发展。他认为，这种发展力量能够使法在现有的轨道上运转，但很难“冲决阻挡洪流朝着新方向涌去的堤坝”。换言之，历史法学派关于法的产生与发展的观点使法陷入“静默”的状态，而只有立法，即国家权力有目的的行动才能够提供新的变革，“法只有通过与自己的过去决裂才能使自己变得年轻”。〔70〕 相较于自发生长，耶林倾向认为法的生命力存续于种种探索、角逐和斗争中，每个阶层都极力使自己的利益在法中得到确认。他认为为权利而斗争的理由，从低层的利益动机上升到人格的道德自我维护的立场，最终达致协力实现权利理念的境界。〔71〕 这一命题可以分为三个层次具体阐释：一是斗争是法的生命。权利是法律上所保护之利益，当权利受到侵害时，利益的计算就成了主张权利的实践动力和重要理由。不过耶林认为，利益只是低层动机，更重要的是具备张扬人格和个人的是非感。健全的是非感包括感到权利受到侵害的痛苦的能力（敏感性）和对侵权予以拒绝的勇气和决心（行动力）。二是为权利而斗争是权利人对自己的义务。主张权利不仅是权利人主张自我生存，更关乎其道德存在。没有权利，人类将沦落至动物的层面。因此，主张权利是道德的自我维护的义务。〔72〕 三是为权利而斗争同样是权利人对集体的义务。客观法为主观权利提供了依据，与此同时，主

---

〔69〕［俄］米哈伊尔·安东诺夫：《一段分裂史：汉斯·凯尔森与欧根·埃利希论战》，曾立城译，载何丽琼主编：《南开法律评论》（总第 17 辑），中国检察出版社 2023 年版，第 86 – 87 页。

〔70〕［德］耶林：《为权利而斗争》，郑永流译，商务印书馆 2016 年版，第 5 – 6 页。

〔71〕［德］耶林：《为权利而斗争》，郑永流译，商务印书馆 2016 年版，第 33 页。

〔72〕［德］耶林：《为权利而斗争》，郑永流译，商务印书馆 2016 年版，第 14 页。

观权利也还客观法以力量。法的本质是实际施行,因此,公众对权利的主张既是对法律的应用,也是捍卫集体不可或缺的秩序。[73] 耶林将制定法的权威置于利益斗争和公众是非感的检测之中,为权利而斗争最终被视为一个良好社会秩序的基础。立法尊严不仅取决于以国家权力的形式提出,更植根于人们的权利意识和实际需要。优良的立法应当既能够回应各阶层的利益诉求,又能够提升社会的是非共识,最终实现从斗争到秩序的辩证转化。

在耶林看来,法律的标准并非绝对真理,而是相对的“目的”。因此,法律的内容不仅可以而且必须是无限多样的。就像医生不会给病人开同样的药,而是根据病人的状况调整他的处方,法律也必须根据人民状况、文明程度、时代需要来调整。[74] 目的对于法律意志的创造具有与因果对于物质形成一样的必然性,没有目的就没有人类的意志行动。[75] 因果律指向过去,而目的律则指向未来。换言之,目的是意图实现未来事件的想法,是人类生活的驱动力量。[76] 耶林认为,整个法律都不过是目的的一次创造。物质维持的动机产生了财产,物质和财产的保障需求产生了法律。可以说,法律就是利己动机的演化产物。从物质和财产推导出法律,再从法律推导出国家,并非由于概念的逻辑,而是由于实践的冲动。[77] 进言之,个人的目的主要是维持自身存在,而社会的目的则关涉人类作为一个整体存在。没有任何人的生活仅仅是为了自己而存在,每个人同时也是为了世界而存在;每个人在他的位置上,无论多么有限都是人类文化目的的合作者。个人始终与他人相互联系,并由此形成社会生活。[78] 因此,在耶林看来,法律的产生与发展是一个目的导向的过程。法律不单是对既成事实的规范,更

---

〔73〕 [德]耶林:《为权利而斗争》,郑永流译,商务印书馆 2016 年版,第 30 页。

〔74〕 Rudolf Von Inering, *Law as a Means to an End*, translated. by Isaac Husik, The Boston Book Company, 1913, p. 328.

〔75〕 Rudolf Von Inering, *Law as a Means to an End*, translated. by Isaac Husik, The Boston Book Company, 1913, p. lix.

〔76〕 Rudolf Von Inering, *Law as a Means to an End*, translated. by Isaac Husik, The Boston Book Company, 1913, p. 7.

〔77〕 Rudolf Von Inering, *Law as a Means to an End*, translated. by Isaac Husik, The Boston Book Company, 1913, p. 47 – 49. 耶林将人类的自我主张分为三种:一是物质上的自我主张,即确保当下和未来生计;二是经济上的自我主张,它与物质自我保存的目的相联系,并随着生活水平的提高也获得了更高的标准,即以舒适的方式确保未来生活,而财产以其保持和延长物理存在的功能成为最有效的促进方式;三是法律上的自我主张,依赖主体的力量难以保障物质和财产需要,因而需要介入国家力量。

〔78〕 Rudolf Von Inering, *Law as a Means to an End*, translated. by Isaac Husik, The Boston Book Company, 1913, p. 59 – 60.

是一种面向未来、服务于人类多样性与发展需求的制度安排。通过引入目的,耶林开启了法律对社会功能面向之考察。

利益法学的主要创立者是赫克(Philipp Heck),其思想受到耶林影响,既延续了耶林对概念法学的批判,又扩展了目的法学的观点。赫克认为,耶林虽然承认法律的目的是对社会生活条件的保障,但目的展示的仅仅是获胜的利益,即对立利益之间的较量结果。然而,法律规范的具体内容取决于失败利益的分量。例如,税法的目的是为共同体聚集财富,但税法的具体内容却立足于对纳税人利益的考量。因此,赫克指出,仅阐释目的是远远不够的,它必须通过利益划分原则予以深化,并找出对法律规范具有决定意义的利益冲突。[79] 利益是法律的产生之源,"利益"这一概念是利益法学研究的出发点。赫克使用"利益"这一术语,并赋予其最广泛的含义,既包括私人利益和公共利益,也包括物质价值和伦理、宗教、道德等理想价值。[80] 在规范形成层面,利益由不同的部分组成:旨在通过法律提供实际解决方案来促进的部分被称为"实际生活的利益",其实现可以被称为"物质正义";立法者不仅希望在法律命令中表达实质性的解决方案,他还打算发布一个能够被应用的命令,这种可应用性指向"实用的利益";立法者不仅打算制定一部可应用的法律,而且还是一部容易应用的法律,这种利益被称为"表述的利益"。[81] 透过利益这一核心范畴,利益法学使法律系统可以借由利益的语境对社会生活需求予以回应。

赫克区分了"命令"和"利益"两个概念,法律是属于命令的世界,而命令则是界定利益的正当观念。命令与利益确立了观察法律及其组成部分的双重方式,前者指涉法律的内容,是对法律进行的结构式的观察;后者指涉法律的目的,是对法律进行的功能式的观察。每一个命令概念都有一个利益概念相对应,命令反映了立法者对利益冲突的决定。[82] 命令的产生可以分为两个阶段,第一个阶段是事实的确定,即对需要规范的生活关系和利益冲突进行观察和评估;第二个阶段是形成,又可以细分为概念形成和语言表述两个步骤。[83] 可见,立法者

---

〔79〕 参见[德]菲利普·黑克:《利益法学》,傅广宇译,商务印书馆2016年版,第17-18页。

〔80〕 Philipp Heck, *The Formation of Concepts and the Jurisprudence of Interests*, in M. Magdalena Schoch ed., The Jurisprudence of Interests, Harvard University Press, 1948, p. 130-131.

〔81〕 Philipp Heck, *The Formation of Concepts and the Jurisprudence of Interests*, in M. Magdalena Schoch ed., The Jurisprudence of Interests, Harvard University Press, 1948, p. 133-134.

〔82〕 Philipp Heck, *The Formation of Concepts and the Jurisprudence of Interests*, in M. Magdalena Schoch ed., The Jurisprudence of Interests, Harvard University Press, 1948, p. 142-143.

〔83〕 Philipp Heck, *The Formation of Concepts and the Jurisprudence of Interests*, in M. Magdalena Schoch ed., The Jurisprudence of Interests, Harvard University Press, 1948, p. 159.

的任务不止于确定事实,还包括塑造和呈现这些原材料。利益法学的讨论为提高立法质量提供了有益启发,即立法者应当对各方利益予以详细考察,并实现最佳的平衡和保护。然而,赫克对利益的定义也同样受到质疑,例如,过于宽泛的定义将导致利益的模糊性和开放性,并产生多种解释。

除利益法学外,另一个深受目的法学思想影响的是自由法学。埃利希(Eugen Ehrlich)是自由法学的代表学者,他的核心论点包括提出"活法"和"自由的判决方法"。他在《法社会学原理》开篇以精炼却深刻的表述概括了他的思想主旨:"在当代以及任何其他时代,法的发展的重心既不在于立法,也不在于法学或司法判决,而在于社会本身。"法学不应当只是研究和讲授法官据以裁决争议的规则,还应当洞察指导人们行为的规则,应当探求"被实际应用并具有生命力的东西"。社会乃彼此存在联系的人类团体的总体,"人类团体的内部秩序不仅仅是原初的法的形式,而且直到当代仍然是法的基本形式。法条不仅很晚才出现,而且至今其绝大部分依然源于团体的内部秩序。"[84] 经由社会团体承认的行为规则具有拘束力,构成社会规范,或称"活法",法律规则只是其中之一。具体而言:一是法律有其限度,必须认识到法律以外的社会规范对团体内部规则形成的重要性。没有任何一个团体仅依靠法律即可维持其存在,法律不是唯一的秩序;法律需要其他的社会规范增强和补充其效力。[85] 二是埃利希将社会团体的内部秩序称为一阶秩序的规范,而国家立法创造的外部秩序称为二阶秩序的规范。社会团体之间的相互依赖性以及构成部分对整体的依赖性,使社会所创设的秩序经由国家立法带入各个团体。[86] 社会通过国家将秩序施加于属于它的团体并不意味着国家创制法律或者主权者的主观创造。国家仅仅是一个社会机关,真正的法律是从社会本质中推出的。在埃利希看来,国家立法的蔓延只是社会不断增强统一性的表现而已。[87] 三是具体先于抽象,裁判规范包含法条的萌芽。裁判规范化约为原则性内容,用条文加以表达,以某种权威的方式发布并宣称普遍有效,于是就成了法条。[88] 他强调法学在"提取普遍有效内容"过程中的作用,法官和法学家的职责并不是创制新法,而仅仅是揭示在法律中已然存在的正义。因此,埃利希关注的是"法的事实",这些存在的事实决定了立法的限

---

〔84〕 [奥]欧根·埃利希:《法社会学原理》,舒国滢译,商务印书馆 2022 年版,第 46 页。
〔85〕 [奥]欧根·埃利希:《法社会学原理》,舒国滢译,商务印书馆 2022 年版,第 66 页。
〔86〕 [奥]欧根·埃利希:《法社会学原理》,舒国滢译,商务印书馆 2022 年版,第 173－175 页。
〔87〕 [奥]欧根·埃利希:《法社会学原理》,舒国滢译,商务印书馆 2022 年版,第 178 页。
〔88〕 [奥]欧根·埃利希:《法社会学原理》,舒国滢译,商务印书馆 2022 年版,第 201－202 页。

度和内容。

三、北美社会学法学派的立良法观

北美社会学法学派的一大特征是受到当地实用主义哲学的深刻影响。实用主义法学关注法律的工具性和实用性:一方面,工具性意指法律作为社会工具,应服务于特定目标或公共利益。规则及其他各种形式的法一旦被创设,则应根据其服务的目标被解释、阐释和适用。在这个意义上,工具主义在方法上天然地反对形式主义。另一方面,实用性表现为强调法律与现实之间的交互作用,它探讨的是“行动中的法律”而非仅仅是“书本上的法律”。实用主义法学关注法律的应用对社会生活造成的实际影响、法律的总体效用以及法律的局限性。〔89〕

霍姆斯(Oliver Wendell Holmes)的法学思想正是这一实用主义传统的重要代表。他指出,“法律的生命不在于逻辑,而在于经验”。〔90〕 这一论断是从司法适用的视角反思形式推理,指出逻辑并不是促进法律发展的唯一力量,“感受到的时代需求、流行道德和政治理论、对公共政策的直觉……甚至法官及其同事们所共有的偏见,在决定治理人们的规则方面,比演绎推理影响更大”。〔91〕 普通法的历史证明,法官在承袭先例的同时,能够根据社会生活的不断变化赋予先例以新的生命。可见,霍姆斯强调法律应当具备社会适应性,这一观念又与他支持法官造法的立场相联系。在他看来,任何法律规范都不过是立法者对法律的见解,这种见解是凝固的东西,随着时间的推移,这种见解有可能落后于时代,并与社会生活实际不相符。因此,只有法官才能发挥制定和发展法律的作用。由此,他提出了“法官预测论”,法律的含义就是对于法院实际上将要做什么的预测,而不是什么公理或者推论。〔92〕 并且,一定要以一个坏人的眼光来看待法律,而不能从一个好人的视角。因为坏人只关心他所掌握的法律知识能使他预见的实质性后果,而好人则总是在较为模糊的良知约束状态中寻求其行为的理由,而无论

---

〔89〕 [美]罗伯特·S. 萨默斯:《美国实用工具主义法学》,柯华庆译,中国法制出版社 2010 年版,第 3 页。

〔90〕 [美]霍姆斯:《责任的早期形式》,载[美]霍姆斯:《法律的生命在于经验——霍姆斯法学文集》,明辉译,清华大学出版社 2007 年版,第 82 页。

〔91〕 [美]霍姆斯:《责任的早期形式》,载[美]霍姆斯:《法律的生命在于经验——霍姆斯法学文集》,明辉译,清华大学出版社 2007 年版,第 82 页。

〔92〕 [美]霍姆斯:《法律的道路》,载[美]霍姆斯:《法律的生命在于经验——霍姆斯法学文集》,明辉译,清华大学出版社 2007 年版,第 211 页。

这种理由是在法律之内还是在法律之外。[93] 在这一意义上，坏人的视角区分了法律与道德，是法律原则的检验标准。总的来说，霍姆斯认识到立法僵化的弊病，并主张通过法官的判断来提高法律的适应能力。

弗兰克(Jerome New Frank)是美国法律现实主义运动的代表学者。他较为推崇霍姆斯的观点，称赞霍姆斯是“一位彻底成熟的法学家”。弗兰克的论证从揭示和批判“基本的法律迷思”出发，他认为不确定性才是法律的本质特征，进而提出了事实怀疑论和发挥法官能动性的观点。事实上，认为法律具有精确性的观念是一种误解。法律自始至终都是极其模糊且变化多端的，即使是在一个相对静态的社会里，人们也无法构建一套全面的、永恒的规则来预测所有可能出现的法律纠纷，并提前予以解决。[94] 那么，为什么人们执着地在法律中寻求无法实现的确定性？弗兰克从心理学的角度提供了一种解释：亲子关系是一种重要的潜意识因素，他决定了成年人寻求一种父亲般的权威，法律具有童年时认为的父亲所具有的坚定、确信和永不犯错的特质。[95] 但在弗兰克看来，这不过是对“虚幻之物的渴望”。法律的诸多不确定性并非不幸之事，相反，它具有巨大的社会价值。[96] 这种社会价值与他提出的法律的现代精神相关联，“法律如果要满足现代文明的需要，就必须适应现代意识，不能再表现为一种反对变化的价值体系，而必须变得具有明显的实用性……如果我们不能彻底认识到隐藏在法律权威中的父亲的形象，并摆脱它的控制，我们就无法向文明的司法管理迈出第一步，就无法认识到人并非为法律而生，而法律是由人、为人而定的”。[97] 正是基于法律的这种不确定性，人们才会倾力完善法律，使法律适应并促进社会进步。弗兰克同霍姆斯一致，都承认在普通法国家，法官确实制定和修改法律，并发挥着发展法律的功能。因此，弗兰克以乐观的态度论述了法律不确定性乃是推动法律和社会进步的重要动力，以另一视角提示了人们不能通过立法一味地追求确定性，法律必须或多或少具备暂时性、实验性以及由此而来的不可估量性。

庞德(Roscoe Pound)从强调法律的社会作用和效果这一核心思想出发，提

---

〔93〕［美］霍姆斯：《法律的道路》，载［美］霍姆斯：《法律的生命在于经验——霍姆斯法学文集》，明辉译，清华大学出版社 2007 年版，第 210 页。

〔94〕［美］杰罗姆·弗兰克：《法律与现代精神》，刘楠、王竹译，法律出版社 2020 年版，第 6 页。

〔95〕［美］杰罗姆·弗兰克：《法律与现代精神》，刘楠、王竹译，法律出版社 2020 年版，第 14－19 页。

〔96〕［美］杰罗姆·弗兰克：《法律与现代精神》，刘楠、王竹译，法律出版社 2020 年版，第 7 页。

〔97〕［美］杰罗姆·弗兰克：《法律与现代精神》，刘楠、王竹译，法律出版社 2020 年版，第 200 页。

出了法律是一种“社会工程”或“社会控制工具”的学说。他把法理解为发达的政治上组织起来的社会高度专门化的社会控制形式——一种通过系统地、有秩序地适用社会强力的社会控制。[98] 与霍姆斯、弗兰克不同，庞德信任立法机关制定法的力量，主张立法机关制定法必须成为现代社会的主要依赖。[99] “那种认为法律可以被制定出来以及国家不仅有权而且有义务制定法律的观点相对而言具有现代性……法律体系发展到立法阶段的标志是不把立法当作解决法律问题的偶然性工具，而是把它作为法律成长和发展的固定的、经常的力量。”[100] 庞德将普通法传统中司法机关对待立法的态度分为四类：一是将立法纳入普通法体系，并承认立法比法官法具有更高的权威；二是将立法纳入普通法体系，但仅与法官法具有同等的权威；三是拒绝将立法完全纳入普通法体系，允许立法生效但不进行广泛的解释和推理；四是拒绝将立法完全纳入普通法体系，并对立法持严格限制的态度。他认为，第四种是普通法的传统立场，第三种更接近当时的状况，但法律发展进程要求赋予立法更高的权威，逐渐采取第二种处理方式并向第一种过渡。[101] 人们逐渐意识到，普通法的习惯并不是民众的行为习惯，而是司法裁判的经验；相反，立法成为一种更直接、更准确表达一般意志的形式。[102] 他的改革建议反映了在尊重经验的传统中允许以理性建构为底色的立法扩大影响，包容并重视通过立法满足新兴的社会需求。

在庞德看来，社会控制的目的是维系文明，而文明的核心在于实现正义。文明是人类力量不断完善的表征和结果，是对物质自然界和人类本性的最大限度的控制。[103] 他将特定时空的现实情况和实际需要而非绝对的价值或理想作为善之本质。具体而言：一是文明具有地域和时间限定。“空间范围”使利益分歧在特定区域内获得整合，区域内成员的生活期待具有相似性甚至同一性；“时间范围”使文明在特定期间内保持稳定，并允许现实情况或实际需要发生变动。文明具有相对性因而才具有发生的可能。二是文明表现为正义的制度设计和实

〔98〕［美］庞德：《通过法律的社会控制　法律的任务》，沈宗灵、董世忠译，商务印书馆1984年版，第75页。

〔99〕Roscoe Pound, *Common Law and Legislation*, Harvard Law Review, Vol. 21:6, p. 404 (1908).

〔100〕［美］罗斯科·庞德：《法理学》（第3卷），廖德宇译，法律出版社2007年版，第435页。

〔101〕Roscoe Pound, *Common Law and Legislation*, Harvard Law Review, Vol. 21:6, p. 386 – 387 (1908).

〔102〕Roscoe Pound, *Common Law and Legislation*, Harvard Law Review, Vol. 21:6, p. 406 – 407 (1908).

〔103〕［美］庞德：《通过法律的社会控制　法律的任务》，沈宗灵、董世忠译，商务印书馆1984年版，第9页。

施。正义"意味着那样一种关系的调整和行为的安排,它能使生活物资和满足人类对享有某些东西和做某些事情的各种手段,能在最少阻碍和浪费的条件下尽可能多地给予满足。"[104] 这与罗尔斯的观点具有相通之处,罗尔斯认为,"正义是社会制度的首要德性","社会、经济政策的目的是在公正的机会均等和维持平等自由的条件下,最大限度地提高最少获利者的长远期望"。[105] 他们都意识到资源有限性以及通过公平分配资源和机会来实现正义,正因如此,庞德有关正义的观点具有"实用自然法"之称。三是"法律假定"是观察和归纳特定时空的所有请求和愿望而得出的利益评价原则,是衡量被承认和保护的利益的基准。法律假定的功能是指导立法者和司法者发现那些迫切需要获得承认和保护的利益。就此而言,法律假定试图从文明目标中推导出更加确定的结果,这一过程不可避免地包含价值判断和选择。四是庞德将利益分为个人利益、公共利益和社会利益,且社会利益在其理论中占据重要地位。即使法律权威直接源于政治组织的强制力,但其最终的正当性仍然源自它在促进和保障社会利益方面的有效性。[106] 因此,从具有时空限定的文明目标到正义的制度设计、法律假定的作用以及利益的分类,庞德的理论使立法的重心导向实际的目的和利益。

1978 年,诺内特(Philippe Nonet)和塞尔兹尼克(Philip Selznick)合著出版《转变中的法律与社会——迈向回应型法》。该书力图说明"法怎样适应社会需求、解决现实问题",并比较了三种法律类型,即压制型法、自治型法和回应型法。首先是压制型法。如果统治政权对被统治者的利益漠不关心。换言之,如果统治政权倾向于不顾被统治者的利益或者否认它们的正统性,那么它就是压制型法。[107] 压制最显著的形式就是无限制地使用强制,这种法律模式为维护政治权威的正统性提供了有效保障。但特权阶级的正义被制度化,使法律秩序成为一种"凝固的非正义",因而极易遭致反抗。其次是自治型法。自治型法意在创造一种法律的统治而非人的统治。这种体系的主要特征是形成了专门的、相

---

〔104〕 [美]庞德:《通过法律的社会控制 法律的任务》,沈宗灵、董世忠译,商务印书馆 1984 年版,第 35 页。

〔105〕 [美]约翰·罗尔斯:《正义论》(修订版),何怀宏、何包钢、廖申白译,中国社会科学出版社 2009 年版,第 3、156 页。

〔106〕 邓正来:《社会学法理学中的"社会"神》,载翟志勇主编:《罗斯科·庞德:法律与社会——生平、著述及思想》,广西师范大学出版社 2004 年版,第 231 页。

〔107〕 [美]诺内特、塞尔兹尼克:《转变中的法律与社会——迈向回应型法》,张志铭译,中国政法大学出版社 1994 年版,第 31 页。

对自治的法律机构;这些机构在各自规定的权能范围内享有一种有限的至上性。[108] 自治型法注重规则和程序,强调权力合法化和程序正义,但实质正义可能遭到忽视。最后是回应型法。基于压制型法和自治型法的缺陷,回应型法强调对各种社会矛盾作出及时回应。回应型法的具体内容可作进一步阐述:其一,法律发展的动力加大了目的在法律推理中的权威。其二,目的使法律义务更加成问题,从而放松了法律对服从的要求,使一种较少僵硬而更多文明的公共秩序概念有了形成的可能。其三,由于法律取得开放性和灵活性,法律辩护就多了一种政治尺度,由此而产生的力量虽然有助于修正和改变法律机构的行为,但是也有损害机构完整性的危险。其四,在一种压力环境中,法律目的的持续权威和法律秩序的完整性取决于更有能力的法律机构。[109] 追根究底,三种法律类型都是在"完整性"和"开放性"之间进行的抉择,压制型法的标志是法律机构被动地、机会主义地适应社会政治环境,即极端的开放性;自治型法首先关注保持机构的完整性,为了达到这个目的,法律自我隔离,甚至形成盲目的形式主义。回应型法通过引入"目的",缓和开放性与完整性之间的紧张关系,实现规则与自由裁量权的某种结合。[110] 因此,从强调绝对权威的压制型法到强调程序正义的自治型法,再到强调实体正义的回应型法,这一进化过程体现了回应型法产生的必然性,呈现了一个理想的立法改革方案。

第四节　立良法思想的评析及其指导意义

"制定良法"是当下中国法律制度建设的重要目标,因此,对立良法思想进行全面评析具有重要的理论与实践意义,唯此才能避免以单一维度阐释所有立法现象的偏颇,而且只有通过深入挖掘不同观点的理论和实践价值,才能吸收其中对当前中国特色社会主义法律体系建设有益的启示,特别是为如何将社会主义核心价值观融入立法、实现良法之治提供有益的借鉴,进而助力中国的法治建设。

---

〔108〕［美］诺内特、塞尔兹尼克:《转变中的法律与社会——迈向回应型法》,张志铭译,中国政法大学出版社 1994 年版,第 59 页。

〔109〕［美］诺内特、塞尔兹尼克:《转变中的法律与社会——迈向回应型法》,张志铭译,中国政法大学出版社 1994 年版,第 87 页。

〔110〕［美］诺内特、塞尔兹尼克:《转变中的法律与社会——迈向回应型法》,张志铭译,中国政法大学出版社 1994 年版,第 85 - 86 页。

一、立法质量的价值之维

通过梳理自然法学派的立法理论可见：自然法是独立于意志的价值陈述，为判断立法是否正义提供了普遍准则。古希腊时期，苏格拉底将“正义”作为一切事物最高且最终的权威，正义的考虑凌驾于法律之上。当法律不正义时，人们要按照自己对什么是正义的理性思考而采取行动。[111] 柏拉图将立法目的指向“完整的德性”，立法不应着眼于德性的某个部分，而是要根据各种德性的自然秩序作出安排。[112] 亚里士多德进一步明确地提出了“良法之治”，立法的首要目标在于促进全邦人民共同的优良生活以及由此获致的幸福。立法者应当考虑城邦的共同利益，并制定与城邦的政体、现实条件最相适应的规则。[113] 近代时期，古典自然法学派将自然法视为一般准则或永恒规范，实在法必须服从于自然法。霍布斯认为，“和平”是最高的善，自然法是避免冲突和自我保存的工具。一切不违反道德法则的事物，也就是不违反自然法的事物，国家以法令宣布时，所有臣民便必须视为神律服从。[114] 与霍布斯不同，洛克承认立法权是最高权力，但又具有明确的限制条件。他认为，自然法的内容是“对人的生命、健康、自由或财产的维护”，因此，立法也应当在最大范围内以社会的公众福利为限，立法权的行使受到权力之所以产生的理由的限制，并以达成这些目标为限。[115] 孟德斯鸠关注法与社会因素、自然因素之间的关系，诸种关系构成了他所说的“法的精神”，进而指导立法者创制适合特定地情民意的优良法律。[116] 现代时期，新自然法学派不再坚持自然法内容的绝对性和不变性。富勒提出“法律的道德性”这一命题，通过内在道德使规则成为法律，法律是良法的前提条件，并通过外在道德为法律附加持续发展的目标。[117] 二者的结合最终完整地指向“道德使良法成为可能”这一结论。罗尔斯更是直接指出，正义是社会制度的首要德性。他建构了一种“公平的正义观”，试图替代功利主义有关社会基本结构的正义理论。

---

〔111〕［美］维斯：《不满的苏格拉底——柏拉图〈克力同〉疏证》，罗晓颖译，华东师范大学出版社 2011 年版，第 15 页。

〔112〕林志猛：《柏拉图〈法义〉研究、翻译和笺注》（第 1 卷），华东师范大学出版社 2019 年版，第 59 页。

〔113〕［古希腊］亚里士多德：《政治学》，吴寿彭译，商务印书馆 2017 年版，第 141 - 142、353 - 354 页。

〔114〕［英］霍布斯：《利维坦》，黎思复、黎廷弼译，商务印书馆 2017 年版，第 205 - 226 页。

〔115〕［英］洛克：《政府论》，瞿菊农、叶启芳译，商务印书馆 2022 年版，第 145 - 146、225 - 232 页。

〔116〕［法］孟德斯鸠：《论法的精神》，钟书峰译，法律出版社 2020 年版，第 9 页。

〔117〕［美］富勒：《法律的道德性》，郑戈译，商务印书馆 2017 年版，第 55 - 106、125 页。

在立法阶段,社会、经济政策的目的是在公正的机会均等和维持平等自由的条件下,最大限度地提高最少获利者的长远期望。[118]

纵观历史,我们可以看到在不同的历史时期,自然法学派的立法观具有不同侧重。具体而言:一是自然法的观念基础从自然理性向人的理性、实践理性转变。古希腊时期,自然法是包括人在内的整个宇宙的秩序,它超越了人类社会和文化的相对性。古典自然法学派对理性形式进行改造,理性不再与宇宙秩序或者上帝相联系,不再是外在秩序施加于人的必然义务,而是认为应当承认人的自然情感和欲望,并对人的自然本性所要求的权利予以保障。新自然法学派认为对法律与道德关系的判断是实践理性的运用,自然法的内容应当具有可变性。道德、正义、权利都是不同学者思考用来解决现实问题的工具。二是自然法的价值取向从义务本位、权利本位向社会本位靠近。古希腊时期,正义根本上是一种与人的本性相一致的生活秩序,正义与不正义取决于政治安排能否使人处于适宜的状态。人应当遵守自然存在的秩序,因此,义务被视为自然法的逻辑起点。古典自然法学派从自然状态出发,以自然权利作为理论核心。虽然学者对自然状态和自然法的内容有不同理解,但都承认自然权利的存在,尤其是强调对财产权的维护。新自然法学派则更加关注社会整体的福祉和正义,试图在个人自由与社会责任之间找到平衡。此外,新自然法学派还意识到法律不仅要反映普遍的道德价值,也应当适应社会变化、满足具体需求。三是自然法学派的立法观与社会政治立场有密切的关系。古希腊时期,雅典民主制度日益衰落,为了应对动荡的社会现实,学者的主张从根本上说都是为城邦的等级制度、奴隶制度作出辩护。古典自然法学派强调人们依据自己的快乐、痛苦或者世俗体验来确立思想、指导行动,体现了自由资本主义的功利价值观。新自然法学派强调自然法内容的相对性,在一定程度上是为了更好地适应垄断资产阶级统治的需要。因此,自然法学派的立法观呈现出更加动态、开放和实践导向的特征,这些转变意味着立法方向性的变动,意味着衡量立法质量的价值标准随之变动,显现与时俱进的特点。

自然法学派立法理论的启示在于,它为立法活动提供了价值指引,致力于寻找"正确之法"。"任何自然法理论最基本的目的都是对实证立法进行限制。只要人们认为实证法不完美,那么高于人之立法意志的自然法观念就会回归。在

[118] [美]约翰·罗尔斯:《正义论》(修订版),何怀宏、何包钢、廖申白译,中国社会科学出版社2009年版,第3、156页。

这个意义上,自然法必然是一种立法理论,或者说是一种更加高阶的立法理论。"[119]立法不仅是创制规则的技术过程,还植根于深层次的价值原则。在立法系统内部,价值是规则的中心。统一的价值基础有助于降低规则之间的抵触风险,确保法律条文在逻辑和目标上的一致性、融贯性;在立法系统之外,积极的价值观通过法律规则的形式外化,可以引导人类追求更加美好的社会生活,不断地接近正义理想。"二战"后自然法学的复兴更是印证了价值在法律体系当中不可或缺的作用。纳粹分子应当为他们屠杀的骇人暴行承担责任,然而,这些屠杀却是依据他们本国的法律而实施。"难道真如实证主义者所主张,只要是人类的法律,不论它的道德内容究竟如何,都有效力而且应该被人遵守?""是不是有一种层次更高的法律,使这种行为具有可罚性,不论被告效忠的国家究竟命令他们去做什么?"[120]显然,唯有自然法可以解决这种"合法"产生的难题。与此同时,价值标准之于立法质量的提升作用亦有其局限性。立法细节无法直接从抽象的自然法中清晰地推理出来,共同的价值标准也可能忽视个体的差异性和情境的可变性。在现实世界中,不同的价值也可能发生冲突,如自由与秩序、个人权利与社会责任之间的冲突。价值标准很难涵盖所有情况下的最佳选择,如何平衡冲突的价值成为一个复杂的问题。因此,价值标准需要与其他方面的标准相结合,并另行论证"立法应当追求何种价值"。

二、立法质量的规范之维

分析法学派立法理论的独特之处在于,将研究视角从法律之外移至法律内部,关注规范要素之间的关系以及整体的法律秩序。早期分析法学派认为法律的研究可以包含两个部分,一是法律的应然部分,即"实际存在的由人制定的法应当是什么",这一问题的研究可以被描述为立法学;二是法律的实然部分,"实际存在的由人制定的法是什么"构成了法理学的真正对象。他们将实在法视为主权者的命令,视为一种意志表达。在应然层面,功利主义构成了立法的指导原则。不同的是,边沁将功利原则建立在避苦求乐这一伦理基础之上,"为最大多数人创造最大幸福"的目标可以细分为"提供生计、产生富裕、促进平等和保证安全"四项具体指标。[121] 奥斯丁则将功利原则作为理解上帝之法的辅助渠道。

〔119〕 裴洪辉:《自然法传统中的立法理论》,载《山东社会科学》2022年第7期。

〔120〕 [英]丹尼斯·罗伊德:《法律的理念》,张茂柏译,上海译文出版社2014年版,第64-68页。

〔121〕 [英]吉米·边沁:《立法理论》,李贵方等译,中国人民公安大学出版社2004年版,第120页。

实在法只有与上帝之法标识的内在精神相符才能具备正当性。[122] 但无论是“避苦求乐”还是“上帝之法”，功利原则更多地都只是制度的检验标准。同时，处于法律改革背景之下的早期分析法学派还尤为关注法律形式的变革，提出通过编纂法典来调和英国普通法的积弊。边沁更是激进地提议必须将整个立法纳入法典，以便人们可以一目了然地看到所有部分。凡是不在法典中的都不应当成为法律。可见，提升立法质量需要从内容和形式两个方面着手。新分析法学派凯尔森试图呈现一个融洽的规范体系，其中，立法行为是根据宪法授权进行的意志行为。主观上具有应当之意义的立法行为在客观上有效，是因为宪法赋予了立法行为这种客观意义。属于同一个法秩序的规范应当具有逻辑统一性，规范之间应当互不矛盾。[123] 哈特则是通过引入次级规则，使规范体系能够自我修正和适应社会变化。具言之，承认规则构成立法正当性的来源；变更规则构成立法的变化性根据；裁判规则构成立法的补充性资源。[124] 哈特并不否认自然法学派的价值观念通过公开立法的方式进入法律，由此，他提出了“自然法的最低限度的内容”理论。[125]

新分析法学派将早期分析法学派的观点推向了更深层次。具体表现为：一方面，法的本质由单纯的“命令”转向更复杂的“规则”体系。法律最根本的特征并非强制力，而是规范性。早期分析法学派的观点面临权力与法一体化的质疑，“人们混淆了运用意志作为手段与将运用意志作为目的之间的区别。主权者意志的体现是制定法律的途径或至少是制定法律的途径之一。但是法律的目的并不是要主权者能够宣示其意志”。[126] 新分析法学派则认识到了立法的自我拘束性，法律之所以有效是因为遵守了形式上的立法程序。因此，立法本质上不仅是指涉他人行为的规则，立法过程本身要受到预设的特定规则的支配，立法者在立法程序结束后也受到所立之法的拘束。另一方面，规范结构由严格的形式主义转变为一个更加动态、开放的体系。例如，边沁认为，只有成文法才能称得上法律，不成文法仅是一种猜测，是法官个人的未经证实的意见。过度追求的确定性和可预测性被批评为是一种“幻觉”。严格的法实证主义包含两个信条，一是法官不许造法，二是法官也不许在法律上沉默。禁止造法和禁止法律沉默，在逻辑

[122] [英]约翰·奥斯丁：《法理学的范围》，刘星译，商务印书馆 2022 年版，第 133 页。
[123] [奥]汉斯·凯尔森：《纯粹法学说》（第 2 版），雷磊译，法律出版社 2021 年版，第 293、331 页。
[124] [英]哈特：《法律的概念》，许家馨、李冠宜译，法律出版社 2018 年版，第 152－155 页。
[125] [英]哈特：《法律的概念》，许家馨、李冠宜译，法律出版社 2018 年版，第 261－264 页。
[126] [美]罗斯科·庞德：《法理学》（第 1 卷），余履雪译，法律出版社 2007 年版，第 78 页。

上必以第三种信条为前提,即制定的法律秩序是一个封闭的无漏洞之整体。然而,法律的完整性这一前提已证实无法遵守。[127] 哈特通过引入次级规则,旨在建构一个更加灵活和实用的法律体系,使之能够不断自我修正并适应社会变化。现代社会要求立法更加具有包容性和解释力,为特殊的或者没能预见的情形提供解决余地。可见,新分析法学派也处在对观点的不断反思和修正过程中,通过优化规范系统的内在结构、缓和法律与道德的关系、正视法律开放结构中的自由裁量权等方案,平衡立法的有效性和有限性。因此,形式主义提供了一个最低的保护,“最卑鄙的法律秩序仍旧有一种服从的价值”,但同时,形式主义也是一个必须要克服的技术上的缺陷。[128]

分析法学派立法理论的启示在于,它强调应当重视实在法的规范结构和体系,从而不断增强立法的合法性、融贯性和技术性。分析法学派的研讨促使立法者和法学家思考如何更有效地设计和实施法律。分析法学派为理解法律提供了一种系统化的方法,有助于识别和解决法律问题,确保规则的一致性和逻辑性。与此同时,仅从法律系统内部研究立法活动亦具有局限。“法律规则的制定和适用并不是以规则本身为目的,而是以人类社会为目的。仅仅考虑法律规则如何制定和适用是远远不够的。”[129] 自然法学派和分析法学派虽对法存在的根据,即法的有效性在本体论上的观点不同:之于前者为预设的、不变的“人之本性”,之于后者则为与既存的自然秩序无涉的变动不居的“立法者之意志”。但两者对法律发现过程在方法论上理解一致:依据两种思维模式,那种具体的、实证的法是一些固定不变、先验确定的东西。二者都倾向公理化,都基于编纂大全的思维,尤其是对理性主义的系统哲学负有义务,试图建造一个具有合适的、精确的知识之封闭体系。[130] 因此,无论是自然法学派还是分析法学派都始终聚焦于“原则”或“概念”,却忽视了法律是活生生的存在。正如制度法学派所言,作为制度事实的规则不是法律的全部,尽管它们是法律的一个单独的重要部分。法理学是而且必须继续是法学家、哲学家和社会学家的共同事业。因此,立法的价值标准、规范标准还需要与事实标准进一步深入融合。

---

[127] [德]阿图尔·考夫曼、温弗里德·哈斯默尔主编:《当代法哲学和法律理论导论》,郑永流译,法律出版社 2013 年版,第 116 页。

[128] [德]阿图尔·考夫曼、温弗里德·哈斯默尔主编:《当代法哲学和法律理论导论》,郑永流译,法律出版社 2013 年版,第 122 页。

[129] [美]罗斯科·庞德:《法理学》(第 1 卷),余履雪译,法律出版社 2007 年版,第 79 页。

[130] [德]阿图尔·考夫曼、温弗里德·哈斯默尔主编:《当代法哲学和法律理论导论》,郑永流译,法律出版社 2013 年版,第 121 页。

三、立法质量的事实之维

社会学法学派将立法活动拉回现实。耶林是目的法学的代表学者,他将"斗争"作为法律的生命,立法尊严不仅取决于以国家权力的形式提出,更植根于人的权利意识和实际需要。[131] 法律是利己动机的演化产物,从物质和财产推导出法律,再从法律推导出国家,并非由于概念的逻辑而是由于实践的冲动。[132] 通过引入目的,耶林开启了法律对社会功能面向之考察。利益法学的代表学者赫克进一步指出,目的展示的仅仅是获胜的利益,即对立利益之间的较量结果。然而,法律规范的具体内容取决于失败利益的分量。仅阐释目的是远远不够的,必须通过利益划分原则予以深化,并找出对法律规范具有决定意义的利益冲突。[133] 同时,赫克区分了"命令"与"利益",二者确立了观察法律及其组成部分的双重方式。前者指涉法律的内容,是对法律进行的结构式的观察;后者指涉法律的目的,是对法律进行的功能式的观察。[134] 自由法学的代表学者埃利希则提出,法律发展的重心在社会本身,社会先于国家和法律存在。法律规则源于人类团体的内部秩序,仅是实际指导人们行为的方式之一。[135] 他强调了法律规则的限度,以及法律规则是从具体的社会事实当中产生的判断。霍姆斯认为,法律的生命不在于逻辑,而在于经验。他支持法官造法,认为只有法官才能发挥制定和发展法律的作用,立法者制定的规则不过是立法者凝固的见解。[136] 相似的是,弗兰克也认为,即使是在一个相对静态的社会里,人们也无法构建一套全面的、永恒的规则来预测所有可能出现的法律纠纷,并提前予以解决。不确定性才是法律的本质,正是基于法律的这种不确定性,人们才会倾力完善法律,使法律适应并促进现代文明。[137] 庞德认为法律的任务在于以最小限度的浪费提供满足利益的最佳方案。立法应当寻求个人利益、公共利益和社会利益之间的平衡点,更为重要的是,他提出了七项法律假定作为利益的衡量工具:一是在文明社会

---

[131] [德]耶林:《为权利而斗争》,郑永流译,商务印书馆 2016 年版,第 33 页。

[132] Rudolf Von Inering, *Law as a Means to an End*, translated. by Isaac Husik, The Boston Book Company, 1913, p. 47 – 49.

[133] [德]菲利普·黑克:《利益法学》,傅广宇译,商务印书馆 2016 年版,第 17 – 18 页。

[134] Philipp Heck, *The Formation of Concepts and the Jurisprudence of Interests*, in M. Magdalena Schoch ed., The Jurisprudence of Interests, Harvard University Press, 1948, p. 142 – 143.

[135] [奥]欧根·埃利希:《法社会学原理》,舒国滢译,商务印书馆 2022 年版,第 46、66 页。

[136] [美]霍姆斯:《责任的早期形式》,载[美]霍姆斯:《法律的生命在于经验——霍姆斯法学文集》,明辉译,清华大学出版社 2007 年版,第 82 页。

[137] [美]杰罗姆·弗兰克:《法律与现代精神》,刘楠、王竹译,法律出版社 2020 年版,第 7、200 页。

中，人们必须能确保不受到他人的故意侵犯；二是在文明社会中，人们必须能确保他们可以基于受益的目的而控制他们所发现的东西并占有和使用，可以控制他们用自己劳动所创造的东西，以及控制在现有社会和经济秩序下获得的东西；三是在文明社会中，人们必须能够确保在与他人进行社会交往时，他人会善意行为；四是在文明社会中，人们必须能够确保在其行为过程中尽到"合理注意"的义务，不至于使其行为有对他人造成不合理侵害的危险；五是在文明社会中，人们必须确保那些拥有财产或雇佣代理的人，如果该财产或代理尽管在它们的使用范围内无害，但在其他正常使用或活动范围内有害，或者有超出其合理适用范围内的内在倾向时，能够把它们控制在适当范围之内；[138] 六是每个人都有权主张其在社会生活中遇到的意外伤害的损失由社会承担；七是每一个人都有权要求社会保证其达到起码的生存标准，不仅限于提供或获得平等的机会，而是直接的物质满足。[139] 因此，法律假定使利益得到合理化的确认，作为原则可以为立法者创制法律提供指导。诺内特和塞尔兹尼克将法划分为三种类型，从强调绝对权威的压制型法到强调程序正义的自治型法，再到强调实体正义的回应型法，这一进化过程体现了回应型法产生的必然性，呈现了一个理想的立法改革方案。[140]

相较于自然法学派的价值先验立场和分析法学派的规范实证取向，社会学法学派确立了法律与社会关系的双重认知框架：既承认法律对社会关系的形塑功能，也强调社会事实对法律规范的建构作用。在这一阵营当中，学者的论证重心又呈现不同方面：一是以"利益"为内容，将立法视为利益整合和配置机制。社会学法学派关注到了权利义务背后的利益关系，例如，耶林将权利定义为法律上所保护之利益，当权利受到侵害时，利益的计算就成了主张权利的重要理由；赫克以利益作为研究的出发点，借由利益的语境对社会生活需求予以回应；庞德认为立法就是要发现社会中迫切需要保护的利益，对这些利益进行分类并在可能的情况下加以承认和保护。在现代社会，利益种类更加多样，如何调和复杂的利益冲突并凝聚共识成为立法的首要任务。"一部立法值得尊重，因为它是在政治环境中所反映的成就：面对分歧，协调一致行动。"[141] 二是以"目的"为导

---

〔138〕 参见［美］罗斯科·庞德：《法理学》（第3卷），廖德宇译，法律出版社2007年版，第7－9页。
〔139〕 参见［美］罗斯科·庞德：《法理学》（第1卷），余履雪译，法律出版社2007年版，第430页。
〔140〕 参见［美］诺内特、塞尔兹尼克：《转变中的法律与社会——迈向回应型法》，张志铭译，中国政法大学出版社1994年版，第31、59、87页。
〔141〕 ［美］杰里米·沃尔德伦：《法律与分歧》，王柱国译，法律出版社2009年版，第138页。

向,社会学法学派的立法观强调改善社会状况的重要性。社会学法学派提出的"目的"既不同于自然法学派的价值追求,也不同于分析法学派的推理结论,而是从人的生存和发展需要演绎而来,并需要通过法律形式加以保障,包含特定的社会期望和理想。特殊的规则、政策和程序虽然可能作为长期积累的经验受到尊重,但却不再表明法律秩序的承诺;取而代之的是,那些包含了政策前提并告知"我们真正要干的事"的更为普遍的目的。[142] 三是以"实效"作为检验标准,重视立法实际有效且被社会所认可。分析法学派认为一个法律文件只要是经过严格的立法程序并正式予以公布就具有法律效力;而社会学法学派则认为经过严格的立法程序并正式公布的规则,如果没有被广大的社会成员所认可和遵守,如果当其被违反之后司法机关没有理睬或没有按其所规定的处理,它就不具有法律效力。[143] 仅仅从规范的内部构造来研究立法活动是远远不够的,还需要将立法放置在社会秩序当中,考察立法在社会系统中实际发挥的作用。四是反思立法限度,法律的产生途径绝非仅仅是国家机关制定法。从多元的规则体系看,立法只是社会控制的一种方式。立法的重要性上升并不意味着立法已经成为大多数争议的解决方式,也不意味着立法可以独立于其他的社会控制而存在。"真实世界从来都不全盘接受立法的规定。"[144] 因此,社会学法学派始终关注人的实践与行动,将风俗习惯、组织章程、司法解释等作为实在法的支撑和补充资源。

社会学法学派的立法理论对于促使人们从社会当中寻找法的根源、加强对社会事实和社会需求的调查研究具有重要的启示。社会学法学派的法观念有益于将人们对法的认识从国家当中解放出来,克服国家中心主义和立法万能主义倾向。科学立法要求在立法过程中对具体调整对象进行严格的调查研究,透析作为立法展开背景之社会环境的运作规律,透析作为调整对象之社会关系本身的客观运作规律,为立法工作提供一个真实、明确的事实基础。因此,"科学"的含义包括了"事实性"的"求真"。[145] 与此同时,社会学法学派的立法思想也存在局限之处,社会学法学派将法律视为社会秩序,带有法律泛化的倾向。例如,埃利希认为,活法的科学意义并不限于它对法院的裁判规范或者制定法的内容

---

〔142〕[美]诺内特、塞尔兹尼克:《转变中的法律与社会——迈向回应型法》,张志铭译,中国政法大学出版社 1994 年版,第 87 页。

〔143〕严存生:《西方社会法学的法观念探析》,载《学术研究》2010 年第 1 期。

〔144〕[美]罗伯特·C. 埃里克森:《无需法律的秩序:相邻者如何解决纠纷》,苏力译,中国政法大学出版社 2016 年版,第 10 页。

〔145〕裴洪辉:《合规律性与合目的性:科学立法原则的法理基础》,载《政治与法律》2018 年第 10 期。

具有决定性这一点上，活法具有它自己的认识价值，即它构成人类社会法律秩序的基础。又如，庞德指出，社会学法学派更倾向于在法律秩序的层面上使用法律这一术语。但是，过度依赖多变的社会现实可能导致法律规则缺乏一致性、稳定性，关注调整对象的特殊性而忽视了整体的制定效果，以及难以直接将宽泛的社会事实转化为法律系统内部的原则和规则。

综上所述，“立良法”应当更加宽泛地指向立法的“质量”或“品格”，而不限于价值标准这一单一维度。受“恶法亦/非法”论战的影响，人们习惯于将“恶法”定义为不正义的法律，由此误认为“立良法”也仅仅是自然法学派的主张。然而，自然法学派与分析法学派有关“恶法”应否被遵守的争论是基于现象的讨论。提高立法质量需要在法律制定环节展开全方位的考量，避免以单一维度阐释所有立法现象的谬误。自然法学派、分析法学派、社会学法学派为提高立法质量贡献了不同维度的评价标准。自然法学派为立法活动提供了价值指引，致力于寻找“正确之法”。立法不仅是创制规则的技术过程，还交织着深层次的价值诉求。积极的价值观通过法律规则的形式外化，可以引导人类追求更加美好的社会生活，不断地接近正义理想。分析法学派将研究视角从法律之外移至法律内部，强调应当重视实在法的规范结构和体系，从而不断增强立法的合法性、融贯性和技术性。分析法学派促使立法者和法学家思考如何更有效地设计和实施法律。社会学法学派将立法活动拉回现实，促使人们从社会当中寻找法的根源，加强对社会事实和社会需求的调查研究。社会学法学派的思想对于评估立法的科学性、指导和调控立法行为追求实效具有重要意义。因此，为了全面提升立法质量，应当综合运用这些学派的知识和方法，从价值导向、规范结构和事实依据等多个维度进行深入分析和体现。

2018 年 5 月，中共中央印发《社会主义核心价值观融入法治建设立法修法规划》。其中指出，“推动社会主义核心价值观入法入规，必须遵循的原则是：坚持党的领导，坚持价值引领，坚持立法为民，坚持问题导向，坚持统筹推进”。完善弘扬社会主义核心价值观的法律规范体系的时代呼唤为新时期立法工作指明了一条清晰的、可行的前进道路，这也要求立法机关将社会主义核心价值观融入法律法规需要从价值、规范和事实三方面同时施力。理解立法问题应当从结果和过程两个方面进行系统把握，社会主义核心价值观融入法律规范体系包括融入法律规范和融入立法过程两部分。[146] 就社会主义核心价值观融入法律规范

---

〔146〕 宋方青等：《完善弘扬社会主义核心价值观的法律政策体系研究》，法律出版社 2024 年版，第 167－168 页。

而言,社会主义核心价值观是社会主义道德最集中的体现,将这一部分道德优先融入法律是当代中国经济社会发展带来的现实需要,是回应当代中国共同价值追求的重要手段,是建设中国特色社会主义法治的必然要求。[147] 就社会主义核心价值观融入立法过程而言,科学立法、民主立法、依法立法均是社会主义核心价值观在立法过程中的体现,社会主义核心价值观能够以动态融入的过程理性实现立法过程整体的逻辑自洽。[148] 因此,应当充分认识社会主义核心价值观的内涵,发挥其在整合立法质量多元化标准方面的作用,参考西方法学界关于立良法的理论成果,构建提升立法质量的中国方案。

---

〔147〕 宋方青等:《完善弘扬社会主义核心价值观的法律政策体系研究》,法律出版社 2024 年版,第 172 页。

〔148〕 宋方青等:《完善弘扬社会主义核心价值观的法律政策体系研究》,法律出版社 2024 年版,第 172 页。

第二章

立法质量的规范分析与实践考察

立善法于天下，则天下治；立善法于一国，则一国治。[1] 法治当为良法之治，法治中国的建设要求我们必须认真对待立法，必须聚焦立法的质量。习近平总书记强调："越是强调法治，越是要提高立法质量。"[2]立法质量好坏是决定法治质量最终成效的根本保障。当前，我国在立法工作上取得较为瞩目的成绩，但立法在数量与质量上并不完全成正比，一些立法的质量与良法标准还有差距。[3] 从总体上说，立法质量尚有不足，这也是为什么还有完善的重任之所在。[4] 习近平总书记在党的二十大报告中针对高质量法治继续作出重大部署："全面依法治国是国家治理的一场深刻革命……必须更好发挥法治固根本、稳预期、利长远的保障作用，在法治轨道上全面建设社会主义现代化国家。"[5]提高立法质量是持续完善中国特色社会主义法律体系的重要方式，是推动完善国家法律功能、在法治轨道上推进国家治理能力和治理水平提升的重要路径。立法质量的提升是一个动态的、不断精进的、及时调整的过程。要深入研究立法质量的议题，需要以历史的角度，在检视中国立法实践的基础上对国家和地方立法工作经验进行总结、提炼和借鉴。本章的重点在于对国家、地方的立法工作进行回述和总结，对国家、地方提升立法质量的经验进行分析与提炼，坚持目标导向与问题导向相统一，客观分析提升立法质量所面临的形势任务及问题差距，为探索新时代提高立法质量的新方法新举措提供分析基础和真实诉求。

---

〔1〕 参见（北宋）王安石：《周公》。

〔2〕 习近平：《在十八届中央政治局第四次集体学习时的讲话》（2013 年 2 月 23 日），载中共中央文献研究室编：《习近平关于全面依法治国论述摘编》，中央文献出版社 2015 年版，第 43 页。

〔3〕 宋方青：《完善立法体制　提高立法质量》，载《光明日报》2014 年 12 月 9 日，第 2 版。

〔4〕 宋方青：《立法质量的判断标准》，载《法制与社会发展》2013 年第 5 期。

〔5〕 习近平：《高举中国特色社会主义伟大旗帜　为全面建设社会主义现代化国家而团结奋斗——在中国共产党第二十次全国代表大会上的报告》，载《人民日报》2022 年 10 月 26 日，第 1 版。

第一节　立法质量提升的历史回顾

在华夏上下五千年的悠悠岁月中，在寻求治国安邦之道的道路上，无数能仁志士苦苦追寻、长耕不辍。从逐步建立现代法制到走向现代法治的历史进程中，中国立法走过了一段曲折但波澜壮阔的探索发展道路，经历了从弥补法律空缺迈向有法可依、坚持全面依法治国、追寻良法善治的发展历程，积累了丰富的立法经验，也逐步确立了中国法治建设的宏伟蓝图。本节将对中国立法质量提升进行历史回顾，总结和归纳中国立法工作发展进程中提升立法质量的历史经验和实践方式，为追求新时代立法质量的提升提供有益的参考和借鉴。

一、弥补法律空缺：寻求立法增量

在新中国成立初期，立法尚属起步阶段，此时的立法重心在于废除旧法统、建立新法制，关于提升立法质量的专门性的法律和相关明文政策较为缺乏，但是当时在毛泽东同志的带领下，发动人民开展新中国法制建设所应遵循的观念和立法制度的设想仍然具有重要的时代价值和意义。

在夺取解放战争全国性胜利时期的中国，对外面临其他国家的封锁和制裁，对内需要直面在陈旧落后的法制废墟上建立起能够有效适应和保障国民经济发展、实现人民当家作主的新法制。不过，此时的中国法制建设与现实需求还存在相当大的差距。1949 年 1 月 14 日，毛泽东同志发表《关于时局的声明》，提出作为国共合作的八项条件，其中就包含要求“废除伪宪法”“废除伪法统”。[6] 同年 9 月 29 日，《中国人民政治协商会议共同纲领》（以下简称《共同纲领》）的诞生，从根本上废除了国民党反动政府残留的具有压迫人民性质和规定的法律、法令和司法制度。作为具备根本法性质的临时宪法《共同纲领》第一次从法律规范上将民主集中制的人民代表大会制度确认为中华人民共和国的政治制度，它的颁布和施行为国家政权建设提供了法律依据，为人民代表大会制度的最终确定奠定了基础，也标志着旧法统被彻底抛弃在历史的长河中，宣告新中国立法工作开启新篇章。

立法质量提升要以法律具备一定规模并能形成法律体系为前提。[7] 事实

---

〔6〕 毛泽东：《毛泽东选集》（第 4 卷），人民出版社 1991 年版，第 1389 页。

〔7〕 韩大元：《关于提高立法质量的宪法学思考》，载《河南社会科学》2010 年第 5 期。

上，从现在的视角来看，新中国成立初期的立法也是遵循这一立法规律，即将立法的重心设置在法制的建设上并由此开展大规模的立法工作，拉开立法数量增长的序幕。从1949年至1954年新中国第一部《宪法》诞生之前，中央人民政府委员会和中央人民政府快速制定了一系列法律、法令。为更好推进国家和各级政权建设的需要，中央人民政府委员会通过省、市、县各界人民代表会议组织通则；中央人民政府政务院先后制定《政务院及其所属各机关组织通则》《大行政区人民政府委员会组织通则》以及县、市、省人民政府组织通则。此外，为了稳步推进国家经济和社会发展，这一时期的中央人民政府还通过了《婚姻法》《工会法》《土地改革法》等一系列法律、法令，为建立和巩固新生政权、建立新的社会秩序提供了相对有力的法制保障。[8]

客观地说，此时的中国亟待大量制定维护国家与社会秩序的基本法律，立法的重心也自然往立法效率方向倾斜。立法转向效率优先的做法固然符合该历史阶段下国家立法发展的目的，但是也不可避免地导致立法在质量上的失衡。在立法数量上，虽然制定的法律呈现增长趋势但是立法绝对数量仍旧不足，许多重要的亟需的法律未能及时出台。在立法规范上，一些法律的内容还是比较简单，对于一些关涉民生领域的法律、法令仍未进行细化规定。在立法程序上，基本上实行的是“一审制”。由于当时国家立法工作尚处在起步阶段，没有建立起完整成熟的议事规则和立法程序，所有法律基本上都只经过了委员会一次会议讨论便通过，因此不可避免地造成立法在质量上先天不足。但从整体上来说，这一时期的立法工作为我国社会主义法制的建设奠定了基础，向世人展示了新中国坚持走法制道路的坚定决心；同时，这一时期所制定的法律也为确立人民当家作主的地位、维护经济社会发展和安定、推动社会进步发挥了重要作用。

需要特别指出的是，毛泽东同志时任中华人民共和国宪法起草委员会主席，在此期间，其更加深入地参与立法工作，更加熟练地掌握立法规律，也形成了一系列法律思想和立法观念。这些法律思想和立法观念在一定程度上为后续的立法活动所承续，具体表现为以下方面：

（一）实事求是的立法观

毛泽东同志于1941年在延安干部会议上作《改造我们的学习》报告时，曾对实事求是的科学内涵和基本要求予以经典阐释。所谓实事求是，即从实际情

---

〔8〕 张生主编：《中华人民共和国立法史（1949—2019年）》，法律出版社2020年版，第3－4页。

况出发，研究客观存在的一切事物的内部联系而非臆造的规律性，并以此作为行动的向导。[9] 毛泽东同志在领导中国革命和建设过程中，将马克思列宁主义的普遍真理与中国革命和建设的具体实践紧密结合，并以"实事求是"这一中国化哲学表达对辩证唯物主义和历史唯物主义世界观和方法论进行高度概括。[10] 作为一种科学方法论，其同样被运用到新中国的立法当中。

若将法学视作一种权威而不经证立则难免陷入教条主义，而以本土经验完全取代马克思主义以及法学一般原理又将陷入经验主义。[11] 因此，在把马克思主义的基本原理同中国革命具体实际相结合、探寻中国革命道路的过程中，毛泽东同志秉持事实尺度与实践标准内在统一的思维方式，对中国传统文化中的"实事求是"思想进行了整体性提炼、本土化改铸和结构化重塑，实事求是也因此构成了中国特色社会主义理论与法治思想的基础。

实事求是的立法观是毛泽东同志在带领人民进行法制建设的过程中坚持贯彻的观念，他坚持从革命和建设的实际需要和现实可能的角度出发维护广大人民群众的利益。毛泽东同志指出，"马克思主义叫我们看问题不要从抽象的定义出发，而要从客观存在的事实出发，从分析这些事实中找出方针、政策、方法来"。[12] 1954 年，在制定我国第一部《宪法》时，他指出，"现在能实行的我们就写，不能实行的就不写"。[13] 毛泽东同志的这一立法观是起草宪法时的基本指导方针，也是在立法过程中坚持实事求是的直接体现。

习近平总书记指出，"实践反复证明，能不能做到实事求是，是党和国家各项工作成败的关键"。[14] 实事求是的立法观虽然未被直接规定于宪法以及其他宪法性法律中，但在国家立法工作中实质发挥着指导作用。过去，党和国家依靠实事求是的立法观推动立法工作取得长足进步，未来更要依靠实事求是的立法观守正创新，引领新时代立法走向新征程。

（二）科学立法观

1954 年《宪法》制定时，曾有人大代表提议以毛泽东同志人名冠以宪法之

---

〔9〕 毛泽东：《毛泽东选集》（第 2 卷），人民出版社 1991 年版，第 801 页。
〔10〕 习近平：《坚持实事求是的思想路线》，载《学习时报》2012 年 5 月 28 日，第 1 版。
〔11〕 张龑：《实事求是的法理阐释》，载《环球法律评论》2021 年第 4 期。
〔12〕 毛泽东：《毛泽东选集》（第 3 卷），人民出版社 1991 年版，第 853 页。
〔13〕 毛泽东：《毛泽东选集》（第 5 卷），人民出版社 1977 年版，第 126 页。
〔14〕 习近平：《在纪念陈云同志诞辰 110 周年座谈会上的讲话》，载《人民日报》2015 年 6 月 13 日，第 2 版。

名,也曾有人建议设置"中华人民共和国主席为国家之元首"的独立条款。对此,毛泽东同志坚决反对此做法并指出,"这不是谦虚,而是因为那样写不适当,不合理,不科学……搞宪法是搞科学。我们除了科学以外,什么都不要相信"。[15] 在新中国成立之初,毛泽东同志便为刚刚起步的国家法制建设奠定基调,反对将立法建立在任何人的权威之上,而应将宪法的制定建立在"领导机关的意见和广大群众的意见相结合"的基础上,以取得最广泛、最真实的民主。

毛泽东同志的科学立法观不仅体现在宪法制定上,还体现在部门法制定及其具体制度的设计之中。毛泽东同志曾对部门法立法缺失的情况作出严厉指示:"刑法需要制定,民法也需要制定,没有法律不行,现在是无法无天。"[16] 立法真空期凸显了迅速建设法制的迫切需求,但科学立法对立法工作提出了更高要求。面对部门法急需制定的情况,毛泽东同志没有选择急于求成地盲目进行立法,而是深刻指出,"社会主义的法律工作是一项新的工作,至今我们还没有制定出社会主义的民法和社会主义的刑法,需要积累经验"。[17] 在具体制度上,毛泽东同志在《为争取国家财政经济状况的基本好转而斗争》中指出:"必须实行镇压与宽大相结合的政策,即首恶者必办,胁从者不问,立功者受奖的政策,不可偏废。"[18] 此外,毛泽东同志创造性地提出"死缓"刑罚制度:"他们犯有死罪,但群众未直接受害。如果我们把这些人杀了,群众是不容易了解的,社会人士是不会十分同情的,又损失了大批的劳动力,又不能起分化敌人的作用,……因此,中央决定对于这样的一些人,采取判处死刑、缓期执行、强制劳动、以观后效的政策。"[19] 历史现实表明,1979 年制定的《刑法》在立足具体历史阶段并结合社会现实的前提下,充分吸收毛泽东同志在刑法制度上的预先设想,全面采取了惩办与宽大的政策。而这恰恰也证明了毛泽东同志始终尊重立法的客观事实和内在规律,坚持以科学的立法观念对待立法工作,充分保障人权,切实维护社会秩序的稳定。

法律是远离激情的理性。[20] 在彼时法制建设尚处空白的情况下,毛泽东同志摒弃个人权威下立法的理念,理性践行科学立法观,推进社会主义民主,满足社会和人民的基本要求,极大地促进了社会主义法制建设。虽然科学立法还未

---

〔15〕 毛泽东:《毛泽东文集》(第 6 卷),人民出版社 1999 年版,第 330 页。
〔16〕 毛泽东:《毛泽东年谱》(第 5 卷),中央文献出版社 2013 年版,第 94 页。
〔17〕 毛泽东:《毛泽东年谱》(第 5 卷),中央文献出版社 2013 年版,第 215－216 页。
〔18〕 毛泽东:《毛泽东文集》(第 6 卷),人民出版社 1999 年版,第 72 页。
〔19〕 毛泽东:《毛泽东文集》(第 6 卷),人民出版社 1999 年版,第 122 页。
〔20〕 [古希腊]亚里士多德:《政治学》,吴寿彭译,商务印书馆 2006 年版,第 169 页。

真正以政策法律化的形式上升为一项立法原则，但是科学立法的理念在那时便有了基本的雏形，并为今后科学立法原则的建构打下坚实的基础。

（三）民主立法观

毛泽东同志向来主张坚持的群众路线是党和国家在处理与人民群众关系问题时所秉持的根本的工作方法和思想认识路线，而民主立法则是群众路线在立法工作中的具体体现。可以说，毛泽东同志在新中国成立之后进行法制工作创制的首要方法论原则便是民主立法，并被广泛地运用到之后涉及法律和法学的思想和活动当中。1954 年《宪法》制定过程中，宪法草案（初稿）被广泛讨论，共计 1.5 亿余人参加，共收到对宪法草案的意见 52 万多件，形成一场民主立宪运动风潮。毛泽东同志对此评价说，“这个宪法草案之所以得人心，……就是起草宪法采取了领导机关的意见和广大群众的意见相结合的方法”。〔21〕 这是中国共产党领导之下的人民民主在宪法制定中的集中体现，广泛表达了人民的意志和意愿。对此，毛泽东同志曾自豪地说：“我们社会主义的民主是任何资产阶级国家所不可能有的最广大的民主。”〔22〕

按照现代民主立法理论，民主立法需要依靠明确的制度予以保障，即要有一套完整的实施民主立法的规范、程序和制度，如立法公开、立法听证等制度在程序上保障立法参与。民主立法的本质是在尊重公众的价值取向和普遍理性选择的前提下，以多元方式保障公众深度、广泛地参与立法。民主立法又绝不仅仅表现为简单地对民意进行征集的过程，而是在一系列民主程序以及固定机制下表达利益诉求、利益博弈和协调，进而使不同利益在立法中得到合理或均衡体现。但受限于当时的具体环境，这一时期我国的民主立法更多地表现为直接式的民主，即立法直接依靠人民当家作主，让群众行使当家作主的权利，〔23〕缺乏立法的程序保障。但是我们也应当看到，我国这一时期的立法虽然没有建立完整的民主立法制度，立法体制不甚完善，立法程序的相关细节也缺乏明确的法律予以规定，而是以过渡式的直接民主推动民主立法往前迈进，但是至少表明我国的民主立法与专制立法、少数人立法、官僚立法等立法体制的根本差异，强调了人民在国家立法中的主体地位、作用和参与程度，并将人民民主确立为一种人民参与国

---

〔21〕 毛泽东：《毛泽东文集》（第 6 卷），人民出版社 1999 年版，第 325 页。

〔22〕 毛泽东：《毛泽东文集》（第 7 卷），人民出版社 1999 年版，第 207 页。

〔23〕 葛洪义：《地方立法的几个理论问题》，载微信公众号“浙江暨浙江大学立法研究院”2024 年 3 月 7 日，https://mp.weixin.qq.com/s/ZfrOJ6636zSjXGFiE8ZJtQ。

家政治的形式，为现代立法与法治奠定基础。

（四）兼顾原则性和灵活性的立法观

毛泽东同志在领导新中国社会主义法制建设的过程中，因应时代的要求灵活变通，既坚持规范制定的客观性又能立足社会实际情况，从而创造性地提出兼顾原则性和灵活性的立法观。他指出："原则性要灵活执行。应当是那样，实际是这样，中间有个距离。有些法律条文要真正实行，也还得几年。"〔24〕所谓原则是指从众多个别事物中抽象出来的、反映事物发展根本规律，并在观察和处理问题过程中所依据的正确认识。原则性强调的是对上述认识的坚持，而灵活性则是原则性在实际情况下的多样表现，是对上述认识的及时修正和适时变通。毛泽东同志从立法角度出发，对原则性和灵活性的内在联系和辩证关系进行总结，为推动当时立法工作的有序进行奠定总体基调。

原则性和灵活性相结合的立法观念虽然未真正形成一项立法原则，但时至今日，这一立法观念在立法工作中仍得以承续。原则性和灵活性相统一既是邓小平理论的重要部分，也为"三个代表"重要思想的形成提供了经验与方法。〔25〕时代发展迅速，新事物不断涌现，立法工作也应及时作出调整。习近平总书记指出，"坚持改革决策和立法决策相统一、相衔接，立法主动适应改革需要"。〔26〕法治和改革的关系就是原则性和灵活性相结合的具体体现，这些重要观点集中反映了这一立法观念作为智慧结晶已经成为党和国家在处理立法重大问题时所应当坚持的基本策略，也为我们在开展法治建设中更好处理法治和改革等一系列重大关系提供了理论指引。

（五）在批判中继承的立法观

就建设中的新中国而言，以部分法律移植、法律继承的方式开展立法是当时最具效率的立法方式之一。毛泽东同志在领导新中国法制建设时，坚持以批判中继承的方式，对我国的传统法律文化和历史上其他国家法制中的有益立法经验兼容并蓄。1954 年宪法草案就是在总结革命和建设经验的基础上，对从清朝

---

〔24〕 毛泽东：《毛泽东文集》（第 6 卷），人民出版社 1999 年版，第 279 页。

〔25〕 胡匡敬：《坚持坚定的原则性和高度的灵活性的统一——学习邓小平同志的策略思想》，载《内蒙古社会科学（汉文版）》2004 年第 4 期。

〔26〕 习近平：《论坚持全面依法治国》，中央文献出版社 2020 年版，第 38 页。

末年以来关于宪法问题正反两面的经验进行吸收与扬弃。[27] 同时,虽然在1954年《宪法》起草过程中,主要是以中国既有的经验为主,但也没有对外来有益经验进行完全否定,而是辅以参考苏联和各人民民主国家宪法中的优秀立法经验。[28] 毛泽东同志的立法观源于马克思主义思想,又结合了中国现实国情,颇具中国特色。在毛泽东同志的立法观的引领下,国家立法工作在此阶段稳步前进,法制建设得以推动,社会主义民主得以发扬,开创了立法的新局面。

这一阶段,国家在社会经济发展、党政清廉建设、群众广泛参与、社会和谐安定上取得长足进步。然而,囿于当时的历史局限性,中共八大二次会议将阶级斗争定性为当时中国的主要矛盾后,阶级斗争和法律虚无主义也日益盛行。[29] "文化大革命"期间,国家的各级组织普遍受到冲击而陷入瘫痪状态,立法工作也遭遇重创,一度停滞近十年。法制发展被完全抛弃,导致国家政治、经济、文化等方面的管理陷入困境。

二、迈向有法可依:完善法律体系

1978年,在党的十一届三中全会召开前的中央工作会议闭幕式上,邓小平同志提出,"为了保障人民民主,必须加强社会主义法制",[30] 这是在总结"文化大革命"历史教训、遵循客观规律与时代发展要求的基础上所提出的重要指示,标志着我国法制工作经过"文化大革命"的摧残之后重新起航。扭转无法可依的窘迫局面成为当时立法的迫切需求,加快恢复和重建国家秩序、推进改革开放成为此时立法工作的重点。但复杂多样的立法事务与极为有限的立法力量在客观上决定了当时的立法工作不可能精细化开展,此时立法工作的目标转向对效率优先的追求。对此,邓小平同志立足当时的立法能力和立法力量,统筹结合国家法制发展正处于后发的情况,提出"先粗后完善,有比没有好,快搞比慢搞好"的立法创举。[31] 彭真同志也指出,"现阶段法律若是过于精细,则无法发挥效果"。[32]

这一时期,在"宜快不宜慢"立法理念的指引下,诞生了"一日七法"的立法

---

〔27〕 毛泽东:《毛泽东年谱》(第2卷),人民出版社1993年版,第227页。

〔28〕 毛泽东:《毛泽东文集》(第6卷),人民出版社1999年版,第325页。

〔29〕 张生主编:《中华人民共和国立法史(1949—2019年)》,法律出版社2020年版,第5页。

〔30〕 中共中央文献研究室编:《三中全会以来重要文献选编》(上),中央文献出版社2011年版,第9页。

〔31〕 邓小平:《解放思想,实事求是,团结一致向前看》,载《邓小平文选》(第2卷),人民出版社1983年版,第147页。

〔32〕 彭真:《论新时期的社会主义民主与法制建设》,中央文献出版社1989年版,第268页。

创举,全国人大五届四次会议于 1979 年 7 月 1 日当天对包括《刑法》《刑事诉讼法》在内的 7 部法律全部予以通过,〔33〕因应国家、社会强劲的立法需求。这 7 部法律是在以彭真同志为主任领导下的法制委员会在短短三个月时间里草拟完成的。〔34〕此立法理念下的立法虽然创造了世界立法史上的奇迹,但也不可避免地使立法质量相对较为粗放。同时,此时的立法审议过程还大多施行“一审制”,应当说,此时的立法工作对立法程序的重视程度还很不足,立法质量还无法得到充分保障。值得注意的是,虽然此时的立法工作还主要以提高立法数量、解决基本有法可依为主要目标,但从这时起对制度和法律的权威性与连续性的维护就已经得以坚持,这也标志着我国已经逐步走上依法治国的道路。

1982 年,党的十二大报告提出,“将社会主义民主同社会主义法制紧密结合”。〔35〕民主和法制间的协同发展,进一步推动法制建设与国家具体的政治、经济、文化教育等领域的发展,并助力充分发挥社会主义体制优势,保障最广大的人民民主。此外,1982 年《宪法》的诞生,使国家政治在宪法的规定下得以正常运转,结束了事实上的无政府状态。〔36〕在以宪法为根据的前提基础上,统一、多层次的立法体制得以建立,立法权限的问题得以初步廓清,立法与立法实施、监督等方面内容得以进一步规定。宪法的制定为社会主义法制建设提供了根本框架,为社会主义民主提供了价值遵循,因而也促进了立法向更加规范化的方向运行。

党的十三大报告指出,“我们必须一手抓建设和改革,一手抓法制……应兴应革的事情,要尽可能用法律或制度的形式加以明确”。〔37〕这一重要论述深刻表明,此时我们党对社会主义法制建设与改革之间关系的认识已经上升到另一个高度。虽然当时“重大改革于法有据”的理念还尚未提出,但在法制和改革的关系问题上,党已经对二者的关系进行了辩证思考,强调要以法制促进改革发展,改革须以法制作为前提。法制推进改革,本身就是在推进依法治国。党的十四大报告指出:“我们要在九十年代把有中国特色社会主义的伟大事业推向前

〔33〕 张文显:《中国特色社会主义法治理论的科学定位》,载《法学》2015 年第 11 期。

〔34〕 宫宜希:《改革开放之初七部法律的立法故事》,载《中国人大》2024 年第 11 期。

〔35〕 《十一届三中全会以来历次党代会、中央全会报告　公报　决议　决定》(上),中国方正出版社 2008 年版,第 148 页。

〔36〕 高全喜:《“古今之变”下的宪法规范发生机制》,载《苏州大学学报(哲学社会科学版)》2015 年第 5 期。

〔37〕 《十一届三中全会以来历次党代会、中央全会报告　公报　决议　决定》(上),中国方正出版社 2008 年版,第 306 页。

进,最根本的是坚持党的基本路线,加快改革开放,集中精力把经济建设搞上去。同时,要围绕经济建设这个中心,加强社会主义民主法制和精神文明建设,促进社会全面进步”,并强调要“高度重视法制建设。加强立法工作,特别是抓紧制订与完善保障改革开放、加强宏观经济管理、规范微观经济行为的法律和法规,这是建立社会主义市场经济体制的迫切要求”。[38] 因此,此时国家的大政方针将立法重点设置在制定保障改革开放和加强经济管理的法律法规上,以此回应改革开放中建设社会主义市场经济体制的现实要求。与此同时,基于现实立法的需要,包括《经济合同法》《民法通则》等在内的一系列民商事单行法规以及三大基本诉讼法等一系列法律相继制定。[39] 这也表明,发挥立法对社会主义市场经济体制改革积极有效适应的立法意识已经开始建立,这也为以提升立法质量促进改革发展水平的法制创新发展形式奠定了基础。

三、促进依法治国:强化立法提质

1997 年,党的十五大报告明确指出:“依法治国,是党领导人民治理国家的基本方略,是发展社会主义市场经济的客观需要,是社会文明进步的重要标志,是国家长治久安的重要保障。”[40] 党的十五大报告首次把依法治国确立为党领导人民治理国家的基本方略,并提出“加强立法工作,提高立法质量,到 2010 年形成社会主义法律体系”。为如期实现这一宏伟目标,以提高立法质量为出发点,一系列促进立法质量提升的程序、制度迅速建立起来。

在立法规划方面,时任全国人大常委会委员长李鹏同志从工作实际出发,要求“常委会任期五年要有立法规划,每年度要有立法计划。按照立法需要分步骤进行立法”。[41] 立法规划制度的建构是提升立法质量的关键一步,有助于确保立法有序开展,防止部门利益法律化、法律化的部门利益个人化。编制立法规划是立法行为之一,立法规划具有法的性质和法的约束力,但又有别于典型意义上的法。作为一种特殊意义的法,表现在其编制主体、编制程序以及效力的特殊性,具有“软约束”的特点。立法规划兼具指令性和指导性双重属性。强化立法

---

〔38〕《十一届三中全会以来历次党代会、中央全会报告 公报 决议 决定》(下),中国方正出版社 2008 年版,第 443、451 页。

〔39〕张生主编:《中华人民共和国立法史(1949—2019 年)》,法律出版社 2020 年版,第 5 页。

〔40〕《十一届三中全会以来历次党代会、中央全会报告 公报 决议 决定》(下),中国方正出版社 2008 年版,第 611 – 612 页。

〔41〕中共中央文献研究室编:《十五大以来重要文献选编》(上),中央文献出版社 2011 年版,第 227 页。

规划必须加强规则与制度的建设。编制立法规划，除了坚持立法的一般原则外，还需要坚持需要、合法与可行三项基本原则，如此方可提高立法的及时性、针对性和系统性，树立所立之法的权威性。

在立法审议上，时任全国人大常委会委员长李鹏同志指出，审议法律草案缺乏充裕的时间，影响立法质量，建议把常委会立法的"两审制"改为"三审制"。虽然立法的周期可能会长一点，但多审议一次没有坏处。〔42〕审议是立法最重要的程序之一，审议时长以及次数多寡在一定程度上决定了立法的质量。现实中，"原则通过"的方式违背了立法应当精细化制定的初衷，也在一定程度上降低了立法质量。2000年，《立法法》获得通过，并以法律规定的形式确认立法审议的过程，明确规定："列入常务委员会会议议程的法律案，一般应当经三次常务委员会会议审议后再交付表决。"至此，立法三审制正式成为一项法律制度，为立法质量的提升提供了坚实的法律基础。回望这些年来的民主法治建设成就，惊人的立法数量带来空前繁荣的立法，无法可依的历史困境总体上已一去不复返。

党的十六大报告在全面建设小康社会的目标中指出，"社会主义民主更加完善，社会主义法制更加完备，依法治国基本方略得到全面落实，人民的政治、经济和文化权益得到切实尊重和保障。基层民主更加健全，社会秩序良好，人民安居乐业"。为实现战略目标，报告进一步要求要"坚持和完善人民代表大会制度，保证人民代表大会及其常委会依法履行职能，保证立法和决策更好地体现人民的意志。优化人大常委会组成人员的结构"。"适应社会主义市场经济发展、社会全面进步和加入世贸组织的新形势，加强立法工作，提高立法质量，到二〇一〇年形成中国特色社会主义法律体系。"党的十七大报告提出，"中国特色社会主义法律体系基本形成，依法治国基本方略切实贯彻"。"依法治国是社会主义民主政治的基本要求。要坚持科学立法、民主立法，完善中国特色社会主义法律体系。"进一步确定了立法工作遵循的基本原则和总体目标追求，即确定了科学立法与民主立法的原则，明确了完善中国特色社会法律体系的目标指向。这充分体现了党中央高度重视科学立法原则的确立，强调了立法工作对客观规律的科学认识和本质尊重，立法的内容应与社会发展相匹配是提升立法质量的根本遵循。民主立法原则的确立则保障了公众参政议政、参与立法协商等过程，促进基层民主活力增强，使立法更广泛、更深入地反映民意和体现民意。

---

〔42〕　阚珂：《立法"三审制"是怎样确立的？（下）》，载微信公众号"全国人大"2019年10月29日，https://mp.weixin.qq.com/s/gYnKpGOewiu2feroOOZGzA。

四、探求良法善治:重视治理效能

科学立法、民主立法、依法立法是不断提高我国立法质量和效率的思想引领和制度建构的根本指南。[43] 党的十八届四中全会决定明确提出要深入推进科学立法、民主立法,并进行了相关的制度安排。党的十九大在强调提高立法质量的同时,提出提高立法效率,作为实现良法善治的要求。党的十九大报告提出:"推进科学立法、民主立法、依法立法,以良法促进发展、保障善治。"党的十九届四中全会决定,立足于制度建设和体制机制的完善,进一步提出,要"坚持科学立法、民主立法、依法立法,完善党委领导、人大主导、政府依托、各方参与的立法工作格局,立改废释并举,不断提高立法质量和效率。完善以宪法为核心的中国特色社会主义法律体系,加强重要领域立法,加快我国法域外适用的法律体系建设,以良法保障善治"。党的二十大报告指出,"加强重点领域、新兴领域、涉外领域立法,统筹推进国内法治和涉外法治,以良法促进发展、保障善治。推进科学立法、民主立法、依法立法,统筹立改废释纂,增强立法系统性、整体性、协同性、时效性"。

党的十八大以来,习近平总书记关于科学立法、民主立法、依法立法的立法论述成为立法的基本原则被法律化和制度化,引领着立法具体制度的建构与完善,大大推动了立法质量与效率的提高,重要领域的立法不断出台。[44] 习近平总书记始终将立法质量置于高位,并深刻指出良法对治理好国家的关键作用。在继承基础上的创新始终是习近平法治思想的显著特征,良法善治是贯穿于习近平法治思想的一个重要原则。[45] 良法以真正实现善治为目标任务,善治则是良法的最终归宿。在可预见的很长一段时间内,着力制定良法、持续提升良法、质量都将是立法工作的重点。

习近平总书记对新时代科学立法的目标方向、体制机制等进行了全面而深刻的判断和阐述,细致回答了科学立法中的重大问题,作为习近平法治思想的重要组成部分,为新时代坚持科学立法提供了根本遵循。首先,确保法律制定符合客观规律是习近平法治思想中科学立法原则的核心要义。习近平总书记明确指

〔43〕 宋方青:《习近平法治思想中的立法原则》,载《东方法学》2021 年第 2 期。
〔44〕 宋方青:《习近平法治思想中的立法原则》,载《东方法学》2021 年第 2 期。
〔45〕 宋方青:《习近平法治思想中的立法原则》,载《东方法学》2021 年第 2 期。

出:“科学立法的核心在于尊重和体现客观规律。”[46] 具体而言,立法必须从中国的国情和实际出发,尊重和体现社会发展的客观规律、尊重和体现法律所调整的社会关系的客观规律以及法律体系的内在规律。科学立法不仅指向立法的内容,而且指向立法程序以及立法技术。在立法中坚持科学立法,最根本的是方法和技术问题,通过这些方法和技术去发现法律和表述法律,使制定的法律理性化、合理化。[47] 其次,推进科学立法,关键要完善立法体制,坚持党的领导。这进一步要求立法要坚持以党中央基于实践固化的有益经验和大政方针为向导和依据,自觉以习近平新时代中国特色社会主义思想为遵循,推动立法科学化发展。最后,科学立法需要以立法程序机制为保障。立法程序中的起草、论证、审议、评估等是规范立法权的重要机制。要及时通过贯彻落实立法后评估等监督制度对立法工作进行约束,推动强化立法的系统性、整体性、协同性和及时性。最重要的是,推进科学立法需要辅以民主立法中的全过程人民民主,将全过程人民民主落实在立法的全过程,以凝聚共识,扩大立法认同的最大社会基础。

民主立法是在“科学立法、严格执法、公正司法、全民守法”十六字方针上进行的重要承续与升华,是对全面依法治国理论认识的再提升。尊重多数人的理性选择是民主的精义。立法是表达民意的国家机关的活动,要充分表达民意、实现人民主权就必须遵循民主原则。[48] 民主立法的核心要义在于依靠人民、为了人民。制定良法,实现国家治理需要坚持民主立法。民主立法以全过程人民民主为出发点,确保人民参与立法全过程,以集思广益的方式维护最广大人民的意志,确保立法符合良法应有的标准。推进民主立法,实现高质量立法,需要坚持立法过程公开,将公开原则贯穿于立法全过程。这也进一步要求不断丰富立法机关与社会公众的沟通渠道和机制,以沟通促进立法机关明晰公众立法关注点和利益诉求。民主立法同样需要健全立法协商机制,聆听、吸取不同人民团体对法律草案的意见,要高度重视讨论交流意见,以统筹兼顾不同群体的利益,并将立法协商机制进一步规范化、法制化。健全法律法规草案公开征求意见和公众意见采纳情况反馈机制,广泛凝聚社会共识,扩大公民有序参与立法。党的十八届四中全会提出建立基层立法联系点制度。基层立法联系点是为进行民主立法而发展出来的创新制度,是创新公众参与立法方式、实现在立法全程彰显全过程

〔46〕 习近平:《关于〈中共中央关于全面推进依法治国若干重大问题的决定〉的说明》,载《人民日报》2014 年 10 月 29 日,第 2 版。

〔47〕 宋方青:《习近平法治思想中的立法原则》,载《东方法学》2021 年第 2 期。

〔48〕 宋方青:《习近平法治思想中的立法原则》,载《东方法学》2021 年第 2 期。

人民民主的重要路径。

依法立法是党的十九大报告中提出的又一保证立法质量的关键立法原则,依法立法原则的确立,实现了对立法认识质的飞跃,推进了立法理论研究的深入与发展。依法立法的核心在于,立法应当遵守宪法的基本原则,应当依照法定的权限和程序,从国家整体利益出发,维护社会主义法制的统一和尊严。[49] 依法立法强调了立法工作在法律规范的框架下进行。具体而言,一是提升立法质量需要在法定的立法权限内予以保障。任何规范性法律文件都不应当是以随意"拍脑袋"的方式被制定,而应当在设定好的权限内进行,避免越权立法和重复立法,造成立法质量低下。二是任何立法活动都应尊重并遵循立法程序,在程序框架范围内进行立法,立法程序以明文规定对立法各个过程中的工作进行设置以实现对立法行为的规制,防止和克服立法工作中的随意性,保障立法过程的科学化,确保良法的制定。三是立法内容的合宪合法性。作为法律体系的组成部分,任何立法的内容都必须以合宪性为首要遵循,保证其与法律体系中应有的法内容相适配,做到维护宪法的权威,保证立法体制和谐统一。除了立法的合宪性,依法立法还要求立法内容的合法性,即立法内容需要同上位法不相冲突,也要确保相同位阶但不同社会领域、法律部门之间制度规范不相矛盾、不相冲突。此外,依法立法还需要正确处理好改革和立法的关系,改革需要立法引领推动,务求坚持做到重大改革于法有据,促进改革创新决策与立法决策相统一,保证各项改革依法有序进行。

五、小结

回溯新中国成立至今的立法进程,很显然我国的立法取得了长足进步。这一路以来,我国在法制废墟上迅速成长壮大,积极结合国情和实际,坚持实事求是,兼容并蓄,创新发展法治思维。在新中国成立阶段,我国便因应时代发展的要求,大力发展法制,发展人民民主,开展立法工作。"文化大革命"期间,我国的立法工作全部停止,在那之后,我国的立法工作逐步恢复。在以邓小平为核心的党的第二代中央领导集体的引领下,全党将工作重点转移到经济建设上,经济领域法制建设得到高度重视,立法重心也随之转移至恢复法制、实现有法可依的局面上来。改革法制化以及"先粗后完善"的立法方式和理念的提出,实现了改革的法制化保障,也大大加快了立法的步伐。与此同时,社会主义民主和社会主

[49] 宋方青:《习近平法治思想中的立法原则》,载《东方法学》2021 年第 2 期。

义法制的协同构建,推动社会主义法制建设向多领域、多方面开展,保障了最广大的民主。党的十五大以来,"加强立法工作,提高立法质量"目标的提出以及依法治国战略的施行,对立法进行规范制约的刚性程序和规则得以制定,科学、民主的立法原则也得以确立和施行,强化了立法的提质升效。进入新时代,党和国家对良法善治的追求掀开了新的篇章,习近平总书记站在新的历史方位,在深刻总结既有经验的基础上,创新推动立法理论的更新和深化,强调立法质量和立法效率的有机统一,加强重点领域立法,在科学立法、民主立法的基础上创新提出依法立法原则,对立法工作提出了更高要求,形成了立法工作的新格局,为"制良法促善治"提供根本指导,为强化社会主义法治国家的建设指明了发展方向和奋斗目标。

中国特色社会主义法律体系已经形成,奉行了多年的"宜粗不宜细""宜快不宜慢"的立法工作原则,以及以填补法治建设空白、满足经济社会发展需要为主要特征的立法阶段宣告结束。[50] 立法数量积累的规模化促使立法关注重点从数量移转至提高立法的品质上,以达致法律体系内部的协调和统一。[51] 立法评估作为评价地方立法草案的重要标准和检验地方立法质量的有效手段,也受到理论和实务部门越来越广泛的青睐和重视。[52]

第二节　立法质量判断标准的规范分析

以寻求立法数量为重心的时代纵然使我国建立起一系列提高立法质量的原则,构建了保障立法质量的程序和相关立法技术,但立法快速膨胀往往与低质量立法有天然的联系。当前,立法质量问题依然无法避免,法律与社会的距离感扩张的现象依然存在,我们必须正视地方立法重复、同质化造就的立法虚假繁荣等现象。过去研究更偏向对立法实施问题的关注,而对制定出来的法律、法规自身存在的问题及其实施后产生的社会绩效的关注则较为缺乏。加之立法主体主动反思意识的不足和相关制度的缺失,使人们在立法实践中即使能发现存在的立

---

〔50〕 冯玉军:《高质量立法为良法善治奠基——兼论〈立法法〉再次修改的理由和要点》,载《法学杂志》2022 年第 6 期。

〔51〕 韩大元:《关于提高立法质量的宪法学思考》,载《河南社会科学》2010 年第 5 期。

〔52〕 冯玉军:《高质量立法为良法善治奠基——兼论〈立法法〉再次修改的理由和要点》,载《法学杂志》2022 年第 6 期。

法问题，也难以通过有效路径及时有效地监督立法主体并纠正立法质量存在的问题。随着立法工作的逐步深入，立法者也发现了这一问题，立法后评估制度也得以在《立法法》中以法律规定的方式被正式确立。[53] 其重要程度愈发得到重视，立法后评估也广泛开展起来且发挥了应有的作用。

如果说在立法工作中形成的立法原则、立法程序以及关于提升立法质量的政策的预期目的在于从立法源头上确保立法质量的提升，那么立法后评估则更多以类似事后复核的方式、以可量化的形式对所立之法进行检查回顾并修改完善，由此，两者以不同的方式在确保立法质量的议题上形成完整的闭环。立法质量评估标准的设定很大程度上取决于评估对象、内容、目的的确定，因此，本节将重点从立法后评估的规范与实践出发，探析立法质量的判断标准问题。

一、立法后评估制度的产生

在我国，作为中央和地方检验立法制定及其实施效果的重要手段和抓手，立法后评估实现从政策化导向到制度化建构的转变，并经过反复实践、验证和完善的过程，逐步形成了体系化的立法后评估制度，为推动立法科学化、民主化，促进立法机关深化立法质量的意识，确保立法沿着高质量的轨道持续发展提供有力保障。

在党的十六大关于“加强立法工作，提高立法质量”的要求下，国务院于2004年发布《全面推进依法行政实施纲要》（以下简称《纲要》），其中第17条和第18条分别指出，“积极探索对政府立法项目尤其是经济立法项目的成本效益分析制度。政府立法不仅要考虑立法过程成本，还要研究其实施后的执法成本和社会成本”。“建立和完善行政法规、规章修改、废止的工作制度和规章、规范性文件的定期清理制度。要适应完善社会主义市场经济体制、扩大对外开放和社会全面进步的需要，适时对现行行政法规、规章进行修改或者废止，切实解决法律规范之间的矛盾和冲突。规章、规范性文件施行后，制定机关、实施机关应当定期对其实施情况进行评估。实施机关应当将评估意见报告制定机关；制定机关要定期对规章、规范性文件进行清理。”作为一项政策性文件，且在没有制定配套的制度性规范的情况下，《纲要》的出台为各地开展立法后评估活动走出关键的、根本性的一步指明了方向。

---

〔53〕《立法法》（2015年修正）第63条规定：“全国人民代表大会有关的专门委员会、常务委员会工作机构可以组织对有关法律或者法律中有关规定进行立法后评估。评估情况应当向常务委员会报告。”

出于对政策的贯彻执行和检验地方立法质量的需要，全国各地以一种由点及面、自下而上的方式开启立法后评估的探索尝试。上海市人大常委会于 2005 年 8 月 8 日最先启动，拉开地方立法机关开展立法后评估活动的序幕。此后，杭州、宁波、青岛、广州、珠海等城市也积极加入实施立法后评估的行列。2006 年，国务院法制办积极开展立法后评估活动，并以《艾滋病防治条例》等 6 个行政法规作为首批立法后评估的对象。〔54〕 可以说，以地方层级为起始，以地方性法规、行政法规、部门规章等为主要评估对象的立法后评估试点先行活动，积累并固化了可复制的经验并逐步推广至中央，且逐步形成一种提升立法质量的常态化机制。在全国各地立法后评估如火如荼开展时，探索建立立法后评估工作机制也成为 2010 年全国人民代表大会常务委员会工作报告中的重点。〔55〕 2011 年，全国人大常委会法工委积极响应，以《科技进步法》等法律为对象开展立法后评估活动。这一系列举措充分表明国家最高立法机关逐步重视立法后评估制度建设，也彰显出了立法后评估的重要性和必要性。

目前，立法后评估机制经由各地的实践检验和经验积累已走上制度化道路。按照评估主体层级、评估对象的不同，立法后评估规范也呈现不同模式。截至 2018 年，按照地域分布，以地方政府规章立法后评估规定为统计对象进行考察，东部 11 省共制定 37 部；中部 8 省共制定 25 部；西部 12 省共制定 21 部。〔56〕 作为立法工作的延续，立法后评估成为了解和提升立法质量、立法效果的重要手段，是各地对法规、规章等规范进行实践检验的制度化工具，是落实科学立法的具体化表现。

二、立法后评估制度解析

立法后评估实现了立法质量提升在制度方式上的转向，为立法质量检验、反思和提升提供制度化保障，以一系列对法律、法规、规章等规范的基本价值、文本质量和实施效果的判断方法和标准为界尺，一定程度上满足了立法者以及广大

〔54〕 国务院办公厅：《积极开展行政法规立法后评估试点》，载中央政府网 2007 年 3 月 19 日，https://www.gov.cn/ztzl/gclszfgzbg/content_554979.htm。

〔55〕 吴邦国：《全国人民代表大会常务委员会工作报告——2010 年 3 月 9 日在第十一届全国人民代表大会第三次会议上》，载《中国人大》2010 年第 6 期。报告指出，适时启动立法后评估试点，结合常委会执法检查中发现的问题和法律实施中出现的新情况新问题，有针对性地选择一到两件事关群众切身利益的法律，开展立法后评估试点工作，探索建立立法后评估工作机制。

〔56〕 周隆基：《我国行政规章立法后评估标准研究》，载《人民论坛》2020 年第 33 期。

社会群众对于监督立法、反思立法的现实要求。应当说,立法后评估对于提升立法质量的作用是显而易见的。但同时我们也必须注意到,国家尚未对立法后评估制定统一的规则,也没有纳入法定的程序。[57] 也正因如此,亟须对立法后评估制度进行进一步的解构和分析,以期强化该制度发挥对提升立法质量的关键性作用。

(一)立法后评估的概念

概念分析是法学分析的主要方法,它通过区分理念(idea)和范畴的逻辑结构或是必然的(necessary)、本质的(essential)属性以探求某些方面的真(truth)。[58] 因此,在规范层面上对立法后评估的内涵进行探讨,是深入研究立法后评估制度的必要前提。

在立法后评估制度形成的早期,各省、市对立法后评估制度的称谓不尽相同,涵盖"立法后评估""立法效果评估"等表述。对于何谓立法后评估,实务界和理论界有不同的阐述。全国人大宪法和法律委员会许安标委员曾指出,立法后评估一般是指在法律、法规颁布实施后,以实施过程中产生的成效和存在的问题为分析对象,而对特定的法律、法规进行评价,其目的在于更好地实施、修改和完善被评估的法律、法规,以便总结经验并为其他立法提供借鉴指导。[59] 立法实务专家认为,立法后评估是指对施行一段时间的法律的制度设计及其实施绩效进行分析评判,及时发现法律自身的缺陷并及时矫正、修缮的活动。[60] 有学者认为,立法后评估虽然着眼于对立法实施效果的评估,但更多是通过实施的效果来考察法律自身存在的立法价值、技术、内容问题并倒推反思是否有修改完善甚至废除的必要。[61] 也有学者认为,立法后评估是指有关主体以一定的标准和程序为依据,以相关的方法和技术为手段,以实施一定时间的立法为对象,对其协调性、科学性、可操作性、有效性等进行分析评价的一种活动。[62] 还有学者认为,所谓立法评估,就是以实施后的地方性法规为对象,在该法规实施一段时间

---

〔57〕 宋方青:《论立法规划的强化》,载《地方立法研究》2016 年第 1 期。

〔58〕 参见[美]布莱恩·H. 比克斯:《牛津法律理论词典》,邱昭继、马得华等译,法律出版社 2007 年版,第 40 页。

〔59〕 参见许安标:《立法后评估初探》,载《中国人大》2007 年第 8 期。

〔60〕 参见丁贤、张明君:《立法后评估理论与实践初论》,载《政治与法律》2008 年第 1 期。

〔61〕 参见汪全胜:《立法后评估概念阐释》,载《重庆工学院学报(社会科学版)》2008 年第 6 期。

〔62〕 参见张禹:《立法后评估主体制度刍议——以地方行政立法后评估为范本》,载《行政法学研究》2008 年第 3 期。

后，采用多种方式对法规的实施效果、总体质量等方面进行综合分析评估，为进一步修改完善法规和改进相关工作提供依据和参考。[63]

以上相对具有代表性的立法后评估概念，分别基于实务和理论的视角，从不同的侧重点对立法后评估制度进行制度阐述与结构解析。这也说明，对于立法后评估的概念，至今还没有真正达成一个清晰普遍的共识，这也是在理论与实践中对立法后评估的评估内容、评估标准的选取、认定产生分歧的原由所在。

从法规、规章规范上看，立法后评估的规定具有大致的相似性。以省级地方性条例和省、市级政府规章为分析对象，如《广东省人民代表大会常务委员会立法评估工作规定（试行）》、[64]《安徽省人大常委会立法后评估办法》、[65]《苏州市规章立法后评估办法》[66]均对立法后评估进行概念阐释。对上述规范进行总结，可以提炼出如下具象化要素：（1）评估主体，即由谁开展立法后评估；（2）评估对象，主要解决的是对哪些实施后的法规、规章开展评估；（3）评估内容，即对法规、规章的附随的何种要素（立法质量、实施效果等）进行评价；（4）评估标准，即衡量法规、规章优劣的指标；（5）评估目的，针对评估报告提出的意见和建议进行反馈。因此，可以将立法后评估总结为如下行为模式：选取法律规范文本—检查评价—反馈意见。实践也证明具象化的立法后评估行为模式不拘泥于文字表达，其广度和深度能够为立法后评估提供更为明确的行为指向。

需要注意的是，立法后评估与备案审查具有一定的相似性，但又有所不同。备案审查重在对法律、法规、规章等规范性文件中法规文本的合法性审查，监督立法主体依法立法，确保法律体系内部整体协调统一，而不对某部法律、法规和规章从制定到实施全环节和全流程的综合评价。相比之下，“立法后评估”涵盖独立的法律监督检查以及检讨反思并形成反馈结果的过程，不仅关注法律、法规、规章等规范性文件的文本立法技术，还要结合实施的制度背景和社会环境判

---

〔63〕 参见艾志鸿：《地方人大立法评估工作概述》，载中国人大网，http://www.npc.gov.cn/zgrdw/npc/zt/qt/dfrd30year/2009-04/14/content_1497666.htm。

〔64〕 《广东省人民代表大会常务委员会立法评估工作规定（试行）》第2条第3款规定：“立法后评估是指地方性法规实施一段时间后，对法规质量、实施效果等进行跟踪调查和综合研判，并提出意见的活动。”

〔65〕 《安徽省人大常委会立法后评估办法》第2条规定：“本办法所称立法后评估，是指对省人民代表大会及其常务委员会制定的现行有效法规文本质量和实施效果进行考察、分析、评价，为进一步修改或者废止法规提出意见、建议的活动。”

〔66〕 《苏州市规章立法后评估办法》第2条第2款规定：“本办法所称的规章立法后评估，是指规章实施后，根据其立法目的，按照法定程序，结合经济社会发展实际，对规章的立法质量、实施绩效、存在问题等进行调查、分析、评价，提出继续执行、修改或者废止等意见的制度。”

断其执行实施的情况，并立足实施中反映出的问题，逆向检验所设置条文的合法性、合理性。应当说，备案审查更注重立法后实施前的人为控制，更多表现为建构理性立法；立法后评估则更注重问题导向，更多表现为实践理性立法，体现了立法与实际紧密结合的要求。当然我们也必须注意到，立法后评估与备案审查虽有不同，两项工作的结果却可以互为补充，共同克服法律法规的既有缺陷，为立法质量提升在制度安排上提供保障和进路。总体而言，备案审查制度的建立健全和不断完善，也将促使立法后评估的发展继续向深入细致进发，因此，进一步深入完善备案审查制度是我们必须认真对待的问题。

（二）立法后评估的对象

通过立法后评估检验立法质量的前提是评估对象的确定，且立法质量评估标准的选取也往往受制于评估对象的选择。[67] 因此，在探讨评估内容之前，有必要对评估对象进行说明。实践中，有研究未将评估对象与评估内容所指向的内容进行严格区分，以致有混淆之风险。如有的学者认为，立法评估对象不是立法文本在行政执法和司法中所发挥的绩效，而是指向立法文本质量。[68] 这与主流观点关于评估对象的理解不一致，容易招致不必要的误解。

所谓评估对象，应当是指评估主体按照相关要求，选择一个或多个法律、法规、规章整体进行全面评估，或者就其中的某些条款进行部分评估所择取的立法样本。如上海市人大常委会将《上海市历史文化风貌区和优秀历史建筑保护条例》[69] 作为首次开展立法后评估的对象，此时的评估对象就是整部法规；2010年，全国人大常委会就《科技进步法》的部分条款，即第 20 条和第 33 条，进行立法后评估，即对法律进行部分评估。[70] 相比对整部法规进行全面评估，对部分条款进行的评估更具针对性，一定程度上节约了评估成本，提高了评估效率。上述立法后评估实践也表明，立法后评估的对象应当是已经实施了一段时间的法律、法规等规范性文件及其规范本身，文本质量应当是立法后评估的内容之一。

---

〔67〕 席涛：《立法评估：评估什么和如何评估（上）——以中国立法评估为例》，载《政法论坛》2012 年第 5 期。

〔68〕 杨春平：《地方立法文本质量评价指标体系研究》，载俞荣根主编：《地方立法质量评价指标体系研究》，法律出版社 2013 年版，第 182 页。

〔69〕 《上海市历史风貌区和优秀历史建筑保护条例》是 2002 年 7 月 25 日上海市第十一届人民代表大会常务委员会第四十一次会议通过的条例，于 2003 年 1 月 1 日起实施，并于 2023 年 12 月 28 日修订通过。

〔70〕 《全国人民代表大会常务委员会法制工作委员会关于立法后评估试点工作情况的报告》，载中国人大网，http://www.npc.gov.cn/zgrdw/npc/xinwen/2011-07/01/content_1662434.htm。

综观我国各地关于立法后评估的规定，亦可以与上述观点相互印证。《佛山市人民代表大会常务委员会立法评估工作规定》（试行）第 4 条规定，立法评估可以就法规案和法规进行整体评估，也可以就法规案和法规中某项规定进行评估。第 9 条明确规定对实施满 2 年且符合规定情形的地方性法规进行立法后评估。同时，第 10 条规定，立法后评估的内容包括：（1）法规实施的基本情况，含行政执法、配套性文件制定、所取得的社会效果和经济效益、实施过程中遇到的问题等情况；（2）法规中涉及的行政许可、行政处罚、行政强制、职能分工、经费保障等重点制度的针对性、可操作性、协调性以及是否达到立法目的等情况；（3）法规存在的缺陷与不足。从上述立法规定来看，立法机关明确对评估对象与评估内容进行了形式上的区别，前者仅指法规本身，而后者则不仅包括法规文本静态规定的好坏，还包含法规动态实施的效果。

自我国地方人大及其常委会被赋予行使不同层次的立法权，由于我国各级政府的行政管理范围涉及社会各个领域，总体立法数量急剧增加。但受限于立法评估主体的数量和能力，要对所有的法规、规章进行立法后评估难度很大且不现实。评估对象的选取影响着立法评估内容、评估标准的选择和立法评估目的的实现，立法后评估对象的选择并非任意指定，而是有所选择。那么，评估主体选取评估对象的依据是什么，便成为亟须回答的问题。有学者认为，为避免评估对象和评估时机选取的随意性，评估对象本身应具备可评估性。[71] 还有学者借鉴可评估理论，认为立法后评估对象选择应当遵循有效性、必要性、可行性原则相结合。[72] 可评估性理论的引进为立法后评估对象的选择提供了标准，一定程度上杜绝了评估主体随机选择评估对象所可能产生的弊端。

从立法实践来看，各省、市立法后评估规定对评估对象的选择各有侧重，但基本围绕如下条件确定评估对象：（1）对人民群众切身利益或者对经济社会发展有较大影响的；（2）人大代表对法规提出建议、批评和意见比较集中的；（3）公民、法人或者其他组织对法规的内容以及实施情况反映问题比较集中的；（4）与法规所调整事项相关的经济社会情况已发生较大变化的；（5）国家、省制定、修改或者废止相关法律、法规、重要政策，可能对法规主要内容产生影响的；（6）常委会在执法检查中发现问题较多的。显然这些也都涉及立法的质量问题。

---

〔71〕 李志强：《论党内法规实施效果评估对象的确立》，载《宁夏党校学报》2022 年第 3 期。

〔72〕 汪全胜：《立法后评估对象的选择》，载《现代法学》2008 年第 4 期。

（三）立法质量的评估标准

党的十八大以来，党中央全面加强对依法治国的重视程度，对完善立法工作、提高立法质量提出新的更高的要求。人民群众对立法的期盼也从有没有转向立法是否好用、是否管用、能否解决实际问题的要求上，这也深刻表明推进全面依法治国必须要有良法作为前提已成为时代的要求和共识。至于何谓良法众说纷纭，但概括起来主要是从形式正义与实质正义两个路径进行阐述，并赋予时代和国情的要求。[73] 立法质量的检验标准又应该是什么？截至目前，围绕立法质量评估标准的问题，已经有很多立法机关积极开展实践，也引起理论界广泛讨论，但仍然没有建立一套较为完整、科学、统一的立法质量评估标准体系。以下将主要以对于立法质量评估标准的研究和实践为考察，对立法质量的评估标准进行综合性的归纳、总结、论证，以期为促进立法质量评估标准的发展做进一步研究。

1. 立法质量的概念

曾有学者指出，立法后评估实质上就是立法质量评估，立法后评估标准等同于立法质量标准。[74] 那么，何为立法质量，或者说，立法后评估的具体内容是什么，便是必须回答的核心问题。事实上，立法质量概念不明确是开展立法后评估标准研究的障碍，因此，本研究首先要对立法质量的概念予以阐释和说明。

目前，学界在立法质量概念上仍未取得共识，也没有形成一种通说。有学者认为，立法质量的核心问题是立法机关制定的“公共产品”的立法优劣程度问题，包括立法形式、价值和现实的合理性。[75] 有学者以法学家汉斯·凯尔森的法律根本属性为规范性的认识为立足点，指出法律的规范性品质是立法质量评估的重点。[76] 有学者认为，立法质量和立法政策科学性、立法程序民主性以及立法体制合理性一样，属于评价立法结果的范畴，是指作为立法活动结果的法律产品的好坏。[77] 还有学者认为，立法质量的实质就是以立法活动及其产生的成果即规范性法律文件为客体，对法律实施的预期目的和实际效果进行判断的标

---

〔73〕 宋方青：《习近平法治思想中的立法原则》，载《东方法学》2021 年第 2 期。

〔74〕 俞荣根主编：《地方立法后评估研究》，中国民主法制出版社 2010 年版，第 16 页。

〔75〕 黄文艺：《论立法质量——关于提高我国立法质量的思考》，载《河南省政法管理干部学院学报》2002 年第 3 期。

〔76〕 张龑、江烁：《我国法治体系建设中的立法质量评估与分析——基于 2020 年 28 省份法学专家的调研数据》，载《北京行政学院学报》2024 年第 1 期。

〔77〕 任尔昕：《地方立法质量跟踪评估制度研究》，北京大学出版社 2011 年版，第 76 页。

准和尺度。[78] 可以说，上述学者对立法质量的不同认识，是分别以立法的产品属性、立法活动及其成果以及立法实施效果为观察角度，综合了立法质量评估标准、立法实施标准和立法绩效评估的结果，[79] 也因此缺少对立法质量的共识性认识与普遍性判断标准的确立。

定义任何一个概念，都不应仅仅是对现实的描述，而应当是描述现实与建构现实的统一，且任何一个概念都是受制于时间和文化的概念，具有时代性与国情性。[80] 这说明，立法质量的界分不仅需要在立法实践活动中予以考察，也应当在理论上进行建构，进而实现应然与实然的辩证统一。

综观多省、市对立法后评估的规定，立法质量更多的是作为一项评估内容，立法主体并没有对立法质量作出明确定义。以《苏州市规章立法后评估办法》为例，其中第 2 条规定，立法后评估对规章的立法质量、实施绩效、存在问题等进行调查、分析、评价。第 10 条指出，立法后评估采取的标准分别为：合法性标准、合理性标准、协调性标准、可操作性标准、立法技术性标准以及绩效性标准。显然，上述规定在评估内容上对立法质量和实施绩效作出了区分，但在评估标准的适用上却没有形成特定的划分，使立法质量和实施绩效在评估标准的适用上混同。虽然大多法规、规章的各个评估标准会被进一步说明，以附带各项具体评估指标的形式作为补充，为评估内容适用何种标准作出指引，但这种指引仍旧不够清晰。以《安徽省人大常委会立法后评估办法》中第 11 条的合理性标准[81]为例，该标准下的二级指标为相关规定是否符合公平、公正原则等，对社会关系的规范是否科学合理。然而，这既需要在文本设计上予以考察，同样需要根据社会实践反馈的后果进行评估，因此，评估标准的指向性依旧模糊，使立法后评估开展起来具有一定难度。

应当说，立法质量的界定困境并非在于定义，而是如何确定具体的评估内容并根据易于理解、方便操作的评价标准，对立法质量概念的确定作出指引。立法质量概念不清在很大程度上取决于评估的内容（立法规范文本质量和实施效果等），立法后评估内容的不确定性是造成立法质量概念不清的首要原因。因此，

---

〔78〕 石东坡：《立法质量问题的理论思考》，载《中共太原市委党校学报》2000 年第 6 期。

〔79〕 杨春平：《国内立法后质量评估研究》，载俞荣根主编：《地方立法质量评价指标体系研究》，法律出版社 2013 年版，第 131 页。

〔80〕 宋方青：《公共法律服务的科学内涵及核心要义》，载《中国司法》2019 年第 8 期。

〔81〕 《安徽省人大常委会立法后评估办法》第 11 条规定："立法后评估应当把握以下标准：……（二）合理性，即相关规定是否符合公平、公正原则，对社会关系的规范是否科学合理，所规定的措施和手段是否适当、必要，法律责任是否合适、完备……"

厘清立法质量的靶向问题是确定立法质量概念的前提,而立法质量评估标准的模糊性又对立法质量概念的确定产生直接影响,二者相互纠缠,共同影响立法质量概念的界定。

2. 立法质量评估标准的内涵

作为实现政治统治和社会治理的重要手段,现代立法的功能之一便是加强对政府职权的限制并减轻对社会的束缚。但作为立法活动的成果,法律规范本身并非天然就具备良善品质,要评价其优劣并促进制定良法,就亟须建构科学合理的评价标准,进行系统、客观、全面的考察。建立科学的评估标准是立法后评估的核心内容,是衡量立法质量的重要尺度,也是贯彻落实科学立法的重要手段,对立法具有重要的引领作用。

截至目前,在立法后评估的标准问题上,理论界尚未达成普遍共识。综观当前理论界对评估标准构建问题的研究,立基不同的研究视角和侧重点提出的评估标准不尽相同,且构建的多为应然状态下的标准。在对学术界关于立法后评估的标准进行归纳之前,首先需要对评估标准和评估指标予以区分。所谓评估标准,是对法律、法规和规章进行立法后评估时采用的普遍、基本标准,而评估指标则是对基本标准的再细化,是评估标准的重要载体。

有学者认为,地方性法规质量的评判应当以法规的内在品质和适用效果为考察内容,以法理标准、价值标准、实践标准、技术标准这四类标准进行判断。其中,法理标准是指用法的一般原理,即按照法定权限和程序进行评价,满足合法性和合理性的要求;实践标准主要针对立法实施效果;价值标准则是立足立法者的立法目的、理念和立法的价值取向,进行综合性考量;技术标准则主要考察规范条款内部是否和谐。[82] 有学者在分析总结设立评估标准所应坚持的原则和各国立法后评估的实践后,提出效率、效益、效能、公平、回应性五大标准。效率标准要求法律实施的收益水平要与花费的人财物力等资源之间达致一定比率;效益标准则重点关注立法实施效果与立法实施的成本间的关系;效能标准以法律实施绩效和立法预设绩效目标之比为关注重点;公平标准重视法律法规实施与社会资源、利益及成本公平分配的程度;回应性标准则要求法律对社会发展变化作出反馈和应对。[83] 有学者直接将立法质量评估划分为规范文本质量和实施效果评估两部分。其中,文本质量评估对应合法性、合理性、可操作性、技术性四类标准,实施效果评估则以公平性、效益性和执行力标准为指引。值得注意的

〔82〕 王亚平:《论地方性法规的质量评价标准及其指标体系》,载《中国人大》2007 年第 2 期。

〔83〕 汪全胜:《立法后评估的标准探讨》,载《杭州师范大学学报(社会科学版)》2008 年第 3 期。

是,在合理性标准之下的二级评估指标还包括对地方立法特色的考察。[84] 还有学者指出,要认真处理好立法质量和立法实施效果评估标准之间的关系,二者虽然在是否需要对执法、司法等实践方面进行考察上有所不同,且标准设定上难免会有交叉重复,但也只是评估角度和方法有所不同,因为二者均不可避免地都要对立法文本质量进行评估。[85]

从上述简要归纳来看,立法质量评价标准呈现分散化、多元化的特点,评估内容涉及规范文本质量、法律实施及其社会效果、立法价值、成本与效益等,评估标准包括但不限于合法性、合理性、效益性、技术性,呈现多样性的特征。应当说,各学者构建起的立法后评估标准各有一定的合理性,为立法质量标准的阐释提供了借鉴和参考,但立法质量标准的构建仍旧是建立不同的关注内容上。评估内容侧重点的不同导致立法质量的标准缺乏普遍性,自然也就无法建立起能够让公众清楚理解并接受的立法质量标准,一定程度上阻碍了立法后评估制度的开展,最终可能导致无法达致评估的理想状态。

建立易于接受的立法质量评估标准的首要工作是对复杂的评价标准进行归纳,提取共有部分,至少保证基本标准应当简明扼要、易于操作。立法作为社会治理的手段之一,其层级和内容有很大的差异,建立一种普遍性的评估标准必定是困难的,但也非无迹可寻。立法是一种公共产品是学界达成的普遍共识。立法是一项重要的政治活动,将立法质量的问题带入政治活动中,实际上便是在评估开始前就作出如下的假定:立法活动与一般性的生产活动无异,法律、法规作为立法活动产出的产品与普通产品在质量特性这一特征上具有可接近性。此外,立法的任务不外乎找出民族的"共同信念"与"共同意识",经由立法形式保存与肯认。[86] 这就要求立法从大量纷繁复杂的社会关系中科学地、有效地抽象出应由法律调整的内容。[87] 立法质量之所以成为普遍的关注重点的原因就在于立法质量直接关系到立法目的与价值的最终实现。因此,能不能满足有关法律主体的需求是立法质量的根本所在,即立法质量的关键标准在于"它是否做

---

〔84〕 杨春平:《国内立法后质量评估研究》,载俞荣根主编:《地方立法质量评价指标体系研究》,法律出版社 2013 年版,第 95 – 98 页。

〔85〕 王称心:《地方立法实施效果评估指标体系研究》,载俞荣根主编:《地方立法质量评价指标体系研究》,法律出版社 2013 年版,第 233 – 234 页。

〔86〕 [德]弗里德里希·卡尔·冯·萨维尼:《论立法与法学的当代使命》,许章润译,中国法制出版社 2001 年版,第 8 页。

〔87〕 宋方青:《立法能力的内涵、构成与提升——以人大立法为视角》,载《中外法学》2021 年第 1 期。

到了其所允诺的"——立法者的意志是否得以实现。[88]

综上所述,可以将立法质量理解为作为立法工作产品的法律或法规满足法律主体需求的特性之总和。同时,我们应当意识到,无论立法质量的评价标准发生何种具体变化都是上述特性的具体演化。当下,对立法质量提升的要求与呼唤主要就是社会多元现实需求的反应,实质表现为社会快速发展下提升立法质量的民意呼唤。回应现实,目前立法质量判断标准应当更加关注立法质量、立法目的、社会需求三大要素,且三者之间的关系应当是:社会需求是最终目的,立法目的是推动立法质量对社会需要的实现的反映与展现。

第三节 立法质量判断标准的实践考察

自立法后评估在2004年被提出后,全国人大常委会及法工委、地方人大常委会、各级行政机关对立法后评估都给予了高度重视,并开展积极的探索,着力推动立法后评估走向制度化的道路。尽管当前立法后评估制度的评估标准分析在理论界已经引起相当广泛的讨论,但理论探讨的结论最终需要以顶层设计为印证。当前,全国多省市已经以法规、规章、规范性文件的形式对立法质量标准进行规定,故本节主要从相关规范文本出发,结合实践情况,对立法质量标准问题进行考察和审视,以期为完善立法质量判断标准提出有益的参考建议。

一、以中央立法为考察样本

(一)以法律为评估对象的立法样本

当前,除《立法法》外,以法律为评估对象进行立法后评估的专门性法律规定极为匮乏。在2015年《立法法》修改之前,以法律为评估对象的立法后评估工作没有现实法律依据,但时任全国人大常委会委员长吴邦国同志在2010年全国人大常委会工作报告中提出的关于开展立法后评估试点工作的要求和部署成为开展立法后评估的重要推动力。按照试点工作部署的要求,全国人大常委会法工委率先就《农业机械化促进法》《科学技术进步法》进行立法后评估,并形成《关于科学技术进步法有关制度立法后评估主要情况的报告》《关于农业机械化

[88] [希][英]海伦·赞塔基:《立法起草——规制规则的艺术与技术》,姜孝贤译,法律出版社2022年版,第12页。

促进法有关制度立法后评估主要情况的报告》。两份报告对评估对象、评估遵循的原则、评估内容(条款设计是否合理可行、实施情况、实施效果)、评估目的作出说明,并指出两部法律存在的问题,不过对评估标准这一关键要素则没有体现。彼时的立法后评估尚处于"摸着石头过河"的探索阶段,苛求当时就制定出能够充分满足现实需要的评估标准亦不太现实。

经过实践探索,立法后评估从试点工作逐步走上制度化、法律化道路,《立法法》第 67 条明确规定:"全国人民代表大会有关的专门委员会、常务委员会工作机构可以组织对有关法律或者法律中有关规定进行立法后评估。评估情况应当向常务委员会报告。"这使立法后评估有了法律规定。但我们也必须注意到,虽然规定相关机关可以以法律为评估对象进行立法后评估,但依然不具备评估标准等内容,总体规定概括且笼统,更倾向于作为一条指导性条款。因此,对法律开展立法后评估的专门性规定仍然处于缺位状态,对以法律为评估对象的立法后评估开展产生较大阻碍,无法全面有效地展开。

(二)以国务院行政法规和部委规章为评估对象的立法样本

与对法律进行立法后评估类似,行政立法后评估的评估标准设定亦无直接的、专门性的法律和行政法规依据。针对行政立法后评估的规范性依据大体可分三类:一是中共中央、国务院发布的政策性文件;二是国务院及其部委发布的规范性法律文件;三是国务院部委发布的与行政立法后评估有关的其他规范性文件。

1. 中共中央、国务院发布的政策性文件

行政立法后评估的规范依据最早出自国务院于 2004 年发布的《全面推进依法行政实施纲要》,其中第 18 条规定:"……规章、规范性文件施行后,制定机关、实施机关应当定期对其实施情况进行评估……"为加快建设法治政府,2015 年中共中央、国务院发布《法治政府建设实施纲要(2015—2020 年)》,其中要求:"定期开展法规规章立法后评估,提高政府立法科学性。"上述政策性文件在很长一段时间内都是行政立法后评估的重要依据,更多发挥的是为法规、规章的质量评估提供政策上的指引作用,但是对于更加细节、具体的评估标准设立问题未作具体的规定。

2. 国务院及其部委发布的规范性法律文件

国务院行政法规以及国务院部委规章针对立法后评估的规定,是开展行政立法后评估的重要规范依据。

(1)行政法规中的相关规定

相当长的一段时间里,对行政法规进行立法后评估的规范性法律文件都处于缺位状态。国务院为规范行政法规制定程序、提升行政法规的整体质量,于2001年颁布《行政法规制定程序条例》,该条例聚焦行政法规制定全过程,包括立项、起草、审查、决定、公布、解释,但对开展立法后评估没有作出规定。2017年,国务院对该条例开展修订工作,增加对行政法规进行立法后评估的规定。[89]从此,对行政法规开展立法后评估具有正式的规范依据。2001年,国务院为规范规章制定的质量,发布《规章制定程序条例》,该条例指出,法制机构应当就规章送审稿是否与有关规章协调、衔接,是否符合立法技术要求进行审查,[90]这实际上可以视为立法前评估的具体要求。2017年,国务院对该条例进行修改,并于第38条规定可以对规章或者规章内的部分规定进行立法后评估。不过,对于立法后评估的标准问题仍然未进行具体的规定。

(2)国务院部门规章的规定

《国土资源部规章和规范性文件后评估办法》作为第一部也是唯一一部针对行政立法后评估的国务院部门规章,对评估标准作出了详细规定。其第6条规定,后评估的标准分为合法性、合理性、可操作性、实效性等标准,评估内容为规章和规范性文件的政策措施、执行情况、实施效果。国务院于2008年《国务院工作规则》中第22条要求实施后的行政法规要进行后评估,发现问题,及时完善。为更好地指导和规范国务院及各部门的工作,国务院分别于2013年、2018年、2023年就该规则开展修订工作。2013年修订时在第18条第3款[91]中增加了对部门规章立法后评估的规定。2018年修订时对该规定予以保留。2023年修订时,将条款顺序调整至第11条[92]并作如下修改:建立健全重大决策跟踪反馈制度,加强后评估,不断提高决策质量。通过上述修改可以发现,国务院重

---

〔89〕《行政法规制定程序条例》(2017年修订)第37条规定:"国务院法制机构或者国务院有关部门可以组织对有关行政法规或者行政法规中的有关规定进行立法后评估,并把评估结果作为修改、废止有关行政法规的重要参考。"

〔90〕国务院《规章制定程序条例》(2001年)第18条。

〔91〕《国务院工作规则》(2013年)第18条第3款规定:"行政法规和部门规章实施后要进行后评估,发现问题,及时完善。"

〔92〕《国务院工作规则》(2023年)第11条规定:"坚持科学民主。强化系统观念,增强工作的前瞻性、整体性、协同性。全面落实重大决策程序制度,加强调查研究、科学论证、风险评估、合法性审查,广泛听取各方面的意见和建议。涉及社会公众切身利益的重要规划、重大公共政策和措施、重大公共建设项目等,应当充分评估论证,采取论证会、听证会或者其他方式听取专家和社会公众意见。建立健全重大决策跟踪反馈制度,加强后评估,不断提高决策质量。"

视立法后评估制度，对立法后评估对象的范围积极调整，但是对评估标准未予以关注并作出具体化的规定，而仅在第 28 条〔93〕中对起草过程的评估审查作规定。

进入新时代，对于高质量立法的要求，使行政立法后评估成为推动法律、法规、规章修改的重要手段。但综上对中央立法的考察可以发现，目前在立法后评估制度的规定上存在如下问题：第一，对于法律、行政法规、国务院规章规定的立法后评估制度没有另行制定具体规范性法律文件进行细化，既有的立法评估制度总体依然停留在原则性条款上，未能及时将重点转向立法质量评估标准等内容的设置上，使各评估责任主体开展立法后评估活动时没有明确的依据，在选定立法后评估的对象、内容、标准时难免有主观倾向，甚至随意性。第二，国务院部委针对立法后评估制定的规范性法律文件数量匮乏。国务院部委针对行政立法后评估而制定的部门规章，是开展行政立法后评估时可以依据的具备普遍适用性和强制力的规范性法律依据。遗憾的是，截至目前，国务院各部委中仅国土资源部独自制定了一部针对本部门规章立法后评估的专门性规定，这显然无法满足广泛开展立法后评估的现实要求。第三，缺乏专门性、细化性的规范性法律依据，使立法后评估成果的法律效力存疑。一般而言，依靠人民是对政府的主要控制方式，但是必须要有辅助性的预防措施。〔94〕 立法后评估作为一项监督立法的辅助性制度手段，其评估成果的利用与转化是推进法律、法规等规范性法律文件修改、完善的重要依据，细化规定的缺失很大可能会使对立法质量和实效效果进行监督的原始目的落空。因此，推进专门化、细致化、制度化的评估工作建设迫在眉睫。

二、以地方立法为考察样本

近年来，为切实贯彻落实提高地方立法质量的时代要求，我国多省市为地方性法规和政府规章规定了立法后评估制度。已有统计显示，以 289 个设区的市为主体，其当中已有 264 个市出台地方立法条例，并有 218 部条例设置了立法后

---

〔93〕《国务院工作规则》(2023 年)第 28 条规定："国务院各部门起草法律草案、行政法规草案、部门规章、规范性文件，以及提请国务院研究决定重大事项的公文，必须遵守依法科学民主决策程序，深入开展调查研究，进行合法性、必要性、科学性、可行性和宏观政策取向一致性评估论。"

〔94〕[美]汉密尔顿、麦迪逊、杰伊：《联邦党人文集》，程逢如、在汉、舒逊译，商务印书馆 1980 年版，第 264 页。

评估相关规定。[95] 为进一步用好、用实立法后评估制度，各地又以制定地方性法规立法后评估办法和政府规章立法后评估办法的方式，对评估主体、对象、内容、标准进行细化规定。鉴于已有较多省市出台相应的立法后评估办法，以下主要以年份较近的部分立法后评估办法为研究对象，分析和检视其对评估标准的具体设定。

（一）以地方性法规为评估对象

《吉林省人大常委会立法评估办法》于 2023 年进行修改，其规定：立法后评估是针对立法质量和对法规实施效果的评估；立法质量的评估标准，主要包括法规的合法性、合理性、操作性、协调性和规范性共五类标准。[96] 法规实施效果的评估主要包括：实施的总体情况以及对社会产生的影响；主要制度的执行情况以及社会公众的反映；实施取得的社会、生态或者经济效益；实施中存在的问题及其原因。[97]《吉林省人大常委会立法评估办法》对立法后评估采取的是对立法质量和法规实施效果进行同步评估的方式，一定程度可以弥合社会现实中法规执行效果与法规条文之间天然存在的差距。但是办法未对合法性、合理性、操作性、协调性和规范性进一步细化，使立法质量的评估标准停留在形式上，不可避免地降低了立法后评估制度在具体适用中的可操作性和有效性。

《贵州省政府立法第三方起草和评估办法》对立法后评估制度作出了一定的创新规定。首先是评估对象方面的规定。相比其他省市，贵州省评估办法从宏观和微观两个角度对评估对象进行规定。宏观层面，其第 25 条[98] 和第 26 条[99]

---

[95] 林秋萍、许可宁：《考察、反刍与回应：地方立法后评估制度的研究——从 289 个设区的市立法后评估的法律文本分析切入》，载《人大研究》2022 年第 11 期。

[96] 《吉林省人大常委会立法评估办法》（2023 年修改）第 15 条。

[97] 《吉林省人大常委会立法评估办法》（2023 年修改）第 15 条。

[98] 《贵州省政府立法第三方起草和评估办法》（2018 年）第 25 条规定："对地方性法规、政府规章进行全面评估的，应当包括以下内容：（一）是否符合本办法第二十三条规定的评估标准；（二）实施的基本情况，包括行政执法的情况、配套性文件制定情况、所取得的社会和经济效益、实施过程中遇到的问题等；（三）涉及的行政许可、行政处罚、行政强制、行政收费、行政征用、行政救助、行政给付、机构人员、职能分工、经费保障等重点制度的针对性、执行性、是否达到立法目的等情况。"

[99] 《贵州省政府立法第三方起草和评估办法》（2018 年）第 26 条规定："对地方性法规、政府规章体系进行评估的，应当包括以下内容：（一）体系内各个地方性法规、政府规章是否符合合法性、合理性、规范性和实效性等标准；（二）体系是否系统全面，符合协调性、执行性等标准；（三）对体系内各个地方性法规、政府规章提出保留、失效、废止、修改的建议，并说明理由和依据；（四）对完善该体系提出规划建议，包括建议增加的立法项目以及建议制定的配套制度等，并说明理由、依据和该立法项目主要规范的内容。"

规定，可以对地方性法规和政府规章进行全面立法后评估，亦可以对地方性法规、政府规章体系进行评估。在微观方面，其第24条[100]规定，立法后评估的对象除地方性法规、政府规章整体规范外，也包括对其中某项具体制度或者涉及的某个具体问题的专项评估，还包括环境保护、城市管理等某一领域的地方性法规、政府规章体系的评估。其次是评估标准方面的规定。其第23条规定，立法后评估的标准包括合法性、合理性、协调性、执行性、规范性、实效性共六类标准，且规定评估机关应当根据上述标准，结合被评估地方性法规、政府规章的特点，确定具体的评估标准。同时，针对地方性法规、政府规章整体规范评估和地方性法规、政府规章体系评估，还进行了评估标准的区分和明确。其第28条[101]还规定，可以根据立法后评估工作的实际需要，采用简易程序进行评估。上述规定赋予立法评估机关以较大的灵活性，使立法评估机关可以根据实际情况酌情选用相关评估标准，增强了制度的适应性。总体而言，《贵州省政府立法第三方起草和评估办法》对立法后评估制度的设计兼具针对性和灵活性，具备较为清晰的评估标准，可以较好地满足不同情形下对立法后评估制度的要求。

《贵州省政府立法第三方起草和评估办法》在评估标准方面赋予地方评估机关以灵活性，随之带来的问题是评估标准制度化的偏离与缺失。在确定上述六类评估标准之后，将评估标准的选择权交由评估机关确定，一定程度上使立法上的评估标准有被选择性选取或者被规避适用的可能或风险，从而降低立法规范自身的确定性和适应社会发展的稳定性。

《广东省人民代表大会常务委员会立法评估工作规定》（试行）第15条规定，立法后评估主要围绕以下三个方面的内容进行：（1）法规实施的基本情况，包括行政执法、配套性文件制定、社会和经济效益、实施过程中遇到的问题等情况；（2）法规中涉及的行政许可、行政处罚、行政强制、行政收费、机构编制、职能分工、经费保障等重点制度的针对性、可操作性、是否达到立法目的等情况；（3）法规存在的不足等。但并未对立法后评估的具体运行设立评估标准。标准的不明确必然降低立法后评估制度的适用效果。

《广州市人大常委会立法后评估办法》第11条规定了立法后评估的指标包

---

[100] 《贵州省政府立法第三方起草和评估办法》（2018年）第24条规定："开展立法后评估可以对地方性法规、政府规章进行全面评估，也可以就其中某项具体制度或者涉及到的某个具体问题进行专项评估，还可以对环境保护、城市管理等某一领域的地方性法规、政府规章体系进行评估。"

[101] 《贵州省政府立法第三方起草和评估办法》（2018年）第28条规定："根据立法后评估工作的实际需要，可以采用简易程序进行评估。但本办法第二十条第（四）项规定的情形除外。"

括合法性、合理性、操作性、实效性、协调性、规范性共六类，并对上述指标进行了细化，明确各个指标下对应的具体评估对象。同时，办法进一步规定评估指标按百分制量化，各部分的权重为：合法性 15%、合理性 25%、操作性 25%、实效性 25%、协调性 5%、规范性 5%，满分为 100 分。《广州市人大常委会立法后评估办法》对评估指标进行细化并赋予各个指标以数值比例，一方面为立法后评估机关提供清晰的评估对象，提升立法后评估的针对性；另一方面为立法质量好坏的判断提供更为直观的标准。但同样值得注意的是，该办法相比其他省市的规定，未采取评估标准的概念，而是统一规定为评估指标，这在一定程度上加剧了概念的混淆。

《绥化市人民代表大会常务委员会立法后评估办法》于 2022 年 8 月 22 日获得通过，其中第 2 条规定，立法后评估对现行有效地方性法规的立法质量、实施效果等进行调查分析和评价。第 8 条指出，立法后评估按照合法性、政治性、适当性、协调性、可操作性、规范性共六类标准进行评估。相比其他省、市对立法后评估标准的规定，《绥化市人民代表大会常务委员会立法后评估办法》将"政治性"作为立法质量评估的标准之一。虽然"政治性"本身就应当贯穿立法全过程，是法规所必须具备的基本特性，但以此标准作为立法后评估的标准仍有不尽周延之处。以"政治性"作为评估标准，可能引发的困难在于如何对"政治性"进行量化评估，立法评估机关在立法评估实践中很难通过具体量化的方式判断法规"政治性"的高低，反而可能增加评估的难度、降低评估的实效。

（二）以政府规章为评估对象

《甘肃省政府规章立法后评估工作规定》第 12 条规定，对政府规章进行立法后评估所采取的标准分别为合法性、合理性、适当性、协调性、技术性、可操作性、实效性，共七类标准。在合法性标准中，甘肃省作出创新性细化规定，将"省政府规章的各项规定是否充分体现社会主义核心价值观的内容和要求"作为合法性的考察标准之一。立法是将社会主义核心价值观融入法律规范体系、法治体系甚至国家治理体系的基本方式，亦是回应当代中国共同价值追求的重要手段。[102] 在依法治国和以德治国相结合的国家治理背景下，在合法性标准中增加规章条款是否符合社会主义核心价值观的整体要求的规定具有重要意义。此外，甘肃省针对适当性标准也进行了细化，甘肃省主要聚焦改革、社会公平和特

〔102〕 宋方青等：《完善弘扬社会主义核心价值观的法律政策体系研究》，法律出版社 2024 年版，第 163、172 页。

殊群体权益保障方面,如对省政府规章是否存在违背"放管服"改革精神、阻碍优化营商环境等情形,是否存在违反公平竞争、妇儿权益保护、残疾人权益保障等方面的内容作出细化的规定。适当性标准的设定从制度层面回应了立法需要随时关注并回应社会实际需要的特性,增强了规范的适应性。

《广东省政府规章立法后评估规定》第 18 条规定,对政府规章进行立法后评估所采取的标准分别为:合法性、合理性、协调性、可操作性、规范性、实效性。第 19 条规定,政府规章的实施绩效评估主要包括以下内容:(1)实施的基本情况;(2)实施的社会效益或者经济效益分析;(3)规定的执法体制、机制适应经济社会发展的情况。在合法性标准方面,广东省作出创新性细化规定,将政府规章各项规定是否与国家有关政策的规定相一致作为合法性标准的构成要素。[103] 地方立法作为党和国家政策贯彻落实的延伸方式,在国家治理和法治建设中发挥了独特作用。[104] 规章确实具备执行、细化党和国家政策的功能,但仅将党和国家政策作为规章具体规定是否合法的标准构成、是否具有正当性还有待商榷。

《厦门市规章立法后评估办法》第 10、11 条规定,评估实施机关对立法技术、立法内容、实施绩效或者评估目的进行评估,评估标准为合法性、合理性、科学性、协调性、操作性、规范性、实效性共七类。《厦门市规章立法后评估办法》设置了科学性这一评估标准,包括规章是否具有适当前瞻性、是否体现规律要求、是否适应时代需要、是否符合人民意愿、是否解决实际问题等评价标准。时代性是现实意义上的法律的内在要求,立法又必须扎根于时代,[105] 这表明了立法与时代要求应当具有内在的逻辑一致性。新时代,人民对美好生活的需要越来越广泛和多元,坚持以人民为中心,积极回应人民群众在新时代对美好生活的新要求、新期待,满足人民在民主、公平、正义、安全、环境等方面日益增长的要求是立法工作的根本遵循和价值目标。此外,法律体系必须随着时代发展和社会实践需要而不断发展完善,在加强重点领域、新兴领域、涉外领域立法已成为我国现阶段立法重点的情形下,以规章内容是否具有前瞻性、是否符合时代需要作为科学性标准的具体构成具有现实必要性,如何从应然向实然转化更是党和国家特别是立法机关必须认真对待和解决的问题。

《海口市政府规章立法后评估办法》第 2、12 条规定,立法后评估责任单位

---

〔103〕《广东省政府规章立法后评估规定》(2017 年)第 18 条。

〔104〕许安标:《我国地方立法的新时代使命——把握地方立法规律 提高地方立法质量》,载《中国法律评论》2021 年第 1 期。

〔105〕谢晖:《客观理性:现代立法的基本原则》,载《宁夏社会科学》1998 年第 6 期。

对政府规章的立法技术、内容、实施绩效进行评估,采取合法性、合理性、协调性、可操作性、技术性共五类标准。虽然《海口市政府规章立法后评估办法》规定了对政府规章的实施绩效进行立法后评估,但是相比其他省、市的规定,其所设置的标准类型较少,没有针对立法实施绩效单独设置实效性评估标准,而是将实施效果的评估纳入可操作性标准的构成当中。综观各省、市对于可操作性标准的规定,该项标准通常对应概念界定是否明确、各项制度及其程序是否具体可行,并不直接涉及实施效果方面。因此,将实施绩效统一归入可操作性标准的构成之中有造成评估标准混淆之嫌,其合理性还有待进一步考察。

综合对地方立法的考察会发现,目前在立法后评估制度的规定上存在如下问题:第一,评估标准设立混乱。与理论研究上对立法后评估标准的构建情况类似,实践中对于评估标准的设立亦没有形成一个普遍认同、共同遵守的规则。因上位法缺失及规定不明,地方立法后评估的具体标准设立未能走上常态化和规范化的道路,因而造成各地评估标准参差不齐、各有偏重的问题。第二,评估标准适用对象混同。总体上看,我国地方立法后评估实践中的评估标准的适用并不统一:既有兼顾立法质量和实施效果的做法,也有分别设置独立标准的做法。上述统计当中,大部分省市的立法后评估办法没有对立法质量和实施绩效适用标准进行明确区分,而《吉林省人大常委会立法评估办法》《广东省政府规章立法后评估规定》则对立法质量和实施绩效采用的标准进行划分。中央层面规范性法律文件中针对立法后评估标准的专门性规定的缺位,导致地方在开展立法后评估工作时缺乏参考,往往自行其是,加剧损害立法后评估制度的权威性和正当性,造成立法资源的无端浪费。[106]

立法后评估的中央立法的缺失,使行政立法后评估和地方立法后评估的开展呈现多元化扩张,立法后评估工作能否依法开展,严重关涉作为法治基础的法律规则的合法性、科学性、民主性水准。在此情况下,为立法后评估制度提供更高位阶、更为精细的法律依据,加强评估工作的法治化建设势在必行。

第四节　提升立法质量的经验与启示

推动立法高质量发展需要认真对待立法历史经验。回望新中国成立之后的

〔106〕 陈伟斌:《地方立法评估的立法模式与制度构建》,载《法学杂志》2016 年第 6 期。

立法实践，党和国家带领人民实现法治建设从理想走向现实，并推动立法事业走向新时代。繁荣立法时代下产生了较多先进的、值得总结并得以承续的经验，但同时也有一些沉重的、惨痛的教训值得我们以更加深刻、更加理性的态度审视。

一、提升立法质量的经验总结

新中国成立之后，党带领人民走上了不平凡的法治建设道路，取得了辉煌的立法成就。我国立法发展的过程跨越了不同时代阶段，经由党的集体领导核心接续推进，通过立法理念的传承与创新、立法制度化体系化保障等方式实现立法质量的提升。立法质量的提升立足时代，并在实践中形成和发展，此过程也推动立法质量提升经验的形成与固化。我国立法质量提升的经验主要在于：其一，坚持党对立法工作的集中统一领导，始终在党的重大决策部署下开展立法相关工作，而党在统筹带领人民立法的过程中又能始终坚持系统先进的立法理念，与时俱进，并根据不同历史阶段动态调整立法目标，以实现立法质量提升。其二，在立法质量提升的具体方式上，实现了从立法观念推动到政策化导向再到制度化体系保障的范式转变，在守正的基础上，创新科学立法、民主立法、依法立法原则，加强立法质量提升的制度建设，并将其嵌入正式的立法框架之中，有效保障立法质量。站在全新的历史方位，对过往立法经验的总结是为了更好地将我国长期积累的立法优势和经验贯彻落实到中国特色社会主义法治体系的建设中，以期持续推动立法提质增效。

(一)立法工作应当坚持党的领导

坚持党的领导是开展立法工作的必然要求。坚持党对立法工作的领导既是新中国成立后进行法治建设的基本经验，也是立法者必须认真对待的客观事实。以历史为镜，从新中国成立到改革开放到全面依法治国再到对良法善治的追求，我国的立法工作始终坚持在党中央领导下朝着良法善治目标稳步推进。可以说，我国国家治理的构建是以政党为中轴，围绕党的领导展开的。[107] 从 1949 年至今的法治进程来看，坚持在党的领导下，重视对社会主义民主和法制的施行，是决策正确、政治经济和社会主义事业稳定和顺利的关键前提。[108] 党与立法的

---

[107] 郭定平：《政党中心的国家治理：中国的经验》，载《政治学研究》2019 年第 3 期。

[108] 张春生：《新时期的法制建设从这里起步》，载中国人大网 2019 年 1 月 18 日，http://www.npc.gov.cn/c2/c30834/201905/t20190521_296674.html。

关系是党领导全面依法治国过程中首先要处理好的重大关系。[109] 处理好党与立法的关系是确保立法工作符合国家的总体发展战略和社会主义法治原则,保证立法工作的正确政治方向的关键所在。确保党的集中统一领导,有助于国家政权机关之间紧密配合、凝聚立法共识和形成工作合力,并通过党的整体意志实现对国家政权机关的政治整合和任务分配,在保障国家法制统一的前提下,充分发挥地方立法的积极性,提高立法质量和效率。在立法中坚持党的领导,主要是要保证立法的政治方向,立法工作必须服从党和国家工作的大局,自觉地使党的主张通过法定程序成为国家意志,成为全社会一体遵守的行为规则。但也应注意到,党对立法的领导主要是政治、思想与组织的领导,党也必须在宪法和法律范围内活动。

(二)立法工作应当坚持马克思主义法治思想

马克思主义法治思想相对其他任何法治思想而言,最显著的特征在于其坚持的历史唯物主义性。自新中国成立以来,党中央在立法理念和立法实践中始终坚持马克思主义法治思想,秉持对历史唯物主义法律观的传承与创新。以毛泽东为代表的国家领导人,从法制零的基础上积极进取,辩证看待社会主义胜利和挫败的历史经验,广泛借鉴国内外有益法制经验,并结合我国当下国情和实际情况,创新发展,与时俱进地提出一系列兼具时代特色和国家特色的创新科学理论。这些不仅为我国的法治发展尤其是立法质量的提升作出了巨大贡献,同时也是对中国特色社会主义法治理论的一次次创新和完善,是对马克思主义法治思想的积极承续与创新。

习近平总书记高瞻远瞩,站在新时代全新的历史方位高屋建瓴,始终坚持以新的视野、新的角度,对党在领导法治建设实践中的宝贵经验承继的基础上作出创新发展;坚持从立法实践出发,以科学理论为指导,赋予立法工作新的时代内涵和时代精神,焕发立法新时代全新生命力;坚持以遵循宪法为根本,推进立法改革创新,对马克思主义法治理论进行重大创新改造和完善发展,并在实践中结合国情和实际,赋予立法新原则新理念以原创性、时代性、实践性。坚持以守正创新为目标,结合当下国内外发展新形势,站在社会主义法治建设的角度对过去一些重要但还未进行深刻探讨的重大命题进行论述,找出问题,抽丝剥茧,讲清了、理顺了很多过去认识不全的理论难题,推动我们党继续正视社会主义法治建

---

〔109〕 封丽霞:《党领导立法的规范原理与构造》,载《中国法学》2024 年第 1 期。

设的规律性认识,并将这种认识提升到历史新高度,实现了马克思主义法治理论中国化的历史性飞跃、创造性升华。

新时代新征程对立法工作提出新的更高要求,立法质量提升的新实践新发展需要探索创新性立法体制机制,而这无疑需要依靠马克思主义法治理论中国化最新成果的科学指导。这就要求我们在立法工作中,要以习近平总书记关于立法的新论述为指引,紧密结合中国实际,探索立法全过程的新思路、新举措、新办法。

具体而言,在立法前端,立项选题的科学性是立法成败与立法质量高低的关键。立法重复、立法抄袭以及"立法打架"的问题层出不穷的关键原因就在于在立法选题上把关不严、思考不足、谋划不清。在立法中端,要科学创新调研举措。科学立法的基础在于认真、清楚、准确地把握社会发展的客观情况和人民的殷切切盼,只有了解到最真实的情况,才能发现真问题、关键问题。要坚持创新发展科学的调研举措,既要深入基层了解容易疏忽遗漏的问题,也要加强运用现代信息化技术强化立法调研,以信息技术为支撑,吸纳最广泛的意见,凝聚最广泛的共识,维护人民对美好生活权益诉求的"最大公约数"。在立法后端,要加强法律法规传播,加强立法后评估。法律法规公布不等于立法工作就此画上句号,而是立法下一阶段的开始。立法发布之后,要善于利用公众号等新媒体以及报刊等传统形式进行广泛宣传,让法律法规走进万千百姓家,在推动人民群众自觉知法、守法、用法的情况下,也要开拓意见反馈渠道,收集汇总法律法规实施中的问题、堵点和难点,为立法后评估的启动提供前提基础。长期的立法实践中,立法前的调研、论证相对能够得到立法机关的重视,但立法公布之后,所立之法就有很大可能被立法者"束之高阁",即忽视了立法的实施情况以及人民对法律实施后实际效果的反馈,缺乏对立法的有效评估。因此,提升立法质量的关键一环还在于在立法后端对立法形成高度的重视。立法后评估是保障立法质量提升的科学制度,同样需要体制机制的保障,这要求我们加快顶层设计建设,建立科学化立法评估办法,以科学的标准促进科学立法,保障法律法规都能够取得预期实效和预期目的,真正做到立良法、保善治、促发展。

(三)持续推进科学立法、民主立法和依法立法

习近平总书记则强调:"科学立法的核心在于尊重和体现客观规律。"[110] 科

---

[110] 习近平:《关于〈中共中央关于全面推进依法治国若干重大问题的决定〉的说明》,载《人民日报》2014 年 10 月 29 日,第 2 版。

学立法对于提高立法质量起着关键性作用,我国也正是在这种历史唯物主义法治思想的引领下,不断改革创新科学立法的理论内涵和实践指引。当下,我国在立法领域仍面临一系列突出的问题,立法质量仍需进一步提高。科学立法不应当仅仅停留在单纯的政治口号上,其本质是在党的领导下完善发展中国特色社会主义法治体系的价值追求,以立法程序、立法评估等体制机制作为保障,是我国今后进行立法改革和发展的根本出发点和归宿。

坚持以人民为中心的立法理念是塑造良法的应有之义。法律必须被信仰,否则它将形同虚设。[111] 这蕴含了一个潜在前提,即被信仰的法律应当是良法,是真正反映民意、为人民解决问题的法律。法产生于社会需求和民众需求,是立法者对社会关切进行回应的结果。习近平总书记指出:“民主立法的核心在于为了人民、依靠人民。”[112] 民主立法固然需要立法技术、立法程序等体制机制的保障,但从根本上需要做到如下两个方面的要求:其一,立法要以维护好最广大人民的根本利益为根本出发点。新时代,人民日益增长的美好生活的需求对立法工作提出了新的更高要求,立法需要及时、全面把握人民的最真实需求,围绕事关群众切身利益的重点难点领域制定良法,确立良法标准,充分确保问计于民、服务于民的要求。其二,人民的广泛参与要体现在立法全过程,保障立法成果得到最广大人民的认可和拥护。进入新时代,人民的主体意识不断增强,参政议政能力不断提升,这就需要保证人民全过程参与立法。坚持做到立法汇集表达民意,统筹兼顾群体与个人利益关系;科学理顺权力与权利、权力与责任、权利与义务的关系。只有在立法过程中处理好这些问题,才能实现过程民主和结果民主相融合、程序民主和实质民主相辅相成、直接民主和间接民主相结合、人民民主和国家意志相统一,体现最广大人民群众的意愿,获取人民认同的“最大公约数”。

依法立法,是以“法治”力量推动“法治”建设的现实需要,是维护宪法、法律权威的重要手段。党的十九大报告将“依法立法”与“科学立法、民主立法”置于同等高度进行并列表述,深刻反映了随着全面依法治国战略的的深入推进,新时代立法活动的开展需要以一种更加严格、更加规范的方式开展。推进“依法立法”,是通过在框架设计上打造“制度笼子”的方式,加强立法监督,防止立法越权、立法任性、立法各自为政,确保有关立法机关必须在宪法、法律规定的范围内

---

[111] [美]伯尔曼:《法律与宗教》,梁治平译,商务印书馆2012年版,第7页。

[112] 习近平:《关于〈中共中央关于全面推进依法治国若干重大问题的决定〉的说明》,载《人民日报》2014年10月29日,第2版。

行使职权，并为制定良法提供明确的约束。依法立法的提出，为促进良法的产生、良法标准的确定、立法质量的提升提供坚实的前提基础，为保障由不同立法成果共同构建起的法律体系内在一致、整体和谐提供顶层设计保证。因而，依法立法具有重要的时代价值。

全面依法治国走向新时代，总结过去立法工作中取得的成就与经验，是进一步提炼与升华关于提升立法质量的有效路径，是贯彻落实党中央关于立法工作的重要指示的应有之义，也是增强立法系统性、针对性、有效性、先进性的必然要求。立足新时代，我们亟须尊重、把握既有立法理念、原则，并将其融入具体立法实践，开创立法工作更好的未来。

二、新时代立法质量提升的着力点

新时代立法质量的提升，应当作为一项整体性工程进行攻坚。一方面，要在宏观层面对立法后评估进行专门立法，解决现有法治体系下各地立法后评估制度中评估内容不一致、评估标准错位等突出问题。另一方面，立法质量的提升要在制度微观方面对立法后评估制度进行有针对性的完善，发挥立法后评估反馈评估结果的应有效力，以提高立法质量。此外，新时代对立法提出新的、更高要求，立法质量的提升还要紧紧围绕党中央重大决策部署和实践发展需要，充分贯彻以习近平同志为核心的党中央关于立法工作的各项要求，以人民为中心，在深化立法领域改革中提升立法质量。

（一）加强中央立法“顶层设计”，优化立法后评估制度供给

如果国家立法标准不确定、缺乏评价体系，那么也必然难以形成一套完整的地方立法质量评估体系。[113] 地方立法后评估制度中评估对象、评估标准等要素的多元建构造成的概念混同、评估标准错位等问题，究其原因是缺少一部具有统领性、以立法评估为主要规范内容的基础性立法。虽然《立法法》第 67 条以及国务院出台的《行政法规制定程序条例》《规章制定程序条例》分别以法的形式对立法后评估制度进行了确认，但终究也只能表现为一种指引性规范。中央顶层立法缺失，使各地方未能在完整的法律和制度框架中对立法后评估制度的评估主体、评估对象、评估内容、评估标准等内容进行统一设定，这在一定程度上可能影响我国法制统一，达不到立法评估的理想目标，甚至可能会损害立法权威。

---

〔113〕《“地方立法质量标准”专题学术研讨会会议综述》，载微信公众号“宁波立法研究院”，https://mp.weixin.qq.com/s/NROa5VGL3ZuOZT67Kty2xg。

在我国未来的立法工作重心将从制定新法转向对大量既有法律法规和规章的“释、废、改”,立法后评估理应成为我国未来立法工作重心的前提下,有必要从国家法律层面对立法后评估加强顶层设计,以更高位阶的法律规则为载体,为地方立法后评估制度之间的统一协调提供清晰指引,从而更好地发挥立法后评估在检验立法、监督立法、提升立法质量的循环逻辑中发挥积极作用,实现国家治理效能的提升。在“实践证明行之有效的,要及时上升为法律”[114]的重要论述已经成为普遍共识的背景下,在立法后评估制度历经地方数十载实践探索,已经积累大量有益经验的客观情形下,中央顶层立法不能再被动等待,理应加快步伐,发挥立法吸收并固化改革经验这一应有功能。

鉴于当前立法后评估的发展和所面临的困境,应加速制定并通过《立法评估法》《立法后评估条例》,以更具化的方式对评估主体、原则、对象、标准选择、结果效力等方面进行规定,赋予立法后评估制度以更高位阶的法律效力、更加统一的规范性依据,以此更好地激活和推动我国立法评估制度发展。结合我国的立法后评估实践,建议从以下方面进行完善。

1. 以加强中央框架性立法为基础

为进一步推进立法后评估工作规范化、科学化、制度化,应当在中央层面进行统一规定,为各地方评估工作提供统一的规则指引,并以立法条文留白的方式对评估标准进行差异性规定。所谓立法条文留白是指,因地方差异性的需求,中央立法机关有意在立法条款设置上留下法律空白,由地方立法机关根据实际情况进行补充。[115] 具体而言,在评估标准设定上,中央立法应当在结合地方多年实践经验的基础上,提取具有共性、具备普遍价值的立法后评估标准,进行统一规定,而评估标准下属的具体指标则可进行留白,由地方立法机关根据实际需求自行进行补充规定。这样,既能保证在最大限度上维护立法权威,同时也为地方保留“积极性、灵活性”,扩大地方立法创制空间,最终形成一套兼具统一性和灵活性的立法后评估标准体系。立法是一件极其庄严且影响重大的事。对于中央框架性立法,有学者指出,中国特色社会主义法律体系形成后迎来的是框架性立法的式微,而补充性、实施性、配套性的法律将得以渐荣。[116] 但此处应当注意的是,框架性立法和配套性立法是以不同方式对中国特色社会主义法律体系进行完善,中央框架性立法辅以立法条文留白的立法方式是以解决地方差异化立法

〔114〕《中共中央关于全面推进依法治国若干重大问题的决定》,载《求是》2014 年第 21 期。

〔115〕章剑生:《论地方差异性立法及其限定》,载《法学评论》2023 年第 2 期。

〔116〕雷斌:《改进地方立法的几个问题》,载《人大研究》2011 年第 2 期。

需求为宗旨,统一性与灵活性相结合,而非非此即彼、相互对立。

2. 以保留地方实际需求为补充

考察实际情况,我们会发现若不考虑地方立法具体需求及其价值追求,而直接基于中央预设的统一评估标准对地方立法后评估进行规定,导致的结果就是地方立法特色和“立法灵魂”的缺失。若地方特色缺失,地方立法也就失去其存在的价值和意义。[117] 只有当地方立法彰显出独特于中央立法的地方关怀以及浓重的本地特色时,地方立法才有可能达致《立法法》的预期,回应“具体情形和实际需要”,发挥引领与推动的实效。[118] 同时,地方立法存在的突出问题还有过于注重体系的构建面忽视了其实际效用。以地方性法规为例,往往是大而全、呈复杂结构的形态,在内容方面为求大求全,往往与上位法有许多不必要的重复,且造成了对上位法的撕裂。[119] 不得不承认的是,公民的认知能力与作为顶层设计的法律之间或多或少存在“天然的屏障”,各地过多的标准的设定,很大可能引起民众的误解。鉴于此,建议在中央立法层面对评价标准进行统一,而在标准下属的指标上按照各地的具体情形,从本地实际出发,以调查研究为前提,通过科学的方法与手段,充分了解本地的政治、经济、文化、风俗、民情及人们对立法调整的需求程度,[120] 合理设置附属的评估指标加以区分。这便可以从整体上对中央以及行政立法进行后评估,又可以通过附属的指标对地方法治建设的成绩和不足进行评估,甚至可以在空间维度上评价、分析并反映不同地方法治建设的差别。

总之,构建立法后评估标准体系,要以具备共识、具有普遍价值的标准为基础,在中央立法的顶层设计上予以规定并作为整体指导;也要建立在地方的实际、特色的需要上,在评估标准后的附属指标中予以补充,并以此为基准建立一个动态开放、具备弹性的立法后评估标准体系,为立法进行全面综合评估和完善提供指引和科学有效的方法。

(二)制度完善:重视评估结果的运用

立法后评估的结果是否具有相应效力,是立法质量提升的关键。以全国人大常委会对《农业机械化促进法》开展的立法后评估为例,评估主体对《农业机

---

[117] 周旺生:《立法学》,法律出版社 2004 年版,第 220 页。

[118] 丁祖年、郑春燕:《中国地方立法的现实与转型》,载《地方立法研究》2016 年第 1 期。

[119] 宋方青:《论地方立法的真善美及其实现》,载《学习与探索》2010 年第 1 期。

[120] 宋方青:《论地方立法的真善美及其实现》,载《学习与探索》2010 年第 1 期。

械化促进法》第21、27、28条进行评估,并提出了五项修改建议,[121]但这些建议在2018年的立法修订中并没有得到全部体现。因此,我们必须认真检视立法后评估制度能否发挥其“检查—评估—反馈”的预期作用,在此基础上完善相应的制度设计和安排,实现立法评估的实质效应。

评估的关键在于利用评估结果,以达致评估目的,[122]实现立法质量提升。立法后评估的关键作用就在于对立法进行“考核指挥”,以检查规范性法律文件本身的科学性、执行的有效性,且以社会的适配性为主要抓手进行客观评价,及时寻找问题,对有关部门提出有针对性的立法修改与完善意见和建议,实现立法高质量的更新和提升。作为保障和提高立法质量的最后防线,以立法后评估报告为载体的评估结果不应流于形式而陪着立法后评估“走个过场”,相反,只有当其产生相应的法律效果,才能使整个评估过程形成完整闭环,并达致预期目的。目前,对评估成果应如何运用,还没有相对统一的做法,也缺乏相对成熟的、专门性的制度规范进行指导,但大致可以归纳为如下情形:(1)当作立法工作的参考;(2)将评估报告送常委会组成人员作为审议相关法规的依据和参考;(3)提请主任会议研究;(4)经主任会议同意提请常委会审议;(5)将评估报告以及根据报告进行整改后的内容向社会公开。[123]

上述关于立法后评估在处理结果以及机制上的问题充分反映,高位阶的具体操作规则缺失使各地对立法后评估结果的运用存在较大差距,也是造成当前立法后评估制度施行缺乏稳定性的主要原因。虽然《立法法》第67条的规定可以以全国人民代表大会下属有关部门专委会、常委会工作机构为主体,对有关法律或者规定进行立法后评估,且应当将评估情况报告给常务委员会,但报告之后后续情况如何处理却没有详细规定。刚性规则的缺失必然使立法后评估的结果应用缺乏法律效力,进而在实践中更多表现为一种柔性效力。

对于立法后评估结果的运用,不能仅仅将处理方式停留在某一方面和某一具体环节,而是应当以一种系统性、综合性、多环节结合的方式,共同发挥对立法后评估结果的运用。为充分发挥评估结果对立法查缺补漏、提升立法质量、推进法治建设的真正作用,避免立法后评估结果作为可有可无的立法后产物而流于

---

[121] 廖文根:《法律“回头看”达预期效果》,载中国人大网2011年6月29日,http://www.npc.gov.cn/zgrdw/huiyi/cwh/1121/2011-06/29/content_1661322.htm。

[122] 许安标:《立法后评估初探》,载《中国人大》2007年第8期。

[123] 合肥市人大常委会法制工委:《让法规更加务实管用——合肥市人大常委会立法后评估探索与实践》,载中国人大网2016年9月18日,http://www.npc.gov.cn/zgrdw/npc/lfzt/rlyw/2016-09/18/content_1997595.htm。

形式，建议如下：一是建立健全立法机关回应机制。回应机制应当包括立法机关的回应和部门整改实施回应两个部分。立法后评估报告通常是由评估工作组织机构向各级国家立法机关报告，[124]如果立法后评估报告的作用只是对立法机关进行报告，那么立法后评估的价值将大打折扣。因此，可以考虑要求立法机关也对评估报告作一个官方性的说明，对立法评估报告内容以及是否予以采纳进行逐一说明和确认，赋予评估报告一定的效力。部门整改实施回应机制，是根据立法后评估结果要求立法实施机关或部门对立法实施中存在的问题进行整改并作出报告，避免立法实施机关针对评估结果采取"说归说，做归做"的态度，确保评估报告的要求落到实处。二是明确将评估结果作为编制立法计划、立法修改完善、促进立法实施的重要依据；明确将评估结果作为法治政府建设成效评价的重要参考，切实加强评估结果的重要性和实效性。三是落实主动公开原则，除了涉及国家秘密、商业秘密或者个人隐私的其他内容，应将立法后评估报告内容、评估意见与建议及其落实情况对社会公众公开，供其查阅参考，以此增强公众立法参与程度，发挥立法监督作用，分担立法责任。同时，倒逼相关的职能部门加强对评估报告的重视程度，使立法后评估切实有效。

（三）加强重点领域立法的后评估工作

新发展阶段下的高质量改革发展对立法质量和效率提出更高要求。[125] 重点领域立法则是护航高质量改革发展的关键所在。党的十八大报告首次提出要"加强重点领域立法"，深刻反映出更具针对性的立法在未来法治发展中的重要程度。党的二十大在此基础上，继续深入决策部署，报告要求进一步就涉及国家安全、科技创新、生态文明、防范风险等重点领域进行立法，加快对以数字经济、人工智能等为引领代表的新兴领域的立法节奏。可以说，加强重点领域立法实质上就是将涉及国家重大安全事项、关涉人民切实利益的事项作为立法优先考虑项，以科学立法、民主立法以及依法立法的原则为遵循进行立法攻坚，确保重点领域立法能够在最大限度上维护国家利益、最真实地反应人民关切，并填补立法空缺。立足新时代，要更好地发挥重点领域立法对于促进良法善治的作用，要加强对重点领域所立之法的评估，及时发现问题，确保立法紧跟时代。重点领域所立之法往往具有核心利益关键性、新兴性以及迫切性等特点，这也客观导致了

---

〔124〕 大部分的地方性法规或者规章立法后评估办法均规定将评估结果向常委会或者政府报告。此处的立法机关为广义的表达。

〔125〕 许安标：《加强重点领域、新兴领域、涉外领域立法》，载《民主与法制》2021 年第 39 期。

对其进行立法后评估的必要性。

重点领域可能产生影响国家稳步发展以及侵害人民群众切身利益的现实可能。对重点领域事项,要持续贯彻落实有效防范化解重点领域风险的意识,在关键改革领域中,立法发生缺位、滞后的情况使一些重大立法难题依然没有得到及时化解。此时,对因法律规范体系不够完备而产生的立法制度漏洞,或者重点领域、新兴领域相关法律制度前沿的空白,要及时进行补充。同时,也要注意到,重点领域立法面临的问题具有较大复杂性,为更好检验立法对重点领域事项的处理与规制的效能,应当及时引进立法后评估制度,以立法规范和实施绩效为评估对象,重点评估重点领域立法对解决当前这些具有复杂、迫切特征难题的真实作用,以便及时推进立法的"废、释、改",防范化解风险,切实保障和改善民生,充分体现发展成果由人民共享的要求,并实现良法善治的理想目标。

第三章

立法质量判断标准的比较研究

法学上的比较研究一般被称为“比较法”(comparative law)研究,这是一门通过比较的方法来认识、反思和完善本国法律制度与法学理论的科学。比较作为一种方法在人类的认知和分析活动中发挥着重要作用,尤其在法学研究领域长期占据举足轻重的地位。美国比较法学者库兰(V. G. Curran)指出:“就好像比较是理解过程的核心一样,比较也是一切法律分析的核心。”[1]早在19世纪中叶,比较法研究就被划分为“立法比较法”和“学理比较法”两个不同的理论领域,前者是对不同国家的法律规范及其制度体系进行的比较研究,后者则着眼于外国法制历史,比较和分析其现行制度、理论学说及习惯法制度。[2] 自20世纪以来,“立法比较法”与“学理比较法”研究持续呈现出相互融合的发展态势,其研究对象从各国的法律制度逐渐延伸到法理学说、司法判例和习惯法,并进一步拓展到国家立法的程序层面,各国如何具体开展立法工作、如何制定法律乃至良好法律等一系列问题先后成为比较法研究的热门议题。在我国,介绍和比较其他国家的立法实践和立法理论一直是比较法研究的重要内容,时至今日已经取得了相当丰硕的理论成果。[3] 可以说,将“立法比较法”和“学理比较法”结合起来,以推动立法制度与立法理论的国际交流、融贯发展与创新完善,是当前比较法研究方法论的重要要求。

法律是治国之重器,良法是善治之前提。不断提高立法质量,致力于制定符合历史规律、时代要求和最广大人民根本利益的良好法律,是世界各国立法事业共同的愿景和事业。尽管各国在历史传统、法律文化、政治背景以及现实国情上的深刻差异致使它们的立法模式、立法制度、立法技术等呈现出显著的差异,但是大多数国家的立法质量判准在整体上也呈现出惊人的相似性。英国立

---

〔1〕 Vivian Grosswald Curran, *Culturan Immersion, Difference and Categories in US Comparative Law*, 46 American Journal of Comparative Law 43 (1998).

〔2〕 张礼洪:《比较法学的目的和方法论》,载《现代法学》2005年第4期。

〔3〕 相关文献参见吴大英、任允正:《比较立法学》,法律出版社1985年版;李林:《立法机关比较研究》,人民日报出版社1991年版;吴大英、李林、任允正:《比较立法制度》,群众出版社1992年版;易有禄:《各国议会立法程序比较》,知识产权出版社2009年版;曹海晶:《中外立法制度比较》,商务印书馆2016年版;谢立斌主编:《中德立法比较研究》,中国政法大学出版社2017年版;韩平:《美国立法程序导论》,厦门大学出版社2022年版;等等。

法学者海伦·赞塔基(Helen Xanthaki)指出,“法律的起草者在追求作为立法质量标准的有效性时,他们所使用的工具明显打破了大陆法系和普通法系之间的藩篱……两大法系的起草者们使用相同的工具以便实现相同的目标”。[4] 可以说,现代法治国家在如何识别和起草良法的问题上,交出的答卷总体上几乎一致。然而,在这些看似相同的答卷中却有一些细微但重要的差别,只有对这些差别多加重视,比较法研究的意义和作用才能重新确立并得以实现。原因在于,传统的比较法研究以功能比较作为主要方法,这种方法恰恰将各国的法律及其实践之间的内在区别抹杀了。因此,以功能比较为主要方法的传统比较法学偏重于法律的“求同”研究,而这潜藏着排斥差异和消除多元的危险,当代比较法研究应当更加侧重展示不同法律制度之间的差异。着眼于各个国家法制的深刻差异,致力于呈现出不同法律体系的独特之处,已成为比较法学研究的主流方式。作为比较法学研究的一部分,关于立法质量判断的比较研究也必须做到法理比较与立法比较的融会贯通,综合反映世界各国法律实践的一般性与特殊性。为此,本章将着眼于不同国家、地区和国际组织判断立法质量的独特之处,从学理、规范、案例三个层面对国内和国际立法的质量判断标准展开分析和研讨。

第一节 立法质量的基本判断标准

所谓判断,是指根据特定标准对思维对象是否存在、是否具有某种属性以及事物之间是否具有某种关系的确认,其本质是对标准的现实投射。因此,在逻辑上标准总是先于判断,缺乏标准的判断是不可能的也是不科学的,标准模糊的判断则是不准确的且无法发挥应有的效用。判断立法质量首先需要确认据以判断的标准,这些标准共同构成一种体系性的序列等级,并且在数量上呈现出开放特征。其中,有些标准相较于其他某些标准更加重要,这些标准是普遍的、原生的、稳定的,故可称为基本标准。基本标准是事物本质的具象,一旦违背这些标准,关于对象、属性、关系的判断便会得出全盘否定的结论。基本标准以外的其他标准则可称为补充标准,它们由基本标准衍生而来。补充标准是次生的、暂时的,其本质不过是在特定条件下对基础标准的进一步具体、明确和细化。作为事物本身的规范性要素,基本标准和补充标准共同构成判断的前提,为判断提供了关

[4] [希][英]海伦·赞塔基:《立法起草:规制规章的艺术与技术》,姜孝贤译,法律出版社 2022 年版,第 13 页。

于一个事物应当是什么的规范谱系。

立法质量的基本判断标准是指衡量、断定和说明国内成文法律规范内容好坏、品质优劣时需要运用到的重要分析指标，是肯定或者否定某部制定法、某条法律规范的主要考量因素。立法质量的基本判断标准具体包括价值、合法性、科学性、融贯性和技术性五个方面，[5]它们构成了衡量立法良善与否、释明立法重要缺陷、指明立法完善方向的根本指标。一直以来，国内外法学界对这些标准开展了深入的理论探讨，并将其运用于本国立法质量判断的法律实践中。

一、价值标准

法律的生命力首先在于法律必须有自己的灵魂，即法律必须始终体现特定的价值。作为现代社会关系的主要调节器，法律如果不体现最低限度的道德要求、不追求根本的人权精神、不考虑人的最基本的价值需求、不反映最基础的人道主义内容，就会造成人性的扭曲甚至社会动荡。价值是衡量法律好坏善恶的重要标准，只有符合时代精神追求与普遍价值要求的法律才能得到广泛的认同和支持。作为人类现代文明孜孜不倦的理想追求，正义、自由、平等、人权等价值既是民主政治的主要目的，也是评价立法好坏的基本准绳。

（一）域外理论简述

纵观西方法学史，价值问题在任何时代的理论和实证研究中都是不可回避且被认真对待的。美国法学家庞德曾经指出："在法律史的各个经典时期，无论在古代或近现代世界里，对价值准则的论证、批判或合乎逻辑的适用，都曾是法学家的主要活动。"[6]早在古希腊时期，价值就被认为是法律的构成性要素，只有体现正义与理性的价值良好的法律才称得上真正的法律。例如，亚里士多德认为法律由正义衍生，强调法律作为"一种制度化了的正义"，其实际意义在于"促成全邦人民都能进入正义和善德的[永久]制度"。[7] 与古希腊自然法学传统一脉相承，古罗马法学家也将法律与价值紧密联系在一起，认为法律"来自于正义(justitia)……是善良和公正的艺术"。[8] 进入中世纪之后，尽管自然法学

---

〔5〕 宋方青：《立法质量的判断标准》，载《法制与社会发展》2013 年第 5 期。

〔6〕 Roscoe Pound, *Social Control Through Law*, Yale University Press, 1942, p. 103.

〔7〕 Aristotle, *Politics*, Oxford University Press, 1998, p. 105.

〔8〕 [意]桑德罗·斯奇巴尼选编：《民法大全选译·正义和法》，黄风译，中国政法大学出版社 1992 年版，第 34 页。

屈膝于神学之下,法律被认为源于上帝的意志,但是人们也始终非常重视自然法传统以及法律的正义价值。奥古斯丁强调:“如果法律是非正义的,它就不能存在。”〔9〕基督教经院哲学的代表人物托马斯·阿奎那也明确指出人法必须服从于自然法,强调“法律是否有效,取决于它的正义性……如果一种人法在任何一点与自然法相矛盾,它就不再是合法的,而毋宁说就是法律的一种污损了”。〔10〕可以说,近代以前的自然法学传统将正义、理性等作为重要的法律价值,并将它们视为判断立法质量的核心标准。

伴随西方资产阶级革命的胜利以及自由民主政治法律思想的兴起与发展,近代以来的自然法学思想在立法(法律)的价值标准上得到了进一步丰富,能否有效地保障私权、限制公权,是否贯彻了自由、平等的社会观念很快成了评价立法质量的新价值标准。古典自然法学家将人的权利和自由置于最高的位置,主张人人生而平等,认为国家和法律作为社会契约的产物必须保障私人权利神圣不可侵犯。自启蒙时代以来,这种观念持续至今,并且依然保持着强劲的理论活力和实践影响力。美国法学家朗·富勒将法律定义为“使人类行为服从于规则之治的事业”,〔11〕强调法律不仅是一种手段,而是手段与目的、事实与价值的统一,其中包含人类社会的道德目的,寄托人类对美好秩序的追求。总的来看,尽管自然法学传统在近几十年遭遇了来自法律实证主义和后现代法学思潮的严峻挑战,但自由、平等、人权的基本价值原则始终都是推动和保证现代社会法律制定工作和法治改革与建设良善发展的根本信念和动力。伴随西方传统自由主义政治的弊端逐渐显现,秩序、团结、效率等价值追求的重要性也逐渐得到关注,但立法(法律)的价值标准谱系在不断扩大的同时,其内部的冲突和矛盾也不断凸显和加剧。

(二)法国法律中的价值标准

法国的宪法性文件以权利规范的形式为判断立法质量提供了一份权威、详尽、可诉的价值标准清单,试图以此实现对国家立法权的制约以及对公民正当权利的维护。

---

〔9〕 St. Augustine of Hippo, *On the Free Choice of the Will*, *On Grace and Free Choice*, *and Other Writings*, Cambridge University Press, 2010, p. 6.

〔10〕《阿奎那政治著作选》,马清槐译,商务印书馆 1963 年版,第 116 页。

〔11〕 Lon L. Fuller, *The Morality of Law* (*Revised Edition*), Yale University Press, 1969, p. 106.

1. 宪法性文件对价值标准的规定

作为启蒙运动的中心，法国最早宣扬了法治、自由、人权等基本价值原则，这些原则首先在 1789 年《人权宣言》中得到法律意义上的明确。1946 年 9 月 29 日由制宪会议通过的法兰西第四共和国宪法中的序言部分又增设了一系列关于现代政治、经济和社会的价值原则。因此，法兰西第四共和国宪法的序言又被称为“新人权宣言”，它被认为是联结近代与现代西方人权的中介和桥梁，并且集中反映了现代人权与法治的精神与要求。1789 年《人权宣言》、法兰西第四共和国宪法序言与现行的法兰西第五共和国宪法共同构成法国现行宪法的主体部分。其中，第五共和国宪法对立法的精神、范围和正当程序进行了系统规定。宪法开篇就在序文中庄严宣告：法国人民拥护 1789 年《人权宣言》所规定、1946 年宪法序言所确认和补充的人权和国家主权原则，以及 2004 年《环境宪章》所规定的权利和义务。这一宣告实际上明确了上述文件的宪法性地位，将它们作为根本法纳入现行法律体系之中。1789 年《人权宣言》和 1946 年宪法序言作为法国现行宪法的重要组成部分，是法国现行宪法的灵魂，它们阐明了人一系列自然的、神圣的、不可剥夺的基本权利，不仅承载着法国法治与人权奋斗事业的光辉历史，还以公认的价值目标和理想愿景不断指引和规范着政治共同体的行为。《人权宣言》共 17 条，不仅列举了人和公民的自由、平等、财产、安全、反抗压迫、不被任意控告、逮捕或拘留、无罪推定、言论自由等正当权利，还明确了限制自由只能通过法律、法律是公共意志的表达、公共权力是为了所有人的利益而设立以及权力分立等政治和法治原则。1946 年宪法序言则再次宣布每个人不分种族、宗教或信仰，都拥有不可剥夺和神圣的权利，并且进一步列举了许多必要的现代政治、经济和文化权利，这些权利主要包括男女平等、寻求庇护、平等就业、平等担任公职、参加工会、罢工、获得社会基本福利、公共教育等。可以说，1789 年《人权宣言》和 1946 年宪法序言中关于公民权利和政治原则的法律规定构成了制约和监督政治权力特别是立法权的最重要依据和最有力武器。

2. 从 2011－131 号决定看立法的合价值性

2011 年 3 月 21 日，法国最高上诉法院向宪法委员会提交了一份合宪审查申请，该申请主要涉及 1881 年 7 月 29 日关于新闻自由的法律第 35 条第 5 款的规定是否符合宪法的问题。该款条文规定，除非指控涉及 10 年以上的事实，否则仍可证实事实的真实性。申诉人 Térésa C. 女士和 Maurice D. 先生认为，被指控犯有侮辱性罪行的人无法提供 10 多年前事实真相的证据，这侵犯了言论自由和辩护权。宪法委员会根据《人权宣言》第 11 条关于公民言论和出版自由的法律规定指出,行使言论和交流自由是民主的先决条件,也是尊重其他权利和自由的保障之一,对行使这种自由的管理必须是必要的、适当的,并应当与所追求的目标相称。鉴于第35条第5款的规定对指控涉及十多年以前的事实要求不允许举证,这种对言论自由的限制符合追求社会和平的普遍利益目标,因为言论自由必须防止回顾损害有关人员名誉和尊严的过去的事实。然而,宪法委员会指出,这项禁令可以不加区别地适用于提及10多年前的事实、历史或科学著作所产生的所有言论或著作,以及提及那些提醒或评论属于普遍利益的公共辩论的事件的指控。因此,宪法委员会最终作出第2011-131号决定:1881年7月29日法令第35条第5款对言论自由的攻击与其所追求的目标并不相符,故应当宣布违反宪法,该声明适用于在本决定公布之日尚未最终判决的所有违宪指控。

在本案中,宪法委员会通过援引1789年《人权宣言》中的言论自由条款,重申思想和观点的自由交流作为人类宝贵的权利之一,保护言论和通讯自由有重要的社会意义,所以对言论自由的限制必须合乎与之相称的原则或目的。由此可见,宪法委员会之所以认为上述1881年7月29日法令第35条第5款的规定是违宪的,归根结底就是因为这一条款违反了自由价值,构成了对言论自由的不合理限制。从宪法明文规定的法律价值与权利出发,通过细致入微、审慎严谨的说理来判定和衡量某部立法的德性与品质,构成了法国合宪审查实践的鲜明特征。

(三)比较及启示

法律作为一个以价值为基础的规范系统,展现了社会个体之间的权利义务关系。换言之,法律是人类用以追求和实现某些先验价值和正当权利的一种具体方式,它不仅反映了真实的社会规制实践,还蕴含着特定的社会理想和价值愿景。有学者指出,法律是由众多的法律命题所组成,而所谓法律命题实质上是关于"人们可以或应当怎样行为"的价值性陈述,所以立法作为开展价值判断、确立和设置法律命题的过程,判断立法质量就必须衡量作为其结果的法律规范的价值合理性程度。[12] 我国《立法法》第6条第1款明确规定:"立法应当坚持和发展全过程人民民主,尊重和保障人权,保障和促进社会公平正义。"由此可见,尽管各国关于法律价值的相关规定并不相同,但是将法律作为保障私权和现代社会理想愿景的重要方式,并从公认的价值层面对立法的质量作出判断,实际上

---

〔12〕 黄文艺:《论立法质量——关于提高我国立法质量的思考》,载《河南省政法管理干部学院学报》2002年第3期。

是世界各国法律实践的共性。任何违反人类共同价值的法律都势必遭到质疑和批判,在现实中也将难以施行。

价值标准所蕴含和展现的实质正义是法律之根本、立法之目的。就其内容而言,法律必须彰显正义的根本精神,体现正义的时代要求,否则法律即便存在,也不会得到人们的尊重和拥护,其实效必将大打折扣。哈特强调,法律体系的存在作为一种社会现象总是表现为两种面向,即"自愿接受规则时所采取的态度和行为,以及仅仅是服从和勉强同意时比较单纯的态度和行为",因此良好的法律与道德共享最低限度的自然法,这就意味着尽管可以"把所有在初级和次级规则的体系里形式上有效的规则都称为'法律'",但是当它太过不当以至于引起了普遍、强烈的道德谴责时也不应当被遵守。〔13〕 另外,实质正义作为影响法律内在品质和实施效果的重要因素,构成了立法的核心追求以及衡量立法最终成功与否的首要标志。有学者曾以立法和执法为标准对实质正义和形式正义进行了区分,认为实质正义"相当于立法正义",是立法分配实体权利和义务的正义,而形式正义是"法律适用或执法阶段的正义"。〔14〕 也就是说,法律的实质正义源于立法的正义,立法的科学性、民主性就是为了实现法律的实质正义。

一套以自然法学说为基础的"权利清单"式的价值性规范谱系的实质是在特定的历史背景和现实情景下将自然法进行具象化来衡量实在法律规范的优劣。对此种具象化的彻底性贯彻离不开系统深刻的说理方法,这就要求判断者不仅应当拥有丰富的社会经验和高超的生活智慧,还必须具有敏锐的洞察能力和深厚的理论功底,从而能够在纷繁复杂的社会利益和法律事实中发现乃至确立公正。因此,以单一的抽象性价值为标准判断立法质量的做法其实并不容易,判断立法质量的工作不能纯粹地从人权和价值的层面上进行,而是应当从理想与现实、抽象与具体、一般与特殊、过去与现在等多维度、多层面、多视角综合开展。

二、合法性标准

合法性标准指向的是立法的正当性来源,现代的合法性标准主要表现为立法程序的合法性,即通过公正的程序为利害关系人提供一种自由、平等的理性协商与话语论证的机制,从而使利害关系人能够充分表达意见和建议。〔15〕 因此,

---

〔13〕 [英]哈特:《法律的概念》,许家馨、李冠宜译,法律出版社 2018 年版,第 268、275 页。

〔14〕 孙笑侠:《法的形式正义与实质正义》,载《浙江大学学报(人文社会科学版)》1999 年第 5 期。

〔15〕 宋方青:《立法质量的判断标准》,载《法制与社会发展》2013 年第 5 期。

没有一套严密的立法程序,法律的质量就得不到有效保证。不过,西方法学界对合法性问题的法学讨论则并不限于程序合法性,相关讨论的起点最早可以追溯到马克斯·韦伯。

(一)域外理论简述

马克斯·韦伯是最先提出"合法性"概念并对之进行系统的法学探讨的学者。他指出,合法性一般是指统治的有效性,即"统治者要求官员服从,以及二者要求被统治者服从",而在时代的条件下,合法的统治是与法律联系起来的,成熟政体必须形成一套适用特定"合法性"的决疑规则,这种规则体系构成了"法律秩序"。[16] 韦伯还强调,合法性的含义在不同时期、不同学派是有区别的,其中自然法学是基于自然法和制定法之间的关系谈论合法性问题的,合法性在这里其实就是正当性的意思,其所关涉的仍然是法律的价值问题,不过,制度的合法性却并不仅通过其价值合理性所提供的义务感来保证,也可以通过期望出现其他的外在结果得到保证。[17] 也就是说,合法性既有合理性、正当性,又有超越价值的现实意蕴,现代实证主义法学正是从后一种层面上理解合法性的。概括地讲,在实证主义法学家看来,合法性之"法"更多的是指实实在在的"法律",而非外在的道义基础。例如,凯尔森曾经明确提出,应当将法的科学与法的哲学区别开来,前者寻求的是真实和可能的法,而不是正确的法,因此法的科学应当拒绝通过"合法性"的概念对实在法加以评价。[18] 他认为,合法性原则是指法律秩序的规范并不曾在此法律秩序本身决定的方式下归于无效时,它是继续有效的,因此,合法性原则深受实效性原则的限制。[19]

同样以马克斯·韦伯的有关论述为出发点,哈贝马斯对法的合法性的观点则与法律实证主义大不相同。他认为,晚期资本主义社会面临着四重危机,其中就包括合法性危机,即资本主义将失去社会的认可和尊重。因此,哈贝马斯强调,合法性意味着某种政治制度的尊严性,它表示"同一种政治制度联系在一起的、被认为是正确的和合理的要求对自身有很好的论证"。[20] 哈贝马斯批判性

---

〔16〕 [德]马克斯·韦伯:《论经济与社会中的法律》,张乃根译,中国大百科全书出版社 1998 年版,第 42 页。

〔17〕 [德]马克斯·韦伯:《经济与社会》(上卷),林荣远译,商务印书馆 1997 年版,第 64 页。

〔18〕 Hans Kelsen, *General Theory of Law And State*, Harvard University Press, 1949, p. 14.

〔19〕 Hans Kelsen, *General Theory of Law And State*, Harvard University Press, 1949, p. 117 – 119.

〔20〕 [德]尤尔根·哈贝马斯:《重建历史唯物主义》,郭官义译,社会科学文献出版社 2000 年版,第 262 页。

地指出之前历史上借助神圣力量的合法性论证带有欺骗的性质，强调“当终极原因在理论上不再是可信时，辩护本身的形式上的条件就获得合法化的力量。理性统一的过程和前提也变成原则”。[21] 当辩护的对象是一个政治制度时，“按程序办事”的合法性类型便应运而生了。现如今，合法性的含义俨然已经与程序的概念紧密联系在一起，特别是在说某项立法的合法性时，最基本的一点就是指立法过程严格遵循法定程序。因此，绝大多数国家都通过制定法的形式对立法程序作了明确规定。

（二）美国法律中的合法性标准

美国的立法活动极其讲究程序，整个立法过程都在宪法和有关组织法所框定的严密程序控制之下。在美国，一项法案成为正式法律的道路十分漫长，法案的反对者在审议法案的任何环节加以阻拦都有可能成功，其支持者只有足够审慎才可能使法案获得通过。通过对美国立法程序制度及其实践的检视，可以直观地看到立法程序与法律合法性的密切联系。

1. 美国联邦宪法关于立法程序的规定

在美国，一项法案由提交到批准成为法律大致要先后经历以下环节：提交法案、委员会审议、议会审议、两院协商以及总统批准。提交法案是国会立法程序的第一步。在美国，所有的法案都由国会自行提出，在形式上只有参、众两院的议员才有权提出法律案。若有行政部门、社会机构、特殊利益团体或者个人想要国会制定一部法律，他们就只能选择向议员游说，说服某一议员向其所属的议院提出议案，从而启动立法。实践中，参议院每年绝大多数的法律议案都是由这个机构起草的，众议院也有相同的机构从事这一工作。

法案一经提出就被交给相关的委员会进行审议，未经委员会审议的法案不得提交议院审议。委员会有常设委员会、特别委员会和联合委员会三种类型，其中常设委员会、特别委员会的主要职责就是在其管辖权内审议法案，并向各自议院推荐法案供其审议，而联合委员会的职责是指导或处理议院日常工作。根据规则，各委员会有权根据法案分类处理相关法案。法案被提交到了相关委员会就被视为“一读”，但是如果法案得不到委员会审议，实际上就等于被废弃。委员会审议程序包括：将法案送交相关的行政部门和审计署，要求就法案成为法律的可行性和必要性提供报告；举行立法听证会；举行委员会全体会议；向议院呈

---

〔21〕［德］尤尔根·哈贝马斯：《重建历史唯物主义》，郭官义译，社会科学文献出版社 2000 年版，第 269 页。

递法案与报告。

法案经委员会向议院呈报后,就会被列入议院的审议日程。议院审议的主要程序包括提交修正案、辩论、表决等,但两院的具体程序有所不同。法案在众议院讨论前,先由规则委员会对讨论该议案的规则作出安排,众议院全体大会接收该规则后,审议即开始。若就讨论规则发生争议,应当由议长事务办公室和规则委员会处理,决定是否需要付诸表决。相较而言,参议院的法案审议程序与众议院基本相同,但没有众议院那么严格的规则。由此可见,美国参、众两院的立法规则有很大的异质性:众院规则强调多数决定原则,多数党可以控制立法,众议员个人很难在立法中施加影响;而参议院规则突出的是一致同意原则,强调参议员个人权利,参议员个人往往可以阻碍立法进程。

法案经两院讨论通过后,由议长签字送交总统,由总统签署生效。总统如果有异议可以驳回法案,由两院组织修改后再送总统签署。如果法案被总统驳回,两院均有 2/3 以上的议员仍坚持通过,法案则可以不经总统签署而生效。

2. 从“霍克托诉美国农业部案”看立法的合法性

帕特里克 · 霍克托(Patrick Hoctor)于 1982 年开始在特雷霍特(Terre Haute)郊外的农场经营外来动物。在一个占地 25 英亩的大院里,他饲养了各种动物,其中包括狮子、老虎、狮虎、美洲狮、雪豹等数量众多的“大型猫科动物”。这些动物被关在围栏(该围栏在《动物福利法》中被称为“主要围栏”)里。霍克托还在整个大院周围竖起了围栏(该围栏在《动物福利法》中被称为“周边围栏”)。1982 年,霍克托成为动物经销商,并且在一名被农业部雇用指派检查该设施的兽医的建议下,霍克托将围栏围成了 6 英尺高。第二年,该部门向其检查人员发布了一份内部备忘录,其中表示所有“危险动物”,包括猫科动物、狮子、老虎和豹子等都必须处在至少 8 英尺高的围栏内。从 1990 年开始,农业部的检查员多次指控霍克托,称其没有安装法定高度的围栏,并对霍克托的这一行为和被指控的其他违规行为进行了制裁。霍克托认为美国农业部的这份对围栏高度进行规定的文件没有经过“通知评论”程序,美国农业部据此规范作出的执法行为属于违法行为。但美国农业部认为,其根据《动物福利法》关于动物安全收容的规则尽管没有遵守《行政程序法》的“通知评论”(notice and comment)程序要求但仍然有效,因为它只是一项解释性规则。

联邦行政机构的行为受到美国 1946 年《行政程序法》的管辖并对其进行司法审查,其中规定有效力的立法性规章须遵守行政程序法的程序规定才能生效,即严格的“通知评论”程序,除非法律另有规定,“解释性规则”便可不经过“通知评论”程序而有效。上诉法院首席法官波斯纳(Richard A. Posner)认为,农业部关于危险动物围栏最低高度的规则属于实质性规则,须遵守《行政程序法》中规定的通知评论程序。他强调,如果根据法定授权将规则制定权授予行政机构,颁布的规则旨在约束,而不仅是机构观点的初步声明,那么该规则就是立法规则。据此,《行政程序法》中规定的“通知评论”程序是强制性的。农业部规定危险动物必须用最小高度为8英尺的围栏包围,这是一项实质性规则,须遵守《行政程序法》规定的“通知评论”程序,原因在于所选择的最低高度是任意选择,不能从基本法规规定的安全遏制义务中得出,因此机构规则具有立法性质而不是解释性。

波斯纳法官还解释道,当国会授权一个机构制定标准时,实际上是在下放立法权,而不是自己制定一个标准,然后该机构可以通过解释来具体化。因此,只有当一项规则可以通过合理的描述从法规中推导出来时,它才是解释性规则。从这个意义上说,数字的选择可能是任意的。可见,农业部将围栏高度规定为8英尺的规则是任意的,因为它很可能是不同的,而这种不同将不会严重损害任何监管目的,因此,它作为一项新的立法必须经过严格的“通知评论”程序。波斯纳法官最后强调“通知评论”是使受立法规则影响的人能够以全面和系统的方式向立法机构传达其关切的程序,如果在本案中遵循“通知评论”程序,农业部将收到数千条评论,此时就更应该履行“通知评论”程序,原因在于,公众对一项规则的兴趣越大,就越有理由让其参与制定。

(三)比较及启示

所谓程序,是指事物发展的既有次序和脉络以及方式、方法。任何工作的顺利开展都必须遵循一定的程序,不然难免出现混乱。立法活动也不例外,如果没有科学的程序设计,立法将无法开展。我国《立法法》对各类规范性法律文件的立法程序进行了系统全面的规定。以全国人大的立法程序为例,全国人大制定法律的程序包括法律案的提出、审议、表决与公布法律四个阶段。有权向全国人大提出法律案的有全国人大的主席团、常委会、专门委员会以及国务院、中央军事委员会、国家监察委员会、最高人民法院、最高人民检察院、1个代表团或者30名以上的代表联名,法律案由主席团决定列入大会议程。全国人大审议法律案大致分为四步:一是在大会举行前1个月将法律草案发给代表进行研究,准备意见;二是在大会全体会议上听取提案人作关于法律草案的说明;三是各代表团全体会议或者小组会议对法律草案进行审议;四是有关的专门委员会对法律草案进行审议,提出审议意见,然后由法律委员会根据各代表团和有关的专门委员会的审议意见,对法律草案进行统一审议,向主席团提出审议结果的报告,并提出法律草案修改稿。全国人大审议法律案,一般经一次会议审议后即交付表决。列入全国人大会议审议的法律案,经法律委员会统一审议提出的法律草案修改稿,交各代表团进行审议,然后由法律委员会根据各代表团的审议意见进行修改,提出法律草案建议表决稿,由主席团提请大会全体会议表决,由全体代表过半数通过。经全国人大及其常委会通过的法律,由国家主席签署主席令予以公布。

从立法学的角度来说,程序是看得见的正义,是判断立法质量的底线性标准。一方面,良好的立法程序是制定出良好法律的必要前提,离开科学、民主的立法程序,就很难得到高质量的法律文本、法律规则。另一方面,严格依照法定程序制定也是立法的基本品质,否则该法就是"违法的",就要面临被撤销甚至被废止的危险。因此,判断某部立法质量的优劣,首先应当看其是否严格按照法定的权限和程序制定;其次还要考察其立法程序的安排是否健全、完善,立法权限的配置是否明确、具体。所以从程序价值的独立性上讲,如果某部法律的立法过程存在明显疏漏甚至严重瑕疵,那么无论这部法律的内容或者实施效果有多好,其仍时刻面临被撤销的风险。

三、科学性标准

立法的科学性要求立法必须符合客观情况、遵循客观规律。如果说立法的价值标准和合法性标准指向的是立法的"善",那么立法的科学性指向的就是立法的"真"。从客观情况出发,致力于在法律中呈现社会秩序、社会规律、社会意愿的真实要求,是制定一部良好法律并使之充分发挥指导意义和调整功能的必要条件。

(一)域外理论简述

科学性要求立法忠于客观事实,这种观念得到了来自唯物主义哲学与实证主义方法论的支持。唯物主义在哲学上属于一元的本体论,强调物质是第一性的,意识是第二性的,意识源于物质。在唯物主义的哲学观下,立法作为一种能动的人类意识活动,必须源于并真实地反映客观实践,也只有如此才能对改造世界起到积极作用。马克思以普鲁士的离婚法草案为例具体论证了这一观点,他指出:"既不是立法者的任性,也不是私人的任性,而是只有事物的本质才能决定,某一婚姻是否已经死亡;因为大家知道,宣告死亡取决于事实,而不取决于当事人的愿望。”[22]科学性标准在立法中的确立最初也离不开实证主义方法论的支持。奥古斯特·孔德在创立社会学时提出,应当运用自然科学的观察、实验和比较等实证方法来研究人类社会中的问题,强调只有对真实存在的关系的精确完整的呈现才算是正当的。马克思在立法理论的层面上清晰地论述了这种方法论的核心要求,他说:“立法者应该把自己看作一个自然科学家。他不是在创造法律,不是在发明法律,而仅仅是在表述法律……如果一个立法者用自己的臆想来代替事情的本质,那么人们就应该责备他极端任性。”[23]可见,之所以要坚持立法的科学性标准,就是要防止立法者因理性有限甚至恣意而制定出有违客观情况和现实要求的“失真”的法律。

要做到科学立法绝非一件容易的事情。一方面,立法要求立法者对相关信息进行全面掌握,而社会实践总是复杂的,收集信息的手段又总是有限的,这就意味着立法者往往只能依赖有限的信息条件制定法律。另一方面,立法者在制定法律的过程中总要对各种社会利益作出判断和取舍,从而在法律中不可避免地掺入主观因素,以至于实际上并不存在纯粹反映客观性的法律规范。温特根斯(Luc Wintgens)曾指出立法工作的困难程度,他认为立法者由于既缺乏关于替代方案、问题背景的重要信息,又容易受到情绪、环境的影响,因而在绝大多数仅仅掌握极其有限的时间、技能和资源的情况下,其基于理性所作出的选择往往并不是最优的。[24]

严格地说,科学立法作为我国《立法法》中明确规定的一项重要原则,我国法学界对此研究颇深,但是在西方法学界相关的研究却十分有限。英国的罗杰·科特威尔曾经对立法的科学性标准进行了具体分析,他认为法律是否能够有效影响人的行为是衡量立法科学性的重要标准,并进一步将科学性标准区分为立法机构的权威性、立法与文化的一致性、调控模式的适当性以及立法的空间感和时间感。[25] 可见,西方学者眼中的科学性标准与我们的一般认知并不相同,有些学者对于科学性的理解实质上更加偏重于立法的有效性。类似地,近年来我国学者对立法的科学性标准的理解也逐渐扩大,科学性的内涵不断得到丰

---

〔22〕《马克思恩格斯全集》(第 1 卷),人民出版社 1995 年版,第 348 页。

〔23〕《马克思恩格斯全集》(第 1 卷),人民出版社 1995 年版,第 347 页。

〔24〕See Luc Wintgens, *The Rational Legislator Revisited*, *Bounded Rationality and Legisprudence*, in Luc J. Wintgens & A. Daniel Oliver - Lalana eds., The Rationality and Justification of Legislation: Essays in Legisprudence, Springer International Publishing, 2013, p. 14 - 15.

〔25〕[英]罗杰·科特威尔:《法律社会学导论》,潘大松等译,华夏出版社 1989 年版,第 67 页。

富。例如,有学者认为立法的科学性标准具体包括规律性、有序性、和谐性;还有学者将立法的科学性解读为立法权的专属性、立法过程的有准备性、立法事态的法调整性、立法行为的程序性等;另有学者则从坚持妥善处理改革、发展、稳定关系的策略等方面提出了推进科学立法的八项标准。[26] 因此,对科学立法原则作出更具创新性、实用性的学术阐发,推动立法科学性标准理论与时俱进地发展,是当前立法学研究的重要任务。

(二)从罗马尼亚770号法令看立法的科学性

罗马尼亚社会主义共和国(RSR,以下简称罗马尼亚)正式存在于1947年至1989年。1960年,罗马尼亚即将面临人口零增长,这对于当时计划依靠充足劳动力实现工业化的国家而言,是一个亟须解决的问题。于是在1967年,以尼古拉·齐奥塞斯库(Nicolae Ceauşescu)为首的罗马尼亚社会主义共和国国务委员会颁布了旨在调节和中断女性妊娠过程的770号法令。该法令规定,除怀孕会使妇女的生命处于无法消除的危险、父母一方患有严重遗传疾病或者导致胎儿严重先天畸形、孕妇严重残疾、年满45岁妇女、妇女已生下4个孩子并由其照顾以及强奸或乱伦致孕这五种情况外,禁止女性终止妊娠,且上述情况应由妇产科医生在专门保健单位进行妊娠过程中断,在本法令规定的条件以外的情况下中止妊娠过程构成犯罪,应根据《刑法》的规定予以惩处。因此,法令实际强制要求每位45岁以下的女性原则上都应该生下至少4个孩子,且在非特殊情况下禁止流产、节育或者堕胎。

为了推行这个法令,整个社会受到严格的控制,这个时代的女性被迫沦为生育的工具。在当时,不能怀孕的女人要多缴税,堕胎者与帮人堕胎者要判刑坐牢,在法案实施的23年时间中,有超过11万名妇女在私人堕胎手术中丧生,尽管自此期间罗马尼亚的生育率一度从1.9飙升到3.6,但人口总量并未增长,而新生婴儿的死亡率到齐奥塞斯库被推翻的时候已经达到了2.5%。[27] 齐奥塞斯库统治的整个时期,罗马尼亚孕妇的死亡率成为欧洲最高,婴儿死亡率是邻国的10倍以上,大量出生的婴儿也超出了原生家庭的抚养能力,以至于他们很多遭

---

〔26〕 冯玉军、王柏荣:《科学立法的科学性标准探析》,载《中国人民大学学报》2014年第1期;关保英:《科学立法科学性之解读》,载《社会科学》2007年第3期;刘松山:《科学立法的八个标准》,载《中共杭州市委党校学报》2015年第5期。

〔27〕 Tony Judt, *Reappraisals: Eappraisals Reflections on the Forgotten Twentieth Century*, The Penguin Press, 2008, p. 260.

到遗弃,最后流落至孤儿院,直到20世纪90年代已经有超过20万名被遗弃的儿童被送至孤儿院。被迫送到孤儿院长期抚养的孤儿在长大后也都呈现出不同程度的精神、情感和健康方面的问题,一生都无法恢复正常。总之,770号法令深刻地改变了一代人的命运,给罗马尼亚带来了极其深重的社会灾难。

(三)比较及启示

科学立法是我国立法的重要立法原则。我国现行《立法法》第7条对科学立法的含义作了明确规定:"立法应当从实际出发,适应经济社会发展和全面深化改革的要求,科学合理地规定公民、法人和其他组织的权利与义务、国家机关的权力与责任。法律规范应当明确、具体,具有针对性和可执行性。"可见,立法的科学性标准主要指向的是法律与实践、法律与利益这两个层面上的问题。一方面,科学立法以认识和处理好法律与实践之间的关系为核心,强调法律要源于实践、符合实践并能促进实践的发展,这里的实践最重要的是指经济发展与深化改革的实践。另一方面,科学立法必须做到对各方利益的平衡,从而实现对公民、法人、其他组织和国家机关权利义务的公平配给。值得注意的是,立法的科学性在实践中总是与立法的政治性产生深刻矛盾。立法作为一种政治行为经常镌刻上立法者的政治意图,而这种政治意图如果倾向于急于求成的社会治理或者制度改革,往往就会忽视现实条件和客观规律,从而导致立法的失败和社会的动荡。因此,科学立法与民主立法归根结底都是反对立法的政治恣意,前者指向政治与自然的关系,强调的是立法的规律基础,后者指向政治与社会的关系,强调的则是立法的意志条件。

要实现科学立法,还离不开科学的立法方法论,因为如果不考虑"正确之法"的具体方法,人们就完全不能言说"正确之法"。然而,传统法理学对立法理论特别是立法方法论的忽视由来已久,如何产生正确法律的问题长期存在。自然法学、分析法学和立法法理学在不同程度上均将立法看作演绎推理的"逻辑游戏",这有违立法在法理学和逻辑学上的一般规定,故不构成科学的立法方法论。辩证逻辑为探索真理提供了一般性的思路。辩证逻辑是掌握真理的科学方法论,其所主张的分析与综合相结合的方法"不是把从现实之外取得的思想规定强加给现实,而是从对象本身的矛盾运动来把握对象自身的内在脉搏"。[28]辩证逻辑真实地反映了事物的本质规定和发展规律,它是从客观辩证法出发对

〔28〕 冯契:《逻辑思维的辩证法》(增订版),华东师范大学出版社2016年版,第227页。

认识过程的重塑与规范,构成了“以客观之道还治客观之身”的科学思维方式。列宁简明扼要地指出了辩证逻辑的一般方法:“辩证法就在于否定第一个论点,用第二个论点去代替它。”〔29〕第一个论点是肯定的,该论点要全面展示出对象事物的固有矛盾,即事物在肯定中孕育着否定自己的全部因素,否则“肯定的论断就是不完全的、无生命的、僵死的”。〔30〕第二个论点是否定的,该论点要指出对象事物否定中的肯定以及二者之间的内在统一,以表明否定作为联系的、发展的环节的否定,是保持肯定因素的否定。由此可见,辩证逻辑的推理过程就是“从肯定到否定——从否定到保存着肯定东西的‘统一’”〔31〕,即在整体上呈现出“正题—反题—合题”的过程。因此,立法也应当遵循辩证逻辑的一般方法论,这就要求立法者首先要基于现实问题的需要制定法律,并通过准确说明制定某法律规范的问题意识来从肯定的方面明确本次立法的必要性;其次要尊重客观事实,从而根据现实的条件制定可行的法律,法律的可行性源于立法者从否定方面对最初规范设想的不断纠正;最后要不断地深化必要性和可行性论证,尽可能全面地揭示制定某项法律规范所依据的肯定要素和否定要素,进而无限接近作为具体真理的法律。

四、融贯性标准

任何一国的制定法都应当是一个统一的规范体系,正如凯尔森指出:“法并不是像有时所说的一个规则,它是具有那种我们理解为体系的统一性的一系列规则。”〔32〕立法的融贯性标准恰恰是指立法必须保证国家的全部法律之间相互一致、相互协调。首先,法律、法规的制定必须以宪法为依据,不得违背宪法;其次,下位阶的法不得同上位阶的法相抵触,同位阶的法之间不得相互矛盾;最后,必须保持法律规范逻辑结构的因果性和完整性,以及法律文本各组成部分的有机搭配和有序排列。〔33〕可见,相较于体系性,融贯性对现代立法工作提出了更加全面的要求。

(一)域外理论简述

西方法学界关于法律的融贯性理论(theory of coherence)的研究从20世纪

〔29〕［苏］列宁:《哲学笔记》,人民出版社1993年版,第195页。
〔30〕［苏］列宁:《哲学笔记》,人民出版社1993年版,第196页。
〔31〕［苏］列宁:《哲学笔记》,人民出版社1993年版,第196页。
〔32〕［奥］凯尔森:《法与国家的一般理论》,沈宗灵译,商务印书馆2013年版,第29页。
〔33〕宋方青:《立法质量的判断标准》,载《法制与社会发展》2013年第5期。

70 年代开始,法律体系的融贯性理论作为其中一个重要的研究领域与立法息息相关,主要关注的是规范间的结构与关联问题。法律体系的融贯性理论由以下方面构成:一是融贯性与法律体系的关系,即谈论融贯性是法律体系的概念要素还是理想要素。多数学者认为,判断一个法律体系存在的基本标准是实效性而非融贯性,也就是说,一个不融贯的法律体系仍然是一个法律体系,但一个不具有最低限度实效的法律体系却不是,融贯性仅仅是应然意义上的法律体系的特征。二是法律体系融贯性的重要性,即由于立法者颁布相互冲突的法律的可能性,必须通过融贯性为法律体系施加一种外部的道德要求。温特根斯在论述立法法理学的原则时就特别强调了融贯性原则对于立法的重要性,他认为融贯性原则是一种从法律体系整体角度论证外在限制的原则,指的是法律作为一个整体要合乎情理。融贯性包括四个层级,零级融贯性要求立法语用必须清晰、明确,一级融贯性要求立法在时间上保持连贯,二级融贯性要求立法者将整个法律体系作为一个整体来考虑,三级融贯性则要求法律体系与其他社会规范体系的一致。[34] 有学者将温特根斯的融贯性层次观点进一步归纳为连贯性、体系的融贯和理念的融贯,并且指出阿列克西(Robert Alexy)与胡克(M. V. Hoecke)也提出了与温特根斯相似的观点,例如,胡克将后两个层次的融贯性分别称为“内部融贯性”和“外部融贯性”。[35]

实际上,国外学界关于法律融贯性理论的研究更加侧重于法律推理领域,重点关注的问题是司法审判的认识论与方法论,因此在法律体系的融贯性问题上成果相对较少。重要的是,立法的融贯性并不能与法律体系的融贯性直接画等号,因为立法作为形成和调整法律体系的过程,其本身的融贯性并不能完全后知后觉地通过对作为其结果的法律体系的审查完成。也就是说,立法体系有独属于其本身的融贯性要求,而该要求是在现代制度设计中通过划分各部门立法权限实现的。因此,立法的融贯性既反对立法结果的不一致、不连贯,更反对滥用甚至超越立法权力制定法律,后者构成了前者在立法过程中的保障。在此意义上,立法的融贯性标准既包括“立法结果的融贯性”——法律体系的融贯性,也包括“立法体系的融贯性”,即为了保证立法质量,立法机关必须在其法定的职权范围内制定法律,严禁越权立法。

---

〔34〕 Luc Wintgens, *Coherence of the Law*, 79 Archives for Philosophy of Law and Social Philosophy 483(1993).

〔35〕 雷磊:《融贯性与法律体系的建构——兼论当代中国法律体系的融贯化》,载《法学家》2012 年第 2 期。

(二)德国法律中的融贯性标准

德国现行宪法即1949年5月23日颁行的《德意志联邦共和国基本法》(Grundgesetz für die Bundesrepublik Deutschland,以下简称《基本法》),它构成了德国所有立法的依据和规范基础。因此,德国的立法体系是依据其《基本法》建立起来的,《基本法》对德国中央和地方的立法权进行了详细划分,从而为判断某项立法是否合法以及质量高低提供了明确的法律依据。

1.《基本法》关于立法权限的规定

《基本法》专门设置了"联邦立法及其程序"一章,通过设定专属立法与共同立法的方式,实现了对联邦及其成员邦立法权限的详细划分。《基本法》第73条规定了联邦的专属立法事项,其中包括:外交和国防;联邦公民身份;行动自由、护照、居住登记和身份证、移民、迁出和引渡;货币、度量衡以及历法;海关和贸易区的统一;保护德国文化资产不被转移出境;空运;联邦铁路的运营,属于联邦铁路的铁路线的建设、维护和运营,以及对这些铁路线的使用费的征收;邮政和电信服务;联邦和联邦公司雇员的法律关系;工业产权、版权和出版;联邦和成员邦在刑事警察工作等法定事项上的合作;用于联邦目的的统计;武器和爆炸物法;因战争致残者和已故战争受害者家属的福利或对前战俘的援助以及和平目的生产和利用核能的危害防止及放射物质处理。对于这些由联邦专属的立法事项,《基本法》还规定,各邦只有经过联邦法律的明确授权后,且在授权范围内才享有立法权。在这些事项之外,尽皆属于成员邦的立法范围。

《基本法》第74条则详尽列举了属于共同立法范围的事项,这些事项包括但不限于民法、刑法、法院组织和程序(有关审前拘留的法律除外)、有关外国人居留和设立的法律、有关难民和被驱逐者的事项、公共福利(社会养老院法律除外)、战争损失和赔偿、管理教育和培训补助金以及促进研究、关于征用的法律等。关于共同立法,宪法还另外规定:在共同立法事项上,只要联邦未通过颁布法律来行使其立法权,成员邦就可以立法;当立法对于在整个联邦领土内建立同等生活条件或维护法律、经济统一使联邦监管对国家利益而言是必要时,联邦可以对法定的共同立法事项进行立法,联邦法律也可以规定在这些事项上不再必要的联邦立法可以为成员邦法所取代;在法定的共同立法事项上,成员邦的法律可以与已经颁布的联邦法不一致,且新法优于旧法。

2. 从《育儿津贴法》审查看立法的融贯性

《基本法》第93条规定,联邦宪法法院(Bundesverfassungsgericht)作为德国司法系统的最高法院专门处理宪法问题，其享有宪法监督权和法律违宪的审查权。其中，联邦与洲是否根据《基本法》在其立法权限内制定法律构成违宪审查工作的重点事项，越权立法往往成为联邦宪法法院宣布某部法律法规违宪的重要理由。

2013 年 2 月 15 日颁布的《育儿津贴法》中的《联邦育儿津贴和育儿假法》第 4a—4d 条因为与《基本法》不符而被判定无效。该条文规定，父母原则上可以在子女出生后第 15 个月的第一天至其年满 36 个月期间每月领取 150 欧元的育儿津贴，无论其收入如何，但前提是该儿童无权根据《社会法典》第八卷第 24 条领取福利。申请人书面和口头陈述的核心内容是，育儿津贴抵消了联邦各州和地方当局在各自政治责任范围内提供的服务。申请人认为，这些规定在形式上是违宪的，因为联邦政府在这方面没有立法权限。具体而言，不使用公共资助措施的付款不构成公共福利条例，因此不属于《基本法》第 74 条第 1 款第 7 项规定的联邦立法权限。另外，子女保育津贴也非《基本法》第 74 条第 2 款所指的同等生活条件中的必要条件。尽管联邦政府认为其立法的必要性是基于各州为 3 岁以下儿童提供公共和私人托儿服务的不同程度，然而护理津贴对缩小上述差距没有任何帮助。可以说，儿童保育津贴不仅不符合各州和地方当局的活动，还危及其根据需要和地方实际情况对儿童的抚养、保育和教育采取综合办法的可能性，因此实际上严重侵犯了各洲的立法权限。

联邦宪法法院指出，《基本法》第 74 条第 1 款第 7 项中“公共福利”概念的前提条件是存在至少是潜在需要的特殊情况，立法者要对这种情况作出反应。如果有一种需求情况——即使只是以一种标准化的方式来描述，而且不一定是严重的——在与特殊负担相关的生活状况的意义上，消除或减少这种负担是法律的目的，这就足够了。然而，如果联邦立法者希望建立不同类型的公共福利，那么每种福利原则上都必须符合《基本法》第 74 条第 2 款的要求。《育儿津贴法》不符合这一要求，特别是该法没有要求规定同等的生活条件。联邦宪法法院强调，只有当联邦各州的生活条件出现重大差异，损害了联邦社会结构，或者这种发展确实即将发生时，才会出现这种情况。

（三）比较及启示

立法质量与立法权限有直接关系，立法机关必须在其法定权限内制定法律，不得越权立法。从实践中来看，违反立法权限规定的法律不仅是非法的，而且往往由于其与其他法律规范发生冲突、不合理地增加本部门权力或减损公民法定权利或者其他原因而导致立法质量低下的问题。因此,越权立法已经普遍地被世界各国的立法体系明确禁止。有学者指出,越权立法属于一种严重的立法违宪行为,因为立法权限的内容涉及中央立法权和地方立法权、议会立法权与行政立法权的划分,这种划分实际上关涉一个国家的政治体制和国家的结构形式,它们是国家的根本政治制度。[36] 因此,越权立法由于破坏了立法体系的正常运转,势必会给本国的政治系统和法律体系的统一造成巨大危害。更值得注意的是,通过越权立法制定出来的法律在质量上往往也令人担忧,越权立法在实践中总是与非法调整本部门权力与职责、克减公民合法权利、增设公民法律义务等一系列严重的立法失范问题如影随形。因此,要切实提高立法质量,立法机关开展工作必须严格遵循法定权限,为此就必须在法律上对立法权限进行明确划分。我国《立法法》第5条规定:“立法应当符合宪法的规定、原则和精神,依照法定的权限和程序,从国家整体利益出发,维护社会主义法制的统一、尊严、权威。”该法还对法律、行政法规、地方性法规、自治条例和单行条例以及规章所各自管辖的事项范围进行了系统规定,从而明确了全国人大、全国人大常委会、国务院、地方各级政府以及其他部门机构的立法权限。

然而,由于法律语言的开放结构以及相关法律规定的原则性和模糊性,实践中对越权立法行为的识别和确认其实并不容易。一方面,规则是用语言来表达的,其在被具体适用时可能会产生模糊。正如哈特提出,“任何选择用来传递行为标准的工具——判例或立法,无论它是怎样顺利地适用于大多数普通案件,都会在某一点上发生适用的问题,将表现出不确定性;它们将具有人们称之为开放结构(open texture)的特征”。[37] 因此,在涉及概念意义边缘区域的情况下,规则的含义实际上是不甚明晰的,上述案例中关于公共福利的争议即是如此。另一方面,由于立法者知识的有限性以及篇幅和效率上的考虑,有些法律规范本身无法周延地列举其范围内的所有事项而只能进行原则性的阐述,这种规范的具体含义要遇到特定案例才可能被明确。即使在立法技术上可以实现立法语言的精确性,也没有必要处处如此,以便为法官和其他官员行使自由裁量和发展法律预留合理空间。[38] 因此,若要有效规制越权立法,不仅要通过立法进一步完善立法权限划分的法律规范,还应当进一步完善执法反馈机制、审判规则和备案审查制度,并着手建立越权立法的政治预警及追责规则,从而在立法、执法、司法、

---

〔36〕 杨登峰:《越权立法的认定与处理》,载《现代法学》2006年第3期。

〔37〕 [英]哈特:《法律的概念》,张文显等译,中国大百科全书出版社1996年版,第128页。

〔38〕 严存生主编:《西方法律思想史》(第3版),法律出版社2015年版,第297页。

法律监督、政治监督等各个方面综合性地预防和处理越权立法现象。

五、技术性标准

立法既是一门科学,也是一门艺术。立法的技术性标准要求立法语言必须明确、具体,这是对立法的最基本的要求。如果法律的表述过多地使用宣传性、概括性、抽象性的语言,缺乏具体性、规范性,那么法律很可能在实践过程中缺乏可操作性和可诉性。〔39〕 因此,立法的技术性特别是立法语用的技术性是判断立法质量的重要标准。

(一)域外理论简述

立法的技术性标准源于立法的实用目的和法律的工具主义。立法位于法律系统的始端,执法、司法、守法等后续环节都要求立法能够切实地提供有效的规则依据,否则立法就会与后续的法律适用环节断裂,不仅法律系统将面临土崩瓦解的危险,人类社会的法治秩序也将遭遇严重破坏。简言之,法律是一种实用工具,立法无非是打造这种实用工具的过程。这种实用工具主义的法律观在苏联法学界曾极为盛行,如在维辛斯基那里,法律被视作表现为国家意志的统治阶级意志,是完成国家任务的重要工具。〔40〕 然而,西方主流的法律工具主义却并不将法律视为强化社会治理的工具,而是处理人们关系的工具。这种法律工具主义正如哈耶克所说的那样:"说法律是'工具性的',是指个人在服从法律时追求(的)还是他自身的目标,而非立法者的目标。"〔41〕但无论如何,法律工具主义对法律的实用性提出了要求,这种要求又构成了遵循立法语用技术的直接原因。

英国学者海伦·赞塔基将立法语用技术视作决定立法起草品质的最基础因素。赞塔基显然也是一位法律的实用工具主义者,她认为立法仅仅是治理或者规制的一种工具,是政府在追求将其政策付诸实践过程中的一种选择。〔42〕 紧接着,赞塔基指出规制的最终目的是实效,而在实效的范畴中,立法起草者所追求的其实是立法的有效性,因此,有效性构成了立法质量的最终标准。为实现法律的有效性,立法者必须借助两种工具:一是通过效率,二是借助清晰性(clarity)、

---

〔39〕 宋方青:《立法质量的判断标准》,载《法制与社会发展》2013 年第 5 期。

〔40〕 [苏]维辛斯基:《国家和法的理论问题》,法律出版社 1955 年版,第 514 页。

〔41〕 [英]弗里德里希·奥古斯特·冯·哈耶克:《自由宪章》,杨玉生等译,中国社会科学出版社 2012 年版,第 217 页。

〔42〕 [希][英]海伦·赞塔基:《立法起草:规制规则的艺术与技术》,姜孝贤译,法律出版社 2022 年版,第 4 页。

准确性(precision)和无歧义性(unambiguity),其中后一种工具需要借助通俗易懂和性别中立的立法语用。[43] 通过上述概念之间的联系,赞塔基搭建起了判断立法质量的标准层级体系,其中立法语用技术标准构成了这一体系的基础。可以说,立法语用是影响法律质量的重要因素,一部好法律离不开高超的立法语用技术。

(二)威尔士法律中的技术性标准

2019 年 9 月,威尔士国民议会出台了本区域的“立法法”——《威尔士立法法 2019》(Legislation (Wales) Act 2019,以下简称威尔士立法法),该法旨在通过对威尔士立法的解释、运作及其他事项的系统规定,提高威尔士立法的可及性(accessibility)。根据威尔士立法法,威尔士立法的可及性主要包括以下要求:一是法律用威尔士语和英语两种语言向公众开放;二是以双语公布最新版本,以显示法令是否有效以及所作的任何修订;三是在法律内部以及法律之间建立起清晰且有逻辑的组织;四是易于理解,便于实施。为此,威尔士立法法明确规定,威尔士的部长和法律顾问负有提出改善立法可及性的方案的义务,方案的内容应当有助于持续巩固和编纂威尔士法律、维持威尔士法律的形式、促进对威尔士法律的认识和理解以及促进威尔士语的使用。威尔士立法法明确规定威尔士语和英语的立法文本享有平等的法律地位,并且在附件中对威尔士语立法中相关词语与表述的法律内涵进行了定义。例如,附件 1 对“议会法”(Assembly Act,威尔士语为 Deddf Cynulliad)一词的定义是:根据 2006 年威尔士政府法案第四部分(第 32 条)颁布的威尔士国民议会法案。关于立法语用,威尔士立法法还规定威尔士语单数中的单词包括复数,反之亦然;威尔士语中表示某性别的词语并不局限于该性别;等等。除涉及语用的规定外,该法还涉及以邮寄或电子方式提供文书、在威尔士立法中引用立法和其他文件、立法权力及其责任、立法生效时间、立法的修改和废除及撤销等内容。

不难发现,威尔士立法法的重点内容强调英语与威尔士语在立法中同等的合法性,并以法律的形式对威尔士语的立法语用加以明确,这些规定无疑是促进和改善威尔士法律可及性的关键举措。尽管作为英国的一部分,实际上威尔士与英国的其他地区在传统文化上有很大的差异,这种差异首先就体现在语言上;尽管绝大多数威尔士人平日里更习惯使用英语,但一直以来,威尔士立法的官方

---

[43] [希][英]海伦·赞塔基:《立法起草:规制规则的艺术与技术》,姜孝贤译,法律出版社 2022 年版,第 5-8 页。

语言始终是威尔士语,这就不仅给人们了解法律带来了一定的困难,还给法律的解释与适用增添了许多不确定性。因此,威尔士立法法赋予英语与威尔士语同样的立法语用地位,并从法律上明确了二者之间的对译,无疑大大提高了法律的可及性。由此可见,良好的立法不仅应当包括体现实质正义的规范,还应当在形式上做到足够的清晰准确、便于理解。

(三)比较及启示

"准确立法是改善治理、保障法治的前提。"〔44〕自近代以来,随着具备较高理论素养的法学家群体对立法工作的直接参与,立法在总体上呈现出愈加晦涩难懂的特征,有些法条甚至连受过良好教育的读者都无法准确把握。这种现象一再拉远了普通人与成文法之间的距离,使原本公开的法律重新蜕变成一种神秘之物,适用法律往往必须依靠法律人的专业知识。通过立法语用的技术手段,法律职业体将作为社会公器的法律塞入了自己的口袋,从而变成其谋生的工具。也正因如此,与其制定概念复杂、理论深刻、体系严密的庞大法典,毋宁避免晦涩、膨胀的词汇量和结构复杂的句式,尽量将法律写得通俗些、务实些,追求条文语义的意思清楚和直截了当成为时代的呼声。我国《立法法》第7条第2款明确规定:"法律规范应当明确、具体,具有针对性和可执行性。"这实际上就是在强调,立法应当是能够解决实际社会问题的利器,为此必须反对模糊不清的立法语言。

然而,由于客观情况的复杂性以及语言本身的局限性,法律规范的模糊性在相当程度上是必然的,甚至有学者认为,模糊性表述构成了立法语言中不可或缺的一部分。〔45〕实际上,由特定符号记录下来的制定法必然受到符号本身的属性限制,因此制定法只能实现有限的信息储量和准确程度。立法者的有限能力意味着其不可能事先对规制内容想得面面俱到,而即便是对于已经考虑成熟的事项,立法者借助数量有限的符号也未必能表达充分。数量有限的符号所能承载的信息含量也是有限的,在现代法律语用力求简明精练的背景下,立法者尽管能够通过符号说明了一些重要信息,但不能将其所思所想全部都记录下来。而对于已经记录下来的信息,符号作为中间介质在承载和传递信息的过程中也会有

〔44〕[美]安·赛德曼、罗伯特·鲍勃·赛德曼、那林·阿比斯卡:《立法学:理论与实践》,刘国福、曹培等译,中国经济出版社2008年版,第335页。

〔45〕王怿旦、张雪梅:《立法模糊性的语用分析——从礼貌视角探讨》,载《长沙大学学报》2011年第6期。

所损耗,甚至还可能与立法原旨发生差别。因此,以特定符号为载体的制定法实际受到了符号本身的严重影响,相当多具有重要法律意义的内容仍然处于“只可意会,不可言传”的留白之中。就立法而言,哈特将“空缺结构”(open texture)作为人类语言的一般特征提了出来,他指出,“不只是规则的领域,所有经验领域都存在一般语言所能提供的指引上的限度,这是语言所固有的……除了常见的、一般无人质疑的案件,一般词语对我们来说作为传达信息的工具是无用的”。[46] 因此立法的不充分性、模糊性是不可避免的,它不因文字符号提供了极其有限的明确意义而彻底消失,而是始终为解释和选择留有余地。可见,法律做不到也不应该做到面面俱到,否则立法就会由于僵硬而有损其对社会的韧性与实用,因此,现代立法技术都重视在法律中预留一定的自由裁量空间,留待适用者在出现社会纠纷时作出更加合适的裁量。因此,良好的立法语用要实现准确与模糊的平衡,避免因过分追求准确而导致法律规范与具体情况脱节。

第二节　立法质量的补充判断标准

不同时代对立法质量提出了不同的要求,其中,有些要求由于得到了尤为持久的认可而被认为是基本的要求。不可否认的是,时代的发展也不断地对法律提出新的要求。历史性、谦抑性和实效性是当前时代对良好法律的补充性要求,它们在人们判断立法质量时也发挥着不可忽视的作用。本节将结合近年来日本、英国、新加坡等国家的重要法律事件与法律文本,对上述补充标准展开探讨。

一、历史性标准

雅各布·格林指出,“法学中有很多东西如果不借助历史知识根本无法理解”。[47] 立法正是如此,如果不借助历史事实,立法的正当性根本无法清晰。日本作为第二次世界大战的发动者之一,战败后制定并实施了新宪法(1947 年 5 月 3 日通过的《日本国宪法》),这部宪法作为重塑第二次世界大战后日本政治格局与法律体系的基础文件,是衡量当今日本政治诉求与法律发展的最重要依据,也为我们判断日本政府立法的质量提供了根本性的规范依据。近年来,日本

---

〔46〕 H. L. A. Hart, *The Concept Of Law*, 3rd *edition*, Oxford University Press, 2012, p. 126.

〔47〕 [德]弗里德里希·卡尔·冯·萨维尼、雅各布·格林:《萨维尼法学方法论讲义与格林笔记》,杨代雄译,法律出版社 2008 年版,第 99 页。

当局企图解禁集体自卫权的释宪闹剧给东亚乃至全世界的和平发展事业蒙上了一层阴影，也为我们思考立法的历史性提供了一个活生生的负面案例。

（一）《日本国宪法》的“和平条款”

1945 年颁布的《日本国宪法》是在第二次世界大战后盟军占领时期撰写的，源于盟军最高司令部（简称 GHQ）制定的草案，打算以自由民主的模式取代日本的帝国制度。《日本国宪法》共计十一章 103 条，规定了天皇、国体、国民基本权利、国会、内阁、司法、财政、修宪等内容。特别值得注意的是，由于包括日本在内的法西斯国家发动的第二次世界大战给全人类带来了深重灾难，《日本国宪法》明确载明了本国人民对和平主义的信念。因此，《日本国宪法》又被称作“和平宪法”，其第二章“战争的放弃”展现了这部宪法的核心精神与根本价值。《日本国宪法》第二章第 9 条（“和平条款”）规定如下：“本国民真诚祈求以正义与秩序为基础的国际和平，永远放弃作为国家主权发动的战争以及作为解决国际争端之手段而进行的武力威胁或行使武力。为了实现前款之目的，不保持陆海空军以及其他的战争力量。不承认国家的交战权。”

通过根本法的形式防止日本再次走向帝国主义、破坏国际安全秩序，是世界各国人民包括日本人民基于严酷历史事实的必然选择。“和平条款”蕴含着对历史的深刻反思、对战争的深彻否认以及对和平的深切珍重。废弃作为国家主权发动的战争，放弃作为解决争端手段和维持自身安全手段的战争，既是《日本国宪法》的制宪原则，更是日本以根本法形式对世界人民和历史作出的不可违背的庄重承诺和坚定誓言。只有通过和平条款，我们才可以看到日本对历史的尊重与承认，以及对战争的诚挚歉意和对和平的衷心向往。可以说，《日本国宪法》之所以能够在国际社会上得到高度赞誉，正是因为它是一部关于历史与和平的“备忘录”，对历史的反思以及对和平的向往从根本上赋予了这部宪法的正当性。

（二）从日本释宪闹剧看立法的历史性

由于同盟国在第二次世界大战后对日本发动侵略所应负的国家责任的清算不够彻底，在日本自民党为主的执政党的精英阶层中始终存在一股否定《日本国宪法》第 9 条的逆流。[48] 现行《日本国宪法》源于第二次世界大战失败后日

---

〔48〕 管建强：《论日本政府架空、废弃和平宪法的法理缺陷》，载《法学评论》2014 年第 6 期。

本被占领时期 GHQ 制定的草案，在本国素来有“麦克阿瑟宪法”“占领管理法”等说法，甚至在后来的争论中，认为该宪法为美国“强加”一度成为比较普遍的观点，这也构成了修宪派主张修宪的核心理由。事实上，早在 1951 年 9 月 8 日《旧金山对日和平条约》签订后，修宪就成为当时日本政治的核心议题。后来，在“冷战”末期特别是 1990 年海湾战争爆发之后，日本国内的修宪论再度被激活，对日本究竟应该以怎样的方式参与世界的和平进程发出质问。21 世纪以来，日本政坛更是再次掀起了更强劲的宪法修改运动。2014 年 7 月 1 日，安倍内阁以内阁决议的形式正式宣称日本享有“集体自卫权”，即日本军事力量可以参与集团性的自卫活动，此轮修宪运动在不更改宪法文本的前提下，暂时以这种被舆论界称为“集体自卫权解禁”的方式告一段落。

从宪法学上看，日本内阁以阁议的形式进行宪法解释，试图确认日本在一定条件下享有集体自卫权，这实际上是在难以对《日本国宪法》第 9 条进行修改的情况下，企图以宪法解释的形式突破宪法规范。因此该阁议虽然具有宪法解释的名义，但因超越了宪法解释的界限，实质已经构成对宪法的违反。之所以说它超越了宪法解释的界限，是因为“集体自卫权解禁”构成了对《日本国宪法》和平主义这一基本原则的根本性变更，鉴于日本作为成文宪法国家并对此种规定有严格的宪法修改程序，因此必须认定这不能进行宪法解释，而只能进行宪法修改。[49] 易言之，针对宪法中部分非核心、非具体性的条款，原则上允许适用具有一定弹性的宪法解释方法是合适的，但对于其中具有根本性的重大规定，则应当只能够通过宪法修改的方式进行变动，而不能任意解释。

然而，“集体自卫权解禁”不仅违背了宪法的精神与修宪的权限，更是日本政府对本国战后政治传统与国际承诺的倒行逆施与公开背离。实际上，日本政府在最初制宪时已经明确否认了《日本国宪法》第 9 条的“自卫权”解释。1946 年 6 月，时任日本首相吉田茂曾经就《日本国宪法》第 9 条的含义问题说道，“本方案关于放弃战争的规定尽管没有直接否定自卫权，但是因为宪法第九条第二款否认了一切军备和国家的交战权，所以是连作为发动自卫权的战争以及交战权也都放弃了……近年来，很多战争明显是在国家防卫权的名义下进行的……承认正当防卫权将是诱发战争的根源”。[50] 可见，在《日本国宪法》第 9 条是否涵盖“自卫权”的问题上，日本政府在制宪之初就已经给出了答案。从历史和政治的角度上看，“集体自卫权解禁”的宪法解释作为日本当局遗忘战争历史、和

---

〔49〕 陈道英：《“解禁集体自卫权”与“超越”宪法解释》，载《法学评论》2014 年第 6 期。

〔50〕 田中明彦『安全保障——戦後 50 年の模索』(読売新聞社，1997 年)28 頁。

平使命和国际责任的产物,其正当性是尤其值得商榷的。

(三)比较及启示

以史为鉴,可以知兴替。遗忘历史的政治势必走向覆灭,罔顾历史的法治也必然趋于失败。是否客观展示历史图景、能否准确地预判时代的主流发展趋势,构成了断定本国政治是否良善、衡量法律质量优劣以及评价立法科学与否的基本标志和重要标准。倒行逆施、蹈袭覆辙的法律不仅难以服众,还可能阻碍本国的发展进程。宪法是历史的教科书,记载着民族的历史记忆,不断提醒着本国人民应当担负起的历史义务与时代责任。因此,宪法作为历史的产物,总是用以确认历史、追忆历史,并且以法律诠释历史,以规范赓续历史。不难发现,世界上大多数国家的宪法都有极其鲜明的历史情结,这些宪法都往往从对本国本民族历史的回顾与追忆出发,从而以根本法的形式确认本国的政治体制、发展原则与法律制度。

我国宪法在序言中简要回顾了1840年以来,特别是中国共产党成立以来中国人民为争取国家独立、民族解放和民主自由的英勇奋斗史,这部分内容构成了制定宪法的历史背景,也奠定了宪法其他条文以及任何法律规范的历史逻辑:“一九四九年,以毛泽东主席为领袖的中国共产党领导中国各族人民,在经历了长期的艰难曲折的武装斗争和其他形式的斗争以后,终于推翻了帝国主义、封建主义和官僚资本主义的统治,取得了新民主主义革命的伟大胜利,建立了中华人民共和国。从此,中国人民掌握了国家的权力,成为国家的主人。”正是根据这些史实,我国宪法才明确规定,一切权力属于人民、各民族一律平等、社会主义制度是我国的根本制度、中国共产党领导是中国特色社会主义最本质的特征等内容。由此可见,从现实来源上看宪法中的法律条文实质上都是叙事性的规范,即在历史事实的基础上,根据过去的经验或者教训,以法律规范的形式具体、明确地规定未来应当如何行为。法律作为对历史的总结与反思,其正当性在相当程度上建立在客观叙述历史、充分尊重历史和正确评价历史的基础之上。因此,历史是法律的基础,良善的法律离不开历史的认同。未来我国的立法工作必须从本国文化史特别是近代以来党带领人民反帝反封建的奋斗史出发,制定出既符合时代发展要求,又展现和促进中华民族文化内涵、精神风貌和优秀品质的法律规范。

二、谦抑性标准

孟德斯鸠指出,“法律总是要遇到立法者的感情和成见的”,因此,他强调节制是立法者的美德,“适中宽和的精神应当是立法者的精神”。[51] 审慎适度是实现良好立法的应有之举。2023 年 9 月,英国商务部出台了《更好立法框架指南》(Better Regulation Framework Guidance),明确提出政府要尽可能寻求非监管性选择以及立法应当首先尊重市场自由动态活动的规制原则。因此,推动立法的谦抑性成为该指南的一项重要目标。实际上,英国此前就出台了一部《立法和法规改革法》(Legislative and Regulatory Reform Act 2006),这部在英国立法史上具有重要地位的法案试图通过立法为立法减负,为实现立法的谦抑性提供了系统方案。

(一)《立法和法规改革法》与“立法改革令”

乌尔里克·卡蓬曾经说到,在欧洲国家,法律太多且起草不当的抱怨早已广泛流传。[52] 2006 年 11 月 8 日,为了缓解立法泛滥、减轻立法负担以及强化对立法的监管,英国颁布了《立法和法规改革法》。这部法律规定部长可以使用“立法改革令”(Legislative Reform Order, LRO)这一法律文书来修改法律以消除或减轻立法施加的负担,或者促进更好的监管。“立法改革令”实质上是由《立法和法规改革法》创制的一种全新类型的授权立法,政府可以利用“立法改革令”来消除或减轻立法直接或间接产生的负担,或者促进更好的监管原则。

《立法和法规改革法》详细规定了部长发出“立法改革令”的条件、权限与程序。首先,部长发出“立法改革令”必须符合下面其中一个条件:(1)为了消除或减轻任何立法直接或间接给任何人造成的任何负担或整体负担;(2)确保监管职能的行使符合透明、负责、相称和一致的方式,并只针对需要采取行动的案件。因此,“立法改革令”可以订立的条文包括:规定取消、转让或授权任何种类的职能;设立或废除机构或办公室的规定,以及通过、修改或废除任何成文法而作出的条文;修改任何人行使监管职能方式的条文;修订由成文法或根据成文法设立的行使规管职能的机构的章程的条文;转让或授权任何人的监管职能的条款,以及通过、修改或废除任何成文法例而作出的条文。

其次,部长发出“立法改革令”必须还符合以下一般条件:(1)改革令所要实现的政策目标不能通过非立法手段得到令人满意的保障;(2)改革令的效果与政策目标成正比;(3)从整体上看,改革令在公众利益与受其不利影响的任何人

---

[51] [法]孟德斯鸠:《论法的精神》(下册),张雁深译,商务印书馆 1963 年版,第 328、348 页。
[52] [德]乌尔里克·卡蓬:《论欧洲立法研究之状况》,姜孝贤译,载《现代法治研究》2020 年第 4 期。

的利益之间取得了公平的平衡;(4)改革令并未取消任何必要的保护;(5)改革令并不妨碍任何人继续行使其合理预期会继续行使的任何权利或自由;(6)改革令不具有宪法意义。此外,部长也不得根据上述条件作出仅重述某项成文法的条文,除非他认为该条文将使法律更容易获得或更容易理解。

最后,部长发出"立法改革令"必须依法对他认为能代表受建议严重影响的利益的组织等进行咨询,并在咨询之后向议会提交一份命令草案和解释性文件。其中,解释性文件的内容应当包括:(1)命令所载条文是根据本法的哪项或多项权力作出的;(2)介绍并说明提供的理由;(3)解释为什么认为符合发出命令的法定条件;(4)该命令所作出的条文将在多大程度上消除或减轻任何立法负担;(5)该命令赋予的任何立法职能以及行使这些职能所附带的程序要求;(6)咨询、因咨询而收到的任何陈述以及由于这些陈述而作出的更改;(7)部长的建议及其理由。值得注意的是,"立法改革令"受到规制改革委员会的审查,监管改革委员会是一个由国会议员组成的跨党派委员会,它应当在30天内考虑部长是否建议了适当的审查级别,并可以要求更高级别的审查。

(二)从"立法改革令-2015"看立法的谦抑性

有学者指出,英国的立法改革使"立法必要性可行性"的议题再次被提起,因为在《立法和法规改革法》的规范框架下,英国议会要想启动立法必须符合立法需要以及利益公平平衡这两项标准,这样一来,立法才能达到少立法甚至不立法,以及即便立法也要减少由立法产生的负担等意义上的"减负"目标。[53] 少立法甚至不立法以及减少必要立法的负担是立法谦抑性的集中表现。

英国的《2015年立法改革(社区治理审查)令》(The Legislative Reform (Community Governance Reviews) Order 2015,以下简称"立法改革令-2015")很好地体现了立法的谦抑性。"立法改革令-2015"试图对《2007年地方政府和公众参与健康法》作出修订,希望通过改进社区治理的审查程序,把建立新的城镇和教区议会变得更加容易。"立法改革令-2015"中提出了三项新措施:(1)将地方政府选民签署社区治理请愿书所需的比例从10%降低到7.5%。(2)允许有关地方当局完成社区治理审查的期限从审查开始之日起12个月缩短到收到请愿书或申请之日起12个月。(3)允许那些拥有公民投票的邻里发展计划的社区论坛启动社区治理审查,而无须请愿。时任社区和地方政府部议

〔53〕 于兆波:《立法必要性可行性的理论基础与我国立法完善——以英国立法为视角》,载《法学杂志》2014年第11期。

会副国务卿艾哈迈德勋爵认为,这三项措施解除了现行立法中的障碍,使当地公民能够意识到生活在由城镇或教区议会代表的地区所获得的好处,并且将促进地方当局和活动家之间的合作,从而有益于建设更广泛的地方民主。[54] 降低地方政府选民签署社区治理请愿书所需的比例、减少地方当局完成社区治理审查的期限以及废除启动社区治理审查的请愿条件,这些举措有效降低了地方公众的立法负担,提高了地方社区的治理效率,符合立法的谦抑性原则。

(三)比较及启示

英国通过立法为公众减轻法律负担的实践,体现了立法质量与立法谦抑理念之间的内在联系。法律在内容上是否足够谦抑,构成了判断其质量的一个重要标准。刑法学最早提出了立法要保持谦抑的理念。1984 年出版的《外国刑法学》是我国最早提出"刑法谦抑"概念的著作,其中指出"谦抑意味着缩减或压缩"[55]。后来,张明楷明确提出,刑事立法应当从行为性质、刑罚代替手段、处罚目的与效果等方面综合考虑将某种行为作为犯罪处理的必要性。[56] 陈兴良同样认为,立法者在力求有效预防和控制犯罪时应当少用甚至不用刑罚,紧缩性、补充性和经济性构成了刑法谦抑性的价值意蕴。[57] 可以说,刑事立法必须保持谦抑至今已是刑法学界的理论共识。

然而,谦抑绝非刑事立法的独特品质。如果说刑事立法的谦抑根源于刑法较于其他法律类型的严厉性,那么一般立法的谦抑则根源于法律较其他社会规范类型的严厉性。一般认为,法律以国家强制力为后盾,其所规定的是一个社会最根本、最重要、最基础的事项,因此,它不仅有其特定的调整范围,还只有在其他社会规范无法良好发挥作用:必须由国家介入以恢复秩序时才能出现。立法尽管是有最高治理效能的社会规范体系,但它必须作为最后的手段加以运用。这就意味着,国家一方面必须意识到"即便是最称职的国家机构也不是无所不能、无处不在的"[58];另一方面更要注意对立法的运用应当时刻保持谨慎和克

---

〔54〕 *Legislative Reform* (*Community Governance Reviews*) *Order* 2014 *Volume* 760:*debated on Monday* 23 *March* 2015,Legislation. gov. uk (Mar23,2015),https://hansard. parliament. uk/Lords/2015 - 03 - 23/debates/15032317000066/LegislativeReform(CommunityGovernanceReviews)Order2014.

〔55〕 甘雨沛、何鹏:《外国刑法学》(上册),北京大学出版社 1984 年版,第 175 页。

〔56〕 张明楷:《论刑法的谦抑性》,载《法商研究(中南政法学院学报)》1995 年第 4 期。

〔57〕 陈兴良:《刑法谦抑的价值蕴含》,载《现代法学》1996 年第 3 期。

〔58〕 [奥]尤根·埃利希:《法律社会学基本原理》,叶名怡、袁震译,江西教育出版社 2014 年版,第 300 页。

制,充分尊重社会的自我调节能力,并积极通过协商途径解决社会中不断出现的新形势、新情况、新问题。

制定良法,是新时代赋予立法者的神圣使命;保持谦抑,是新征程推进立法事业的必然遵循。从我国《立法法》的相关规定来看,科学立法原则即从实际出发的立法原则,要求立法既要忠实地反映客观规律,又要切实符合并服务于现实国情。而从规范分析法学的角度上看,科学立法原则还表现为立法合理性、立法合法性与立法合逻辑性等一系列具体要求,强调立法不仅要与客观实际一致,还应当实现内容合理、程序正当、理由充足,而这些内容恰恰是对谦抑理念的原则性表述。因此,要在立法工作中切实贯彻谦抑理念,就必须明确谦抑理念与科学立法原则之间的内在联系,并据此对科学立法原则作出重新阐释。具体而言,谦抑是科学立法的必然要求,立法要做到合乎情理、法律和逻辑,离不开审慎的思考和郑重的决策。为此,立法者必须坚持实事求是的工作作风,秉持谦虚谨慎的办事风格,警惕盲目自大的错误心态,切实将谦抑的理念落实到实现科学立法的行动之中。然而,我们还必须高度重视立法对于促进经济发展、引领社会改革发挥着不可替代的积极作用。中国作为当今世界上最大的发展中国家,所面临的国际形势复杂多变,改革发展任务依然艰巨,新时代新征程通过立法应对各种风险挑战以维护国家安定、满足人民需要、推动民族复兴的意义更加凸显,作用更加重大。因此,立法者必须正确认识立法的谦抑性,不仅要反对试图单纯通过大规模立法以达成社会治理目标的家长主义,还要反对将立法工作束之高阁,任凭社会自我规训和野蛮生长的自由主义。

三、实效性标准

实效性标准是指判断立法质量要从该规则是否真正被民众遵守、被官员适用、立法者制定该规则的目的是否切实实现等角度衡量。如果某项立法从没有或者根本无法持续地发挥调整和指引社会实践的作用,其立法质量无疑是有待商榷的。因此,法律的实效,即法律在事实上产生的约束力构成了判断立法质量的重要标尺。然而,通过实效性标准判断立法质量却并不是一个简单的问题,因为在实践中很多法律由于官方的大力推进而呈现出相当显著的实效性,而一旦官方的执法力度有所松懈,法律便会遭遇社会的冷落。因此,如何认识法律的实效性及其质量之间的关系是一个重要的理论问题。新加坡的反腐败立法及其实践为我们探讨这个问题提供了良好例证。

(一)新加坡的反腐立法及其实效

从历史上看,“威权式”的统治往往会催生大权在握的政法官僚,而这些官僚更是鲜有不贪污腐化者。新加坡通过法律成功建立起一套完善的肃贪制度,塑造了世界上最清廉、最高效的公务员系统。新加坡的肃贪制度是由两部专门法律建立起来的:一是1960年颁布的《贪污防制法》,二是1988年制定的《贪污所得没收法》。

《贪污防制法》是新加坡肃贪制度的基础性法律,这部法律具有显著的组织法特征,其中明确规定了反贪局的机构设置及其权力配置。这部法律规定,防贪调查局的局长与副局长的人事任免权,悉由总统掌握。不过,局长等人选虽由总统决定,但新加坡作为一个内阁制国家,反贪局并非隶属于总统府。防贪调查局享有调查、逮捕、搜索以及扣押等权力,不仅局长和特派侦查员可以在根据本法提起公诉、收到可靠消息或者有合理怀疑时径行逮捕,治安法官和局长还可以在表明有事实足以认为某地存在刑法贪污罪及本法犯罪时,在任何时候向任何特派侦查员或其级别不低于督察的警官发出手令,授权任何特派侦查员或警官必要时,得以武力进入该地进行搜查、查封及扣押任何这类文书、物件或财产。该法还明确赋予检察官相应的肃贪权以作为补充,这些权力包括起诉权、银行查账权、要求提供信息权等。此外,《贪污防制法》还对肃贪程序、证据制度、检举者保护、贪污认定以及处罚的范围、方法、额度等内容作了详尽规定,从而给贪腐者编织起了一张极其严密的恢恢法网。

为了更严厉地惩治贪污行为,《贪污所得没收法》规定了追缴贪腐者违法所得的制度,从而进一步强化了防贪治贪的效果。《贪污所得没收法》的主要特色有三:一是建立公共信托人制度,这一制度可使专业的财务人士加入,可有效减少执行时的阻碍,从而使检察官可以更致力于公共追诉人的角色;二是将没收额视为罚金,并可以之易科徒刑,不履行追征额即可依法处以被告徒刑,此制度使没收的性质从行政处分转化为刑事处罚;三是“有罪推定”,即被告(包括逃亡与死亡者)必须对不合理的财产增加承担详尽说明的义务,否则这部分财产就被视为贪污所有。

长期以来,新加坡的廉政建设事业得到了全世界的广泛认可。根据“2023年全球清廉指数”报告公布的数据,新加坡的廉洁度以85分排名世界第5位。由此可见,新加坡的反腐肃贪事业稳步推进,通过严明法律治理贪腐收效显著,新加坡的反腐立法向世人展示出了相当强的实效性。

(二)有关新加坡立法实效性的批评

尽管新加坡被世人誉为“高度法治”的国家,但是长期以来也总是不乏对新加坡法治的诟病,有不少学者将新加坡描述为一个“系统性违反法治的政权”,指责其工具式的法条主义立场使之通过有条不紊的立法从各方面削弱了法治应当给予民众的自由。在这些批评者看来,新加坡“既不遵循前自由主义阶段就存在的对自由主义的约束,也不认为个人权利是不容侵犯的”,因此,新加坡的法治实质上是一种“威权式”的法治,在这种法治中施行的法律不仅充当着制止社会批评性言行的工具,同时又不遗余力地维护着政府作为“法治”政权的身份。[59] 批评者进一步指出,在这种“威权式”的法治模式中,通过立法限制法院、消解民间社会和漠视基本法律自由,构成了新加坡非自由主义政权运行的中心环节,如通过《破坏性行为法》《报业与印刷新闻业法》《职业律师法》《公共秩序法》等一系列法案允许惩罚肉体、强化社会管理、限制言论自由、监控新闻宣传以及限制公民身份等。[60]

从整体上看,“威权式”法治模式使新加坡的立法明显呈现出规范严密、纪律严格、刑罚严峻的特点。一方面,新加坡立法的内容涉及社会生活的各个方面,大到国家体制、行政权力的限制与运用、公民与国家的关系、经济生活的管理,小到旅店登记、停车规则、医疗服务、公共卫生等公民生活,凡是需要得到控制的行为都可以在法律法规中找到依据。[61] 另一方面,新加坡对违法犯罪行为的惩罚非常严厉,对轻微违法行为大量采用罚款的措施。在新加坡,随处可见各种“不准”“禁止”“不能”等告示牌,不同违法行为的罚款都有具体、明确的规定,且罚款数额之大足以让违法者倍感悔恨。此外,新加坡法律对杀人、绑架、走私毒品、谋财害命、持枪抢劫等凶犯均处以绞刑,而对罪大恶极者除处以死刑或终身监禁外,还处以传统的“鞭刑”。因此,新加坡的立法在相当程度上体现了“威权式”法治模式的治理特征,但也经常受到反人权、反自由的质疑和批评。

(三)比较及启示

在批评者眼中,新加坡“威权式”政法体制下的法律,其实效性仅仅源于其

---

〔59〕［新加坡］约西·拉贾:《威权式法治:新加坡的立法、话语与正当性》,陈林林译,浙江大学出版社 2019 年版,第 9、12 页。

〔60〕［新加坡］约西·拉贾:《威权式法治:新加坡的立法、话语与正当性》,陈林林译,浙江大学出版社 2019 年版,第 62 页以下。

〔61〕邹平学:《新加坡法治的制度、理念和特色》,载《法学评论》2002 年第 5 期。

强力性,苛刻立法和严格执法构成了新加坡法律高度实效性的主要来源。有学者指出,新加坡法律有光明的一面,同时也存在难以使人肯认的一面——在刑法与治安方面延续苛刻的鞭刑、为阻止滥讼而施行“上诉不减刑”以及高额的聆审费用征收制、对反对党成员施以“损害名誉赔偿诉讼”制裁等。[62] 然而,这种观点无疑抹煞了其法治模式所得到的普遍民众认同,后者实际上才构成了新加坡法律具备高度实效性的根本原因。具体而言,领土狭小、资源匮乏的基本国情深刻地塑造了新加坡从官员到民众的强烈危机意识,并由此进一步塑造了新加坡崇尚秩序、权威、有序的社会价值观,这种危机感以及由此而来的特殊观念使其公民能够更加容易认同并且主动接受较为严峻苛刻的法律规范。正是由于新加坡基本国情的特殊性,其不得不在严酷复杂的历史夹缝中谋生存、寻机遇、促发展,也正是由于这一目标契合了本国人民的最根本利益和最强烈呼声,“威权式”的政法系统和强力性的立法模式才能由此完成对自身正当性的构筑与证成。可以说,在一定程度上新加坡法律的实效性建立在坚实的民意基础之上。

法律的实效性归根结底源于最广大人民的诚挚尊重与严格遵守,因此,要制定出具有实际效力、发挥现实功能的法律就必须强化民众对本国立法的认同,为此要高度强化立法的民主性。在我国,这一点集中体现为民主立法事业的持续发展完善。民主立法是民主政治的重要体现,如果一国在立法层面不能贯彻民主理念并由之建立起一套行之有效的民主立法体制机制,那么民主政治就无从谈起。通过检视我国立法的规则与实践,我国的民主立法主要通过以下方式实现:一是通过民主选举各级人大代表,由人大代表组成人大及其常委会集体行使立法权,人大代表在参与立法活动时,反映人民的意见和要求;二是立法机关在立法活动中拓宽公民有序参与立法的途径,广泛听取人民群众意见。随着改革开放的不断深入以及民主立法呼声的日益高涨,我国立法的民主化进程逐步推进,主要表现为“开门立法”成为常态,座谈会、听证会、论证会等多种民主形式引入立法程序,法律草案多次公开和审议等。党的十八大以来,我国的民主立法事业持续取得新突破、新成就,从立法项目立项到法律草案审议,从草案起草到评估论证,从广泛征求意见到备案审查,从立法公开到法治宣传教育,立法工作的全部流程、每个环节都是推进和实现民主的生动实践。

2021 年 3 月,十三届全国人大四次会议修正了《全国人民代表大会组织法》,其中明确规定,全国人大及其常委会的各项工作应坚持全过程人民民主。

---

〔62〕 陈新民:《反腐镜鉴的新加坡法治主义:一个东方版本的法治国家》,法律出版社 2009 年版,第 3 页。

在立法上深入贯彻全过程人民民主的重大理念和实践要求，着力探索全过程人民民主立法的有效制度设计、机制突破和方法创新，全面强化立法程序的民主性，在每个立法环节都能听到人民的声音，应当成为我国未来一段时间内加强立法民主性、实效性的重要抓手。全过程人民民主立法作为表征全过程人民民主这一政治理念对立法领域提出更高要求的概念，它既可以指以立法保障全过程人民民主，也可以指立法工作的全过程人民民主。也就是说，全过程人民民主的政治理念不仅对立法的内容作出了必须有利于民主的原则规定，还在形式上要求立法的全部环节都必须彰显民主价值。就方式而言，为全过程人民民主提供法治保障不仅包括对法定民主制度的实施，还包括适时将成熟的民主制度通过立法加以确认，但从狭义的角度来说，全过程人民民主立法专指立法工作的人民民主，即立法的全过程、各环节都应当深入贯彻、鲜明体现和有效保障人民民主原则。然而，与近年来方兴未艾的全过程人民民主立法理念相比、与轰轰烈烈的全过程人民民主立法实践相比，当前关于全过程人民民主立法的学术研究仍然是不甚充分的。对全过程人民民主立法的一系列相关问题进行全面探讨，并由之构建起全过程人民民主立法的理论体系，是未来一段时期内立法研究的重要任务。

第三节　国际立法质量的判断标准

一般认为，制定法既有国内法又有国际法。这两种法律系统虽都具备法律的外在形式，并且都可以冠之以“法律”的称呼，但却在制定过程、法律渊源、调整对象、强制力以及效力依据等方面存在相当大的区别，所以国际法也往往被认为是一种特殊的法律，据以评判国际法的标准也具有相当的特殊性。因此，在判断某部国际法的质量时不仅要依靠上文业已提及的某些用以评价国内法的标准，还必须凭借专门用以判断国际法质量的特殊标准。因此，本节将着眼于欧盟、WTO 等重要国际组织的立法活动以及新时代中国开展国际合作新局面的实践，对国际立法质量的判断标准进行探讨。

一、“超国家”标准：以欧盟为例

欧洲联盟（European Union，EU），简称欧盟，是根据《马斯特里赫特条约》于1993 年建立的政治经济联盟，前身是欧洲共同体（European Communities – EC，简称欧共体),其主要机构有欧盟委员会、部长理事会、欧洲议会、欧洲法院和欧洲审计院。欧盟与其他绝大多数国际组织的显著区别在于,它作为一个独立的法律实体拥有自己的立法机构、行政机构和司法机构,从而能够独立开展立法、执法和司法活动。鉴于此,欧洲的一体化往往被人们描述为“通过法律的一体化”(integration through law)。从立法的层面上看,欧盟作为区域法律一体化的典型代表创造并拓展了一套全新的“超国家法”(supranational law)法律体系——欧盟法,借助这套法律体系,欧盟各成员国的国内法之间实现了系统构筑。作为一种崭新类型的国际法,欧盟法为其成员国国内法的和谐共生、融贯交互与协调发展搭建了有效的体制性平台,从而为欧洲的一体化发展提供了有力的国际法保障。

根据建立欧共体的基础条约,欧盟法的法律渊源主要有三种:成员国为建立欧共体或欧盟而签订的条约;欧共体机构立法;欧共体与第三国或其他国际组织缔结的国际条约,以及作为不成文法渊源的一般法律原则和欧洲法院的司法立法。在这三种成文法渊源中,欧共体机构立法作为欧共体机构根据基础条约的授权而制定的规范性法律文件,是欧盟协调其成员国各方事务、进行区域协调与内部治理的最重要法律手段。这些立法因其适用对象和效力的不同,又可分为条例(regulation)、指令(directive)、决定(decision)、建议(recommendation)和意见(opinion)等类型。其中,条例、指令和决定都具备了“超国家”的性质,在成员国内可以直接适用。

条例是由欧盟部长理事会和欧盟委员会制定的立法性文件之一种。在实践中,条例是欧共体使用最广泛、最有力的立法手段,特别是在具体执行欧共体关于关税、农业等方面的政策时,条例是被依赖的最主要工具。条例具有普遍适用性、全面拘束力以及在一切成员国内的直接适用性,其效力类似于欧盟成员国国内法中的法律。因此,条例就其本质而言具有立法的性质,它不需要欧盟成员国采取任何程序性的接受措施而自动成为其国内法的组成部分,任何破坏条例直接适用性的国内法尝试都可能会被欧洲法院视为违法。

指令是指在其所欲达的目标上,对其所发至的每一成员国有拘束力,但这些成员国机关对于实现上述目标的方式和方法具有选择权。与条例相比,指令尽管需要所发至的特定成员国通过国内法的形式制定具体的实施细则加以明确,但其所确定的目标却是有法律效力的。在欧共体机构的权力未能充分延展到成员国政法体系内部,而欧共体的目标使大量立法成为必需时,指令的必要性就展现了出来:为了避免方法上的摩擦、推动成员国向既定的目标通力合作,保留成员国一定的自主行动权是必需的，因此，指令构成了欧共体创造内部市场的主要手段。

"决定"则是由理事会或委员会作出的，具有拘束力的立法性文件。决定既可以指向特定的成员国，也可以指向成员国的特定国民。决定对其接受者具有从目标到方法上的全面拘束力，即接受者必须完全依照决定去行事，没有任何选择和自由裁量的余地。与条例一样，决定也是可以直接适用的，而无须成员国采取任何程序性的接受措施。可见，决定类似于国内法上行政机构为在某种具体情况下实施法律而规定的具体条件和办法。

综上可见，欧共体机构立法已经形成了独立的法律体系，而且这套法律体系由于具备了相当高的法律效力，因此，其正常运行并不依附于成员国的法律体系，这使得欧盟法显著地有别于其他国际组织以国际条约为主的法制模式。有学者指出，欧盟法的效力可以通过"直接效力原则"和"欧盟法优先原则"加以概括，欧盟法要么可以自动进入成员国国内法律体系并产生法律效力，成员国的国民可以援引欧盟法创设的诉权将其政府诉至国内法院；要么在与成员国法发生冲突时具有高于成员国法的效力。〔63〕 可以说，欧盟法的"直接效力原则"和"优先适用原则"是现代国际法发展史上的一项创举，这种超国家性的新型国际法在实践中对欧盟政策的贯彻和欧洲一体化目标的实现发挥了深远意义。

凯尔森曾经指出："我们能够把国际法连同国内法律秩序理解为由规范构成的单一体系，正如我们习惯于认为国内法律秩序是一个整体一样。"〔64〕在国际法与国内法的关系问题上，凯尔森认为只有国际法优先于国内法才能使一切国家平等的观念得以保持，并且强调热衷于国际主义与和平主义的人也将自然地倾向于接受国际法具有首要地位的理论假说。在凯尔森的理论主张中，国际法优先论是与国家平等、国际主义以及世界和平紧密绑定在一起的，按此观点，能在多大程度上统筹和推动不同国家法律体系的系统构筑和协调发展，从而有效促进不同主权国家的和谐共存以及区域政治经济的良善治理，应当成为判断国际法质量的重要标准。值得注意的是，国际立法同时也应当尊重成员国法律主权的完整，避免干涉他国内政，以防止为霸权主义和普适主义大开方便之门。

---

〔63〕 张蕾：《欧洲联盟的法律渊源及其效力原则研究》，中国政法大学 2001 年硕士学位论文，第 28 页。

〔64〕 Hans Kelsen, *Pure Theory of Law*, University of California Press, 1967, p. 328.

二、平等关切标准：以 WTO 为例

WTO（World Trade Organization），即世界贸易组织，简称世贸组织，是当今世界上经济贸易领域最重要的国家间国际组织，有“经济联合国”之称。作为国际经贸体系的组织和法律基础，WTO 不仅是众多贸易协定的管理者、各成员国贸易立法的监督者，还为世界各国的贸易争端提供了谈判和解决的场所。WTO 旨在建立一个更完整、更持久、更具活力的国际贸易体系，该体系涵盖关贸总协定贸易自由化的成果以及乌拉圭回合多边贸易谈判的所有成果。

WTO 法律体系包括《世贸组织协定》以及四个附件。《世贸组织协定》是 WTO 的总宪章，正文有 16 条，规定了 WTO 的职能、机构、预算、会费、决策等内容。四个附件则详细规定了货物贸易、服务贸易、知识产权、争端解决、贸易政策评审、政府采购等领域的具体规则。WTO 法律体系确立了非歧视原则、透明度原则以及公平贸易原则等基本原则，这些原则是世界贸易组织的基准总则，为世界经济与贸易的和谐稳步发展起到了保驾护航的作用。其中，非歧视原则是 WTO 整个法律体系的基石，这一原则由无条件最惠国待遇原则以及国民待遇原则组成。其中最惠国待遇原则是指在货物贸易的关税、费用等方面，一成员给予其他任何成员的优惠和好处，都必须立即地、无条件地给予所有成员；而国民待遇原则是指在征收国内税费和实施国内法规时，成员对进口产品和本国（或地区）产品要一视同仁，不得歧视。透明度原则要求 WTO 成员方应当公布所制定和实施的贸易措施及其变化情况，没有公布的措施不得实施，这些贸易措施及其变化情况也应当同时通知 WTO。公平贸易原则禁止成员采用倾销或补贴等不公平贸易手段扰乱正常贸易的行为，并且允许成员采取反倾销和反补贴的补救措施，以保证国际贸易在公平的基础上进行。通过这些基本原则，WTO 实现了对所有成员国家和地区最大程度的平等关切，并且依托具体规则在法律层面上为国际贸易搭建起了一个公平公正的制度平台。

平等是法律的灵魂，法律自身就先验地包含了平等的观念，它对平等予以确认和维护，并且努力地将其实现作为自己的目的，特别是在国际立法中，平等构成了在内容上衡量国际立法质量的重要标准之一。WTO 基本原则无一不体现了作为国际立法的 WTO 规则对平等的坚定追求——任何成员必须平等地给予他国优惠、必须平等地对待本国产品与进口产品以及必须维护平等的贸易环境。正是因为对所有成员的平等关切，WTO 所确立的多边贸易体系才能得到世界上绝大多数国家和地区的拥护与支持，才能有效推动经济全球化进程，才能对国际

贸易以及世界经济的稳定发展发挥积极作用。

国际立法的平等性部分源于法律与平等之间的天然联系，部分则源自国家主权的至高无上性。法国的让·博丹最早将主权（souveraineté）概念与国家之成立关联起来，他将主权定义为"共同体所有的绝对且永久的权力"，是"凌驾于公民和臣民之上的最高的和绝对的权力"。〔65〕主权作为国家的最重要属性，其实质就是国家在国际法上所固有的独立处理对内对外事务的权力。一直以来，国际法中国家主权平等始终是一项基本原则，即每一个主权国家都得以同样的名分行使其从它的主权和它的国际社会成员的资格派生出来的所有权利，只要符合它同其他国家的协定的关系。如果说每一个国家无论领土面积、人口数量、经济实力以及军事力量的差距，在主权上都是平等的，那么国际立法就必须平等地关切和对待每一个拥有主权的国家。正如英国法学家詹宁斯和瓦茨在其修订的《奥本海国际法》中指出"平等是国际法的基础的引申"，强调"由于国际法是以作为主权社会的国家的共同同意为根据的，国际社会的成员国家是作为国际法主体而彼此平等的。各个国家按照它们的性质在权力、领土等方面肯定不是平等的，但是作为国际社会的成员，它们在原则上是平等的，尽管它们可以有任何的差异。"〔66〕《奥本海国际法》从两个方面阐述了国家平等对国际立法的深刻影响：一是国际问题的解决必须根据同意，除有约定外，每一个国家有且只有一个投票权；二是弱小国家和强大国家的投票除有约定外具有同等分量，不能在法律上对持有异议的国家强加具有拘束力的规则。〔67〕因此，即便是再弱小的国家，其声音也应当得到国际社会的尊重；即便是再强大的国家，其主张的正当性和合法性也不应受其势力的一丝影响。

三、国际立法与人类命运共同体：以中国的"一带一路"倡议为例

进入新时代以来，在开展国际交流、参与国际立法、重塑国际秩序的伟大历史实践中秉承、践行和发扬"人类命运共同体"的思想与理念，构成了中国政府外交工作的鲜明特征。2012 年，党的十八大首次明确提出"人类命运共同体"的概念，强调"要倡导人类命运共同体意识，在追求本国利益时兼顾他国合理关

---

〔65〕［法］让·博丹：《主权论》，李卫海、钱俊文译，北京大学出版社 2008 年版，第 1 页。

〔66〕［英］詹宁斯、瓦茨修订：《奥本海国际法》（第 1 卷）（第 1 分册），王铁崖等译，中国大百科全书出版社 1995 年版，第 275 页。

〔67〕［英］詹宁斯、瓦茨修订：《奥本海国际法》（第 1 卷）（第 1 分册），王铁崖等译，中国大百科全书出版社 1995 年版，第 276 – 277 页。

切,在谋求本国发展中促进各国共同发展”。[68] 此后,习近平总书记不断推进人类命运共同体思想的系统发展与理论构建,时至今日已经基本形成了一套完整的话语体系。构建人类命运共同体作为习近平外交思想的核心理念,是对21世纪历史唯物主义理论发展的原创性贡献,为破解全球性治理难题提供了中国智慧、中国方案,彰显了当代中国共产党人的理想追求和智识精神。

新时代中国主导和参与下的国际立法实践,就是从法律上不断冲击和突破国际旧秩序、重新构建人类命运共同体新规则的实践。近年来,中国通过建设“一带一路”、牵头成立亚洲基础设施银行等系列举措成功地将想象共同体推进到现实共同体,为人类命运共同体的具体构建提供了可行性方案。特别是“一带一路”倡议,生动地诠释了由中国主导的国际立法的世界主义倾向。《共建“一带一路”:构建人类命运共同体的重大实践》白皮书中指出,“共建‘一带一路’追求的是发展、崇尚的是共赢、传递的是希望,目的是增进理解信任、加强全方位交流,进而促进共同发展、实现共同繁荣”,强调“共建‘一带一路’以共商共建共享为原则,积极倡导合作共赢理念与正确义利观,坚持各国都是平等的参与者、贡献者、受益者,推动实现经济大融合、发展大联动、成果大共享。”[69] 在这种合作机制下,中国致力于重塑和创造公平、和谐、紧密相容的国际法律新秩序,不断推动国际关系向好发展,并且通过一系列互惠性的国际条约和合作规则为共建国家打造了新的经济发展引擎、创建了新的发展环境和空间、增强了共建国家的发展能力、提振了共建国家的发展信心、改善了共建国家的民生福祉,在各个领域给共建国家带来了实实在在的好处。例如在新冠疫情期间,以河南郑州—卢森堡为代表的“空中丝绸之路”不停飞、不断航,运送大量抗疫物资,在中欧间发挥了“空中生命线”的作用。

弱肉强食、成王败寇从不是人类生存之道,拉帮结派、穷兵黩武更无法创造美好世界。有学者指出,构建人类命运共同体的主张超越了旧世界秩序局限于民族范式的“小我”利益观,真正实现了“以天下观天下”的“大我”人类价值观,是人类告别虚假的共同体到达真正的共同体的主体性活动过程。[70] 因此,构建人类命运共同体并不仅是中国在问鼎世界强国之际的政策表达,它除了回答了

---

〔68〕《坚定不移沿着中国特色社会主义道路前进　为全面建成小康社会而奋斗——胡锦涛在中国共产党第十八次全国代表大会上的报告》,载《人民日报》2012年11月18日,第1版。

〔69〕中华人民共和国国务院新闻办公室:《共建“一带一路”:构建人类命运共同体的重大实践》,载中国政府网2023年10月10日,https://www.gov.cn/zhengce/202310/content_6907994.htm。

〔70〕黄婷、王永贵:《人类命运共同体:一种世界秩序的话语表述》,载《马克思主义与现实》2017年第5期。

“中国到底想要一个什么样的世界”这一问题，更重要的是还明确了“世界人民到底想要一个什么样的世界”“什么样的世界才是真正美好的”“世界各国应当如何建设这个世界”等一系列更加根本的问题。从国际规则的层面将人类命运共同体的理想秩序具体化，应当构成目前乃至未来很长一段时期国际立法的发展方向，是否符合构建人类命运共同体的价值内涵和规范要求，能否推动全人类的命运共同、利益共通与发展共进，也应当成为衡量国际立法质量优劣的根本标准。因此，在全球化进程全方位不断推进、世界各国联系愈加密切、和平与发展依然是时代主题的今日，国际立法必须破除过去国际社会的“文明冲突论”，致力于构筑国际区域合作新模式，推动全世界来自不同民族和不同国家的人民从竞争对抗走向和谐共生，从仇恨冲突迈向友好和平发展。

第四章

立法质量的具体判断标准

党的二十届三中全会强调:“统筹立改废释纂,加强重点领域、新兴领域、涉外领域立法,完善合宪性审查、备案审查制度,提高立法质量。探索区域协同立法。健全党内法规同国家法律法规衔接协调机制”,[1]将提高立法质量作为新时代法治建设的重要任务。新时代,对立法质量的判断不能仅限于人大及其常委会最终通过的法律文本,而是应着眼于法律创制的全过程。确定立法质量的具体判断标准,需要对立法过程进行整体性考察,所要提出的这些判断标准既是对立法行为或立法活动的评价,也是对立法文本的评价。但需要注意的是,立法质量的判断与法律运行的实际效果判断不可等同,虽然两者在某些标准上有近似之处,如法社会学派所关注的——法律在实际社会中的运行效果,只是立法质量的判断标准的一个维度。立法质量与法律质量之所以存在一些模糊交叠的地方,是因为两者都无法脱离对法律文本的单独讨论。立法的直接产物是法律文本,因而立法质量的标准与法律文本质量好坏紧密相关。而法律被创制后,法律质量的直接反映是法律在实际社会中的运行效果,这亦可看作法律文本质量好坏的直接反映。因而,立法质量与法律质量都需要关注法律文本的质量,但立法质量同时关注法律创制活动本身的好坏,而法律质量的讨论往往不涉及对立法过程中立法者行为的评价。

在本章提出具体的立法质量判断标准前,需要说明这些标准选取的思路。首先,立法质量的具体判断标准要有一定的合理性,不能凭空臆造,每一项具体判断标准都应有自身的理论渊源。这些判断标准在其他论著中虽未必直接被讨论用于立法质量,但从其适用场景和自身内涵中论证迁移至立法质量场景,应尽可能具有一定的可行性和必要性。其次,立法质量的具体判断标准要有一定的可操作性,这些判断标准的提出应当能够为我国的立法实践提供必要的理论指导,因而,本章提出的这些标准在实践中或是已经为不少立法实务工作者所秉持,或是一度对立法实务工作者造成困惑。在综合考虑立法质量判断标准的合理性和可操作性之后,笔者认为,立法质量包括五大具体判断标准,即价值标准、合法

---

[1] 《中共中央关于进一步全面深化改革　推进中国式现代化的决定》,人民出版社 2024 年版,第 30 页。

性标准、科学性标准、融贯性标准以及技术性标准。[2] 这五大标准可从不同维度反映立法活动和立法文本的质量,也是我国立法过程中应当遵循的重要立法准则,本章将从理论渊源、具体内涵以及形式要件三个方面对这五大具体判断标准进行逐一深入阐释。

第一节 立法质量的价值标准

法治当为良法之治。法律的生命力首先在于法律必须具有自己的灵魂,即必须有自己的价值,对于立法来说,则要求立法要有自己的价值诉求。我国的立法过去一直强调效率,在一定程度上忽略了公平。立法中存在不少立法不公的现象,包括实体上的不公和程序上的不公,内容上的不公和结果上的不公。英国哲学家培根有一段至理名言:“一次不公正的裁判甚至比十次犯罪更为可怕。因为犯罪只是污染了水流,而不公正的裁判则污染了水源。”这句名言套用在立法上更为恰当——一次不公正的立法比数次违法行为危害更甚,因为违法行为只是污染了法治的“水流”,而不公正的立法则污染了法治的“水源”,对法治的前提与基础、人们的法律信仰、法律的公正及其权威形象都构成了严重的损害。[3] 立法质量的具体判断标准的首要标准就是价值标准。立法质量的价值标准并非简单的某种单一的价值。本书对于立法质量的价值标准将从理论、内涵及其形式要件这三个方面展开探讨。

一、价值标准的理论考察

立法质量的价值标准判断需要以厘清“价值”一词的概念为前提。在最新版《现代汉语词典》中,“价值”一词作为名词,有两种含义,第一种含义指的是“体现在商品里的社会必要劳动。价值量大小决定生产这一商品所需要的社会必要劳动时间的多少。不经过人类劳动加工的东西,如空气,即使对人们有使用价值,也不具有价值”。[4] 第二种含义指的是用途或积极作用。显然,在现代汉语词典中,第一种定义有明显的经济学倾向,与本书所述之“价值”意义相差甚远。而第二种定义若简单套用至法律或立法之中,“立法作用”和“法律作用”的

---

〔2〕 宋方青:《立法质量的判断标准》,载《法制与社会发展》2013 年第 5 期。

〔3〕 宋方青:《立法质量的判断标准》,载《法制与社会发展》2013 年第 5 期。

〔4〕《现代汉语词典》(第 7 版),商务印书馆 2016 年版,第 629 页。

含义亦不宜为本书采用,因而,本书对于“价值”一词的把握与理解立基于哲学的视角。

就哲学的角度而言,价值的本质存在多种学说,主要分为主观价值说、客观价值说与关系价值说。主观价值说指的是主体的需求、喜好、情感,强调从主体的认识角度去理解价值,重点突出人的主体性、目的性与选择性。主观价值说具有较强的相对主义色彩,突出人的主观心理评价,即价值因人而异,颇具变化性。〔5〕客观价值说与之不同,突出从客体的视角去理解价值,把价值看成作用在主体上的客体的某种属性,譬如说人的劳动量就可以反映出价值的多少,这与现代汉语词典中的定义较为相似,所强调的劳动价值论就是在反映劳动这一客体本身的价值。在这种意义上,有多少种和人有关的客观成果,就有多少种价值。〔6〕而关系价值说是从主客体之间的关系或相互作用的角度出发,不再单纯强调主体与客体某一方面的意义,而是客体所能体现出的功能或效用满足了主体的一种需要。“价值”是一种关系范畴,指的是事物(客体)的属性和效用与个人、社会(主体)的某种需要相吻合,进而表达了主体与客体之间的一种“价值关系”。〔7〕这个“价值”概念具有如下几层内涵:(1)事物本身具有某种客观属性或功能,这是“价值”形成的客观基础。(2)事物的这种属性或功能可以满足主体的某种需要,这是“价值”形成的原因,也就是说,事物在客观上可能具有多种属性,但只有对应于主体需要的那种属性才能成为“价值”。(3)价值主体对价值关系的认识有一个从自发到自觉、从感性到理性的发展过程。“价值评价”是主体对“价值”形成自觉性认识的标志,而“价值目标”的确立则是主体的价值认识完善的象征。(4)主客体之间的实践关系,既是主体价值观形成的基础,也是主体追求实现事物价值的方式。因此,客体对于主体的可操纵性或客体属性的可利用性是“价值”成立的必要条件。综上所述,人们通常从主体的主观需要、兴趣、目的或事物的客观属性、功能、理想状态等语义上使用“价值”一词,实际上都是从不同侧面揭示了“价值”概念的部分内涵。笔者认为,主观价值说与客观价值说用于解释立法质量的价值判断均存在一定的偏差,宜采用关系价值说。法律质量的价值并不是单纯强调民众以及立法者的主观意愿或强调法律在社会客体中的运转效果,而应当反映为法律所能体现的功用为人民群众所共同需要。

所谓立法质量的价值是指立法质量所固有的满足价值主体需要的属性,也

---

〔5〕 张培刚:《微观经济学的产生和发展》,湖南人民出版社 1997 年版,第 40、46、50 页。

〔6〕 [奥]庞巴维克:《资本实证论》,陈端译,商务印书馆 1983 年版,第 150 页。

〔7〕 刘建明主编:《宣传舆论学大辞典》,经济日报出版社 1993 年版,第 883 页。

是指法律基于其自身属性发挥功能的一种理想状态。法律的产生是人类历史发展的结果,也是人类社会内在的需求所在。法律的某些价值诉求,在几千年的人类法制历史实践中凝结为某种较为稳定的价值形态,积淀于各国的法律文化之中,成为各国人民追求理想法制的价值目标,成为法制发展、完善的灵魂和动力。近年来,法的价值问题成为我国法学界关注的一个热点,学界对"法律价值"的概念、形态、分类等问题进行了相关讨论。有学者认为,法律价值是通过主体认识、评价和法律实践促使法律适应、满足和服务于主体内在尺度而形成的法律对主体的从属关系。[8] 从西方法律思想史上看,法的价值问题似乎是自然法学派探讨的核心问题,但实际上不同学派的学者对法律规范本身的理解和价值追求都有不同的判断,从各种正当的价值出发去证成各自的观点。从各个学派的主流观点来看,自然法学派所倡导的"制定法应当受到正义等基础价值的指引约束"的主张更容易与立法质量之价值判断产生联系,"法律因为是法律,所以是法律""法律应当如何与法律实际如何无关"等分析法学派的基本主张虽然表面上无涉价值问题,但这种做法本身就蕴含某种价值的考量。

除法律文本中的价值外,立法程序中也包含对立法者立法行为的一些价值要求,譬如要坚持合法性、民主性、科学性等价值要求,但其中的价值与本章所论其他几个判断标准存在交叠与互通的关系,因而本部分的价值标准主要关注立法意图、立法内容体现出的价值,或可将立法的价值标准判断化约为"这是一部什么样的法"这一问题,或者可称为"我们要立一部怎样的法"这一问题。如此一来,立法质量的价值和立法目的就存在关联之处。价值作为一种关系范畴的概念,其必然包含主体意愿,立法或法律所追求的自由、平等都可以成为"我们要立一部怎样的法"等问题的答案,因而,立法质量的价值标准与立法目的或法律目的之间本就不可割裂对待。在确定立法质量判断的价值标准具体有哪些时,既需要关注立法目的等主观因素的影响,也需要关注法律功能或效用这些在客观上可能产生实际效果的因素。

二、价值标准的具体内涵

党的十八届四中全会提出,"法律是治国之重器,良法是善治之前提"。[9] 党中央对于良法的研判蕴含对立法质量的价值追求,一部法律能够被视为良法,正是因为其符合立法的价值标准。良法是一种笼统的判断,还包含更加具体的

---

〔8〕 谢鹏程:《法律价值概念的解释》,载《天津社会科学》1996 年第 1 期。

〔9〕 《中共中央关于全面推进依法治国若干重大问题的决定》,人民出版社 2014 年版,第 8 页。

内涵。有学者认为,良法,亦可称为善法,是一个广泛且不断发展的概念,人们可以从不同角度和层面对它进行分析与探索,[10]既可从法的内容、价值和形式这三个方面进行分析,也可从应然与实然的哲学视角、法的理想性与现实性的统一来进行认识,甚至还可以从不重视良法的分析法学派那里借鉴法律的实证特征来理解良法。但最重要的是,更要从法律正当性来理解良法的科学性及其发展的规律性。法作为"天下之仪式,万事之程表",是自由、平等、秩序、权利、效率、公平、正义等诸多价值之载体。当前,社会价值愈发多元,法律所蕴含或追求的价值往往并不唯一。因此,立法质量判断价值标准的内涵较为丰富,但各种价值内涵的分量不可等量齐观,价值之间往往存在一定的位阶差异。结合传统的三大法学流派的主要观点来看,立法质量判断的价值标准主要有公平、秩序、效益三个方面。

(一)公平

公平是立法质量判断的价值标准的首要内涵,是法律所应当始终奉行的一种价值观和应然的要求。在许多情况下,人们往往把公平看作法律的同义词。在许多国家,法院也被称为"公平之宫"。[11] 然而,要想给公平下一个十分确切的定义并不容易,有人或许会认为人类具有天生的公平感,但事实上并非如此,当某些事情本身有失公平更容易引起人们普遍的愤怒,公众对于所遭遇的不公平感往往更加敏锐。在三大法学流派中,自然法学派是最常提到良善、公平、正义等具有鲜明价值色彩词汇的法学流派,[12]其中不少价值性词汇在其不同的发展阶段中一度被奉为圭臬。按照古罗马法学家查士丁尼的观点,公平是给予每个人其应得的部分的这种坚定而恒久之愿望,而法学则是关于神和人的事物的

---

〔10〕 李龙主编:《良法论》,武汉大学出版社 2005 年版,第 1 - 2 页。

〔11〕 [英]彼得·斯坦、约翰·香德:《西方社会的法律价值》,王献平译,中国人民公安大学出版社 1990 年版,第 74 页。

〔12〕 公平与正义既有联系又有区别,在不同的学者和法学家的观念中含义不尽相同。有学者认为"公平"是一个程序和过程的概念,是指按照相同的原则分配公共权利和社会资源,并且根据相同的原则处理事情和进行评价。而"正义"是人类的至善和社会的首要美德,它集中了人类一切美好的理想。人类既是一个命运共同体,拥有共同的生存环境,也是一个道德共同体,拥有共同的价值追求。可以说,公平是更广泛、更深刻的平均,正义是更广泛、更深刻的公平。本书拟采这一观点,法律制度主要涉及权利和社会资源分配,立法质量判断的价值性标准采"公平"一词更为接近,本书不作进一步区分。参见俞可平:《重新思考平等、公平和正义》,载《学术月刊》2017 年第 4 期。

知识,关于公平和不公平的科学。[13] 柏拉图在他的理想国家里,将法律当作同公平正义相一致的东西,正义要求遵守法律。但是,柏拉图的基本倾向却不是法治,而是哲学家或贤人的人治,他认为优秀的国民不需要用法律加以约束。[14] 虽然柏拉图倾向于人治,但法律与正义相一致代表了柏拉图自身对于法律价值的一种基本判定。亚里士多德继承了柏拉图的观点,将法律看成整体的同义词。他认为,相应于城邦政体的好坏,法律也有好坏,或者是合乎正义,或者是不合乎于正义。[15] 这一观点可视为法律质量的价值判断标准,就是法律是否合乎正义。亚里士多德还提出法律的实际意义应该是促成全邦人民都能进入正义和善德的(永久)制度,[16] 这都反映了其对于法律质量价值性标准的基本认识。除此之外,亚里士多德认为法治的两重含义是已经颁布的法律获得普遍的服从,以及服从的法律本身是制定得良好的法律。[17] 亚里士多德在此处直接点明了法治的重要前提是所立之法是良好的,立法质量的重要判断标准就是所立之法是否为良法。中世纪的神学自然法学家对法的价值也进行了相关论述。阿奎那指出,在公平所允许的范围之内,命令才具有法律效力。而在人类事务中,与人类理性一致的才能称为公平。洛克则极力倡导法律面前人人平等,他认为每一个人和其他最微贱的人都平等地受制于法律,任何人都不能免于法律的制裁。[18] 孟德斯鸠在《论法的精神》中专节讨论了民主政体的法律应如何确立平等。[19] 其后诸如霍布斯、卢梭等近代自然法学家在观点上虽然有所不同,但各自的论著中都或多或少地将自由、平等等理性主义精神视为法律的价值倾向,而这些精神无一不指向一个位阶更高的价值——公正。需要注意的是,公平和平等这两个概念在很多法学家的著作中被区别对待,但一般认为,如果公平得以实现,那么平等的人也理应受到同等地对待,人们至少不会再对为相同案情遭遇不同判决这样的问题而感到悲叹。

公平正义是社会主义核心价值观的重要内容,是中国特色社会主义的内在要求。[20] 党的二十届三中全会强调"坚持和落实'两个毫不动摇'。毫不动摇

---

〔13〕 [罗马]查士丁尼:《法学总论——法学阶梯》,张企泰译,商务印书馆 1989 年版,第 5 页。

〔14〕 [古希腊]柏拉图:《理想国》,郭斌和、张竹明译,商务印书馆 1986 年版,第 226 - 227 页。

〔15〕 [古希腊]亚里士多德:《政治学》,吴寿彭译,商务印书馆 2009 年版,第 175 页。

〔16〕 [古希腊]亚里士多德:《政治学》,吴寿彭译,商务印书馆 2009 年版,第 142 页。

〔17〕 [古希腊]亚里士多德:《政治学》,吴寿彭译,商务印书馆 2009 年版,第 202 页。

〔18〕 [英]洛克:《政府论》(上篇),瞿菊农、叶启芳译,商务印书馆 2022 年版,第 176 页。

〔19〕 [法]孟德斯鸠:《论法的精神》(上卷),许明龙译,商务印书馆 2012 年版,第 58 - 60 页。

〔20〕 宋方青:《习近平法治思想中的立法原则》,载《东方法学》2021 年第 2 期。

巩固和发展公有制经济,毫不动摇鼓励、支持、引导非公有制经济发展,保证各种所有制经济依法平等使用生产要素、公平参与市场竞争、同等受到法律保护,促进各种所有制经济优势互补、共同发展",〔21〕显然这其中包含了公平价值取向。习近平总书记在中央全面依法治国工作会议上提出"努力让人民群众在每一个司法案件中感受到公平正义"的目标更是直接要求我国法治建设工作在源头上保障以公平正义作为立法质量的价值内涵。

(二)秩序

秩序是立法质量判断的价值标准的主要内涵。一般来说,与法律始终相伴的基本价值便是社会秩序,消除社会混乱是社会生活的必要条件。即使是在尚未形成部落组织的原始人群当中,人们也认识到暴力冲突必须加以控制。冲突本身并不会被彻底根除,冲突实际上会产生许多能使人类生活更具实际意义的东西。没有冲突,社会就会呆滞,就会灭亡,关键在于社会必须对冲突进行适当的调节,使冲突不以毁掉整个社会的暴力方式进行,而这样的混乱只有依靠法律规则才能避免。

如果说正义是自然法学派对法律本质的高度概括,那么秩序则是契合了分析主义法学的规范、行为概念。分析法学的代表学者凯尔森认为:"如果强制秩序与并无强制性的、依赖自愿服从的秩序,只有在一种秩序规定了强制措施作为制裁而另一种秩序却并未如此规定这一意义上才有可能加以对比……法是一种强制秩序。如果在不同时期以及极端不同的人民中通行的而在意义上又异常不同的各种社会秩序,都被称为法律秩序,我们可能设想人们是在使用一个几乎没有意义的说法。"〔22〕"法律给出了一个经典的规范法学式的定义,即法律是人的行为的一种秩序(order)。一种'秩序'是许多规则的一个体系(system)。法并不是像有时所说的一个规则,它是具有那种我们理解为体系的统一性的一系列规则。"〔23〕哈特在批判奥斯丁的理论的基础上提出了法律规则说,〔24〕认为奥斯丁的命令说无法建立规则的观念,是由于并未看到复杂的法体系中其实有两种

---

〔21〕《中共中央关于进一步全面深化改革　推进中国式现代化的决定》,人民出版社 2024 年版,第 7 页。

〔22〕[奥]凯尔森:《法与国家的一般理论》,沈宗灵译,中国大百科全书出版社 1996 年版,第 19 页。

〔23〕[奥]凯尔森:《法与国家的一般理论》,沈宗灵译,中国大百科全书出版社 1996 年版,第 3 页。

〔24〕哈特采纳了英国盛行的牛津日常语言分析学派的语义分析的理论和方法,在法律概念的层面上,提出法律是由第一性规则和第二性规则构成,并进而提出了规则在语义学意义上的意思中心说。参见梁晓俭、宫燕明:《哈特法律规则说的解释学研究》,载《法学》2003 年第 3 期。

不同类型的规则,试图仅从法律规则的一种表现形式归纳出普遍适用的法律体系理论。而哈特将法律视为一种由社会规则构成的体系,根据其功能、规则分为科以义务和授予权利的两种规则:前者为初级规则,起到主要的规范行为的作用;后者为次级规则,起到新增、修改或取消初级规则的作用。〔25〕为了填补仅有初级规则存在可能导致的不确定性、静态性和无效率性缺陷,需要承认规则、变更规则及裁判规则这三类次级规则。其实,无论是奥斯丁的法律命令说还是哈特的法律社会规则理论,〔26〕二者的共性都是在强调法律的秩序价值,只不过二者对于这一秩序价值产生的演绎路径不同。

有人或许会质疑,各派法学家关于法律是什么这一终极问题的观点相差甚远,将秩序作为立法质量的价值标准内涵是否具有一般性。这一质疑可以从庞德那里获得答案。庞德认为,20 世纪中叶后的法学家所强调的法律秩序,是通过系统地、有秩序地使用政治组织的社会的强力来调整关系和安排行为的制度。〔27〕诚然,法律提供一种调整关系和安排行为的制度并不只存在于 20 世纪中叶之后,事实上,不同时代对于法律问题的追问与解答虽然相差甚远,但就纵向时间的角度上看,始终上演着从一种秩序向另一种秩序过渡,从而实现不断构建秩序、迭代秩序的历史进程。博登海默就曾综合自然法学和分析法学的观点,提出法律是秩序和正义的综合体,他认为,“一个法律制度若要恰当地完成其职能,就不仅要力求实现正义,而且要致力于创造秩序……法律旨在创设一种正义的社会秩序”。〔28〕因而可以说,法律代表了一种秩序是广泛存在的,法律曾经或当下始终发挥着塑造构建秩序的功能逐渐成为一种不可否认的事实。这一观点在功能主义系统论的视角下更具说服力。卢曼认为,法律是一种社会系统派生出的子系统,以其独特的法与非法二元代码对相关行为进行指涉、定性、整合,从而实现整合对象实现化约效果,避免任意的规则和各种可能的后果都同样可能,〔29〕排除一种规则下的无序性,催生出以排他性为基础的秩序价值。也就是说,无论法律创设怎样的规则,都始终发挥着对某一行为定性评价的作用,依据

---

〔25〕［英］哈特:《法律的概念》,许家馨、李冠宜译,法律出版社 2018 年版,第 135 – 149 页。

〔26〕奥斯丁认为所有“法”或“规则”都是命令,人们所说的准确意义上的法或规则,都是一类命令。参见［英］约翰·奥斯丁:《法理学的范围》,刘星译,中国法制出版社 2002 年版,第 17 页。

〔27〕［美］罗斯科·庞德:《通过法律的社会控制》,沈宗灵译,商务印书馆 2009 年版,第 24 页。

〔28〕［美］E. 博登海默:《法理学——法哲学及其方法》,邓正来译,华夏出版社 1987 年版,第 302 页。

〔29〕［德］尼克拉斯·卢曼:《法社会学》,宾凯、赵春燕译,上海人民出版社 2013 年版,第 431 – 432 页。

特定的规则内容化约社会的复杂性，发挥着维持秩序的特定作用。

（三）效益

效益也是立法质量判断的价值标准的主要内涵。效益具有明显的经济学和功利主义色彩，其之所以应当纳入价值标准的主要内涵，核心理由在于任何时期任何社会资源都是有限的。在过去两个世纪中，对社会政策与实践进行的评价所依据的主要标准都是功利主义的。这一理论的起源可溯及大卫·休谟《人性论》中所描述的社会本质概念，休谟认为，“正是依靠社会，人类才能够弥补其缺陷，使其自身上升到与其他生物同等的地位上，甚至获得一种超越其他生物的优势。借助于所结合起来的社会，人类的所有软弱得到补偿；在这种情况下，人类的需求随着时间的推移而加倍增长，同时其能力也越来越强，这使其在任何领域都能感到满足和快乐，一直以来所处的野蛮孤立的境地得以改变。如果某个个体一个人劳作，那么他的能力就不足以支撑其从事任何重要的工作……社会为此三种不便提供了补救措施：通过个体力量的联结，人类的力量得以增强；通过分工就业，人类的能力得以提高；最后，通过相互救助，人类得以避免厄运和意外”。[30] 在休谟看来，个人关心的主要是自身的需要，但社会没有足够的物质来满足人们的一切需要。人们无法避免地面临着心灵的某些品质，即自私以及有限的慷慨，而外界的情况与人类的需要和欲望相比明显具有稀少性，并且人的欲望总是超过满足欲望的能力。从某种意义上来说，立法是对社会资源的强制分配安排，这种强制分配促使立法者不得不考虑法律的效益性价值。

相较于自然法学派与分析法学派，立法质量价值标准的效益内涵更加为社会法学派所关注。社会法学派认为法是社会管理的手段，是效率分配的方法。埃利希认为，“法律形成的推动力来自社会，它伴随着社会的力量对比关系。当然，平常所用到的‘力量对比关系’一词由于其本身的不确定性而不能作为科学的术语来使用；不过这里所指的仅仅是从国家、经济或者社会地位中产生的力量对比关系。另一方面，法条的存在，原因并不在于对个别阶级或阶层利益的考量，而在于对一切社会阶层的利益的考量”。[31] 社会法学派认为，法律绝非仅仅是规则的体系，而是由规则、原则、政策多种复杂的要素构成，法律本身并不是单纯的一种规则。法律不仅是一个规则体系，还是一项过程和事业。法律是“书本中的法律”和“现实中的法律”的统一，甚至更为强调后者，更为重视对“现实

---

〔30〕［英］大卫·休谟：《人性论》（下），贺江译，台海出版社 2016 年版，第 531－532 页。

〔31〕［奥］欧根·埃利希：《法社会学原理》，舒国滢译，中国大百科全书出版社 2009 年版，第212 页。

中的法律”的调查发现，以及综合统一。在社会法学派看来，法律的作用是维持社会秩序，满足人类的需要和愿望；社会上各种相互冲突的利益，如公共的与私人的利益、集团的与个人的利益等，能够通过法律制度发挥恰当的作用而使之得到协调，使人类以最小限度的倾轧获得最大限度的利益。

当前，我国的法治建设已经不再是“摸着石头过河”的时代，社会主义市场经济的飞速发展冲击着立法者和人民群众的思想观念，确立效益法律观是法治发展的必由选择，是厉行法治、实现法律效益最大化的前提。党的二十届三中全会强调：“高水平社会主义市场经济体制是中国式现代化的重要保障。必须更好发挥市场机制作用，创造更加公平、更有活力的市场环境，实现资源配置效率最优化和效益最大化，既‘放得活’又‘管得住’，更好维护市场秩序、弥补市场失灵，畅通国民经济循环，激发全社会内生动力和创新活力。”〔32〕践行效益法律观，就是指通过法律来优化配置权利、义务、责任，在有限的社会资源条件下最大限度地满足法律主体的需求，并在促使改善社会公共生活的大目标下确定一系列具有效益观的法律观念和法律原则。因而，效益法律观不仅是一种系统的立法或法律意识，更是法律的一种基本价值取向。它将法律作为优化配置权利、义务等社会资源的函数变量，是立法者在立法工作中妥善考察社会的供需矛盾、利用法律条款来配置资源满足社会主体的最大需求和利益的坐标。

三、价值标准的形式要件

在说明立法质量判断的价值标准的主要内涵后，应当进一步指出价值标准的形式要件，以便立法者妥善地将价值标准融入立法过程并配置到具体条款与制度安排之中。庞德认为，价值问题是法律科学所不能回避的。即便是最简单、最直接或最习以为常的法律关系调整或行为设定，在其背后始终存在对各种互相冲突和互相重叠的利益进行评价的某种准则。〔33〕如果在立法过程中，这些价值准则是或多或少无意识地被树立起来，一旦当立法者和法律工作者正式加入之后，所存在的价值准则就逐渐会被系统的发展和制定，并逐步会真实地与现代社会中的各种生活假说发生关系。在立法过程中，公正、秩序、效益等价值标准内涵的实现依赖于法律条款的具体规定，最终的形式要件均难以脱离或表现为立法者对于权力与权利、权力与责任、权利与义务三组关系的理解与安排，就是

---

〔32〕《中共中央关于进一步全面深化改革　推进中国式现代化的决定》，人民出版社 2024 年版，第 6－7 页。

〔33〕［美］罗斯科·庞德：《通过法律的社会控制》，沈宗灵译，商务印书馆 2009 年版，第 62 页。

要使权利与义务、权力与责任等规定处于一种合理状态：在设定权利和义务时应保持权利与义务的相互统一；在设定权力与权利的关系时应以权利为本位；在设定权力时应预设责任，保持权力与责任的相互统一。[34]

首先，立法质量判断之价值标准的形式要件表现为立法者对权力与权利关系的理解和把握。权力和权利是各国法律实践以及长久以来法学研究中的一对基本范畴，二者之间相互依存又相互制约且关系复杂。有学者认为，现代国家治理的核心要义就在于寻求公共权力与公民权利之间的良性平衡。[35] 一部法律中呈现的权力与权利的关系反映了在该法规制事项范围之内的公权、私权之间的空间尺度，也反映了国家干预与个人自由之间的张力范围以及立法的价值取向。从本质上来看，公民权利和国家权力这两者均为整个社会的劳动价值或物质财产直接或间接的转化表现，二者在法律上也都体现了社会的整体利益。但在实际中，二者又各自指涉组成社会的整体利益的两个不同部分，甚至可以说是对立的外显表现和角色定位，二者是既统一又对立的关系。有学者就曾专门以行政强制法立法为例，讨论了行政机关与人民群众这两种角色有不同的期待，两种期待背后是两种不同的价值冲突，立法者需要在立法过程中平衡双方价值取向，进而妥善设计法律条款。[36] 不难发现，保障立法质量的关键之一在于立法者能明晰权力与权利背后的价值需求，找到其中的平衡点并围绕其进行制度设计和安排。但就目前而言，仅做到这一点已经不能满足当下的立法需要，风险社会的冲击给立法者带来了更大的考验。

这是因为，我国正处于从重视立法数量到愈发重视立法质量的转型过程中，功能主义视角下的社会也不再笼统地讨论单一公权力或私权利的概念，权力与权利都在不停地分化为更加具体细致的权力与权利，立法者不仅要考虑单一的公权力与私权利之间的配置关系，还需要考虑更为细致的公权力与公权力、私权利与私权利、细分的公私权利之间相互交叉对应的复杂格局；立法者不仅要重新审视国家之内的权力与权力之间的相互协作，进而避免权力孱弱导致难以保护私权利，还要回应风险社会下人民对于立法保护的诉求，并且重视安全权利观等系列因素的作用。

---

〔34〕 宋方青：《立法质量的判断标准》，载《法制与社会发展》2013 年第 5 期。

〔35〕 陈付龙：《公共权力与公民权利之间：中国社会公共治理制度化传动考察》，载《江西社会科学》2023 年第 11 期。

〔36〕 杨福忠：《控制权力还是控制权利——谈行政强制立法的价值定位》，载《国家行政学院学报》2006 年第 4 期。

其次,立法质量判断之价值标准的形式要件表现为立法者对权力与责任关系的理解和把握。权责相当是保障政府权力合法合理运行的关键,有学者指出,相较于西方源起于以自然权利论为主线的政治学理念的有限型政府设定,我国的政府更倾向于有效型政府设定。[37] 该观点认为,有效型政府在施政过程中有能力履行职能和创建绩效型政府,而这种能力具有回应性(responsiveness)和责任性(accountability)两个方面的内涵。这是因为,公民的自由表达、自由行动、渴望公正、追求秩序等要求都需要政府积极回应,这本质上是一种形式民主的互动。为避免政府只顾着取悦或一味地回应群众的需要,政府还需要对人、对事负责,这就是责任性。就此观点来看,有效型政府的回应性能力对应了公民个人对于自身需要的追求,而责任性恰巧是一种秩序性和效益性的需要。就我国实际情况来看,有效型政府是证成立法质量价值标准三种内涵的可行进路,其所需的两种能力恰恰是价值标准内涵的有力保障,这两种能力的实现依赖于法律对于政府的权责设定。

立法对于权力的设定是为了给予某些特定主体进行管理性行为、承担自身角色的职能,实践中存在的不公平现象、秩序混乱以及法律施行效益低下的根源在于立法者对于权力与责任的配置失衡。现代法治要求与权力的赋予同步而来的是责任的规定,权力无法脱离于责任独存。[38] 若是立法只为行政部门或公职人员配置权力而不设定义务,那么制度上的暴力将会成为压制私权利或放纵公权力最好的规范依据。即使行政部门或公职人员无意主动作出某些滥权或对私权利的伤害行为,哪怕是消极不承担法律设定的责任,很多私权救济也会面临诉苦无门的局面,更难以期待公平、秩序、效益等立法价值内涵的实现。立法配置权力所附加设定的法律责任包含两个部分,一是公权力部门或公职人员在行使法律所赋予的权力时应当完成其被分配的法定职责;二是公权力部门或公职人员越权行使权力或者怠于行使权力及违反法定程序时应承担的法律后果,两种职责可分别称为权力对应的功能性责任和救济性责任。在立法过程中,立法者需要综合衡量权力的功能性责任与救济性责任配置,确保权力良性行使。

最后,立法质量判断之价值标准的形式要件表现为立法者对权利与义务关系的理解和把握。就我国宪法和法律的具体规定来看,公民的权利和义务之间的关系具有一定的复杂性。具体表现为:在公民与他人的法律关系中,某人拥有权利可以推导出他人具有不侵害某人权利的义务,这样才能保证每个人安全地

---

〔37〕 陈远星、陈明明:《有限政府与有效政府:权力、责任与逻辑》,载《学海》2021 年第 5 期。

〔38〕 刘雪华:《论公共权力与公共责任的构建》,载《社会科学辑刊》2004 年第 4 期。

行使自己的权利成为可能；而在与国家社会的法律关系中，公民所享有的部分权利需要国家来承担义务，譬如失业救济等情形。但同时，个人对国家也负有一些义务，譬如不传播国家机密等。除此之外，还有权利与义务一体的特殊情形，譬如受教育、劳动既是公民的权利亦是公民的义务。由此可见，公民的权利义务关系是复杂的。但不可否认的是，立法的初衷应当是规范和保护公民的合法权利，以强制规范确保公民的合法利益不受侵害，同时以强制规范确保公民履行义务，以保障国家和其他主体的合法权益。反过来说，法律上设定的权利义务是公民用法、守法的基本遵循，也是我国法治建设与发展的必然要求。

在以往的立法实务和学界研究中，立法对于权利义务的配置安排可分为权利本位说和义务本位说两种观点。权利本位认为权利是第一性的，进而在制度设计中应当侧重突出权利条款，义务作为权利的对象，借助权利来实现价值。而义务本位说则是强调以义务为核心，认为"法效用的实现是借助何种规范达致目的"，而这一问题的最终指向就是唯有公民实际遵守法律，法效用才能实现，因而义务条款才是立法的重点。在法律、地方性法规以及各种规范性文件大规模制定与发布的当下，立法配置权利义务关系需充分结合所立之法的特点以及个人的多元身份属性，因地制宜地设计权利与义务的制度比重。立法者切勿单一地强调权利或者义务，抑或将其杂糅意图统一，不同类型规范和事项之中的公民权利义务关系差异很大，唯有对此审慎把握，才可在公民的权利义务构建中实现立法质量的公平、秩序、效用之价值性内涵。

第二节　立法质量的合法性标准

党的十九大报告强调"推进科学立法、民主立法、依法立法，以良法促进发展、保障善治"。除了原有的"科学立法"和"民主立法"原则，党的十九大报告还提出了"依法立法"的原则。作为一项统筹立法工作的新的基本原则，"依法立法"对立法工作和立法质量的合法性提出了更高的要求，也就是说，判断立法质量必然离不开合法性标准。合法性标准有丰富的理论实践内涵，不能将其完全等同于合乎宪法和上位法规定，对合法性标准的理解需要从理论考察、具体内涵及其形式要件这三个方面展开。

一、合法性标准的理论考察

根据最新《现代汉语词典》中的解释，合法的词性为形容词，含义是符合法律规定。[39] 从词源上来看，合法最早起源于拉丁文之中的 *légitim* 一词，用于表达某事物是合乎法律的状态，或是某行为与法律一致，合法起初的含义就是合乎法律。直至中世纪时期，legitimacy 的出现，赋予了 *légitim* 新的含义，legitimacy 突出表达统治者政治上的正统性与正当性，用于表达政治或宗教统治的神圣性。在后来一些学者的论著中，除了 legitimacy 之外，常用表达合法性的词还有 legality 一词，但二者的词义开始逐渐分化，侧重点不同。legality 的词义与 lawfulness 相近，是一种狭义的合法，用于表示实证意义上的与既有的法律条款内容相一致。而 legitimacy 含义较为丰富，在不同的学者的著作里含义有所差异，但共通之处在于，均包含某种公共权力的正当性以及有效性。西方社会对于法的理解在中世纪之前充满自然主义和宗教主义的思想，合法性问题也与政治统治挂钩。即使到了文艺复兴时期，法学家开始将目光转移到人的理性和契约社会上，[40] 但目的依然是尝试对政治制度或权力的正当来源进行论证。到了近现代，越来越多的学者才聚焦讨论法哲学领域的合法性问题。

率先聚焦于合法性研究的学者是马克斯·韦伯，其颇具代表性的三种类型的统治理论便是对合法性问题展开的论述。韦伯认为存在三种合法的统治类型：第一种类型是传统型，[41] 其合法性来源是因袭传统而承认的权威；第二种类型是魅力型，其合法性的来源是存在一个具有英雄气概的卡里斯玛型领袖；第三种类型是法理型，其合法性来源是一种为社会成员所共同遵守的法律。韦伯虽是第一个正式提出合法性概念的人，但他对于统治类型的划分过于理想化，有脱离实际之嫌。这是因为，其假设三个统治类型从未以单一的形态出现在任何一个地区，而历史上所有经验性的事实都是这三个中的两个或者三个混合或者融合的存在。韦伯虽然倾向于第三种法律型的统治，但其合法性论述并非以法学理论视角进行的探讨，而是一种功能主义的政治学统治类型的研究。

在法理学的视角下，合法性问题的探讨可以分为形式合法性和实质合法性两种类型。形式合法性与实质合法性观点的分野并不是以自然法和实证法的讨论焦点作为区别，其主要的区别在于是否对合法性正当来源作出说明。譬如自

---

〔39〕《现代汉语词典》(第 7 版)，商务印书馆 2016 年版，第 524 页。

〔40〕古典自然法学家代表卢梭最早明确提出了以公共利益和大众同意为原则的合法性概念，而在这个问题上的系统化研究并因此使合法性成为现代政治分析的一个核心概念，很大程度上应归功于马克斯·韦伯。参见王葎：《合法性：现代语境中的价值叙事》，载《哲学研究》2007 年第 11 期。

〔41〕[德]马克斯·韦伯：《论经济与社会中的法律》，张乃根译，中国大百科全书出版社 1998 年版，第 337 页。

然法学派代表人物富勒在关于法律权威的论述中曾经提到，“一项单纯的对当政权威的尊重不能被混同于忠实于法律”。〔42〕 这句话的含义是，民众对于法律的忠实之中包含了理想信念，法律之所以被忠诚地坚守并不仅在于其背后的权威，还有其赖以被坚守的东西。富勒还提出了合法性的八项原则，分别是：一般性原则、公开性原则、非溯及既往原则、明确性原则、一致性原则、可行性原则、稳定性原则、官方行为与法律的一致性原则。〔43〕 他认为，“这种合法性的八项原则在其中都得到完美实现的乌托邦实际上并不是指引我们追求合法性之冲动的有用目标；完美的目标（远比现实的目标）更为复杂。不过，它的确为我们指出了八项独特的标准，我们可以借此来检验合法性的完善状态”。〔44〕 显而易见，富勒的合法性原则是一种形式合法探讨，他认为法律的合法性源自那些法律形式上所呈现的特点，不过，就合法性原则的具体内容来看，更像是法律的合法性要求，无涉立法合法性中的正当性问题。

实质合法性论证在哈贝马斯那里得到了充分的重视。哈贝马斯是试图揭示法律的合法性来源并进行系统论证的代表性人物。在他看来，作为整合社会的媒介之一，法律首先是一种现实力量、一种强制手段，法律是依靠它的强制力量来使人们服从的，这是法律的事实性。但是法律仅仅凭借其强制力迫使人们服从是不行的，它必须同时得到人们认可，即这种服从必须是自愿的。一种规范仅仅合乎法律的要求是不够的，而且还必须拥有合法性。合法性能够使人们自愿接受法律的约束。〔45〕 进而在此基础上，哈贝马斯提出了存在于法律的纯粹事实性和它对合法性的要求之间的张力，这种张力是在现代社会走向世俗化的过程中形成的。在传统社会中，由于宗教权威的存在，事实性和规范有效性融合为一。而现代社会是一个高度分化的社会，法律时而仅被当作手段，时而也被当作目的，哈贝马斯则把法律定位于“事实与有效性之间”，必须同时通过事实性的强制和合法的有效性，才能使人愿意遵守。〔46〕

但紧接着产生的问题是，现代社会法律的合法性从何而来呢？哈贝马斯从其交往行动理论出发，认为“在后形而上学世界观的条件下，只有那些产生于权

---

〔42〕［美］富勒：《法律的道德性》，郑戈译，商务印书馆2005年版，第49页。

〔43〕［美］富勒：《法律的道德性》，郑戈译，商务印书馆2005年版，第55－96页。

〔44〕［美］富勒：《法律的道德性》，郑戈译，商务印书馆2005年版，第50页。

〔45〕［德］哈贝马斯：《在事实与规范之间：关于法律和民主法治国的商谈理论》，童世骏译，生活·读书·新知三联书店2003年版，第36－38页。

〔46〕［德］哈贝马斯：《在事实与规范之间：关于法律和民主法治国的商谈理论》，童世骏译，生活·读书·新知三联书店2003年版，第29－33页。

利平等之公民的商谈性意见形成和意志形成过程的法律,才是具有合法性的法律”。[47] 他认为,人们之所以受到法律的约束(法律具有效力),既不是因为法律的内容符合自然法、理性法或道德的标准,也不单纯是因为事实上的强制力或社会系统功能,而是因为法律通过运用理性商谈的立法与用法过程而具有合法性。也就是说,只有社会成员能够同时视自己为立法者和法律的实施对象,并在商谈的基础上接受该规范,法律才能同时具有事实性和有效性,从而使社会得到稳定的整合。法律的合法性包含两个要求:第一,每一位公民都是法律的立法者,每一个人都是自由的和平等的;第二,法律的合法性来自所有当事人的同意,这种同意和共识则产生于民主的过程。法律应该在人们的相互商讨中产生,应该根植于生活的秩序中,需要从生活中获得其合法性的力量。基于此,哈贝马斯提出了一种新的法律范式,即程序主义的法律范式。[48] 哈贝马斯的合法性问题直指法律背后的正当性来源,是一种实质合法性探讨。一种法律秩序合法的程度,取决于它在多大程度上确保其公民的私人自主和政治公民自主这两种同源的地位,但与此同时,它之所以具有合法性,也是归功于交往的形式——只有通过这种形式,这两种自主才得以表达和捍卫,这是一种程序主义法律观的关键。

立法质量判断的合法性标准是形式合法性和实质合法性的统一。党的十九大报告中的“依法立法”原则之首要内涵就是要求立法质量要符合形式合法性,而“民主立法”则与实质意义上的程序合法观较为近似。如果将立法比作跷跷板的话,可以说跷跷板的一端是形式合法性,另一端是实质合法性,抑或说一端是政治,另一端是法律。这是因为,立法的合法性本质实则是在形式合法与实质合法、在政治与法律之间努力达致平衡。

二、合法性标准的具体内涵

在当下的立法实践中,对于立法质量判断的合法性标准内涵界定不可能单一地采取形式或者实质某一方面,合法性标准的形式与实质两方面意涵在现代法律质量的判断中如车之两轮、鸟之两翼,不可偏废。本书认为合法性标准的内涵具体可细分为正当性、合宪性、合法律性这三个方面。

---

〔47〕 [德]哈贝马斯:《在事实与规范之间:关于法律和民主法治国的商谈理论》,童世骏译,生活·读书·新知三联书店2003年版,第507页。

〔48〕 [德]哈贝马斯:《在事实与规范之间:关于法律和民主法治国的商谈理论》,童世骏译,生活·读书·新知三联书店2003年版,第508页。

(一)正当性

相较于合宪性和合法律性,合法性标准首先指向的是立法的正当性来源。立法质量合法性标准的正当性讨论离不开对立法权的正当性讨论。作为一种政治性权力,立法权的正当性与政治权力的正当性息息相关。在恩格斯看来,政治权力就是公共权力。他认为国家与旧的氏族组织(它们都是社会管理机构)有两点不同:一是国家按地区划分国民,改变了氏族成员被束缚在一定地区的格局,不同氏族的人们开始流动。二是公共权力设立,“构成这种权力的,不仅有武装的人,而且还有物质的附属物”。[49] 恩格斯的考察分析表明,人类进入文明社会后,社会范围突破了有血缘关系的氏族,囊括了没有血缘关系的其他氏族,二者间产生的利益冲突需要借助公共权力来调和,并对社会进行治理,公共权力由此而产生。因而,在此种意义上作为政治性权力的立法权就是要调和不同类型的利益,进行社会治理。

主权来源理论也可为立法权来源的正当性要求提供佐证。从法理上看,现代国家的主权是公共化的,需要代表公共利益,那么主权者必然负有自然法的义务,以此维持公众的共同诉愿。立法者所立之法除满足形式合法性标准外,当然还应满足道德合法性的要求,其表现就是立良法(good law)的责任。在霍布斯看来,“良法就是为人民的利益所必需而又清晰明确的法律”。[50] 所谓“必需”,指的是法律的引导和保护功能。霍布斯认为,“法律,作为得到批准的法规,其用处不在于约束人民不做任何自愿行为,而是指导和维护他们,使之在这种行为中不要由于自己的鲁莽愿望、草率从事或行为不慎而伤害了自己。正如同栽篱笆不是为了阻挡行人,而只是为了使他们往路上走一样”。[51] 从霍布斯的这一比喻可见,法律的功能不是阻碍行人而是使其不走偏道,这同时说明了存在那些不需要引导和保护的领域,就是公民的自由领域,即市民社会。以此观之,简单地把霍布斯的思想置于要么政治社会、要么自然状态的二元对立的观点中是不成立的。同时他又指出,并非指向主权者利益的法律就是良法,因为“主权者的利益和人民的利益是不能被分开的”。[52] 所谓“明晰”,不仅体现在法律用语方面,更体现在立法缘由、动机、意图等的宣告方面,其功能类似于柏拉图在《法律

---

〔49〕《马克思恩格斯选集》(第4卷),人民出版社2012年版,第187页。

〔50〕[英]霍布斯:《利维坦》,黎思复、黎廷弼译,商务印书馆2009年版,第271页。

〔51〕[英]霍布斯:《利维坦》,黎思复、黎廷弼译,商务印书馆2009年版,第271页。

〔52〕[英]霍布斯:《利维坦》,黎思复、黎廷弼译,商务印书馆2009年版,第271页。

篇》中所讨论的法律的“序言”,起到的是说服和教育的作用。总的来说,霍布斯与仅强调法律强制功能的法律实证主义者也存在较大区别。立法的整体性缘由和动机在霍布斯那里的答案就是共同利益。主权者在发布命令时所追求的利益只可能是国家的利益,也就是说,所有的命令都指向对臣服于法律的人的保护这样的公共利益,反过来该利益又是主权者存在的根据。其中的根本原因在于主权已经公共化,由公共的主权概念可以分析出公共利益的导向。

由此可见,正当性实现与否的主要判断标准就在于立法是否反映集体意志和利益,是否得到了大多数民众的认同。在我国实践中,部门立法一直被人们所诟病:行政机关借助立法使部门利益合法化,或者通过法律确认部门利益,在这个过程中,国家利益部门化、部门利益法律化、法律化的部门利益个人化。立法如何才能为大多数民众所认同?实体公正固然重要,而程序公正则是保证立法为大多数民众认同和支持的关键因素,因为公正的程序能够为利害关系人提供一种自由、平等的理性协商与话语论证的机制,在这个机制中,利害关系人能够充分表达自己的意见和建议,这就使利害关系人能够从心理上接受和承认结果的正当性。[53]

(二)合宪性

合宪性是立法质量合法性判断标准的第二个重要内涵。党的二十届三中全会强调:“深化立法领域改革。完善以宪法为核心的中国特色社会主义法律体系,健全保证宪法全面实施制度体系,建立宪法实施情况报告制度。完善党委领导、人大主导、政府依托、各方参与的立法工作格局。”习近平总书记指出:“制定和实施宪法,是人类文明进步的标志,是人类社会走向现代化的重要支撑。”[54]宪法是国家的根本大法,我国宪法是党领导人民制定的,集中了人民智慧,体现了全体人民共同意志,实现了党的主张和人民意志高度统一,具有最高的法律地位、法律权威、法律效力。加强宪法制度建设,全面贯彻实施宪法,是全面依法治国的必然要求。欲将宪法效力落于实处,需要让宪法的精神、原则和具体规定贯彻到立法过程之中,因而,立法质量的合法性标准的必然要求就是合宪性。

在我国现行《宪法》《立法法》等法律中,立法的合宪性规则主要表现为以下几个方面:一是“根据宪法,制定本法”原则。在我国现行有效的法律中有不少

---

〔53〕 宋方青:《立法质量的判断标准》,载《法制与社会发展》2013 年第 5 期。

〔54〕 习近平:《谱写新时代中国宪法实践新篇章——纪念现行宪法公布施行 40 周年》,载《人民日报》2022 年 12 月 20 日,第 1 版。

法律都在第1条立法目的和依据中规定了"根据宪法,制定本法"原则。由此可见,"根据宪法"制定法律非常清晰地表达了依宪立法的立法特征。"根据宪法"制定法律,从逻辑上表现为"根据"在前,"立法"在后。由于"根据"是"立法"的前置必要条件,"根据宪法"制定的法律从一开始就具有合宪性的要求,不可能在逻辑上出现既"根据"了宪法,又不符合宪法的立法行为。二是与宪法"不相抵触"原则。我国现行《宪法》《立法法》在规定地方性法规的立法正当性时使用了不与宪法"相抵触"的限制条件。例如,我国《宪法》第100条规定:"省、直辖市的人民代表大会和它们的常务委员会,在不同宪法、法律、行政法规相抵触的前提下,可以制定地方性法规,报全国人民代表大会常务委员会备案。""设区的市的人民代表大会和它们的常务委员会,在不同宪法、法律、行政法规和本省、自治区的地方性法规相抵触的前提下,可以依照法律规定制定地方性法规,报本省、自治区人民代表大会常务委员会批准后施行。"从上述条款规定可见,我国《宪法》虽然没有规定"根据宪法"制定地方性法规,而只是提出地方性法规不与宪法"相抵触"的要求,但我们必须注意到宪法文本的规定仍然是产生地方性法规的逻辑前提与合法性要求。三是立法不得违背宪法的基本原则。新《立法法》第5条规定:"立法应当遵循宪法的规定、原则和精神……"此条款对所有立法活动都提出了应当遵循宪法基本原则的要求。宪法基本原则应当成为合宪性审查的一项重要判准。但我们也必须注意到,目前我国现行宪法文本中并没有明确规定哪些原则属于宪法的基本原则,全国人大常委会迄今为止也没有通过宪法解释的方式来明确宪法文本中的基本原则都包含了哪些内容。四是立法必须符合宪法精神。立法必须符合宪法精神充分体现了依宪立法原则的要求,因此,立法质量判断必然要求其内容符合宪法精神,这在逻辑上也是成立的。但宪法精神是具有抽象特征的宪法观念,自身的确定性较弱,不易形成更加细化的判断标准。在实际中,尽管在宪法宣传活动中经常性提及宪法精神的概念,但正式法律文件中从来没有对宪法精神作过清晰解释。[55]

党的十八大以来,我国不断加强宪法实施和监督,推进合宪性审查工作,加快制度建设,取得了显著成效。我国合宪性审查制度不断完善,具体表现为由全国人大常委会、宪法和法律委员会承担相关职责,实行集中审查体制。这一制度是全过程人民民主理念的具体体现,能够增进民主品质、提升法律质量。[56] 我国采取的集中审查体制能够最大限度地维护宪法权威。在现代社会,宪法权威

〔55〕 莫纪宏:《依宪立法原则与合宪性审查》,载《中国社会科学》2020年第11期。

〔56〕 李少文:《进一步完善我国合宪性审查制度》,载《民主与法制》2023年第45期。

必需要有载体,而载体及其形成的具体案例必须要有说服力。以集中化方式适用宪法、落实宪法效力、塑造宪法精神,对于维护宪法权威来说意义重大。我国的合宪性审查制度采取集中审查体制,可以塑造以全国人大常委会、宪法和法律委员会为载体的权威机构,从而更有效地维护宪法权威,确保立法的合宪性。

(三)合法律性

立法质量合法性标准的第三个内涵是合法律性。合法律性是从实证层面考察立法的质量,无须借助价值判断的因素对立法作出评判。换言之,合法律性是一种形式上的合法,无须考虑法律背后的道德等基础问题的评判方式。合法律性具体是指立法要合乎法律的规定,与法律规定相一致,在实体上与程序上不得违反法律规定。这意味着,一方面,立法权限、程序需要严格遵循《立法法》的规定;另一方面,立法文本内容不得与更高的法律规范相抵触。

合法律性的前提是法律秩序是一个有层级划分的系统,纯粹法学是这一观点的代表学说。在纯粹法学理论中,法律秩序是依次由“个别规范”“一般规范”“宪法”“基本规范”所构成的等级制度。[57] 某种规范之所以合法化不是因为其被社会公众所接受或实际上已经获得运用之类的事实,而是源自比其等级更高的规范赋予其合法性。纯粹法学认为最高等级的规范是宪法,因为一部法律符合宪法的规定,才可认为获得了合法性。而对于宪法而言,其获得合法性的原因是获得了前一步宪法的授权。但如此一来就会存在一个问题,即第一部宪法的合法性来源如何解释,对此凯尔森又引入了基本规范的概念,他认为基本规范并不是一种实存的规范,而是一种预设性的、凌驾于法律规范体系的终极规范。总的来说,纯粹法学把既有的法律规范系统划分为不同的层级,其中高级别的规范赋予下一级规范以合法性,下一级规范的内容不得抵触或违反上一级的规范,上一级的规范不得抵触或违反更上一级的规范,最后溯源至基础规范,以此形成完备的法律规范秩序系统。依此可见,纯粹法学理论是典型的形式合法性判断,合法与否的标准取决于是否与上位法相一致。

我国立法需遵循依法立法的观念与纯粹法学派的“规范具有层级性”主张颇为相似。譬如,我国《立法法》第 80 条规定:“省、自治区、直辖市的人民代表大会及其常务委员会根据本行政区域的具体情况和实际需要,在不同宪法、法律、行政法规相抵触的前提下,可以制定地方性法规。”其中明确指出,地方性法

---

〔57〕 [奥]凯尔森:《法与国家的一般理论》,沈宗灵译,中国大百科全书出版社 1996 年版,第 141 页。

规的制定不得与宪法、法律、行政法规相抵触,也就是说,宪法、法律、行政法规相较于地方性法规就是更高一级的规范。不仅如此,《立法法》第 82 条又详细规定了地方性法规可以规定的具体事项:“……(一)为执行法律、行政法规的规定,需要根据本行政区域的实际情况作具体规定的事项;(二)属于地方性事务需要制定地方性法规的事项……”《立法法》第 98、99 条更是直接明确了宪法具有最高效力的地位以及法律的效力高于行政法规、地方性法规、规章,行政法规的效力高于地方性法规、规章。由此看来,我国在法律上就已经明文设定了不同规范的效力等级,并且下位法不得抵触违反上位法是我国依法立法原则的基本要求,[58] 因而应当说,合法律性也是我国立法质量判断合法性标准的重要内涵和要求。

三、合法性标准的形式要件

在传统学界研究中,合法性原则大多聚焦于行政法学领域,是现代法治国家依法行政的基本要求,其中具体包括如下四项内容,一是执法主体必须在法律规定的职权范围内行使职权;二是执法内容必须根据法律的规定作出,行政机关不得法外设定权力,没有法律法规依据,不得作出减损公民、法人和其他组织合法权益或者增加其义务的决定;三是执法程序必须合法;四是执法主体违法或者不当行使职权,应当依法承担法律责任。早在 1999 年,国务院就召开依法行政会议,并发布了《关于全面推进依法行政的决定》。而在立法领域,最早提出依法立法是在 2015 年第二十一次全国地方立法研讨会上。此后立法的合法性问题才开始为人们广泛关注。合法性原则在行政法领域是为了防止行政机关越权执法,谨防行政机关超出授权侵害公民的合法权益,而合法性在立法领域是为了避免立法机关制定出有可能侵害公民合法权益的制度规范,避免从源头上污染法治“水源”。立法质量判断的合法性标准的形式要件主要由立法权限合法、立法程序合法、立法内容合法三个方面组成。

---

〔58〕 有学者认为,违反上位法和与上位法相抵触含义不同,本书不专门进行区分。根据规范概念论、规范类型论、规范结构论,命题逻辑、规范逻辑,以及语言哲学的相关理论分析、推论得知,构成法的违反情形与抵触情形的法律规定在性质、种类与内容上均不相同。法的违反情形是指低阶法规定直接或间接不符合高阶法规定;法的抵触情形则是内容同域、事项同类且适用条件相竞合的、初显有效的同层阶法规定,因规定的内容不相容、语义与态度相矛盾或者行为模式的性质相否定而不能被共同实现。参见袁勇:《法的违反情形与抵触情形之界分》,载《法制与社会发展》2017 年第 3 期。

(一)立法权限合法

立法质量判断的合法性标准的形式要件的第一个要求是立法权限合法。立法权限的合法性指的是立法主体所从事的立法活动必须符合有关法律规范规定的权限范围。立法是立法权行使的结果,是立法机关妥善行使权力的过程,其合法性来源是指立法机关的主体适格以及权力范围来自宪法明文规定或者国家法律合法的授权。其具体包含两个方面的内容:一是立法主体的立法权源于宪法法律的规定,其依据法律有权进行正式的立法活动,创制出法律规范。换言之,法律赋予了立法主体合法的身份,只有符合法律规定的"身份资格",才能成为有立法权限的立法主体。二是立法机关创制的法律规范的内容应当不超出、不违背宪法法律的授权,与宪法法律规定的立法范围、事项相一致。宪法法律在赋予立法主体身份的同时规定了其立法权的行使范围,拥有立法权的主体必须严格遵守法律规定,就相应的事项进行立法。

从权力理论来看,只要是权力就会有一种不可控制的自我膨胀趋势,直至其冲破该种权力所能承载的最大边界,这是权力行使过程中必然出现的问题。罗素曾在《权力论——一个新的社会分析》中直言,社会动力学的法则只有以各种形式的权力为依据才能得以阐明。[59] 人对权力的追逐是社会学运作的重要动力,作为国家权力的立法权也是如此,因而,为了限制立法权恣意扩张,必须对立法权限范围以及行使规范作出明确的法律规定。需要注意的是授权立法,授权立法是指有关国家机关依据有权立法的国家机关通过授权规定等形式的授权法,在授权范围内进行的立法活动。[60] 我国《立法法》中专门规定了授权立法的形式。授权立法是立法权限移转的一种法定形式,虽然我国法律对此有明确的规定,但在理论与实践中依然存在一些困境。譬如,经济特区的授权立法使经济特区有权制定省、市经济特区法规,但在以往的立法实践中,由于对立法变通权的界限把握不准,经济特区授权立法的变通权从整体上讲并未得到充分的行使,有些经济特区甚至不行使立法变通权或尽量不使用立法变通权,[61] 以特区法规的形式规定普通地方性法规在实践中屡见不鲜,相同的法规内容却有两种不同的立法权来源以及形式,这是否会导致授权经济特区立法冗余,诸如此类问

[59] [英]伯特兰·罗素:《权力论——一个新的社会分析》,靳建国译,东方出版社 1988 年版,第 6 页。

[60] 周旺生主编:《立法学》,法律出版社 1998 年版,第 367 页。

[61] 宋方青:《拓展立法空间:经济特区授权立法若干关系思考》,载《当代法学》2004 年第 6 期。

题的讨论均无法离开对于立法权限合法的厘清与解释。

（二）立法程序合法

立法质量判断的合法性标准的形式要件的第二个要求是立法程序合法。一般来说，学界讨论的立法程序是指法案到法的过程，主要指的是法案的审议与表决过程，不包括法案审议之前的程序。但在广义上，立法程序可以理解为立法主体通过特定的形式所表现出来的起草法案、审议法案、表决与通过法案，以及后续的解释、修改、废止法的一系列具体行为。因此可以说，立法程序指的是拥有立法权的主体从无到有创制法所需要的步骤和流程，而立法程序合法性在实践中表现为特定立法过程中每一个环节的合法性，即立法主体是否按照有关法律规范的要求，在确定的期限内以法律规范所确定的方式推动立法程序、开展立法活动。

党的二十届三中全会指出："聚焦发展全过程人民民主，坚持党的领导、人民当家作主、依法治国有机统一，推动人民当家作主制度更加健全、协商民主广泛多层制度化发展、中国特色社会主义法治体系更加完善，社会主义法治国家建设达到更高水平。"〔62〕我国《立法法》第6条规定："立法应当坚持和发展全过程人民民主，尊重和保障人权，保障和促进社会公平正义。立法应当体现人民的意志，发扬社会主义民主，坚持立法公开，保障人民通过多种途径参与立法活动。"虽然民主立法在党的大政方针和《立法法》中均有体现，但民主立法到底如何获得最大化却始终是理论和实践中经久不衰的热点话题。立法中的审议环节、法案通过的表决等规定虽然是民主性的重要表现，但民主立法的内涵远不止于此，人民如何通过直接或间接的方式参与立法活动并表达意志和利益诉求、立法如何最大化地吸收基层群众的意见等问题是更为深刻的民主立法的表现，而这些问题目前在实践中并未得到有效解决，不少地区的民主实践收效甚微。立法应当继续不断加大立法的公开性、社会参与性，以此保障民主立法适应新时代全过程人民民主的深刻内涵，将民主立法落到实处。

（三）立法内容合法

立法质量判断的合法性标准的形式要件的第三个要求是立法内容合法。如前所述，立法需要确保立法权限和立法程序的合法性，但实践中拥有立法权的主

---

〔62〕《中共中央关于进一步全面深化改革　推进中国式现代化的决定》，人民出版社2024年版，第4页。

体通过合法的立法程序未必能够制定出内容合法的条款文本。立法程序合法与立法内容合法有相对独立的价值,立法内容作为法律创制活动的最终目的以及最后成果,是检验立法质量的核心对象,前文所述的正当性、合宪性以及合法律性均是立法内容的合法性判断的标准。

立法内容的合法性是确保我国法律规范体系稳定统一的必要前提。我国《立法法》第5条规定:“立法应当符合宪法的规定、原则和精神,依照法定的权限和程序,从国家整体利益出发,维护社会主义法制的统一、尊严、权威。”维护社会主义法制的统一需要建立完备的社会主义法律体系,完备的法律体系在形式上表现为以宪法为核心,法律行政法规、地方性法规等各类规范有机协调,要求我国的法律规范体系在规范内容上呈现层次性、系统性。可以想见,当立法机关历经合法的程序创制出一部法律法规文件,无论通过法律修改程序形成一部新的法律法规文件,还是通过法律解释程序形成一定的解释性文件,这些文件中所包含的内容应当构成我国法律规范体系的一部分。为了保证法律规范体系内部的协调与稳定,新创制的规范应当与规范体系内已经制定的现行有效的规范不相抵触,即同一规范体系内的不同规定之间应当是统一的,否则将破坏规范体系的协调性、稳定性。

立法内容的合法性判断标准与立法权限、立法程序的合法性的判断标准有所不同。立法权限、立法程序合法性判断往往参照的是较为明确的、统一性评价标准,一般来说,立法权限都有宪法法律条款的明确说明,而在立法程序上同一类立法需要遵循相同的程序性要求,不同类型的立法往往有一部明确的立法程序规范加以配套规定,判断起来较为简单直接。而立法内容的合法性判断标准在于规范体系本身,规范体系中有大量的具体规范,各种规范的效力层级、性质都不同,判断立法内容的合法性需要从既定有效的规范体系中选择一定数量的、具有相关性的、应当遵循的规范内容作为合法性判断的依据。因而,立法内容合法性判断的依据往往并不单一,不同的规范之间还可能出现相互冲突的情况,立法内容的合法性判断就会面临判断依据选择的难题,一般来说,往往会选择符合条件的规范中具有最高效力的规范作为依据。此外,立法内容的合法性还需要面临解释性判断,原因在于,上位规范给出了一些原则性的标准,下位规范由于并不能直观明了地看出是否违背、抵触某一原则,部分上位规范条款需要经由解释才能成为判断的依据,而解释的空间又具有一定的弹性,因此,立法内容的合法性判断相较于立法权限和立法程序合法性判断更为困难,当然也因此必须认真对待,避免任意性,确保合法性的判断落到实处,发挥实质作用。

第三节　立法质量的科学性标准

党的十一届三中全会把“有法可依、有法必依、执法必严、违法必究”明确规定为新时期社会主义法制建设的基本方针。经过40年法治建设的理论创新和实践发展,党的十八大又进一步提出了“科学立法、严格执法、公正司法、全民守法”这一新的十六字方针,把我国社会主义法治建设推向了新阶段。[63] 科学立法作为我国全面推进依法治国的重点任务,同时也是全面推进依法治国、完善中国特色社会主义法律体系的前提条件,要求立法必须符合科学性标准的具体内涵和形式要件。

一、科学性标准的理论追述

立法是一项科学性活动,这是对立法的性质描述和定位。立法质量科学性标准的提出系基于立法应当符合历史和社会的客观实际和客观规律的角度,强调立法应当像自然科学那般,揭示事物发展规律,探求客观真理,成为改造和发展世界的行动指南。立足于立法质量的科学性标准,立法者应当将自己视为自然科学家,通过科学的调查研究方法,充分了解社会各领域对立法的现实需求,确保立法的科学性得以实现。

(一)对法学是否为科学的讨论

立法质量的科学性标准根植于实证主义哲学和自然科学研究的方法论,强调立法应当基于对现实世界的观察、分析和理解。

德国学术界对“法学是不是一门科学”这一问题进行过深入探讨。耶林曾提及,在各种科学领域,或许还没有任何一个学科和法学一样,因为从表面上看来,人们仿佛可以否定法学的科学性质。假使我们暂且撇开法哲学和法律史不谈,将研究视角集中转向于在法学当中能够彰显绝大多数法学家知识与能力之真正领域的部分——实证的法学或者说法释义学,人们似乎可以提出这样的疑问,即关于在某个国家有效的实证法学说真的有资格称其为“科学”吗?促使人们产生这一疑问的缘由,乃是人们难以接受和承认有哪一门科学竟然需要仰赖

---

[63] 李林、莫纪宏:《全面依法治国　建设法治国家》,中国社会科学出版社2019年版,第123页。

立法者之心情而使今日有效之事物于明日便遭废弃，使于某处为假之事之于他处便成为真。[64] 并且，法学还具有明显的国别性，这似乎也与“科学”的定义和特点相差甚远。耶林最后对其观点总结道，法学就是在法律事务中的科学意识，并且，这种意识必须往法哲学的面向发展，以便探求现实世界法律之起源与效力所赖以成立之最终基础；另外，它还必须在法律史的面向上，追溯自己曾经走过的所有道路，好能使自己从一个阶段迈向下个阶段，以臻于更高之圆满；同时，它也必须在教义学的面向上，将所有我们借着对法律之认识与掌握，而获致暂时性的高点与终点，汇集于经验与事实，并且基于实际使用之目的安排这些素材，进行科学式的铺陈。[65] 法学的科学性之成立，始终离不开理论性和实践性的相互结合与并肩前行，需要充分正视和不断回顾法律的历史演化过程，积极与人类的现实生活取得紧密联系。

1847 年，尤利乌斯·冯·基尔希曼在柏林法学会发表了以“作为科学的法学的无价值性”为主题的著名演讲。他在一开始就明确表示，对于这一论题可以有两种理解，一方面，可以解释为“法学尽管是一门科学，却不像其他科学那样能够并且应当对现实以及人们的生活产生影响”；另一方面，“法学作为‘科学’，从理论上说是无价值的，它并非‘科学’，不符合‘科学’一词的真正定义”。[66] 与此遥相呼应的是，1966 年，拉伦茨在柏林法学会上发表了题为“论作为科学的法学的不可或缺性”的学术演说。拉伦茨本人也承认，这次演讲的题目表述就是模仿了 120 多年前的基尔希曼的演讲题目，同时，他也对其观点进行了批驳。在拉伦茨看来，基尔希曼对于法学作为科学提出的两种理解均存在问题，这主要体现为：第一，基尔希曼对于“科学”的认识过分狭隘，按照其观点，法学既不能满足人们对科学提出的严格要求，其对于人类社会进步的贡献也远远比不上诸如自然科学、数学、心理学、社会学、历史学等人们所公认的科学所作出的贡献；第二，法学对于现实的法律并不是毫无作为，如果作为科学的法学在理论上是无价值的，那么它就应该被废除，然而基尔希曼似乎也并没有表明法学应当被废除而可以由其他事物来代替法学发挥作用。对此，拉伦茨强调，如果一个人将科学的概念限定得如此狭窄，以至于它只包括独立于经验性前提的逻辑和

---

〔64〕 [德]鲁道夫·冯·耶林：《法学是一门科学吗？》，李君韬译，法律出版社 2010 年版，第 47－48 页。

〔65〕 [德]鲁道夫·冯·耶林：《法学是一门科学吗？》，李君韬译，法律出版社 2010 年版，第 92 页。

〔66〕 [德]尤利乌斯·冯·基尔希曼：《作为科学的法学的无价值性——在柏林法学会的演讲》，赵阳译，商务印书馆 2016 年版，第 7 页。

数学,以及仅仅致力于量的研究并且其结果可以表示为数量关系的自然科学,那么他尽可以不把法学或者任何一门人文科学当作科学,对科学的这种限定是不合理的。同时,他也更倾向于认为,科学是任何可以用理性加以检验的过程,这种过程借助于特定的、为其对象而发展出的思考方法,以求获得系统的知识。[67]从这个意义理解,法学毫无疑问是一门科学。

随着时代的进步,一部法律要想获得较强的生命活力,立法者事先就必须对有待规范的生活关系、现存规范和即将制定的规范必然施加于其他规范领域的影响进行仔细且全面的考虑和权衡,完成这些工作有赖于法学的研究和发展。换言之,立法者应当对有待规范的那些问题在其他法律制度中是如何加以规定的、从中体现了哪些可能的解决方案有所了解。只有当所有这些前期工作都完成了之后,真正的立法活动才能够正式开始,而这些前期准备和过程无一不需要获得来自法学的帮助。

(二)法律科学中的立法学

康特洛维茨曾经指出,科学的理想在于创造这样一种知识的总体,它具备知识所可能有的各种最高属性,故而超越了日常知识,而科学实际上可能在何种程度上达致这种理想则取决于其能够在多大程度上得以清除个性偏差。另外,他还提出,就主题而言,科学可以被划分为现实科学、客观意义科学和价值科学,法律科学的不同分支也分别对应这样的三组分类,法律人在日常生活中当然也不断来回穿行于这三个世界。在现实世界中,所有事物都有三个共同属性,即有始有终(存在于时间进程中)、产生结果、能够变化;在客观意义的世界里,该世界是完全由"理想"事物(意义构造)构成,这些事物既不产生结果也不会发生变化,客观意义上的科学在本质上属于建构性的科学;而价值世界所把握的则是真理的逻辑价值(或理论价值),美的审美价值,以及道德、正义、得体等伦理价值(或实践价值),这种价值的效力不依赖于我们的知识和意志而存在,它们也不像理想事物那样对现实漠不关心,而是与之建立肯定的或者否定的关联,即它们应当得到实现或不应当得到实现。若将我们所称的法律视为以审判者为其恰当使用者的、调整外部行为的规则总体,而规则有别于规律,其所陈述的并非实际发生的事情,而是在某些情况下应当发生的事情,并且从这个意义上讲,规则也不同于那些单纯描述事实的习惯(如经济习惯、语言习惯或者社会习惯),进而,

[67] [德]卡尔·拉伦茨:《论作为科学的法学的不可或缺性》,赵阳译,商务印书馆2021年版,第11-14页。

把上述界定之科学概念适应于法律这个概念时，可以得出关于法律科学的以下分类：如果分别从对整个法律的体系性认知（如宪法、刑法、民法等）和对特定法律的个别化认知（如罗马法、英美法、欧洲法等）出发，再根据建构性分支（涉及法律的客观意义）、经验性分支（涉及法律的现实）、义务论分支（涉及法律的价值）对立法学进行归类，那么立法学应当属于个别化认知层面中的义务论分支范畴。〔68〕

（三）马克思主义的科学立法观

习近平总书记在纪念马克思诞辰200周年大会上的讲话中明确指出，"马克思主义是科学的理论，创造性地揭示了人类社会发展规律"。〔69〕马克思主义本身就是一种科学性的理论。国内有学者通过文献梳理得出马克思、恩格斯对于科学的理解与阐述大致可以分为初创、发展和体系化这三个阶段。〔70〕在第一阶段，马克思和恩格斯致力于澄清科学的概念，如恩格斯在《英国工人阶级状况》中写道，"无数杂乱的认识资料经过整理、筛选，彼此有了因果联系；知识变成了科学，各门科学都接近于完成，即一方面和哲学，另一方面和实践结合了起来"，〔71〕由此可知，知识即科学，科学有其哲学和实践基础。此外，在这一阶段，马克思、恩格斯揭示了自然科学与社会科学的统一和科学技术的功能，尝试将科学纳入唯物史观的范畴之中。接着，马克思和恩格斯从唯物史观转向主要对剩余价值论的研究，也就是《资本论》的准备与创作，这是马克思主义科学观的发展阶段。最后，马克思主义有了专门论述科学观的著作——《自然辩证法》，此外还有《反社林论》《关于费尔巴哈的提纲》等相关著述，这一阶段对于科学思想的研究和阐述更加强调科学观与历史观的统一。对于规律的认识把握是马克思主义科学观的集中体现。按照马克思的观点，对于立法者来说，其在任何时候都不得不服从经济条件，并且从来不能向经济条件发号施令。无论政治的立法或市民的立法，都只是在事实上表明和记载经济关系的要求而已。〔72〕"立法者应

---

〔68〕［德］赫尔曼·康特洛维茨：《为法律科学而斗争：法理论论文选》，雷磊、姚远译，商务印书馆2022年版，第223－238页。

〔69〕习近平：《在纪念马克思诞辰200周年大会上的讲话》，载《人民日报》2018年5月5日，第2版。

〔70〕安维复、吴琼：《马克思主义科学性的重新理证》，载《上海交通大学学报（哲学社会科学版）》2020年第6期。

〔71〕《马克思恩格斯文集》（第1卷），人民出版社2009年版，第88页。

〔72〕《马克思恩格斯全集》（第4卷），人民出版社1958年版，第121－122页。

该把自己看作一个自然科学家,他不是在创造法律,不是在发明法律,而仅仅是在表述法律",[73]这里所说的"表述法律",就是要求立法者做到如自然科学家那般在法律中准确地反映出社会关系的现状和发展方向,充分体现社会客观规律。

二、科学性标准的具体内涵

立法科学性的本质在于揭示立法的真的属性。在我国,科学立法保证良法善治,坚持科学立法是全面推进依法治国、完善中国特色社会主义法律体系的前提条件。党的十七大报告首次提出要"坚持科学立法、民主立法,完善中国特色社会主义法律体系";党的十八大报告强调,"要推进科学立法、严格执法、公正司法、全民守法,坚持法律面前人人平等,保证有法必依、执法必严、违法必究";党的十九大报告提出,要"推进科学立法、民主立法、依法立法,以良法促进发展、保障善治";党的二十大报告指出,要"推进科学立法、民主立法、依法立法,统筹立改废释纂,增强立法系统性、整体性、协同性、时效性"。习近平总书记指出,"推进科学立法,关键是完善立法体制,深入推进科学立法、民主立法,抓住提高立法质量这个关键"。[74] 科学性标准的贯彻执行对于提高立法质量来说至为关键,这意味着:立法要尊重和体现经济、政治、文化、社会、生态建设和发展客观规律,准确适应改革发展稳定需要,积极回应人民期待,更好协调利益关系;坚持问题导向,切实提高立法的针对性、及时性、系统性、协调性,发挥立法凝聚共识、统一意志、引领公众、推动发展的作用;注重法律的可执行性和可操作性,努力使每一项立法都符合宪法精神、反映人民意志、得到人民拥护,使法律法规立得住、行得通、切实管用;坚持立改废释纂并举,全方位推进立法工作,特别是重点领域、新兴领域、涉外领域立法,着力建立健全国家治理急需的法律制度、满足人民日益增长的美好生活需要必备的法律制度。[75] 目前科学立法的核心就在于尊重和体现客观规律已成为共识。

一直以来,国内已有不少学者尝试对立法的科学性标准下定义。有学者认为,所谓科学立法之科学性,"是指立法过程中必须以符合法律所调整事态的客观规律作为价值判断,并使法律规范严格地与其规制的事项保持最大限度的和谐,法律的制定过程尽可能满足法律赖以存在的内外在条件",科学立法不仅是

---

[73] 《马克思恩格斯全集》(第 1 卷),人民出版社 2016 年版,第 183 页。

[74] 习近平:《加快建设社会主义法治国家》,载《求是》2015 年第 1 期。

[75] 张文显:《习近平法治思想的基本精神和核心要义》,载《东方法学》2021 年第 1 期。

对经验立法、工程立法和政绩立法等不当做法的直接否定,更是对封闭立法、主观立法等落后立法理念的反对与纠偏。[76] 有学者认为:"立法的科学性是指立法的真的属性,就是要求立法必须符合客观实际、遵循客观规律。"[77] 有学者主张,立法的科学性就是指为使待定法律规范本身反映社会客观规律、具有严谨的逻辑结构、体现统治秩序客观意志、被人民大众普遍接受,而在立法过程中不断接近最大化反映客观规律和事实的良好状态;进一步而言,科学立法之科学属性又主要体现为规律性、有序性和和谐性这三个方面。其一,规律性要求立法者依据对社会规律的认识与把握来制定符合规律的法律,并且,作为立法结果的法规范,本来就具备符合自身实际的规律属性、逻辑体系和发展历史,关注法规范自身的发展规律,即把握立法规律、体现科学立法的精神。其二,立法的有序性则意味着立法者在制定法律的过程中,要深刻研究法律问题产生的根源、发展态势以及预期结果,在统一的理念原则和秩序框架内进行立法活动,从而体现法律确定、连续、稳定、公开、可预测等内在品格。其三,就立法的和谐性而言,从微观上看,意味着立法者审时度势,为认识、协调、化解人们的利益矛盾,实现当时当地对每个人的正义,确立标准、指明途径、规定步骤和程序;从宏观上看,则意味着科学地认识人与人、人与自然、人与社会、人与自身的关系,处理好立法与生产力发展状况相适应的关系、立法与公共管理水平相适应的关系、立法与科技应用水平相适应的关系、立法与法自身的逻辑体系相适应的关系等。[78] 还有学者提出,除诸如形式合理性、价值合理性、现实合理性等立法质量评价标准之外,我国立法的科学性和立法质量还包括这样一些判断标准:第一,合宪性,立法合宪性分为内容(实体)合宪性和形式(程序)合法性两个层面,具体又包括立法主体(或权限)、立法内容和立法程序的合宪性;第二,符合民意性,立法为了人民,依靠人民,因而必须时刻恪守以民为本、立法为民的理念;第三,可操作性,具有可操作性的法才有可能成为"行动中的法""活的法",而不至于彻底沦为一纸空文、浪费立法资源;第四,结合民族性,立法的合民族性要求我国立法必须扎根于我国的民族性,立足于我国的基本国情,在参考国外法治成果和经验的同时,绝不照搬照抄,积极吸收和继承中华优秀传统法律文化和制度。[79]

立法的科学性标准,即判断和评价立法活动是否符合科学原则的准则和尺

---

〔76〕 关保英:《科学立法科学性之解读》,载《社会科学》2007 年第 3 期。

〔77〕 宋方青:《立法质量的判断标准》,载《法制与社会发展》2013 年第 5 期。

〔78〕 冯玉军、王柏荣:《科学立法的科学性标准探析》,载《中国人民大学学报》2014 年第 1 期。

〔79〕 汪全胜:《科学立法的判断标准和体制机制》,载《江汉学术》2015 年第 4 期。

度。立法者遵循科学立法原则,才可能制定出真正符合历史和社会客观规律、为人民所认可和接受、具有可操作性的良法。科学性标准要求立法者必须尊重客观事实和规范属性,充分具备对政治、经济、社会等多重因素的综合考量,克服主观随意性和盲目性,确保法律规范能够真实反映社会现状和发展趋势,降低立法成本,提高立法效益,树立科学的立法观念,运用科学的理论指导立法,建立科学的立法制度,完善合乎本国国情和民情的立法体制机制。此外,科学立法还要求能够用科学的技术和方法解决立法过程中遇到的疑难问题,实现立法过程中决策的可量化、可预测性和可验证性,确保作为立法成果的法律规范文本内容充分体现科学性和合理性。

三、科学性标准的形式要件

我国《立法法》第 7 条明确规定,“立法应当从实际出发,适应经济社会发展和全面深化改革的要求,科学合理地规定公民、法人和其他组织的权利与义务、国家机关的权力与责任。法律规范应当明确、具体,具有针对性和可执行性”。该规定对立法质量的科学性标准提出了相应的具体要求。结合上文对于立法科学性标准具体内涵的阐述,达到此标准至少应当满足以下几个重要的形式要件。

(一)立法内容的客观适应性

立法的科学性体现为立法内容的客观适应性,即要求立法能够反映经济社会的客观实际和事物发展的客观规律,满足经济社会发展和全面深化改革的现实需求,妥善处理改革、发展和稳定三者之间的关系,适应经济社会的动态发展变化。“立法者应该把自己看作一个自然科学家。他不是在创造法律,不是在发明法律,而仅仅是在表述法律,他把精神关系的内在规律表现在有意识的现行法律之中。如果一个立法者用自己的臆想来代表事物的本质,那么我们就应该责备他的极端任性。”〔80〕强调立法内容的客观适应性,具体表现为强调立法内容的合目的性和可操作性。

1. 立法内容的合目的性

立法内容的合目的性,指的是立法内容针对特定的立法目的而具体展开,其最终的文本呈现须以保障实现立法目的为旨归。正如耶林所说,“目的是全部

〔80〕《马克思恩格斯全集》(第 1 卷),人民出版社 2016 年版,第 183 页。

法律的创造者,每条法律规则的产生都源于一种目的,即一种实际的动机”。[81] 每部法律都应当有特定的、清晰的立法目的,否则,在立法动机和意图不明的情况下,所立的法律是很难站得住脚的,缺乏必要的说服力。立法内容与立法目的高度契合,是检验立法是否与国家和社会的客观实际和现实需求保持一致的关键所在。

在西方,诸如柏拉图、亚里士多德、洛克、霍布斯等人都对立法目的有过相关论述。[82] 柏拉图认为,社会之所以要立法,是因为社会正义需要得到维护,法律是维护社会正义的手段。由于人性中善与恶的成分并存,而立法的直接目的就在于禁止人们放纵“恶性”,根本目的则是实现全体公民的幸福或者福利。在亚里士多德看来,立法的主要目的也同样在于促进正义的实现,主张要运用法律的手段节制人民、教育人民,培养人民的美德和正义观念。霍布斯明确提出法律就是命令,是统治阶级意志的体现,立法就是要宣示统治者的意志并保障其得到严格执行。与霍布斯不同,洛克则认为立法的目的是为人们谋求福利和保护他们的生命、自由和财产。后来,卢梭又进一步发展了洛克的平等自由学说,认为立法工作的最终目的可以归结为两个主要方面,即自由与平等,其中,平等比自由更为重要,因为只有具备平等的基础,自由才可能真正实现。卢梭非常重视立法权,认为立法权是国家的心脏,国家的存续关键就在于立法权本身,立法权永远属于人民,立法者只是起草法律,而只有享有主权者能够让法律正式获得效力并颁布实施。卢梭的法律思想对于后来美国《独立宣言》、法国《人权宣言》等影响颇深,成为19世纪后西方资本主义的重要理论武器。根据恩格斯的观点,国家产生的目的和国家的功能在于把社会中对立的阶级间的对抗和冲突控制在“秩序”的范围之内,而不使其在无谓的冲突中消灭社会。[83] 从这个意义上讲,立法的目的抑或说是立法的功能,就是使社会变得有序,从而使社会发展所需要的政治、经济、文化等秩序得以正常运转。

立法作为立法者有意识、有目的的活动,受到社会客观实际如经济基础、政治体制、文化传统、民族因素、自然环境和人口状况等的影响。那种把立法看作超越客观实际的纯粹的主观自由意志任意行动的看法,注定会陷入思想误区,而

---

〔81〕 参见[美]E.博登海默:《法理学——法律哲学与法律方法》,邓正来译,中国政法大学出版社2004年版,第115-116页。

〔82〕 参见刘明利编著:《立法学》,山东大学出版社2002年版,第34-42页。

〔83〕 王惠岩:《马克思主义国家政权理论的几个基本问题》,载中国人大网,http://www.npc.gov.cn/npc/c12434/c541/201905/t20190522_7096.html。

以此为目的的立法也必然遭遇失败与无效。从表面上看，一个国家的哪些行为必须受法律制约、哪些社会关系必须由法律调整、建立什么样的法律体系似乎是由人们的意志选择的，但实际上是由社会的客观实际所决定的。正因如此，不同社会或者同一社会的不同时期，其立法需求和立法目的可能呈现明显的差异。如在我国改革开放之初，针对“无法可依”的局面，“有比没有好”“快比慢好”“宜粗不宜细”是对立法工作的要求；1993 年党中央作出关于建立社会主义市场经济体制若干问题的决定，“加强经济立法”“建立社会主义市场经济法律体系”是对这一时期立法工作的要求；世纪之交我国申请加入世贸组织，完善与 WTO 规则相衔接的法律制度是对立法工作的要求；进入 21 世纪以来，围绕社会主义现代化建设，统筹推进“五位一体”整体布局、协调推进“四个全面”战略布局，是对立法工作的要求。中国特色社会主义进入新时代，立法工作要紧紧围绕人民对美好生活的向往，满足人民对民主、法治、公平、正义、安全、环境、文化、旅游等更高层次的需求。〔84〕 不同时期有不同的立法诉求，当立法者能够较为准确地认识和判断现实的社会经济条件与现状，在立法中能够正确把握和反映社会经济条件发展和变化的客观规律时，就可以尽可能地使立法活动始终保持在社会客观实际这一轨道上运行，从而确保立法的科学性。

2. 立法内容的可操作性

立法内容的可操作性仍是与立法所拥有的现实基础息息相关的。一方面，当立法内容愈加紧密贴合社会、政治、经济等客观实际，愈能真实反映事物发展规律，其就愈加具有现实可操作性，能够有针对性、直接有效地解决当前所面临的实际问题；另一方面，立法内容的可操作性还应体现在其对于当下未发生但将来有可能发生的问题和情形的预测和调整能力。立法从来都不应是狭隘和僵化的，而应当具有一定的前瞻性，这是由于立法所面临的现实情况错综复杂并且多变，因而，立法者在立法时宜将目光放得更加长远，为未来留有余地，以确保制定出来的法律能够适应社会的动态演变和应对新的情势变化，具有未来可操作性，以避免法律的频繁修改变动，有损法治稳定和法律权威，浪费立法资源和成本。

何为立法的可操作性？国内有学者认为，其与立法的可行性这一概念之间既相互交叉又相互区别，其中，立法的可行性一般是指立法所设定的目标，能够在一定条件下得以实现的可能性；而立法的可操作性则是法律规则、法律具体制度的设计能够得到具体执行、遵守，它取决于法律规则设计的合理、周详、协调

〔84〕 任才峰：《科学立法、民主立法、依法立法的理论与实践》，载《人大研究》2019 年第 1 期。

等;并且,从评估发生阶段来讲,前者属于预评估范畴,是立法方案决策前评估的主要或重要内容,而后者则多发生于立法后,随时间、条件和环境等的变化,法律规则或法律制度还有多大的可操作性。[85] 这样一种将立法的可行性与可操作性进行物理切割的观点,无论在理论层面还是在实践层面都值得进一步探讨,因为其有过于偏向技术性层面的讨论而沦为片面的嫌疑。检视现实我们会发现,倘若要将立法的可行性和立法的可操作性各自独立,分别进行评价,那么假设立法不具备可行性,其事实上也就丧失了可操作性,没有必要也没有可能对其进行后续的评价;从事实和价值层面上来讲,即从立法的科学性角度出发,立法的可操作性是以其可行性为基础和前提的,诸如实现立法目标所需要的人财物力资源以及特定的政治、经济、文化等环境条件,这些都是立法具有可操作性、能够被具体执行和遵守的决定性因素。

(二)立法内容的现实平衡性

立法的科学性还体现为立法内容的现实平衡性,即立法内容能够体现人民意志、权利义务相统一和权力责任相一致。

1. 立法内容体现人民意志

在我国,立法应是人民意志的体现。我国《立法法》第6条明确规定,“立法应当坚持和发展全过程人民民主,尊重和保障人权,保障和促进社会公平正义。立法应当体现人民的意志,发扬社会主义民主,坚持立法公开,保障人民通过多种途径参与立法活动”。立法要体现人民意志,就意味着,立法应当充分尊重和全面反映人民群众的真实意愿和立法诉求,广泛听取人民群众的立法意见和建议,各类立法主体尤其是公权力主体不得在立法活动中将自己的意志强加给人民群众,甚至违背人民群众的意愿作出加重人民群众负担、不利于人民群众利益最大化的立法决策,将部门利益、地方利益凌驾于人民群众的整体利益之上。无论是中央立法还是地方立法,都必须对人民依法享有的各项权利予以全面充分的确认、维护和保障,而不能对其随意减损或者取缔。

2. 权利义务相统一和权力责任相一致

立法必须科学、合理地规定公民、法人和其他组织的权利和义务,规定国家权力机关的权力和责任。权利与义务是构成法律关系的主要内容和基本要素。在立法领域,历来存在权利本位、义务本位的不同立场,但是,此二者的根本分歧

---

〔85〕 汪全胜:《论立法的可操作性评估》,载《山西大学学报(哲学社会科学版)》2009年第4期。

并不在于立法只规定权利而不规定义务或者只规定义务而不规定权利，在于特定时期、特定社会的立法活动究竟应该以权利为根本出发点还是以义务为主要出发点。我国《立法法》第7条明确规定了科学立法的基本要求："立法应当从实际出发，适应经济社会发展和全面深化改革的要求，科学合理地规定公民、法人和其他组织的权利与义务、国家机关的权力与责任。法律规范应当明确、具体，具有针对性和可执行性。"我国立法遵循权利与义务相统一的原则，也就是说，在我国，公民所享有的权利和所承担的义务之间是相互统一的，其在行使自由和权利的同时，也承担着不得损害国家、社会、集体和其他公民的合法权利的义务。因此，在立法过程中，立法者应当时刻注意此二者之间的平衡关系，不应片面地设置权利与义务条款，从而导致公民权利保障不足或者义务负担太重的情况发生。另外，立法还要坚持国家机关权力与责任相一致的原则，不能一味地寻求扩大公权力机关的权力范围而忽视对其责任的规定和行为的约束，避免在立法中出现对国家机关权力强调得多、责任规定得少甚至是不作规定、权力与责任比例严重失衡的不良倾向。

第四节 立法质量的融贯性标准

法律旨在调整人们行为，为达到这个目标，"法律规范集合内的某种统一性即融贯性是一项根本要求。一个规范试图达到的目标不应该为另一个规范所破坏。如果基于某个法律规范的某种行为同时被其他规范禁止，那么鼓励该种行为也没有意义"。[86] 在法律领域内，对于融贯性的关注主要集中于对立法内容本身及其与所处法律体系之关系是否协调一致的讨论，为此，立法融贯性的具体内涵可以体现为外部融贯性和内部融贯性两个层次，而其形式要件则主要包括立法价值取向一致和立法内容形式统一这两个重要方面。

一、融贯性标准的理论考察

"融贯"是英国哲学家怀特海明确提出并加以定义的一个概念。他指出，"'融贯的'意思是整个体系包括的基本观念都是互相依存的；因而如果把它们孤立起来就会毫无意义。这个要求并不是说这些基本观念可以互相界定；而是

---

〔86〕［比］马克·范·胡克：《法律的沟通之维》，孙国东译，法律出版社2008年版，第29页。

说,之所以不可能以这样一个单独的观念来定义,是因为不可能脱离它同其他观念的联系"。[87]

"融贯"或者"融贯性"译自英文 coherence,其特别关注对于一致性和整体性的讨论。如就不同命题之间的关系而言,"融贯"是一个具有程度属性的概念,此处的"融贯"是指命题之间形成的相互支持关系,它们之间相互支持的力度越大,融贯程度就越高;命题之间相互支持的力度越小,融贯程度就越低。[88] 而融贯性与法律体系之间的关系则较为复杂。一般而言,法律体系的融贯性指的是在一个法律体系内部各种规范应当形成一种无矛盾且相互支持的关系,以确保法律体系作为一个整体的协调统一性。但是,事实上,完全彻底的融贯只是一种理论假设和理想目标,现实世界中具有体系性的事物(包括法律体系),都无法实现完全意义的融贯。从一国之法律体系自身的形成与完善而言,融贯并不构成一个体系有效存在的充分条件,法律体系始终处于从相对不融贯到相对融贯的自我更新与完善过程,其整体发展态势呈现为法律规范冲突的不断减少和体系融贯程度的逐渐提高,并且具有一定的阶段性特点。另外,即使在当前的法律体系中存在法律规范矛盾冲突的现象,也不能否定最为主要的两种类型的融贯关系在法律体系之中存在的必然性,一是任何法律规范与宪法规范的关系必须是融贯的,否则就有违宪的嫌疑而应当从现有体系中被移除;二是任何一类法律规范在相对较小的局部范围内(如现行民法中的合同法领域内部、侵权法领域内部等)必然需要保持一定程度的融贯,而不受整个法律体系存在的其他的外部不融贯的影响。[89]

较之哲学领域对于融贯论的讨论和研究,法学领域对于融贯论的关注则为晚近之事,诸如德沃金、佩策尼克、拉兹等学者都曾从不同角度对融贯论及其在法学领域中的作用进行过阐述。[90] 但是,时至今日,我们仍然很难对什么是法律融贯论这个问题作出周延且精确和普适的回答。就以德沃金的整全性学说而言,他将整全性的主张区分成两项更为实用的原则,第一项是立法的整全性原则(the principle of integrity in legislation),它要求通过立法创制法律的那些人保持法律原则上的融贯性,立法者要努力使整套法律具有道德融贯性,这里的道德指的是政治美德;第二项是裁判的整全性原则(the principle of integrity in adjudica-

---

〔87〕[英]怀特海:《过程与实在——宇宙论研究》,李步楼译,商务印书馆 2011 年版,第 9 页。

〔88〕侯学勇:《地方立法权扩容背景下的法律体系融贯》,载《地方立法研究》2023 年第 4 期。

〔89〕侯学勇:《地方立法权扩容背景下的法律体系融贯》,载《地方立法研究》2023 年第 4 期。

〔90〕陈曦:《法律融贯论辨析》,载《北方法学》2017 年第 6 期。

tion)，它要求负责判断法律是什么的那些人认定法律具有这样的融贯性并予以实施。[91] 在德沃金看来，实现真正的“良法之治”就是需要这样一种具备整全性特征的法律。其中，立法的整全性原则要求立法机构尽力保护每一个人，把法律视为人的道德权利和政治权利的表达；而裁判的整全性原则要求在处理规范和事实问题时，对正义与公平的构成作出前后一致的表达。[92] 又如，佩策尼克的融贯理论是以“法律教义”为核心的，“法律教义”是对法律素材的“理性重构”，它既通过描述有效规则而致力于获得法律知识，同时又对有效规则进行合理化，从而构成法律本身的组成部分。在佩策尼克的融贯理论中，当法律命题存在于这个融贯的“教义”体系之内，就可以说它是真的。[93] 他提出，“融贯”的主要思想或概念可表达为“某个给定理论有越多陈述接近完美支持结构，该理论就越融贯”，而融贯的程度则取决于对这样一些标准的权衡与平衡，这些标准大致可以分为三类：(1)理论构成的支持结构的属性，具体包括支持关系的数量、支持链的长度、强支持、支持链间的关系、理由间的优先顺序、相互证成；(2)被理论运用的概念的属性，具体包括一般性和概念式交叉联系；(3)被理论覆盖的范围的属性，具体包括实例数和生活领域的覆盖性。[94] 拉兹进一步区分了“认识融贯论”(epistemic coherrentism)和“构成融贯论”(constitutive coherrentism)，前者将融贯视为对有资格作为某对象域的知识的一种检验，后者则把融贯当作对象域的一个特征。在法律领域对此进行讨论时，这一区分可归结如下：根据认识融贯论，某种法律理论只有当它是(充分)融贯的，才可能被作为法律知识；根据构成融贯论，融贯是法律自身的特征，而非仅是知识的特征。[95] 维特根斯的理论研究进路是从知识论批判开始的，力图在法律与政治间达致平衡，从而确立一项理性的立法理论，他提出的融贯性原则(principle of coherence)要求从法律体系整体角度论证外在限制。他指出，制定法作为一个整体，应当在四个层次上保持融贯：第一，同一法条内不应存在自相矛盾；第二，制定法不应频繁更改；第三，不同法律之间应保持一致；第四，法律应建立在对现实的认识的基础上。[96]

---

[91] [美]罗纳德·德沃金：《法律帝国》，许杨勇译，上海三联书店2016年版，第140页。

[92] 陈皓：《异托邦：现代法治思想之光》，北京大学出版社2021年版，第43页。

[93] 陈坤：《法律命题与法律真理》，中国政法大学出版社2021年版，第143页。

[94] [瑞典]亚历山大·佩策尼克：《论法律与理性》，陈曦译，中国政法大学出版社2015年版，第149－162页。

[95] 陈曦：《法律融贯论辨析》，载《北方法学》2017年第6期。

[96] [比]吕克·J.温特根斯主编：《立法法理学：立法研究的新路径》，朱书龙译，商务印书馆2022年版，第49－51页。

立法的融贯性是法律融贯论的一个重要理论面向。当前,国内从事法学研究的学者对于法律融贯性的研究,多是从法律解释、法律论证、法律推理等角度切入,其中也有从法律体系的层面出发对融贯性进行阐述的。前者涉及认识论与方法论问题,后者则在概念论的层面上聚焦讨论规范间的结构与关联问题。[97] 如有学者认为,融贯性对于法律体系来说具有重要意义,法律体系的融贯性包含连贯性、体系融贯性与理念融贯性三个层次的要求,它意味着法律体系各个部分之间的相互支持与证立,这既是对法律体系的道德要求,也是法治的目标之一。[98] 有学者提出,融贯性要求立法必须保证国家的全部法律之间相互一致、相互协调,具体体现为:首先,法律法规的制定必须以宪法为依据,不得违背宪法。一国的全部法律之间能否相互一致和相互协调,关键在于法律和法规的制定是否符合宪法。其次,下位阶的法不得同上位阶的法相抵触,同位阶的法之间不得相互矛盾。一国的法律体系是由不同类别不同位阶的法所组成的,不同类别不同位阶的法虽然都有各自的范围,但下位阶的法不得同上位阶的法相抵触,同位阶的法之间应相互衔接和一致,则是保证法的体系内部协商一致的重要环节。最后,必须保持法律规范逻辑结构的因果性和完整性,以及法律文本各组成部分的有机搭配和有序排列。[99] 也就是说,将融贯性作为立法质量的判断标准之一,需要从立法的外部融贯性和内部融贯性两方面予以考察。外部融贯性指的是立法者行使立法权应当严格遵循国家宪法法律关于立法权力纵向和横向的法定配置和立法"不抵触"原则,在立法过程中对不同法律规范进行全面的综合考量,确保新制定的规范能够与现行法律体系有机融合,增强法律体系的协调

---

〔97〕 雷磊:《融贯性与法律体系的建构——兼论当代中国法律体系的融贯化》,载《法学家》2012 年第 2 期。

〔98〕 其中,就连贯性而言,其既是融贯性的概念要素,同时又构成了最低层次的融贯性要求,若"要被称为'融贯的法律体系',最低限度的一个要求是在这个体系中不能存在过多有明显冲突的法律规范"。就体系融贯性而言,既然所有的法律规范都必然是以体系化的方式被连接在一起的,那么它们同样需要彼此借鉴来理解自身,以使其具有更多的内部融贯性。体系的融贯性一方面要求法律部门(如民法)与具体制度(如缔约过失)内部的各个制定法、判例、习惯法与教义学规范之间建立起评价上的积极关联;另一方面也要求各个法律部门与法律制度、宪法部门与制度间建立起评价上的积极关联。就理念融贯性而言,其要求指涉一些超越法律的理念,虽然它们本身不能从法律体系内部得到证立,但是它们反而是用来证立法律体系的价值基础,这是由于,任何融贯的法律体系背后,都有一套成熟的政治理论与道德信念体系作为支撑,而这种政治与道德理念往往以一种"高级法"的姿态扮演着法律体系背景墙的作用。参见雷磊:《融贯性与法律体系的建构——兼论当代中国法律体系的融贯化》,载《法学家》2012 年第 2 期。

〔99〕 宋方青:《立法质量的判断标准》,载《法制与社会发展》2013 年第 5 期。

和统一；内部融贯性强调的是立法者所立之法应当具有逻辑上的规范性和条理性。

二、融贯性标准的具体内涵

总的来说，融贯性标准要求立法者在立法时既要考虑法律文本内容本身的前后一致性，确保立法在内容上不自相矛盾和法律体系的逻辑结构完整，做到立法始终以宪法为根本遵循、下位法与上位法相互协调、同位阶法律之间相互衔接。

（一）外部融贯性

评价立法的外部融贯性，须着重考察该法律文本与所属之法律体系之间的关系。立法的融贯性要求立法者所立之法与现行法律体系之间实现“兼容”与“协调”，这主要体现为立法需要始终贯彻下位法不得违反上位法的原则和相同位阶的法之间规定不得相互矛盾的原则，避免出现法与法之间规定不协调、不一致、不适应的情况。在我国，存在宪法、法律、行政法规、部门规章、地方性法规、地方政府规章等诸多法律渊源，种类繁多，层次丰富，且相互之间具有位阶性、隶属性和关联性，为使它们组成一个井然有序的体系，实现法制协调状态，维护安定的法秩序，使之统一于中国特色社会主义法律体系，立法者必须注意和妥善处理好不同的法之间所存在的纵向关系与横向关系，确保其融贯性。

从立法权行使的角度考虑，我国实行统一而又分层次的立法体制，中央与地方之间、地方与地方之间、权力机关与行政机关之间等均存在一定的立法权限差异，这些差异是由于宪法法律的事先设定而产生的。同时，立法权的行使必须遵循法定原则，不得超越宪法法律规定的权力范围，否则就是无权立法、越权立法，从而不仅所立之法会失去其合法性和正当性根基，还会导致法律体系的内部混乱，进而可能引发执法、司法领域的一系列连锁不良反应。

从法律部门的角度来看，立法的融贯性还应当具备这样一层含义，即立法时应当考虑各个法律部门的特质、法律部门内部以及法律部门之间法律规范的关系，尽可能实现各个部门法之间规定的衔接互补。从法律体系的角度出发，法律体系是各个法律部门协调统一的有机整体，因此，在融贯的法律体系内，不但在一个法律部门内部构成要素之间应当协调统一，不同法律部门之间也应当协调、相互支持和配合。[100] 当位于法律体系内部的各个法律部门之间得以相互衔接和补充,并且尽可能地覆盖所有相关领域,避免出现法律漏洞或者空白时,其所处法律体系的一致性和完整性便可以得到更好的彰显。如民法部门与行政法部门或者刑法部门之间,一方面既要要求它们各司其职,有各自界限分明的规制范围;另一方面又需要它们之间能够相互补充,例如在法律责任承担方面,这对于正确且全方位地追究行为人的法律责任、维护社会公平正义来说具有十分重要的意义。

满足立法的融贯性标准,其中最重要的就是要做到依宪立法。立法应当遵循宪法,这是现代法治国立法普遍的基础共识和基本准则。我国《宪法》第 5 条第 3、4、5 款明确规定:"一切法律、行政法规和地方性法规都不得同宪法相抵触。一切国家机关和武装力量、各政党和各社会团体、各企业事业组织都必须遵守宪法和法律。一切违反宪法和法律的行为,必须予以追究。任何组织或者个人都不得有超越宪法和法律的特权。"在我国,宪法是人民掌握政权后,通过民主制宪程序把属于人民的主权权力授予(或者赋予)执政党、人大、政府、法院、检察院、监察委员会等权力主体的根本法律形式,法律法规就是人民授予(或者赋予)立法机关制定的具体法律形式。"人民依宪依法授权的目的,是希望和要求这些权力主体能够用人民赋予的权力治国理政,全心全意为人民服务,有效保障人权和基本自由,依法治理权力和官员。这就是人民主权原则的宪法逻辑,是国家权力具有合宪性、合法性的法治基础。"[101] 在我国第一部宪法即五四宪法制定时,毛泽东同志就指出,"一个团体要有一个章程,一个国家也要有一个章程,宪法就是一个总章程,是根本大法。用宪法这样一个根本大法的形式,把人民民主和社会主义原则固定下来,使全国人民有一条清楚的轨道,使全国人民感到有一条清楚的明确的和正确的道路可走,就可以提高全国人民的积极性"。[102] 我国现行《立法法》第 5 条规定:"立法应当符合宪法的规定、原则和精神,依照法定的权限和程序,从国家整体利益出发,维护社会主义法制的统一、尊严、权威。"宪法是我国治国理政的总章程,是全面依法治国的根本依据,为把宪法制度更好地转化为治国理政的强大效能,我们需要依据宪法强化立法的融贯性,确保立法体系的和谐与统一,使各项立法活动共同服务于完善中国特色社会主义法律体

---

〔100〕 钱大军、卢学英:《论法律体系理论在我国立法中的应用》,载《吉林大学社会科学学报》2010 年第 4 期。

〔101〕 李林、莫纪宏:《全面依法治国 建设法治中国》,中国社会科学出版社 2019 年版,第 40 页。

〔102〕 《毛泽东著作选读》(下册),人民出版社 1986 年版,第 710 - 711 页。

系的整体目标。

(二)内部融贯性

评价立法的内部融贯性,需要着重审视法律文本自身的形式与内容问题。从法律文本自身内容与形式的角度出发,立法的融贯性主要体现为文字表述的同一性和内容编排的合理性。一方面,制定法本身的内容应当具备理念和价值的融贯性,这主要通过将立法目的、立法原则、立法精神贯彻于文本始终而实现,即取决于该法案的每一组成部分是否严格遵循立法目的和原则,不与立法初衷和立法精神相背离,当所有的部分组合在一起时应当能够完整且充分地反映和彰显立法目的和立法精神;另一方面,文本内容应当妥善编排确保其具有逻辑上的连贯性和严谨性,不仅能够使规范文本表意清晰,易于理解,还能在最大限度上满足方便公众查阅理解的要求。

正式的、成熟的法规范文本的呈现,从来都不是规范内容的任意排列组合,而是需要将各项规范按照特定逻辑进行有层次、系统化的编组和有意识、次序化的排列,最终使其浑然一体。如有学者曾提出法规范文本内容编排顺序通常遵循的原则:(1)普通(一般)规定常置于特别规定之前;(2)重要条款常置于次要条款之前;(3)永久性规定常置于临时性(暂时性)规定之前;(4)原则性规定常置于细节性规定之前;(5)奖励性规定常置于惩罚性规定之前;(6)实质性规定常置于程序性规定之前;(7)专门性规定常置于例行性规定之前;(8)关于法案本身事项之规定常置于全文末尾;(9)法案内容各项规定应力求合乎逻辑的安排,以便易于理解和检查。[103] 在法的规范文本中以"条"作为最基本的结构单位。为了体现其内容的融贯性,应当尽可能遵循以下三条重要的规则,即"同一内容同条规定""表述同类内容的条文集中排列""表述不同类别内容的条文循序排列",从而避免理解排列在前面的条文必须依赖于对后面条文理解的情况发生。

三、融贯性标准的形式要件

立法融贯性的形式要件主要包括立法价值取向一致和立法形式内容统一这两个方面。其中,前者致力于体现并维护国家法制统一,而后者更多的是为了保障前者的最终实现,即国家的法制统一是目标,立法形式与内容的相互统一则是

---

〔103〕 罗传贤:《立法程序与技术概要》,台北,五南图书出版股份有限公司2013年版,第61页。

实现该目标的手段。

（一）立法价值取向一致

我国《立法法》对于立法诸价值取向作出了明确的原则性与具体性的要求。如《立法法》第5条规定“立法应当符合宪法的规定、原则和精神，依照法定的权限和程序，从国家整体利益出发，维护社会主义法制的统一、尊严、权威”；第6条规定“立法应当坚持和发展全过程人民民主，尊重和保障人权，保障和促进社会公平正义。立法应当体现人民的意志，发扬社会主义民主，坚持立法公开，保障人民通过多种途径参与立法活动”；第7条规定“立法应当从实际出发，适应经济社会发展和全面深化改革的要求，科学合理地规定公民、法人和其他组织的权利与义务、国家机关的权力与责任。法律规范应当明确、具体，具有针对性和可执行性”；第8条规定“立法应当倡导和弘扬社会主义核心价值观，坚持依法治国和以德治国相结合，铸牢中华民族共同体意识，推动社会主义精神文明建设”；等等。这些规定对我国立法价值取向的一致性作出了根本性要求，是实现立法外部融贯性的关键所在与必然要求。

我国构建与实行的是社会主义法律体系，这意味着，我国的立法工作始终需要与社会主义紧密相关，社会主义制度是立法的制度基础，立法不仅是社会主义法治建设的重要组成部分，也是实现社会主义制度自我完善和发展的重要手段。2011年3月10日，时任全国人民代表大会常务委员会委员长的吴邦国同志向第十一届全国人民代表大会第四次会议作全国人大常委会工作报告时庄严宣布，一个立足中国国情和实际、适应改革开放和社会主义现代化建设需要、集中体现党和人民意志的，以宪法为统帅，以宪法相关法、民商法，行政法、经济法等多个法律部门的法律为主干，由法律、行政法规、地方性法规与自治条例、单行条例等三个层次的法律规范构成的中国特色社会主义法律体系已经形成，这标志着我国已在根本上实现从无法可依到有法可依的历史性转变，法制发展进入了全新阶段。新中国成立70余年来，我国立法工作坚持党的领导、人民当家作主、依法治国有机统一，坚持从我国国情和实际出发，尊重社会发展的客观规律，坚持科学立法、民主立法、依法立法相结合，在理论和实践上都取得了突出成就。其中，科学立法、民主立法和依法立法原则，是我们党领导全国人民在建立、巩固、发展和完善社会主义制度的过程中，在逐步深化对共产党执政规律、社会主义建设规律和人类社会发展规律认识的基础上，从不同的视角总结出立法工作应当长期坚持的有益做法，并在立法实践中不断规范化、制度化，得出并确立的立法基本原则。可以说,科学立法、民主立法和依法立法乃是中国特色社会主义立法最为显著的特点和精神所在。[104]

(二)立法内容形式统一

立法内容与形式的相互统一,是实现立法内部融贯性的必然要求。法律的内容需要通过一定的形式予以公开和呈现,选择恰当的法的形式,有利于立法精神的全面反映和立法目标的充分实现。法的形式,亦可称作法的表现形式,基本可以划分为两大类:一类是其外在表现形式,如形式意义上的法的渊源,即由特定的国家机关依照法定职权和法定程序制定或者认可的具有不同法律效力和地位的法的不同表现形式;另一类是法的内在形式,即法的内部结构形式,由法律概念、法律原则、法律规则等法的基本要素构成。

针对法的外在形式,具有不同效力位阶的法的渊源,如宪法,作为一国的根本法,可以且应当对于国家的国体、政体和结构形式,公民的基本权利与义务,国家机关的组织与活动原则等作出规定;又如法律,包括宪法之外的单行法律和法典等,其中基本法律和非基本法律所能够规定的内容范围又是有所区别的;除宪法、法律之外,我国主要的法律渊源还有行政法规、地方性法规、自治法规、经济特区的经济法规、特别行政区的法律法规、国际条约与协定等,它们所指向的内容范围均须与其法律位阶保持一致。

另外,在法的内在形式方面,如在一个法律规范文本中,就概念定义而言,应当注意概念定义的同一性,即法律规范文本中所采用的单一概念有且只有一个统一的含义,从而避免概念内涵模糊不清、使用混乱或者同时使用不同表述指代同一概念从而导致前后不一致的情况发生。除立法目的条款、概念释义条款、适用范围条款等之外,一部完整立法最为核心的部分在于法律原则和法律规则,因此需要正确处理好法律规则和法律原则的关系问题。一般来说,法律原则的位置次序优先于具体的法律规则,即应当遵循"法律原则前置"的做法,这是因为法律原则是整部立法价值理念的集中体现,统摄并牵制着具体法律规则的形成。一方面,立法的融贯性要求法律规则要尽可能地完备;另一方面,又要求在存在法律规则空白的时候法律原则能够起到充分的补充作用。实际上,为了保持法律体系的和谐和统一,在立法时也需要以一以贯之的价值即原则为基础。可以说,法的基本原则就是法的灵魂,贯穿于法的始终,对法的整体内容起着统率作

---

〔104〕《科学立法、民主立法、依法立法的理论与实践》,载中国人大网,http://www.npc.gov.cn/npc/c12434/dzlfxzgcl70nlflc/202108/t20210824_313178.html。

用,它并不是大而空的存在,因为违背法律原则将有可能导致立法方向的根本和整体偏离。

第五节 立法质量的技术性标准

立法既是一门科学,也是一门艺术。立法质量的技术性标准是评估立法质量的关键维度之一。它着重于审视立法者在法律文本结构的布局、立法语言的表述以及在立法过程中对其他相关技术细节的处理。与前述标准相比,技术性标准更加强调立法实践中的具体操作,是确保立法活动科学化、规范化的基石。立法是一个动态持续的过程。从宏观角度来看,技术性标准指导立法者在立法过程中全面、恰当、深入地应用立法技术,而立法者对于立法技术性标准的遵循与应用则主要反映在其对于立法活动的统筹、文本结构的安排和立法语言的表述方面;从微观角度来看,立法的技术性标准主要指向立法文本本身,即聚焦于立法者对于法案文本结构和立法语言的精确安排和运用。

一、技术性标准的理论考察

一国立法者立法技术的高低将直接影响其立法质量,实现良法善治需要充分的立法技术保障。何为立法技术,学界有不同的阐述。笔者认为,应当从立法动态过程的具体操作层面理解会更为准确。有学者认为,"盖立法技术云者,乃出于立法工作上一种技巧,而用来实现立法使命之方法,增加条文效用之手段","在形式用语方面的格调之选择,次序之排列,字句之推敲,自可称为立法技术。但在实质上,立法技术之运用,并不以此为限"。[105] 还有学者认为,"立法技术是把政策定型化、条文化及法律化所遵循之方法、操作技巧和原则的总和",是"一种政策合法化之科学方法及技术性规则"。[106] 此外,也有学者主张,立法技术区别于立法原理和立法制度,是立法者在立法活动中所遵循的用以促使立法臻于科学化的方法和操作技巧的总称,它是立法活动中所遵循的方法和技巧,既产生于立法实践又为立法实践服务,并且始终以立法实践为出发点和落脚点,力求使立法尽可能地达到既让立法者或者执政者满意,又能符合或者在相

---

〔105〕 周旺生:《立法学》(第2版),法律出版社2009年版,第377页。

〔106〕 罗传贤:《立法程序与技术概要》,台北,五南图书出版股份有限公司2013年版,第13页。

当大的程度上符合立法的客观规律。[107]

对于立法技术的理解，不应仅将目光局限于法案起草这一环节。事实上，为了最终获得一个具有切实可操作性的法律（规）规范文本，在正式开始起草一项法案之前，即在立法准备阶段就应当要求立法者熟稔地运用相关立法技术，而高质量的法案只不过是这一系列立法技术综合运用而自然得出的结果。同时，需要注意的是，立法技术的完善程度亦与所处国家或地区的法治发展水平息息相关。在实现法治现代化的国家或地区，立法技术水平可能更加趋于成熟；同时，立法技术也在相当程度上影响着一国或者地区的法治现代化进程。毫无疑问，立法者的立法技术需要被有意识地、有针对性地不断加以优化和提升，并且，对于立法者来说，立法技术本身就构成对其决策和行动的刚性要求和有效约束。

我们在谈及立法技术时，实则是建立在制定法层面上的讨论，着重探讨如何运用立法技术使法律语言的表达符合某种预定的标准——包括实质性标准和形式性标准的问题。其中，实质性标准要求法律文本的表达能够充分体现立法政策、原则的内容等；形式性标准则要求法律做到便于其实施者、执行者以及被实施对象、被执行对象准确地理解和援引适用，不致产生歧义等。

立法技术通常通过立法语言得以彰显。语言是立法者与外界沟通的重要媒介，因其存在，立法者才得以建立起一个"法律世界"，或者说"制定法体系"。与法官的语言不同，法官的语言表达可能更加丰富和具体，因为他还需要说服众人，而立法者只需要直接宣布合适的命令即可。立法者语言表达的理想状态应相当于成就一件简单纯粹、没有任何修饰的作品，它是命令句式的，没有一句话是多余的，除此之外，便别无其他。立法者通过制定法律将与法有关的生活事实纳入法律秩序，是将日常化的"实然世界"与建构性的、应然的"法律世界"相互联结。当然，法律语言，抑或立法语言，亦与日常生活使用的语言存在一定的界限与区别，前者具有较为明显的抽象性、象征性和规范性，后者则更加具体化和实证化，但是此二者之间绝不是可以绝对隔离的关系。这是因为，尽管立法语言的使用具有一定的专业技术壁垒，但这并不意味着立法语言只需满足具备特殊专业身份如立法者的爱好和习惯，若从立法语言的操作功能意义出发，必须保证其能够被直接地、清晰地、普遍地且尽量精确地理解与适用，这是立法能否产生良好实效、得到人民认可的关键所在。

---

〔107〕　周旺生：《立法学》（第2版），法律出版社2009年版，第375页。

二、技术性标准的具体内涵

“立法技术”一词中的“技术”最初源于自然科学。但正如前文所述,立法既为一项科学活动,其本身即符合一定的科学技术性逻辑。诚如雅克·埃吕尔所言,现代技术已经囊括了一切,人类活动也不再局限于原始的自然环境,而是生活在新的人工环境中,[108]其中,人类自身所创建的制度环境便是关系其生存发展的重要人工环境之一。立法者通过制定法律,为生活在法治国的人们确立了一系列制度性规范,这些规范为人们所自觉接受和遵守,并因此建构和塑造了一个全新的良好的制度环境,这便是立法的科学技术性逻辑所在。在确立立法质量技术性标准的具体内涵之前,应当澄清的是,并非立法活动过程中的所有规则均属于立法技术的范畴。诸如立法权行使规则、立法机关组织规则、立法程序规则等,这些是立法制度的范畴。另外,立法原则实为立法原理,也不应将其作为技术性要求来看待。

(一)立法活动统筹

相对于立法文本结构安排和立法语言表达,立法活动统筹技术属于最为宏观层面的立法技术。它所涵摄的范围并不仅限于法律规范文本本身,而是贯穿于立法活动全过程。立法活动统筹技术,即有关法律立、改、废、释、纂过程的规划与协调的技术总称。在一项法案正式付诸实施之前,需要经历立法准备阶段和从法案到法的阶段,这当中包括作出立法预测、提出立法建议、制定立法规划和计划、立法起草、审议草案、征求公众意见等诸多环节;即使法案顺利通过并实施,也可能面临进一步解释、修改和完善等问题。为此,立法者必须高效有序地统筹安排立法过程中的各项资源输出和意见交互活动,杜绝随意立法、无效立法,避免浪费立法资源,造成制度混乱和不必要的社会负担。具言之,立法活动统筹技术的内容,主要包括:如何使科学立法理论正确指导立法实践,实现理论与实践的有机结合;如何准确判断国内外形势,使立法与本国国情相适应、与国际发展趋势相接轨;如何做到立法与改革发展政策措施相配套,确保重大改革于法有据;如何妥当区分轻重缓急,选择适当的立法时机;如何进行调查研究和信息收集,开展充分的立法可行性和必要性论证,作出正确的立法决策;如何平衡各方利益、联系群众,做好意见处理和协调工作;最终选择何种立法形式;如何科

[108] 梅其君:《埃吕尔的技术环境论探析》,载《江西社会科学》2008 年第 2 期。

学规划立法进程;如何精准高效地进行立法评估与清理等。

(二)文本结构安排

法律文本的结构安排,即法的框架搭建和格式编排,不仅关涉法的谋篇布局即框架的合理性和完整性,更是法的逻辑性的集中体现,并且,立法者的专业性和技术水平也在此得以彰显。如果将立法比作工程建设,那么立法体例的确立就相当于夯实地基,完成建筑物的基础工程和主体结构部分,对于建筑物整体和顺利竣工起着决定性的重要作用。美国立法学家里德·狄克逊认为,尽管把法案起草类比为工程建设的说法并不十分确切,因为前者的要求更高、面对的情况也更加多变和复杂,但这至少也能在某种程度上说明问题,即对待法案的起草也应当如同对待工程建设那样严谨细致。[109] 立法者在起草法案时,既要透彻理解该法案的目的和意图,也要注重法案的内容和形式,科学安排其结构、组织其内容,仔细斟酌,最后下足文字功夫。并且,还要注意的是,立法起草本身具有专业性和独立性,立法起草并不等同于简单的文字写作,不只是通过文字技巧将政策语言转化为条文内容,此二者之间有截然分明的界限和专项性的要求。

虽然不同的法的结构安排和表现形式可能存在一定差异,但是也有一般规律可供遵循。倘若我们将法的结构分为整体框架和局部构成两个不同的层面,那么整体框架指的是法的总体架构设计,包括总则设计、分则设计和附则设计等;局部构成则体现为法的各个有机组成部分的具体内容设计,包括法的名称的确立(宪法、法律、法规、规章的名称,一般法与特别法的名称,实体法与程序法的名称等),立法目的和立法原则的设定,编、章、节名称的设定,条文构造(条、款、项、目)和标点符号的使用等。有的法律系专门针对特定事项所立,故而内容集中,条文较少,结构也比较简单,不需要区分编、章和节;有的法律涵盖的内容较为庞杂,为了便于查阅和理解,则确有必要进一步列明编、章、节等。

另外,根据内容指向的不同,还可以对法的条文构造技术作进一步细分。法的规范性内容规定人们行为的法律要件或者法定模式及其法律后果,由此可能涉及命令性规范、禁止性规范、强制性规范、任意性规范、奖励性规范、处罚性规范等规范的构造技术。而与规范性内容不同,非规范性内容主要包括通过机关与通过时间、批准机关与批准时间、生效时间与适用范围的述明,立法目的、依据与原则的说明,有关专门概念和术语的解释,有关废止或者暂停适用有关法的规

---

[109] Reed Dickerson, *Legislative Drafting*, Greenwood Press, 1977, p. 11 – 12.

定等。全国人民代表大会常务委员会法制工作委员会发布的立法技术规范中就针对上述有关内容提供专门指引,以供立法实践参考和具体运用。

(三)立法语言表达

立法语言是立法精神的重要载体,是立法目的与原则的具象呈现,是立法者向外传达其思想与意图的重要媒介。之所以必须强调是立法语言,而不是其他类型的语言,是因为立法语言具有独特性和专业性。立法语言文字作为法的语言文字的一种,是由立法者按照一定的规则表述立法意图、设定法律规范、形成规范性法文件的专门语言文字,是一定的意志或者利益得以外化为成文法或者法律规范的关键介质。关于立法语言的含义,我们需要从三个由浅入深的层次来理解:首先,立法语言是语言的一种,因而它与人类社会存在的其他语言文字有普遍共同的属性,即都是人类进行沟通交流、相互传递信息的符号;其次,立法语言是专业性语言的一种,因而它既与其他专业、行业所使用的语言文字存在明显区别,也与人们日常生活所使用的口语、俗语和政策性话语表述等有诸多不同,有其固定和特殊的表意和用法;最后,立法语言是法律语言的一种,由于受到国别、历史、法律文化等因素的影响,在不同国家、地区和社会的表现形式和实质内涵可能各有差异,不能一概而论,并且立法语言与执法、司法过程中所使用的法律语言之间也有所不同。

立法语言文字是制定法得以产生和形成的原材料,而制定法则是令立法语言文字获得正式法律效力的手段和载体。立法语言作为制定法的外部特征而显现,其呈现的方式与程度同制定法的制定规则与要求密切相关,与此同时,人们对于立法语言的直观感受,则主要通过理解和适用制定法获得。那么,优化立法语言对于提高立法质量来说又可以发挥哪些作用呢?立法语言不仅要能够准确传达立法者的立法意图、立法目的,体现立法政策要求,还要使执法者、司法者、律师等法律专业人士和其他所有普通守法者均能够凭借其文字表述获取对法的直接、准确而全面的认识和理解,从而能够更加自觉、正确、有效地予以执行、适用和遵守。这就需要立法语言文字尽量做到“易读、易懂、易操作”。法的制定本身并非目的,有效实施才是其主旨和价值依归,而使用科学、严谨、简洁、明确的立法语言,既是确保法的有效实施的必要条件,也是立法质量提升的必然要求。

三、技术性标准的形式要件

就立法质量技术性标准的形式要件而言,可以分别从立法活动统筹得当、法的结构营造合理、立法语言表述准确这三个方面予以着重把握。

(一)立法活动统筹适当有序

立法活动是否统筹得当,首要的判断依据在于是否正确选择合适的立法时机,这是所有立法策略制定、立法资源分配、立法进程规划的起始。比如,在立法实践中,可能存在超前立法、同步立法和滞后立法三种现象。以超前立法为例,其本身是基于对未发生或者潜在之社会趋势或者客观条件作出预测,并以此为依据在法律内容中予以呈现;超前立法具有一定的益处,如当面对未知事物难以根据过往常规方法,或者欠缺可供参考的先例时,超前立法就不失为一种可以稳定局面、填补空白、先行先试的必要选择;而滞后立法,与超前立法相反,其主要特征在于立法落后于所调整的社会关系的发展,较为保守和迟滞。当然,滞后立法也并非一无是处,尤其在我国当前的立法实践中,有些时候仍须等待相关经验和条件发展至一定阶段后,再通过立法将其上升为法律规范。相较于超前立法和滞后立法,我们更应当提倡同步立法,即主张立法的适时性。究竟应当什么时候立法最为合适,正确分辨立法的轻重缓急,是立法者需要解决的首要问题。

根据立法的时机和立法的需求,立法者应当合理规划立法进程并编制相应的立法规划和立法计划,确保立法工作有序、高效进行。如在我国,立法规划被正式提出始于第七届全国人大,此后每届全国人大常委会都以编制立法规划的方式对任期内的立法工作作出统筹安排。[110] 1991 年年初,中共中央印发了《关于加强对国家立法工作领导的若干意见》,明确提出由全国人大常委会编制立法规划。1991 年 10 月,第七届全国人大常委会提出《全国人大常委会立法规划(1991 年 10 月—1993 年 3 月)》,报经党中央同意并以中发文件形式印发。第八届全国人大常委会围绕初步形成社会主义市场经济法律体系框架的立法目标,形成了我国第一个五年立法规划。此后,我国立法工作正式进入了“规划”时代。[111] 与立法规划相对应、相衔接,中央和地方的立法主体会根据五年立法规划的内容和要求具体制定每年的立法工作计划,即年度立法工作计划,以进一步细化和贯彻落实立法规划,如国务院办公厅每年印发的年度立法工作计划、各省市人民政府、地方人大及其常委会等拥有立法权限的地方立法主体每年制定和发布的年度立法工作计划。一般而言,立法计划以立法规划为基础和依据,但是其内容范围并不完全局限于立法规划,而是可以根据经济和社会发展的实际和

〔110〕 宋方青:《论立法规划的强化》,载《地方立法研究》2016 年第 1 期。
〔111〕 王岭:《立法规划的历史回眸》,载《中国人大》2024 年第 12 期。

需要作出必要和适当的补充和调整。[112] 同时,年度立法计划也具有确定性和强制性的特点,如无特殊情况应当按时完成,不可随意更改或偏离。[113]

立法活动过程中最为关键的环节之一是要做好有效且全面的立法信息收集工作。现代立法工作的成败得失在相当大的程度上取决于信息收集整理工作做得如何。立法信息是立法活动得以顺利进行的资源供给和能量支撑。比如,在立法准备阶段,只有通过深入的调查研究、实证考察等多种途径全面汇集相关信息,才能做好立法预测、规划、提议、决策、起草等工作;在由法案到法的阶段,通过必要的信息收集、深入联系群众、广泛听取各方的立法意见和建议,才能有利于法案的论证、审议和通过;在立法完善阶段,通过充分接收、掌握各种反馈信息,才能更加及时有效地开展立法解释,以及法的修改、清理、汇编等工作。信息收集工作既是立法的基础性工作,又是评价立法质量的重要指标,当立法的全过程有充分全面的信息资料支撑时,我们至少可以认为其已经对各种现实因素和主客观条件等都作出了应有的考量和取舍,具备了一定的可行性基础。

另外,立法活动的统筹还有赖于立法方式策略的正确选择。例如,在部门立法中,政府部门由于拥有职权和信息优势,对于本部门的立法更加得心应手。又如,地方政府立法,由于地方政府更加熟悉本地实际,因而可以发挥不同于上级机关立法或者中央统一立法的独特影响力。但是,部门立法、地方政府立法也十分容易招致部门利益法制化和地方保护主义立法渗透等问题。为了避免前述问题发生,切实提高立法质量和效率,当前,越来越多的立法工作开始重视借助和运用其他方面的力量,转变立法工作策略,吸纳其他主体共同参与到立法过程中来,充分发挥各自的优势和特长。如在法案的起草过程中,起草机关通过委托有关机构、组织或者专家学者完成草拟法案的工作任务。委托起草法案带来的实际效果是显而易见的。这是因为,采用委托起草法案策略比较容易超脱领域关系,起草者处于中立地位,可以不带偏见、不为局部利益盘算,因而有助于消除法案起草过程中不可避免的部门主义和地方保护主义倾向等弊病,直接贯彻实现法案决策者的立法意图;具备资质可以承接委托起草法案任务的机构或人员,一般都是在专门从事法学研究的人员或者法律实践经验丰富、熟悉相关业务和情

---

〔112〕 邓世豹主编:《立法学:原理与技术》,中山大学出版社 2016 年版,第 274 页。

〔113〕 国内也有学者提出了不可高估立法规划作用的观点,认为立法规划在性质、制定主体和效力等基本范畴方面存在诸多需要进一步研究和明确的问题,且立法规划还存在一些体制性障碍,如与人民代表大会制度的政治体制不甚相符,与科学立法、民主立法的基本原则之间也存在明显张力,故而主张应当逐步淡化由立法机关来编制立法规划并要求严格落实立法规划的思想和做法。参见刘松山:《立法规划之淡化与反思》,载《政治与法律》2014 年第 12 期。

况的人员，可以保证法案的专业性和科学性，保障立法质量；委托起草也有助于提高立法效率，加快推进立法进程，节省时间成本等，益处颇多。当然，我们也应当注意到，采取委托起草方式也可能导致法规草案过于“理想化”，即许多表面上看起来精心设计的中立方案，实质上却可能湮没在了纯理论的迷雾中，与社会实践脱节，因此缺乏现实可操作性，甚至可能成为委托机关转嫁立法风险、推卸立法责任的借口，这是在运用这一立法策略时理应尽量规避的风险。

（二）法的结构营造清晰合理

如前文所述，法的结构包括法的整体框架和局部构成，即法的结构营造分为整体构造和局部设计两个层面。一方面，以最完整的法的整体框架为例，包括总则、分则和附则，三者之间的界限应当划分明确。其中，法的总则部分对于法来说具有统领地位，是对法的纲领性、全局性、综合性的内容的统合，其内容主要包括立法目的和立法根据的说明、法的原则、法的效力范围、法的适用情形等，并且，由于总则部分一般表现为提纲挈领的性质，因此在内容上应当注意繁简适中，既不宜过于简短，有碍于其完整性，亦不宜篇幅过长，如将可独立成章的内容放置于总则部分，导致混淆了总则与分则之间的界限。法的分则部分是与总则部分相对应的，其存在的意义是使总则部分的内容进一步具体化，对各有关主体、客体、行为、事件、结果加以具体、细致规定，是法的行为模式和法律后果的主要载体；对于法的分则部分，应当注重体系安排上的完整性、内容排列的顺序合理性及其逻辑关联，尽可能周延地反映总则部分的规定和要求。法的附则是作为总则和分则部分的辅助性、补充性内容而存在的一个部分，其对于法的总则和分则部分的有效实施同样具有不可或缺的重要意义。

另一方面，在法的局部内容设计层面，如法的名称确定，必须要准确地反映法的基本内容或者基本目的、准确地标示出各类法的效力等级差异，让人们通过法的名称就能一目了然法的立法主体、效力等级和适用范围等，在法的卷、编、章、节的命名上亦是如此；对于法的规范性内容的处理，应当尽可能地做到明确化、肯定化，避免含混不清、产生歧义或者要素残缺。另外，还要注意法规范文本中的标点符号的准确使用。在立法语言的表达上，每个标点符号都有其特定的含义，发挥着特定的指示作用。如全国人大常委会法制工作委员会2009年发布的《立法技术规范（试行）（一）》中就规定，当一个句子内部有多个并列词语的，各个词语之间用顿号，用“和”或者“以及”连接最后两个并列词语；当一个句子存在两个层次以上的并列关系时，在有内在联系的两个并列层次之间用顿号，没有内在联系的两个并列层次之间用逗号;在多重复句中,各并列分句内已使用逗号的,并列分句之间用分号等。实际上,立法者在起草法案的过程中,遵循公认的标点符号使用规则有助于增进文本的可读性和精确性;作为文本的构成部分,标点符号与立法语言文字同等重要。[114]

(三)法的语言表述明确具体

法与法律制度是一种纯粹的"语言形式"。法的世界肇始于语言,法律是通过词语订立和公布的。立法语言必须明确、具体,这是对于立法的最基本要求。我国在相当长的时期内,立法更多的是体现政治思维,目的性包含在政治意图中,因此,法律变成实现另外一个目的手段,由此,法律的表述过多地使用宣传性、概括性、抽象性的语言,缺乏具体性、规范性,同时也就缺乏可操作性、可诉性。这是我们必须认真对待的问题。作为法律规范文本中的语言,立法语言必须表现出法律规范逻辑要素的法理特征,因而应当具有严谨的逻辑性;为了显示法律规范的法定性、强制性,法律语言还必须具有绝对的权威性和严肃性。换言之,立法语言要避免以夸张的修辞或者表达手法夹带立法者的私人感情或者主观成见,也不适宜以探讨、商榷、争论的语言造成困惑,其语言风格应当是最为准确、严谨、简明、通俗、规范、庄重的,在感情色彩上则应当始终保持中性。

1. 明确、肯定、直接。法律应当是肯定的、明确的、普遍的。所谓立法语言明确、肯定,是指立法过程中应当使用清楚、准确无误的语言文字,杜绝表意不明、似是而非或者模棱两可。在促进快速理解和接受的意义上,适当的法案结构可以为人们提供清晰的认知指引,同样,语言选择也对法案的清晰性、准确性和无歧义性产生影响,并且,使用明确肯定的立法语言将有助于实现立法者的最终目标——立法的有效性。在立法中,应当更多地采用直接表述,在一般情况下应当较少采用间接表述或者使用含义层次丰富、可能存在不同理解的语词或者抽象概念,尽量避免使用"符号化文字"。如性骚扰、就业歧视、性别平等词语,由于其所指向的概念范围界限并不十分清晰,就有可能导致在法律适用过程中难以对某些事项或者情形进行有效归类。

---

〔114〕 即使是在立法语言文字的表达不具有歧义性的情况下,立法文本中的标点符号也可能导致某种歧义性或者理解偏差。对此,桑顿提出的四条建议和规则应当引起立法者的足够关注:节制而有目的地去加标点;为了结构而不是为了印象去加标点;符合惯例;保持一致。参见[希][英]海伦·赞塔基:《立法起草——规制规则的艺术与技术》,姜孝贤译,法律出版社 2022 年版,第 110 页。

2. 通俗、简洁、易懂。立法的直接目标是为人们提供普遍的行为准则,其最佳境界是即使没有接受过法律专业教育与专门训练的普通民众也能望文生义,不至于产生理解上的障碍与壁垒。因此,立法用语应尽可能平易化,避免使用晦涩难懂、故作深奥的词汇和语句,尽量避免使用长句和复杂句式。另外,立法用语应当力求言简意赅,避免重复累赘,不必要的字句应当一律删除。

3. 严谨、同一、常规。所谓立法语言文字的严谨,是指立法语言文字的使用应当逻辑严密、语义周详、前后一致。如在同一个法律文本中,同一词语只能表达同一概念,不同的概念不能用同一词语来表达,用字用词应当力求一贯和统一,否则就会造成混乱。而立法语言文字的规范性则要求文字使用应当符合常规用法,尽量使用为人们所一般认知的、公认的、通用的技术性专门术语。

第五章

立法质量判断标准的运用检视

立法质量的判断标准不是悬置的理论，而是切实可运用于实践中检验立法质量的有效途径。黑格尔认为，“法律的范围一方面应该是一个完备而系统的整体，另一方面它又继续不断地需要新的法律规定……立法纷乱的主要根源在于，合乎理性的东西即自在自为的法的东西逐渐渗入到原始的、不含有法因素的、单纯历史性的制度中去……完整性只是永久不断地对完整性的接近而已”。[1] 由此可见，立法活动或多或少会存在一些纰漏，这是任何一部法律制定并颁布后必然要面对的具有规律性的事实。[2] 法律无法一步到位，总是处于逐渐变化之中，立法者需要寻找特定的脉络以不断检验、改进和完善法律。

迄今，我国的法治建设已经初见成效，法律体系日臻成熟，立法质量也日趋提高，但是与此同时，我们也应认识到我国中央与地方、地方与地方之间立法水平参差不齐、立法质量有待提高的问题依旧突出。立法的发展与改进和改善无疑需要寻找一条较为清晰的思路为立法者提供参考与借鉴，本书提出的判断立法质量的五大标准——价值标准、合法性标准、科学性标准、融贯性标准以及技术性标准有助于为立法者提供提升立法质量的思路与方法。前文中已对每个标准的理论、内涵、构造进行了较为细致的阐述与论证。本章将结合这些标准，重新审视我国立法的实践现状，尝试梳理立法质量判断的各大标准在实践中的运用困境及成因，以期为我国立法质量的提高提供建议和意见。

第一节　立法质量的价值标准检视

立法是国家机关按照法定职权和程序制定、修改和废止法律的活动，立法的本质可以视为价值目标的法律化。在国家系统性、整全性的法律规范体系中，总体性的价值目标经过逐层细化分解，最终转化为立法目的、立法原则，并体现在法律条文之中。法律规

---

〔1〕［德］黑格尔：《法哲学原理》，范扬、张企泰译，商务印书馆 2021 年版，第 256 - 257 页。

〔2〕汪全胜等：《立法后评估研究》，人民出版社 2012 年版，第 162 页。

范文件中的每一条内容都包含一定的价值判断,这些条文共同为这个总体性价值目标服务。反观当下实践,我国的立法工作面临立法价值偏差、立法价值冲突的双重困境。

一、立法价值偏差

立法价值偏差指的是在立法过程中,由于各种原因导致立法的内容或者效果偏离了公正、正义等立法价值目标。立法价值偏差可能会导致社会不公正、不稳定。美国法学学者萨默斯认为,就根本上而言,法学理论研究如果缺少价值理论,那么自身一定是不完整的。无论是法律规则抑或是其他的法律形式,其承载的形式只是一方面,另一方面还有实质的内容。一旦法律被创制和运用,那么它的内容必须具有一定的价值。[3] 也就是说,无论立法者愿意还是不愿意,法律最终必然体现某种价值。而当价值作为一种判断标准,往往会面临价值不可通约性的诘难。价值具有多元性和不可通约性是英国哲学家伯林在《自由论》中的一个重要议题,他认为人们所面对的世界,是需要在同等终极的目的、同等绝对的要求之间作出抉择,并且这些目的之实现一定会以其他目的的牺牲为前提。[4] 需要注意的是,伯林的不可通约性不代表多元价值不可相容,不可相容指的是价值之间的对立、抵制和冲突。不可通约性更多强调的是,价值冲突时的选择必然会导致牺牲另一种价值,这样的结果是无法避免的,这也就意味着,立法者在法律创制中,如果未能妥善考虑价值平衡或疏于考虑价值之间的冲突,极易导致法律价值偏差的结果。

(一)立法价值偏差的影响

立法价值偏差的潜在危害是巨大的。我国过去的立法实践中就曾存在一些极具争议性的法律,存在一些不公正的立法,一些立法可能更倾向于满足特定利益集团的需求,而忽视了广泛的公共利益或少数群体的权利。纵览古今中外,公民的权利并非全部通过立法得到有效保障。这种不公正既包括实体上的不公也包括立法程序上的不公,既包括内容上的不公也包括结果上的不公。如果立法偏向特定利益集团或个人的私利,而忽视了广泛的公共利益,可能导致社会的不稳定,引发社会抗议、示威甚至暴力事件。立法价值偏差还可能导致社会信任的

---

〔3〕 [美]罗伯特·S. 萨默斯:《美国实用工具主义法学》,柯华庆译,中国法制出版社 2010 年版,第 28 页。

〔4〕 [英]以赛亚·伯林:《自由论》,胡传胜译,译林出版社 2003 年版,第 241 页。

减弱。如果公众对立法的公正性和合理性产生质疑，就会削弱对政府和法律的信任，加剧社会的不稳定和不安全感。

（二）立法价值偏差的案例

立法价值出现偏差的案例在我国立法实践中不在少数。无论是国家法律法规还是地方性法规都或多或少地存在这一现象。以我国的《慈善法》立法为例，《慈善法》以政策宣示的方式给予各类主体开展慈善活动以极大的鼓励，但在公募资格上却仍保留了层层限制。[5] 与《慈善法》生效之前的制度相比，《慈善法》有关慈善募捐资格的规定有意放松了规制，给予民间慈善组织获得公募资格的机会是很大的进步。但仔细观察却不难发现，要求那些希望集大家之力做好事的新兴组织必须挂靠一个有公募资格的靠山，因此从很大程度上仍是把慈善当成垄断性的事业来管控。换言之，虽然规则的进步的确极大增加了公募垄断团体中成员的数量，但却仍然没有改变公募资质的垄断性本质以及团体成员的准入由公权力控制的本质。[6] 国家出台《慈善法》的立法原意是要支持鼓励慈善事业蓬勃发展，充分保护参加慈善活动人员的权利，但在实际的制度设计中明显存在由"权利"向"权力"的移位，立法价值出现了相应的偏差，从而使原本的立法初衷遭受了公权力的侵蚀。[7]

另外，以我国一直为公众关注的夫妻财产制度为例，其法律规定所体现的价值近几十年来经历了复杂的变化过程。最早的1950年的《婚姻法》规定了夫妻财产制为"一般共同财产制"，夫妻在婚前婚后所得均为夫妻共有，共有财产范围较为广泛。1980年的《婚姻法》对此作出了调整，法律明确了法定共同财产制和夫妻约定财产制相结合的财产模式，在之前的基础上缩小了共有财产的范围。2001年的《婚姻法》在此基础上又作出调整，规定了夫妻个人财产制度，其后配套出台的第三部司法解释将共同财产的范围进行了进一步的限制。到了《民法

〔5〕《慈善法》第22条第1款规定："慈善组织开展公开募捐，应当取得公开募捐资格。依法登记满一年的慈善组织，可以向办理其登记的民政部门申请公开募捐资格。民政部门应当自受理申请之日起二十日内作出决定。慈善组织符合内部治理结构健全、运作规范的条件的，发给公开募捐资格证书；不符合条件的，不发给公开募捐资格证书并书面说明理由。"

〔6〕《慈善法》第26条第1款规定："不具有公开募捐资格的组织或者个人基于慈善目的，可以与具有公开募捐资格的慈善组织合作，由该慈善组织开展公开募捐，合作方不得以任何形式自行开展公开募捐。具有公开募捐资格的慈善组织应当对合作方进行评估，依法签订书面协议，在募捐方案中载明合作方的相关信息，并对合作方的相关行为进行指导和监督。"

〔7〕高西庆、杨海璇：《权利导向立法中的权力导向风险——〈慈善法〉的新视角》，载《清华法学》2016年第6期。

典》时代,为促进男女平等、保护妇女权益,夫妻财产制度中明确了“日常家事代理权”“共债需共同合意”“离婚经济补偿”等制度,对于个体的意思表示更为重视,避免法律推定干涉自由意志。纵向来看,我国的夫妻财产制度变迁在一定程度上愈发现代化,但也逐渐在突破社会大众对于传统婚姻财产观念的认知。比较来看,法律越来越侧重于保护财产,而不是身份关系。但问题是,在法律日趋倾向保护财产的背景下,女性在婚姻中的付出或者说贡献是否可以用金钱来衡量,依然是个值得探讨的问题,即便是可以衡量,我们又如何来确保所谓的“离婚经济补偿”以及“日常家事代理权”这些制度能够较为公正地将女性的付出与贡献转化为一定量的财产,或者说我国法律制度对妇女财产权利的保护与妇女创造的劳动价值是否匹配。总的来说,夫妻财产制度的变更是法律对于夫妻财产价值观念变更的直接表现,而在这一变化的过程中,立法所反映的价值显然不是恒常稳定的,在不同的历史阶段中或多或少地存在价值偏差,这一现象及背后的法理应当为立法者所重视。

(三)立法价值偏差的成因

立法价值偏差的成因在实践中是复杂的、多元的,并不是某一因素直接促成的结果。不少法学和政治学领域的学者针对这一问题也曾提出过多种学说,试图解释为什么在立法过程中会出现偏离公共利益或公正原则的情况,这些理论放在当下中国的立法实践中仍然具有一定的解释力,结合这些理论及我国立法实践,立法价值的偏差大体可概括为如下几种成因:

1. 相关利益团体干预。立法实践中,法律文本条款涉及许多的人、财、物的安排调整,容易涉及诸多的利益团体,而不同利益团体在立法协商或征集意见的过程中极易基于自身的立场干预立法。出现价值偏差是由于特定利益集团在立法过程中的影响力较大,这些利益集团的代表通过各种各样的形式直接或间接地影响立法者的意志,以谋求自身利益。这些利益团体的干预如若成功,立法条款往往倾向于满足少数利益集团的需求,而忽视了广泛的公众利益,进而表现为立法价值偏差。

2. 制度设计缺陷。制度理论也为立法价值偏差提供了一个具有解释力的原因,该理论认为立法制度本身的设计和运作方式也会影响立法结果,认为一些制度设计上的缺陷或者漏洞可能导致立法价值偏差。事实上也是如此,例如,我国的立法程序依赖于已有的制度安排,立法过程中缺乏透明度、公众参与流于形式化、监督机制不健全等问题都可能造成立法价值的偏离。[8]

3. 社会发展水平。不同的时代、不同的背景下，社会的生产力天差地别，而不同的历史时期往往面临着不同的社会目标，法学作为一种实现社会目标的工具也会受社会发展水平、社会主流政策的影响。有的历史阶段追求经济效益的最大化，有的地区追求社会的和谐稳定，这些都会导致立法价值的偏向。因而，不同时期、不同环境、不同地域的立法价值会有较大差异。

4. 立法能力不足。立法者的能力是决定立法质量的最大主观动因。立法价值的权衡需要立法者能够对既有立法理论拥有清晰的认知、熟识立法环境，并能够在立法目标、立法事实之间寻找合适的平衡点，将其妥善地转化为法律条款，这对立法者的能力提出了极高的要求。立法能力不足必然导致立法价值的偏差，不能有效地实现立法价值的诉求。当然，或许有人会认为，立法协商能够在一定程度上消解这种个体能力差异，但不可否认的是，不同时期、不同地区的立法职业共同体的能力相差甚远，立法协商不一定能达到理想的状态。

二、立法价值冲突

法律价值冲突是指在立法过程中或在法律文件中，各种法律价值之间存在的相互抵制、相互对立以及相互排斥的现象。其一般表现为，立法者在创制法律规范的过程中，往往有意或者无意地在某一条款或不同的条款中体现一定的价值，而这些法律价值目标难以顺利地得到同步实现，最终在一定程度上表现为某种价值的实现对其他价值的抑制和削弱。在今天的社会中，公平、秩序、效益这三个基本价值不可缺少，而且三者之间的平衡十分微妙。一般来说，倘若两种价值性质相似，比较容易创制出争议性较低的法律，而性质相异的价值常常处于冲突之中。譬如，公平与效益之间就是性质较为相异的价值。追求公平需要对一系列的付出与可能的收益进行细致的评价和对比，进而设计出较为合理的条款，这一过程所要付出的成本显然是巨大的，所设计的条款也容易冗长复杂。此外，人们通常并不会满足于某一价值的实现，譬如，仅仅靠对一切危及社会安定的行为进行暴力镇压来维持秩序的法律制度，人们显然是不会满意的。人们在此基础上还会期待法律能够促进公平，并且也不会希望法律条款冗余难懂。当这些价值无法在法律中达致平衡，甚至在某些具体的制度中相互冲突时，会造成一些不良的后果。

---

〔8〕 宋方青：《地方立法中公众参与的困境与出路》，载《法学》2009 年第 12 期。

(一)立法价值冲突的影响

立法者需要面对的一个现实考验是平衡和实现诸多立法价值。虽然德沃金曾提供价值整全性方法,[9]但是该方法的理论意义大于实践意义,无法为立法者所熟识掌握。立法价值冲突并不容易消除,一旦出现,往往会导致一些问题的产生,具体有如下几个方面:其一,立法中存在价值冲突可能导致社会不同群体之间的对立加剧。当不同的群体对于某一立法议题持有不同的价值观念时,可能会引发社会争议,加剧社会不同利益群体之间的对立。如果劳动法调整的劳动者和用人单位之间的法律关系失衡,或者某些条款对劳动者有失公平,那么将有可能导致用人单位和劳动者这两个整体上不属于同一利益群体之间的冲突纠纷加剧。其二,立法价值冲突容易导致法律执行困难,立法中存在价值冲突可能导致法律规定不够明确或者存在矛盾,使法律的执行变得困难。执行机构可能难以判断应当如何解释和执行涉及价值冲突的法律规定,从而影响了法律的实施效果。其三,立法价值冲突会造成司法裁判的不确定性,立法中存在价值冲突可能导致司法裁判的不确定性增加。当司法机构面对涉及价值冲突的案件时,难以权衡各种不同的价值观念,导致司法裁判的不确定性增加。其四,立法价值冲突还会导致法治环境恶化,当法律无法准确反映社会共识和价值取向时,可能会削弱法治的权威性和效力,使社会成员对法律的尊重和遵守意愿降低,甚至可能出现反抗性的行为。

(二)立法价值冲突的案例

价值冲突在诸多领域事项的法律创制活动中屡见不鲜。由于社会上有各种各样的价值主张,而法律要在不同的价值主张之间作出选择,特别是社会生活的高度复杂性决定了法律通常要同时保护多种不同的价值主张,因此,价值的冲突与平衡就是立法首先要面对的问题。

例如,在制定环境保护政策规范时,环境保护与经济发展之间的价值冲突是

---

[9] 德沃金认为,法律应当被视为一种价值体系的表达,而不仅仅是一套规则或程序。法律中的规则和原则应当反映社会共享的价值观念,因此,法律与价值之间的冲突实际上反映了不同价值观念之间的竞争,而不是简单的法律执行问题。在他看来,价值是具有客观性和真值性的独立存在,但不同的价值之间仍然存在联系,它们互相支撑、彼此照应。他认为,真正的价值之间是不存在冲突的,冲突仅仅是表面现象。德沃金以重新解释概念的方式来化解这种冲突,他认为价值之间之所以会产生表面冲突是因为对概念的误解。参见[美]罗纳德·德沃金:《刺猬的正义》,周望、徐宗立译,中国政法大学出版社 2016 年版,第 175 - 177 页。

无法回避的问题。一方面,加强环境保护势必采取更严格的环境法规政策,这无疑会增加企业的清洁成本,并在一定程度上影响企业的经济规模和增长速度;另一方面,如果法律政策过于宽松,企业在废料处理上不会投入过多成本,环境破坏问题也会随之加剧,这种矛盾的背后实则就是秩序价值和效益价值的博弈,是保护生态环境、构建人与自然和谐相处的秩序与追求经济增长、提高物质发展水平之间的价值权衡。此外,环境法的规范既需要考虑既有环境问题的治理,还需要预防潜在性的环境问题。而目前我国对风险预防条款重视不够,且风险预防条款与其他传统条款存在生硬融入之嫌,未体现出前端预防与后期治理在理念与制度等方面的区分与衔接,其中也呈现出一些价值冲突。再如,在当下炙手可热的网络监管等领域,常常涉及个人隐私权与国家安全之间的价值冲突。一方面,加强对社会和个人的监控可能有助于维护社会安全和公共利益,及时预警风险、排除隐患;另一方面,过度收集信息以及加强对个人生活空间的干预监管必然会侵蚀个人隐私自由,甚至会引发对个人权利的担忧甚至反抗性行为。

价值的冲突在相应事项的立法活动中被关注后,立法者的价值判断和选择总是在实体法律制度规范中通过对权利义务的配置得以实现。[10] 例如,在民事法律的物权问题上,所有权人对于其所有物的流转或者遗失情形下具有怎样程度的追及力,就有基于不同价值追求的两种制度设计。在罗马法的规定中,任何人不得超越自己的所有权让与他人是一条重要的原则,在这条原则的指导下,物权的追及力应当是不受限制的,进而实现保证物权的稳定性,从而保护秩序价值目标。而与之不同的是,日耳曼法则基于"以手护手"的原则衍生出了善意取得制度,该原则以优先保证第三人的利益为首要目标,使人们交易的安全感大大提高,降低了交易成本,加快商品流通,从而保护效率价值目标。

(三)立法价值冲突的成因

立法价值冲突是普遍存在的,任何价值之所以被重视都有特定的背景,没有一种价值是放在任何情况下都能获得同等对待和重视的。功利主义法学家穆勒就曾指出,公平正义是某些道德要求的名称,从整体上说,这些道德要求在社会功利的范围内比其他任何道德要求的地位都高,因此也比其他道德要求具有更加重大的义务性。[11] 但是,在某些特定的情况下,也可能有某个其他的社会义务非常重要以致可以否决任何一个一般的正义准则。例如,为了救一个人的性

〔10〕 秦策:《法律价值目标的冲突与选择》,载《法律科学(西北政法学院学报)》1998 年第 3 期。
〔11〕 [英]约翰·穆勒:《功利主义》,徐大建译,上海人民出版社 2008 年版,第 64 页。

命,偷窃和抢劫必需的食物和药品,或者劫持唯一能救命的医生并强迫他进行救治,在法律上应当是禁止的,但特定情况下也许不仅是可以允许的,甚至还是一种义务。因而,无论我们追求何种价值,都必须基于特定的社会环境理解,没有脱离背景而能独立悬置绝对价值,也就是说,价值冲突的根源应当从供需矛盾与不平衡的角度进行阐释。

1. 社会各领域产生的对法的需求之间的不平衡。这是指来自政治、文化、宗教、经济等不同领域的对法的需求存在相互排斥、难以兼容的矛盾状态,因而也难以同时被满足。正常来讲,人类最基本的需要是饱腹之欲——社会物质发展水平的需要——经济需求,人类组成共同的社群需要共同的规则秩序——政治需求,而人还有情感以及信仰需求——宗教道德需求。不同需求的属性差异较大,各种需求的制度化实现并不总是保持相互一致,往往呈现出冲突、相互压制的态势。某一领域的内在价值到了其他领域内可能价值不大,甚至可能是负价值。

2. 不同的社会主体对法的需要之间的不平衡。处在同一时空下、同一社会环境下的人们虽然有较为相似的特征,但主体对法的需要却可能截然不同,无法得到同步的满足。一个难以否认的事实是,在任何已知的社会样态下,社会差别总是存在的。人类社会始终呈现多层次的结构,按照不同的标准总是可以把人类划分出不同的群体等级。譬如,按照生产资料的占有关系,各自的社会地位与作用、受教育的程度,其他诸如劳动分工、宗教信仰等,都可以把人类划分出截然不同的群体层级。

3. 同一主体不同状态下对法的需要之间的不平衡。社会心理学显示,在单个主体的心理状态中,对法的需要不是一成不变的,而往往是一种多样化的复杂存在,无法得到同步满足。心理学家拉康曾说,“人的本质是欲壑难填”,这也是人有别于其他物种的一大特质,究其根本,是因为人的每一种本质活动和特性、每一种生活本能都会成为一种需要。而不同的本质指向的价值也是不同的,依次产生的对法的需求也是不同的,难以同步满足。

现代法律的权利本位观就是强调主体需要必定会在主体的社会活动中,进而逐渐推演和外化为规范意义上的主体权利要求。而法律价值目标最终必定制度化为法定权利的集合,也就是说,一旦主体的权利要求被表述为法定权利,并构成法律价值目标时,正是因为主体需求本身具有的多样性、冲突性特点以及人自身的发展不平衡性,所以法律价值目标之间才呈现冲突的格局,这是我们必须认真对待的问题。

第二节　立法质量的合法性标准检视

习近平总书记在《关于〈中共中央关于坚持和完善中国特色社会主义制度、推进国家治理体系和治理能力现代化若干重大问题的决定〉的说明》中强调要“聚焦坚持和完善支撑中国特色社会主义制度的根本制度、基本制度、重要制度”，明确提出了“构建系统完备、科学规范、运行有效的制度体系，使各方面制度更加成熟更加定型”的要求。〔12〕 截至2024年6月，依据全国人大网公布最新版的法律目录，我国现行有效法律共有303件、行政法规598件。〔13〕 自2015年修改《立法法》赋予设区的市地方立法权以来，地方性法规也呈现爆发式增长的态势，加之部门、地方政府规章及其他各类规范性文件，我国当下已经形成了庞大复杂的法律规范体系。为了健全保证宪法全面实施的制度体系，全国人民代表大会常务委员会发布了《关于完善和加强备案审查制度的决定》，为监督法律规范的合法性提供了有力保障。在当前的立法实践中，立法质量判断的合法性标准运用在实践中也呈现出立法权限、立法程序、立法内容三方面合法性的困境。

一、立法权限行使合法性的困境

党的十八届四中全会指出：“明确立法权力边界，从体制机制和工作程序上有效防止部门利益和地方保护主义法律化……明确地方立法权限和范围，禁止地方制发带有立法性质的文件。”目前，我国的立法体制呈现“一元、两级、多层次”的基本格局，“一元”是指体制是统一的、一元化的，全国范围内只存在一个统一的立法体系，不存在两个或两个以上的立法体系。“两级”是指根据宪法规定，我国立法体制分为中央立法和地方立法两个等级。“多层次”是指根据宪法规定，无论是中央级立法还是地方级立法，都可以各自分成若干个层次和类别。我国当下的立法权限也是依据“一元、两级、多层次”的立法体制进行适当配置，立法权限决定了何种立法主体能够在何种事项上进行法的创制活动，因而，在立

---

〔12〕 习近平：《关于〈中共中央关于坚持和完善中国特色社会主义制度、推进国家治理体系和治理能力现代化若干重大问题的决定〉的说明》，载《人民日报》2019年11月6日，第4版。

〔13〕 胡锦光：《以科学有效系统完备的制度体系保证宪法实施》，载《检察日报》2024年12月5日，第3版。

法质量的合法性标准中,立法主体是否有权、立法事项是否超出宪法法律原本规定的范围,需要以明确的立法权限规范依据作为标准。

在当下实践中,我国存在立法权限行使合法性缺失的问题,主要包括立法权力主体不清和立法事项不清两种情形。一方面,目前实践中创制法的主体并不是全都拥有规范明晰的立法权,其立法权的设定并无明确的法律规定。另一方面,实践中还存在有立法权但是权限行使不当的案例,一些立法主体未能严格按照自身在宪法法律规定的事项范围内行使立法权,此外还会出现没有立法权的主体制定带有立法性质的文件,以政策、文件、通知的形式变相进行法的创制,对涉及公民权利义务的事项进行设定,这种形式相较于前两种较为隐蔽,但与前两种情形一样都会造成一些不利后果。

立法权限行使失偏违反了依法立法的原则,会在一定程度上破坏社会主义法制的统一性和权威性。第一,立法权限行使合法性缺失会导致法律冲突的风险,当立法主体超越其法定权限范围制定法律时,所立之法可能与上位法(如宪法、法律等)产生冲突,这直接破坏了法制的统一性和权威性,使法律实施时可能出现混乱和不确定性。第二,立法权限行使合法性缺失会导致社会信任风险,立法是国家权力的体现,公众对立法行为有高度的信任。然而,立法权限行使失偏会破坏这种信任,使公众对立法机关的权威性和公正性产生怀疑,进而影响法律的执行和社会秩序的稳定。第三,立法权限行使合法性缺失会导致司法适用风险,立法权限行使失偏所制定的法规在司法实践中可能会引发争议,法院在适用法律时可能面临如何认定立法权限行使失偏形成的规范效力的问题,这增加了司法适用的难度和不确定性。第四,立法权限行使合法性缺失会导致行政执法的风险,行政机关在执行立法权限行使失偏的法规时,可能会面临合法性挑战。由于这些法规本身存在越权问题,行政机关的执法行为可能会受到质疑,进而影响行政效率和政府形象。

(一)立法权限行使合法性困境的案例

在立法权限方面,合法性不足通常表现为越权立法、权限不清或权力滥用。立法机关超出法定权限制定法律,或在权力边界模糊的情况下行使立法权,都会导致立法在权限上的合法性受到质疑。实践中就存在一些地方立法权限行使合法性不足的案例。

如有些地区有关物业规定的条款就缺乏上位法依据,经过后续审查被认定为无效。我国法律法规中对于私拆承重墙等行为的处罚均有明确规定。《建筑法》第70条规定："违反本法规定，涉及建筑主体或者承重结构变动的装修工程擅自施工的，责令改正，处以罚款；造成损失的，承担赔偿责任；构成犯罪的，依法追究刑事责任。"《建设工程质量管理条例》第15条第2款规定："房屋建筑使用者在装修过程中，不得擅自变动房屋建筑主体和承重结构。"该条例第69条第1款规定："违反本条例规定，……房屋建筑使用者在装修过程中擅自变动房屋建筑主体和承重结构的，责令改正，处5万元以上10万元以下的罚款。"

但实践中，有些地方性法规却设定了低于上位法的处罚。《青海省物业管理条例》（2022年修正）第89条第1款第1项规定："违反本条例第七十一条第一款第三项规定，损坏房屋承重结构、主体结构的，由县级以上人民政府住房城乡建设行政主管部门责令立即改正，恢复原状，可以处一万元以上五万元以下罚款；情节严重的，处五万元以上十万元以下罚款。"对此，该法规经法工委审查讨论认为，根据《建设工程质量管理条例》，房屋建筑使用者在装修过程中擅自变动房屋建筑主体和承重结构的，处5万元以上10万元以下的罚款。《青海省物业管理条例》（2022年修正）规定，业主、物业使用人损坏房屋承重结构、主体结构的，罚款额度为1万元以上5万元以下，只有在情节严重的情况下才处5万元以上10万元以下罚款，明显低于《建设工程质量管理条例》规定的罚款额度，属于放松管控，与上位法规定不一致，制定机关对此应提高认识。房屋承重结构、主体结构涉及公共安全，地方性法规应严格执行上位法有关规定，不应放松管控，降低处罚幅度。

从上述事实可见，该省在《青海省物业管理条例》（2022年修正）制定中将擅自变动房屋建筑主体和承重结构的最低罚款标准设定为低于上位法的额度，违反了《建设工程质量管理条例》所规定的罚款标准，这种做法属于典型的越权立法，放松了对建筑安全的管控力度，削弱了法律的威慑力，因而在立法权限的合法性方面存在不足。地方性法规应严格遵守上位法规定，如此才能确保立法权限行使的合法性。

（二）立法权限行使合法性困境的成因

我国立法权限的法律渊源种类颇多，除《宪法》外，《组织法》《立法法》《行政处罚法》《行政许可法》等法律均是确定立法权限的法律渊源。其中，宪法和相关组织法对立法权限的设定主要是原则性、根本性的，《立法法》是确定立法权限最基本和最主要的依据，对于立法权限的设定较为全面具体，其他普通法律仅就某些事项作分散的、补充性的规定。这些立法权限的法律渊源中对于立法权的规定尚有模糊不清晰之处,这是立法权限行使合法性缺失的主要原因。

首先,专属事项和非专属事项界限并不清晰。就只能制定法律的专属事项来说,《立法法》第 11 条规定了一个兜底条款:“必须由全国人民代表大会及其常务委员会制定法律的其他事项。”[14] 这一可变的“其他事项”的规定为基本法律和专属立法事项界限的扩张埋下了伏笔,也为立法权限的认定带来潜在的困难。其次,非专属立法事项领域立法权限划分也存在模糊性。各立法主体包括全国人大及其常委会、国务院、地方人大及其常委会、民族区域自治地区、国务院各部门、地方人民政府等在非专属立法事项上均有立法权,而这些主体的立法事项界分极为模糊,具体包括如下几个方面:

1. 地方人大立法权限事项不清晰。《立法法》第 80 条[15] 规定省、自治区、直辖市人大常委会及其常委会可以根据实际需要制定地方性法规,第 81 条规定设区的市人民代表大会及其常务委员会可以对城乡建设与管理、生态文明建设、历史文化保护、基层治理等方面的事项制定地方性法规。[16] 就目前各地地方性法规出台的内容来看,省、市两级地方性法规的内容种类繁杂。对于省级法规而言,立法事项由于没有特别限制,立法权限较为模糊,《立法法》第 82 条中的“属于地方性事务”更是语词不清,[17] 与中央立法事项区分界定困难。而对于设区的市法规,就现有实践来看,几乎少有能看出直接针对《立法法》规定的四项内

〔14〕《立法法》第 11 条规定:“下列事项只能制定法律:(一)国家主权的事项;(二)各级人民代表大会、人民政府、监察委员会、人民法院和人民检察院的产生、组织和职权;(三)民族区域自治制度、特别行政区制度、基层群众自治制度;(四)犯罪和刑罚;(五)对公民政治权利的剥夺、限制人身自由的强制措施和处罚;(六)税种的设立、税率的确定和税收征收管理等税收基本制度;(七)对非国有财产的征收、征用;(八)民事基本制度;(九)基本经济制度以及财政、海关、金融和外贸的基本制度;(十)诉讼制度和仲裁基本制度;(十一)必须由全国人民代表大会及其常务委员会制定法律的其他事项。”

〔15〕《立法法》第 80 条规定:“省、自治区、直辖市的人民代表大会及其常务委员会根据本行政区域的具体情况和实际需要,在不同宪法、法律、行政法规相抵触的前提下,可以制定地方性法规。”

〔16〕《立法法》第 81 条第 1 款规定:“设区的市的人民代表大会及其常务委员会根据本市的具体情况和实际需要,在不同宪法、法律、行政法规和本省、自治区的地方性法规相抵触的前提下,可以对城乡建设与管理、生态文明建设、历史文化保护、基层治理等方面的事项制定地方性法规,法律对设区的市制定地方性法规的事项另有规定的,从其规定。设区的市的地方性法规须报省、自治区的人民代表大会常务委员会批准后施行。省、自治区的人民代表大会常务委员会对报请批准的地方性法规,应当对其合法性进行审查,认为同宪法、法律、行政法规和本省、自治区的地方性法规不抵触的,应当在四个月内予以批准。”

〔17〕《立法法》第 82 条第 1 款规定:“地方性法规可以就下列事项作出规定:(一)为执行法律、行政法规的规定,需要根据本行政区域的实际情况作具体规定的事项;(二)属于地方性事务需要制定地方性法规的事项。”

容进行立法的法规。换言之,地方性法规可以强行被解释为被这四项内容所包含。

2. 各行政立法主体的立法权限划分不清。《立法法》第 72 条第 2 款规定,国务院可"为执行法律的规定"制定行政法规。[18] 该法第 91 条规定,国务院各部、委员会等可以制定规章,部门规章规定的事项应当属于执行法律或者国务院的行政法规、决定、命令的事项;第 93 条规定省、自治区、直辖市和设区的市、自治州的人民政府可以制定规章,[19] 规章事项包括为执行法律、行政法规、地方性法规的规定需要制定规章的事项。从上述可见,不同层次的行政立法主体都具有"为执行法律"或者"执行法律"而制定法律规范的权力,但各自立法权限的边界却未能清晰说明。[20] 虽然在界定部门规章的立法权限时用了"执行"的概念,而在界定行政法规和地方性规章时用了"为执行"的概念,但这二者之间的关系依然让人难以厘清与准确把握。

3. 地方人大与地方政府的立法权限划分不清。《立法法》第 82 条规定地方人大及其常委会可以就"属于地方性事务"制定地方性法规。第 93 条规定地方政府规章可以就属于本行政区域的具体行政管理事项作出规定。从第 100 条的规定来看,地方性法规的效力高于本级和下极地方政府规章,规范效力明确。[21] 但地方人大和地方人民政府在制定"属于本行政区域的具体行政管理事项"的立法权限依然无法区分明确。

二、立法程序运行合法性的困境

现代政治是民主政治,它既是政治合法性的主流学说来源,也是立法要求民

---

〔18〕《立法法》第 72 条第 2 款规定:"行政法规可以就下列事项作出规定:(一)为执行法律的规定需要制定行政法规的事项;(二)宪法第八十九条规定的国务院行政管理职权的事项。"

〔19〕《立法法》第 93 条第 1、2 款规定:"省、自治区、直辖市和设区的市、自治州的人民政府,可以根据法律、行政法规和本省、自治区、直辖市的地方性法规,制定规章。地方政府规章可以就下列事项作出规定:(一)为执行法律、行政法规、地方性法规的规定需要制定规章的事项;(二)属于本行政区域的具体行政管理事项。"

〔20〕杨登峰:《越权立法的认定与处理》,载《现代法学》2006 年第 3 期。

〔21〕《立法法》第 100 条规定:"地方性法规的效力高于本级和下级地方政府规章。省、自治区的人民政府制定的规章的效力高于本行政区域内的设区的市、自治州的人民政府制定的规章。"

主性的直接原因。[22] 民主政治要求立法的过程应当是通过平等对话、沟通理性在人们之间达成价值和利益共识的过程。在司法研究中,关乎程序正义和实体正义的讨论不在少数。坚持程序正义的一方,往往认为程序正义在法治实践中有重要的价值,认为程序正义是"看得见的正义",对于法治实施有良好的促进作用,事实上程序正义在立法中更是如此。我国《立法法》第6条规定:"立法应当坚持和发展全过程人民民主,尊重和保障人权,保障和促进社会公平正义。立法应当体现人民的意志,发扬社会主义民主,坚持立法公开,保障人民通过多种途径参与立法活动。"因而,立法程序中的民主性与公开性是《立法法》的法定要求,是保障立法质量的重要方式。民主立法原则要求除了涉及国家安全、国家秘密外的立法活动应悉数向公众公开,保障公民对立法的参与和监督。立法程序可以使立法主体行使立法权有章可循,使立法有别于其他过程,更加具有专业性和技术性,同时还可以有效避免立法权的专横和防止立法者恣意。

(一)立法程序运行合法性困境的影响

现代法治社会应当充分保障公民的知情权,公众有权了解立法机关的立法过程,而作为民意代表的立法机关,也有义务为公众提供有关立法活动的信息,接受社会公众的监督。[23] 因而,立法程序应当吸纳广泛民意,让群众畅所欲言以掌握全面可靠的信息,补充立法资料。任何一个现代化国家的利益都不是一元的,而是多元共存,每个利益群体为了使自己能够获益所需要的制度安排是不同的,立法为了综合考虑不同群体的意见,需要充分地让不同群体参与立法,从而对这些不同利益与需求加以协调。立法程序的可参与性不仅可以使立法更加契合社会客观状况,还有利于加深人们对立法的认同,促进和确保立法的合法性。[24]

立法程序运行合法性不当可能会产生一系列负面影响,这些影响不仅涉及法律制度的稳定性和权威性,还可能对社会的公平、正义和法治建设造成损害。

---

〔22〕"民主作为一种国家政治形式,为立法与法治奠定基础。立法是实现人民民主的国家形式与重要途径,法律是人民民主的智慧结晶和制度形态。现代民主政治理论认为,国家的一切权力来自人民,人民作为主权者,其管理国家的主要方式是代议民主制,即通过选举自己的代表组成立法机关,由立法机关制定法律,再由行政机关和司法机关执行法律,以此实现人民对国家的统治和管理,实现主权在民原则。"参见封丽霞:《民主立法:全过程民主的展现》,载《中国党政干部论坛》2021年第7期。

〔23〕李林:《立法权与立法的民主化》,载高鸿钧主编:《清华法治论衡》(第一辑),清华大学出版社2000年版,第271页。

〔24〕宋方青:《地方立法中公众参与的困境与出路》,载《法学》2009年第12期。

首先,立法程序合法性不足会损害法律的权威性和公信力。法律作为社会规范,其权威性和公信力源于其制定过程的合法性和公正性。如果立法程序存在合法性问题,那么公众对法律的信任度就会降低,法律的社会认可度和接受度也会受到影响。卢梭曾言:“在这三种法律之外,还要加上一个第四种,而且是一切之中最重要的一种;这种法律既不是铭刻在大理石上,也不是铭刻在铜表上,而是铭刻在公民的内心里。”〔25〕立法程序运行合法性不当会导致公众对法律的尊重和执行力度下降,法律的效力受到质疑,进而影响整个社会的法治秩序。其次,立法程序合法性不足可能导致立法结果的不公正和不合理。立法程序是制定法律的重要过程,如果这个过程存在合法性问题,那么制定出来的法律就可能存在偏颇、不合理甚至违法的情况。哈贝马斯曾指出,“有这样一种情况,规范权力能够间接得到证明,这种情况就是妥协(Kompromiss)。如果各方权力均衡,我们就说特殊利益之间的常规均衡是一种妥协。分权是一种秩序原则(ordnungsprinzip),旨在保障特殊利益领域中的权力平衡,以达到妥协”。〔26〕立法的两大特征是“以问题为导向”和“广泛凝聚共识”,“以问题为导向”需要大量的调研座谈,如实全面掌握实际情况;“广泛凝聚共识”更是需要加强公众参与,收集尽可能多的意见。事实证明,立法程序运行合法性不当显然无法做到上述两点,民主参与不足有可能导致部门利益集团或个人主导立法,将少数人的利益保障转化为制度规范,这样的法律不仅不能有效地维护社会公平和正义,还可能加剧社会矛盾,损害公众利益。

(二)立法程序运行合法性困境的成因

立法作为法治建设的源头活水是确保法治公平正义的重要基石,需要辅之以精确可控的程序才可良善运行。造成立法程序运行合法性不当的原因是多样的,主要有以下两个方面:

1. 民主协商观念不够深厚。民主协商是政治生活中平等自由理念发展的重要产物,公民可以在参与政治生活过程中充分提出自身的看法和建议,在与他人的对话中修正自己的观点,从而逐渐在达成共识的基础上赋予立法和决策以合法性。沃尔德伦曾指出,政治世界并不是一个人的世界,而是多数人的世界;对于摆在我们面前的任何问题,并不是只有我一个人在思考,而是有很多不同的人

---

〔25〕［法］卢梭:《社会契约论》,何兆武译,商务印书馆2017年版,第70页。

〔26〕［德］尤尔根·哈贝马斯:《合法化危机》,刘北成、曹卫东译,上海人民出版社2009年版,第122页。

都在思考。[27] 立法程序的合法化需要政府和群众强化民主协商意识，只有意识理念转变，才有可能在行动上进行民主决策，否则所谓的民主立法虽然在法律中得以规定，最后也会逐渐流于形式，在实质上无法开展真正的民主立法。

2. 立法程序缺乏完善的制度保障。我国《立法法》《行政法规制定程序条例》《规章制定程序条例》等法律法规虽然就一些类型的法律制定程序进行了规定，但仍然不够细致，立法程序中对立法公开、民主参与等事项并未作出具体要求和规定，更没有民主参与不足相应的责任条款。换句话说，立法程序的民主参与和公开有待进一步的配套制度保障。如果没有完备的民主保障制度，那么会议上的集体讨论将可能形同虚设，立法就容易走向独断专行，少数人的利益将被保护，其他公众利益、社会正义也难免被忽视不顾。此外，立法程序中还缺乏相关的监督机制。当代议制取代直接民主制成为立法的核心组织形式以后，监督和制约便成为确保公共意志在“代议”过程当中不被扭曲的手段。[28] 监督机制的存在可以确保立法程序按照规定的步骤和方式进行，防止程序被滥用或忽视。因此，如果监督机制不健全或者执行不力，那么立法程序就可能出现问题，导致不合法的情况出现。

三、立法内容合法性不足

立法内容合法性不足通常是指法律规范的内容与上位法冲突或不符合法定要求。立法内容的合法性不足问题的本质是法的效力判定的问题，温特根斯认为，传统法律理论中隐含的是强法制主义（strong legalism）推理模式，合法律性是决定法律的存在及其含义的充要条件。[29] 强法制主义主张将规范性行为视为规则遵守问题，而不重视此规则的来源，进而排除任何形式的立法理论研究，并将法理学限定为规则适用理论，偏重于对司法活动的研究而立法者在法律体系的后台操作，其作用被限定为政治决策。温特根斯提出了较弱的法制主义，[30] 此时的合法律性仅是法律存在及其意义的必要条件，而非充分条件。它意味着：(1)立法并不直接反映现实，而是建立在某种对现实的理解之上；(2)立法者的理性并不是先决的，而需要进行正当化；(3)法官与立法者一样，都在适

---

〔27〕 [英]杰里米·沃尔德伦：《立法的尊严》，徐向东译，华东师范大学出版社 2019 年版，第 171 页。

〔28〕 孙潮、荆月新：《论立法监督》，载《政治与法律》1995 年第 4 期。

〔29〕 [比]吕克·J. 温特根斯主编：《立法法理学：立法研究的新路径》，朱书龙译，商务印书馆 2022 年版，第 24 页。

〔30〕 宋方青、姜孝贤：《立法法理学探析》，载《法律科学（西北政法大学学报）》2013 年第 6 期。

用和制定规则；(4)在制定规则时，法官和立法者都遵循一定的规则。在较弱的法制主义下，规则的合法律性仅仅是其存在的必要条件，需要道德以及其他理论的补强功能。[31]

温特根斯的这一做法无疑将合法性问题从分析法学派的研究领域推向了自然法领域，立法的合法性不仅是实证法判定，同时也需要正当性判定，立法者应当遵循道德性以保证法的良善合法。前文言及，我国的立法质量的合法性判断也并未仅仅拘泥于合法律性，合理性和合道德性同样会成为实践中立法质量合法争议的重要焦点。据此可以说，立法内容合法性判断在狭义上是指合法律性，而在广义上则包含合理性和合道德性，即合法性的判断应是狭义与广义的统一，不可偏废。

(一)立法内容合法性不足的影响

随着我国法治建设进程的不断推进，越来越多的主体获得宪法法律赋予的立法权，各主体按照法定的权限创制出了不同类型的法律规范，这些法律规范逐级构成了我国现有的法律体系。与此同时，纷繁复杂的规范具有不同的性质、效力，相应的立法事项也相差甚远，因此，立法内容的合法性审查难度显著提高。立法内容合法性不足的危害是巨大的，主要包括以下几个方面：

第一，立法内容的合法性不足会冲击现有法律体系的稳定。法律体系是一个由不同层级的法律规范文件构成的有机整体，法律体系之所以呈现整体性、系统性，是因为不同层级的法律规范之间相互协调、互为补充。立法内容违反上位法会破坏法律体系的内在逻辑和一致性，会导致法律体系内部出现矛盾和冲突，影响法律的稳定性和权威性。

第二，立法内容的合法性不足会导致法律规范效力的丧失。我国《立法法》第 98 ~ 100 条明文规定几种类型的规范效力层级，[32]一旦立法内容违反或抵触上位法，其法律效力将会受到影响，甚至可能完全丧失。这意味着该立法内容若无法作为法律适用的依据，必然无法产生预期的法律效果。

---

〔31〕 [比]吕克·J. 温特根斯主编：《立法法理学：立法研究的新路径》，朱书龙译，商务印书馆 2022 年版，第 36 – 37 页。

〔32〕 《立法法》第 98 条规定："宪法具有最高的法律效力，一切法律、行政法规、地方性法规、自治条例和单行条例、规章都不得同宪法相抵触。"第 99 条规定："法律的效力高于行政法规、地方性法规、规章。行政法规的效力高于地方性法规、规章。"第 100 条规定："地方性法规的效力高于本级和下级地方政府规章。省、自治区的人民政府制定的规章的效力高于本行政区域内的设区的市、自治州的人民政府制定的规章。"

第三,立法内容的合法性不足会导致立法资源的浪费。立法需要历经较为漫长的时间,立法过程中会产生各种直接成本,包括各种费用,如立法调研、可行性论证、立法规划、起草、修改、审查、通过、颁布等所耗费的各项开支,还包括立法后行政机关为实施规范所投入的人力、物力和财力,以及社会为遵守法规规章所需或可能增加的成本投入等间接成本。

第四,立法内容的合法性不足会导致社会信任的削弱。立法是国家权力机关的重要活动,其内容和程序都应受到严格规范。立法内容违反上位法会降低公众对立法活动的认可和信任度,进而影响公众对法律制度的整体信任。这种信任的削弱可能导致公众对法律执行和司法公正的质疑,进而增加社会不稳定因素。

第五,立法内容的合法性不足会导致执法和司法的困难。立法内容违反上位法会给执法和司法活动带来困难。执法人员在执行法律时可能会面临法律适用上的困惑,而司法人员在审理相关案件时也可能面临法律解释和适用的难题,这些都可能导致执法和司法活动的延误、不公或混乱。

(二)立法内容合法性不足的案例

在立法内容方面,合法性不足主要表现为违反上位法、违背公共利益或立法目的不合法。法律条文若与上位法冲突或损害公共利益,且条文措辞模糊不清,会使立法内容在实践中难以执行或产生负面影响。立法内容的合法性不足是实践中合法性判断最常见的情形,在全国发布的备案审查案例中也屡见不鲜。

譬如,某市人大常委会法制工作委员会对市政府有关部门制定的《关于促进市区房地产业良性循环和健康发展的通知》等 3 个文件中关于房地产限售的规定进行了审查。2021 年 8 月 2 日,某市政府出台《关于进一步促进我市房地产市场平稳健康发展的通知》规定,“新购买的新建商品房和二手住宅,在取得《不动产权证》满 3 年后方可上市交易”。2022 年 4 月 28 日,《关于促进市区房地产业良性循环和健康发展的通知》中规定,“新购买的新建商品住宅在商品房买卖合同备案之日起满 3 年可上市交易”,放宽了新建商品住宅的限售期限。2022 年 6 月 10 日,《关于促进市区房地产业良性循环和健康发展的通知》规定,“新购买的新建商品住宅和二手住宅不限售”,全面取消了限售规定,但 2021 年 8 月 2 日至 2022 年 6 月 10 日期间购买的二手房仍需在取得《不动产权证》满 3 年后方可上市交易。而事实上,《民法典》规定,所有权人对自己的不动产或者动产,依法享有占有、使用、收益和处分的权利。房产出售就是所有权人的一种处分权利,不动产交易是公民的权利和自由,受法律保护。推行限售政策,是国务院为贯彻落实“房住不炒”精神,赋予地方政府根据实际情况采取的一种临时性措施。某市政府于2021年8月2日出台的限售政策,是为了落实国家有关房地产调控政策,抑制房价过快上涨,维护社会公共利益,对公民合法权益进行必要限制,具有一定的合理性。随着国家政策背景和房地产市场环境的变化,某市政府对有关限售政策进行调整,逐步并完全取消限售政策,但仍对2021年8月2日至2022年6月10日期间购买的二手住宅进行限售,是对部分公民在特定期间内不动产交易的区别对待,不当限制了民事主体财产权利的行使,显失公平公正,不具有合理性和适当性,也与《民法典》等有关法律的规定不一致。后经过备案审查部门审查,认为某市政府部门《关于促进市区房地产业良性循环和健康发展的通知》等3个文件中关于房地产限售的部分规定,与法律有关规定不一致,涉及减损公民权利,显失公平公正,应予以纠正。某市人大常委会法制工作委员会与市政府办公室、司法局、建设局等部门多次沟通,要求有关方面对相关文件予以处理。2023年8月,某市政府废止了所有二手住宅限售的规定。

通过此案例可见,该市政府出台的限售政策在内容上存在合法性缺失。尽管政策旨在调控房地产市场,但随着政策环境变化,取消限售的措施未能适时调整对特定期间内交易的限制,导致对部分公民财产权的不当限制。这种区别对待不仅不符合《民法典》关于财产权的保护原则,还显失公平,侵害了公民的合法权益,最终经审查被认定为不合法并被废止。

(三)立法内容合法性不足的成因

立法内容合法性不足的成因可以归结为多个方面,既可能是单一方面导致,也有可能是多个方面相互作用共同影响的结果。就实践来看,立法内容合法性不足的成因主要包括立法目的不当、立法程序正当性不足、立法主体能力不足、法律监督与审查机制不完善等。

1.立法目的不当。随着我国宪法和法律规定拥有立法权的主体逐渐扩大,各类型的法规范数量愈发膨胀。在各地立法实践中,一些地区并非基于实际需要制定法律规范,而是以立法的形式意图增加工作成效。倘若立法不是为了切实解决实际中存在的问题,不是基于社会、公众的需求对权利义务进行妥善安排,仅仅是为了政府机关的工作政绩,那么立法内容极易偏离实际,缺乏合理性,进而导致立法内容不合法。此外,有的地区擅用立法权以保护地方或局部利益,试图用立法权寻租,实践中这样的案例不在少数,[33] 当立法是为权力机关的少数人利益服务时,创制出的规范内容必然是充满特权主义的,社会公众的利益将被忽视不顾。不当立法目的下创制出的法规范更容易导致对社会公众利益的侵害,立法内容的合法性进而也无法得到保障。

2. 立法程序正当性不足。立法程序的正当性缺失是解构立法内容合法性稳固基石的关键性因素。在严谨的法治逻辑框架内,立法程序的正当性不仅是立法行为符合法定形式与程序的必要条件,更是立法内容能够体现法律理性、社会公正与公共利益的重要保障。一旦立法程序在公开性、公正性与公平性方面出现显著偏差,立法内容的合法性根基便面临被侵蚀的风险。这种程序正义的缺失,往往导致立法过程中利益主体间的博弈失衡,公众意志与法律价值的融合度降低,从而使立法内容难以契合现代法治精神与社会发展的实际需求。此现象不仅动摇了法律的权威性,更是对法治秩序的稳定与可持续发展构成了潜在威胁。

3. 立法主体能力不足。立法能力是立法者完成立法任务所体现出来的综合性能力。卢梭认为:“要为人类制订法律,简直是需要神明。立法者在一切方面都是国家中的一个非凡人物。”[34] 立法是兼具政治性与法律性、专业性与综合性、理论性与实践性的一项复杂工作,需要综合性的立法能力作为支撑。立法能力涵括认知能力、决策能力、起草能力、协调能力、论证能力、审议能力、解释能力。[35] 立法作为一项兼具法律性与政治性的实践,是借助民主这一公共生活方式凝聚智慧、消弥分歧、达成共识,实现人及其所属政治共同体兴旺发达的过程。如果立法主体在这些方面存在不足,立法内容的合法性也将无法被保障。就实践来看,我国立法职业队伍总体上人才不足,中央与地方、地方与地方不同主体之间的立法能力不一,各地的立法质量参差不齐,而立法能力是立法质量的合法性保障核心要素。

4. 法律监督与审查机制不完善。如果法律监督机制或者审查机制不完善或执行不力,可能导致立法内容出现合法性问题。党的二十大报告指出:“加强宪法实施和监督,健全保证宪法全面实施的制度体系,更好发挥宪法在治国理政中的重要作用,维护宪法权威……完善和加强备案审查制度。坚持科学决策、民主

---

〔33〕 周伟:《论我国地方立法存在的问题及其解决》,载《河南财经政法大学学报》2013 年第 2 期。

〔34〕 [法]卢梭:《社会契约论》,何兆武译,商务印书馆 1997 年版,第 53 页。

〔35〕 宋方青:《立法能力的内涵、构成与提升——以人大立法为视角》,载《中外法学》2021 年第 1 期。

决策、依法决策，全面落实重大决策程序制度。”加强宪法实施和监督，着力建设备案审查机制是确保法律规范体系内容合法性的重要手段。从目前来看，法律规范内容不合法现象在实践中屡见不鲜，运用备案审查制度对不合法的规范进行纠正撤销的案例也不在少数，但我国备案审查体制尚未达致健全，全国备案审查体系仍处于不断建设完善的过程中。2023 年 12 月 29 日，十四届全国人大常委会第七次会议审议通过了《关于完善和加强备案审查制度的决定》，该文件的出台是进一步构建系统完备的规范性文件备案审查制度、继续推进备案审查工作的重要举措，对于充分发挥备案审查制度保障宪法法律实施、维护国家法制统一具有重要作用。

第三节　科学性标准的运用检视

当前，无论是中央还是地方层面的立法、权力机关立法还是政府部门立法都可能存在立法科学性不足的问题。造成立法缺乏科学性的原因是多方面的，既有客观方面的原因，也有主观方面的原因，因而不能仅对其作出片面的判断。另外，在运用科学性标准检验立法质量的同时，也要注意根据实际情况对该标准予以进一步完善和细化，从而保证该标准的正确和有效适用。

一、立法科学性不足的表现

从客观实际出发、适应经济社会发展需要、科学合理地规定权利与义务以及权力与责任，是确保立法质量达到科学性标准的关键，这也就意味着，当立法与本国历史以及社会的客观实际出现相互悖离的趋势，或者立法缺乏现实基础、与经济社会发展需求不相匹配，立法没有正确平衡权利与义务、没有处理好权力与责任的关系时，立法的科学性就存在问题。当前，我国立法科学性不足的表现主要有以下几个方面：

第一，立法规划不合理，立法项目确定过程中缺乏科学充分论证。在当前的立法实践中，部分立法项目的提出并非基于对社会实际需求的深入调研和科学评估，而是受到多方面因素的影响，包括行政领导的个人意志、政府部门的行政需求、社会热点事件的推动等。例如，一些地方性法规的制定仅仅是为了满足行政领导的个人意志而全然不顾法规的现实可操作性及其可能产生的社会效果，这种“拍脑袋式立法”导致立法资源的浪费和立法效率的低下，许多法规在实施过程中才发现其适用范围狭窄、调整对象模糊,甚至与上位法相冲突,需要频繁进行修正或废止。此外,社会热点事件的推动也容易导致立法项目的盲目立项,一些社会突发事件或社会热点问题往往会引发公众的高度关注,立法机关为了回应社会关切,可能会仓促启动相关立法程序,然而,这种"应急式立法"或者"蹭热点式立法"往往缺乏对问题本质的深入分析和对长远影响的充分考虑,从而导致在实施过程中出现执法标准不明确、法律责任界定不清等诸多问题,最终使法律的实施效果大打折扣。

第二,重复立法、立法空转、"立法放水"问题较为严重。首先,在重复立法方面,存在省级地方性法规重复中央统一立法、市级地方性法规重复省级地方性法规、市级地方性法规重复中央统一立法的内容等纵向跨级或者越级重复立法现象;同时,还存在区域立法趋同等横向重复立法问题,如在长三角三省一市城市群现行有效的地方性法规中,涉及"营商环境优化"的条款重复率极高,《上海市优化营商环境条例》与《江苏省优化营商环境条例》在"市场准入""政务便利化"等章节中的内容更是高度雷同。即使区域协同立法要求各地方确保立法内容的相互统一,但是也要注意对"立法统一"和"立法照搬照抄"应作出严格的甄别和区分。其次,在"立法空转"方面,[36]如《家庭教育促进法》要求各地方制定与之配套的细化实施细则,[37]但截至2023年6月,仍有9个省份是直接照搬国家法律条文,并未结合地方实际补充制定相应的操作性规定。最后,在"立法放水"方面,[38]如《甘肃祁连山国家级自然保护区管理条例》将上位法即《自然保护区条例》规定的"禁止在自然保护区内进行砍伐、放牧、狩猎、捕捞、采药、开垦、烧荒、开矿、采石、挖沙"这十种行为类型减少至仅剩"狩猎、垦荒、烧荒"三种,这种"立法放水"行为导致当地生态环境保护的监管力度被大幅削弱,破坏

---

〔36〕 本书所述"立法空转",是指法律规范虽然按照法定程序制定完成,但因制度设计缺陷或者实施机制缺失,导致其未能有效转化为社会治理效能的制度性困境,其本质是形式法治与实质法治之间张力存在的体现。

〔37〕《庭教育促进法》第24条规定:"国务院应当组织有关部门制定、修订并及时颁布全国家庭教育指导大纲。省级人民政府或者有条件的设区的市级人民政府应当组织有关部门编写或者采用适合当地实际的家庭教育指导读本,制定相应的家庭教育指导服务工作规范和评估规范。"

〔38〕 本书所述"立法放水",是指在立法过程中,由于利益博弈、技术缺陷或者监管缺位等,法律规范被刻意设计得相对宽松或者留有漏洞,导致法律实施效果偏离立法初衷,甚至成为特定群体规避责任的工具的现象,这种现象折射出的是立法理性与现实治理需求之间存在的张力。

了自然保护区的生态平衡。[39]

第三,部门利益法制化和立法的地方保护主义盛行。当前,在部门立法方面,在立法过程中往往容易出现只考虑某个政府部门的工作便利,而不考虑该法规在整个法律体系中的地位、与其他法律法规的协调性以及对社会整体利益的影响等问题;部门利益法制化现象的多发甚至向外界传达出了这样一种容易令人产生误会的讯息,即我国现阶段主要还是依靠行政部门制定的法规、规章而非国家权力机关制定的法律来治理国家。在地方立法层面,地方为谋求地方利益、防止本地资源外流,在立法过程中可能行地方保护主义,通过立法手段设置经济社会壁垒,致使立法产生阻碍社会经济要素流通等消极影响。部门利益和地方保护主义导致的不良后果,不仅无助于国家和社会法治的稳定,还会进一步加重改革与发展的制度性成本和社会经济负担,最终危害的是国家法制的统一以及法治秩序的稳定,这是需要引起我们警惕的。

第四,我国立法领域还存在不少的"法律真空地带"或者"立法洼地",立法进程在一定的程度上无法与经济社会发展保持同步。一方面,由于科技的飞速发展,社会变化日新月异,各种新型法律事件层出不穷,而立法程序的启动又具有一定的滞后性,导致立法无法及时反映社会实际的情况时有发生。诸如在人工智能、基因编辑、互联网金融等新兴领域,由于缺乏与其相互配套的法律规范的有效规制,导致这些领域在发展过程中出现了诸多问题。以互联网金融行业为例,其在发展初期缺乏明确的法律规范予以及时规制,立法的空白导致有效监管的缺位,于是非法集资、金融诈骗等行业乱象和不法行为大量滋生,严重损害了人们的合法权益,对社会经济秩序的稳定构成一定程度的威胁。另一方面,由于修法启动程序不尽完善等原因,法律的更新缺乏动力,一些法律长期存续但未

---

〔39〕 中共中央办公厅、国务院办公厅在《甘肃祁连山国家级自然保护区生态环境问题的通报》(以下简称《通报》)中使用了地方"立法放水"的概念,这是中央首次以正式文件的形式对地方立法中存在的"放水"问题作出认定。根据该《通报》所载,甘肃省有关方面对"五位一体"总体布局和新发展理念认识不深刻,片面追求经济增长和显绩,长期存在生态环境为经济发展让路的情况,并在立法层面为破坏生态行为"放水",其具体行为有:《甘肃祁连山国家级自然保护区管理条例》历经三次修正,部分规定始终与《自然保护区条例》不一致,将国家规定"禁止在自然保护区内进行砍伐、放牧、狩猎、捕捞、采药、开垦、烧荒、开矿、采石、挖沙"十类活动,缩减为"禁止进行狩猎、垦荒、烧荒"三类活动,而这三类都是近年来发生频次少、基本已得到控制的事项,其他七类恰恰是近年来频繁发生且对生态环境破坏明显的事项;2013 年 5 月修订的《甘肃省矿产资源勘查开采审批管理办法》,违法允许在国家级自然保护区实验区进行矿产开采;《甘肃省煤炭行业化解过剩产能实现脱困发展实施方案》违规将保护区内 11 处煤矿予以保留等。

能及时反映经济社会发展的现实需求。如《城市流浪乞讨人员收容遣送办法》自 1982 年开始实施,直至 2003 年才被废止,这期间引发了不少侵犯公民基本权利的问题;再如《劳动保险条例》,1951 年由中央人民政府政务院公布,于 1953 年进行过一次修正,直至 2024 年才被正式废止。法律如果没有及时更新、修改和清理,就很容易导致人们在执法过程或者司法实践中一经援引适用就陷入无所适从的尴尬境地,长此以往,必将损害法律的权威性和公信力。

二、立法科学性不足的成因

导致立法科学性不足的原因是多方面的,既有来自社会本身复杂性的原因,又受到现行立法体制机制等客观条件的限制,也有来自立法者的意识、观念、能力等主观因素的影响。诸如,立法体制机制不健全;立法者的素质能力达不到应有水平、立法意识陈旧落后、科学观念淡薄;立法项目的确定和立法规划、计划的制定不够慎重和完善,缺乏充分的立项评估和调研论证;部门利益倾向和地方保护主义难以克服和避免等。其中,最为重要的原因在于缺乏对社会现实的主动深刻体察。法学是一门具有鲜明实践性质的学科,只有实践才能出真知。如果没有以实践为基础进行深入调查研究,即使对立法政策意图把握得再到位,立法者的立法逻辑再严密、立法技巧再娴熟,都不能解决实际问题,立出来的都不是良法。

总的来说,立法的科学性受到多重因素的共同影响,它们一并作用于立法过程,决定了立法的质量和效率,这些因素主要有以下几个方面:

第一,立法的科学性受到政治环境的制约和影响。政治环境对于立法科学性的影响是根本性的。一国的政治体制、政治文化和政治稳定程度都会对立法产生直接或间接的影响。例如,在民主体制下,立法过程往往更加开放和透明,而在威权体制下,立法可能更多地受到少数精英的控制。此外,政治稳定性也会影响立法的连续性和可预测性,不稳定的政治环境可能导致立法频繁变动,从而影响法律的稳定性和权威性。

第二,立法的科学性容易受到社会结构复杂化和利益多元化的影响。一方面,科学技术的迅速发展和社会变革加剧使新兴事物不断涌现,立法难以实现完全同步更新,如人工智能的兴起就对传统的法治理念和法律体系构成了极大挑战;另一方面,利益结构的多元分化导致利益冲突的现象进一步增多,立法协调的难度大,难以切实有效平衡各方利益,需要耗费大量的人力资源和时间成本。

第三,立法容易受到政府等行政机构行为和决策的影响。政府等行政机构在立法过程中时常扮演重要角色,其不仅提供必要的行政支持,还可能因其所拥有的信息、资源和经验等优势而在立法中占据主导地位,这种主导地位可能导致立法过程偏向于行政机构的利益,而忽视了其他社会群体的需求和利益。因此,如何在立法中平衡行政机构的作用,确保立法的公正性和科学性,是一个需要深入探讨的问题。

第四,立法的科学性受制于一国之现行立法制度。立法制度包括立法体制、立法人员队伍的组成、立法程序机制等,这些都是影响立法科学性的关键因素。一个健全的立法体制能够确保立法过程的合理性和有效性,而专业的立法人员队伍和透明的立法程序机制则有助于提高立法的专业性和公众的参与度。

第五,立法的科学性还会受到立法者法治观念和社会法治传统的影响。立法者的法治观念对于提升立法质量而言至关重要,一方面,只有当立法者充分发挥主观能动性,具备科学立法的强烈意识,才能在立法过程中时刻注意践行立法质量的科学性标准;另一方面,科学立法的实现还需要立法者紧跟时代脚步及时更新陈旧的立法观念和转变落后的立法思维,否则就可能对科学立法产生负面影响,如立法过程中过于依赖经验主义,忽视科学论证和数据分析等。在社会法治传统方面,则要求立法者密切关注立法的社会文化背景和公众的内心认可度,这样才可确保所立之法能够得到切实广泛的遵守和执行。

第六,在全球化的背景下,国际因素对国内立法的影响亦日益显著,这意味着中国的立法需要与国际法律体系相协调,以适应全球政治、经济和文化的变化。正如党的二十大报告指出的,"当前,世界之变、时代之变、历史之变正以前所未有的方式展开",中国正处于世界百年未有之大变局加速演进的时代,为紧跟世界发展潮流,与国际接轨,构建人类命运共同体,本国立法应当做到随时适应和应对国际形势的变化,为有效化解和防范风险提供坚实的法律方案和法治保障。

三、科学性标准的完善与细化

前文已经对立法科学性标准的具体内容和形式要件作出分析,事实上,立法的科学性标准也会因立法的层次如中央立法和地方立法的不同而存在一定的合理化差别,在不同部门法中的适用也不尽相同,不能一概而论,这也是遵循立法自身规律的题中之义。[40]

---

〔40〕 立法的科学性不仅体现在立法对于经济社会发展客观规律的准确反映,还体现于立法自身活动规律的严格遵循。立法既然是一项科学活动,那么也就同样具备科学研究揭示和把握事物发展内在规律的特点。

以地方立法为例，其科学性判断标准还可以进一步细化为具有问题导向、体现地方特色、突出基层意识。

第一，立法的问题意识。习近平总书记明确指出，“要坚持问题导向，提高立法的针对性、及时性、系统性、可操作性，发挥立法引领和推动作用”。[41] 以问题为导向是地方行使立法权的逻辑起点，也是检验其立法能力高低、立法质量好坏的重要基础。概言之，地方立法首先应当立足于本地的立法需求，如果所立之法背离本地实际，不能解决问题，就会丧失其存在的意义。“立法需要是一种社会性的需要，是立基于政治、经济以及社会发展的需要而产生的，立法的缺漏和不平衡等状态直逼立法者必须作出反应，即将需要法律调整的事项立法加以规范。立法者也只有满足这些需求，所立之法才有价值。”[42] 如 2020 年新冠疫情期间，在防疫工作最关键的阶段，广州市人大常委会充分行使其法定职权，积极回应疫情防控中的重大问题和紧急问题，仅花费四天时间就出台了广州市人民代表大会常务委员会《关于依法全力做好新冠肺炎疫情防控工作的决定》，授权市、区政府和防疫指挥部采取临时应急措施，[43] 这是在疫情防控紧要关头进行的一次紧急立法，为全市抗击新冠疫情提供了及时有效的法制保障。立法者通过对现实社会的敏锐洞察发现问题所在，并运用自身的理性、知识和经验主动通过立法方式予以解决，这就是立法者立法能力的彰显和具体体现。

第二，地方特色。特色是地方立法始终保持活力的要素，也是考验其立法者能力水平的试金石。为何一直以来地方立法的地方特色会不断淡化，以致产出大量的重复立法？这在很大程度上是由于立法者缺乏对本地事务管理情况的清晰认知和准确把握，且由于立法能力和立法经验不足，也就难以发现本地特色问题与实际需求。地方立法不应是简单地照搬照抄上位法，而应当充分根据本地的实际情况和需求，保持和强化区域经济社会发展的独特定位和鲜明特色。不同地方间的差异性，为各个地方行使立法权提供了广阔的拓展和创新空间。而在现阶段，要提高地方立法的积极而有效的作用与功能，就需要作为地方权力机

[41] 习近平：《在庆祝全国人民代表大会成立六十周年大会上的讲话》（2014 年 9 月 5 日），载中共中央文献研究室编：《十八大以来重要文献选编（中）》，中央文献出版社 2016 年版，第 56 页。

[42] 宋方青：《论立法规划的强化》，载《地方立法研究》2016 年第 1 期。

[43] 广州市人民代表大会常务委员会《关于依法全力做好新冠肺炎疫情防控工作的决定》（2020 年 2 月 11 日广州市第十五届人民代表大会常务委员会第三十三次会议通过）（已失效）规定：“三、市、区人民政府和市、区防控新冠肺炎疫情工作指挥部根据疫情防控需要，在医疗卫生、防疫管理、隔离观察、道口管理、交通运输、社区管理、资金保障、市场管理、场所管理、生产经营、劳动保障、市容环境、野生动物管理等方面，规定临时性应急行政管理措施或者发布决定、命令、通告等，并报市、区人大常委会备案。”

关的地方人大发挥其自身主观能动性，从本地实际情况出发，有的放矢地在法定权限范围内和维护国家法制统一的基础上进行原创性立法、个性化立法，特别是要制定反映本地实际情况与需要的立法，积极探索地方立法的新模式。如《广州市地方性法规制定办法》第4条明确规定，“制定地方性法规应当遵循《中华人民共和国立法法》规定的基本原则，符合本市实际需要”，为了落实《粤港澳大湾区发展规划纲要》中广州要着力建设国际大都市的城市发展规划，发挥在粤港澳大湾区一体化发展中的枢纽作用，主动融入大湾区一体化建设，强化法律服务功能，广州市人大常委会会议及时表决通过了《关于加强法律服务工作促进粤港澳大湾区建设的决定》，在立法实践中充分彰显了鲜明的“广州特色”，产生了良好的立法效果。〔44〕

第三，基层意识。立法者的“基层意识”，意在强调立法者的工作要重视向基层倾斜，深入基层了解人民群众的真实立法需要以及地方政治经济发展的现实要求。相较于中央层面的立法，地方立法与基层人民群众的联系是更为紧密的，立法的内容也与当地人民的现实生活最为贴近，所以地方立法更应当主动作为，在立法中充分彰显基层特色，满足基层真实立法需求，通过立法的方式有效解决基层所面临的疑难问题。可以肯定的是，“人民对自己生活的家园和事关自身的社会事务，无疑最具有发言权，只有人民自己才真正了解自己的生活环境，才真正知道自己需要什么样的法律”。〔45〕人民群众才是实践真正的主人，地方立法只有主动深入基层人民群众，广泛凝聚基层立法智慧，其所立之法才得以具备坚实的民意基础，才能够如实反映基层社会发展的客观规律和真实面貌，从而具备和实现立法的科学性。

另外，就不同法律部门而言，立法质量科学性标准的具体适用也应当作进一步精细化区分和处理，这主要是由于不同法律部门的主要调整对象和调整方法不同。例如，宪法及宪法相关法主要调整国家的根本制度和公民的基本权利义务关系；民商法主要调整平等主体之间的财产关系和人身关系；行政法则主要调

〔44〕 如广州市人民代表大会常务委员会《关于加强法律服务工作促进粤港澳大湾区建设的决定》（2020年9月23日广州市第十五届人民代表大会常务委员会第四十一次会议通过）明确规定：“为推进全面依法治国，坚持法治国家、法治政府、法治社会一体建设，落实《粤港澳大湾区发展规划纲要》，打造全国公共法律服务最便捷城市，建设现代法律服务业强市，营造粤港澳大湾区良好法治环境，推动广州实现老城市新活力、‘四个出新出彩’，为我省实现‘四个走在全国前列’，当好‘两个重要窗口’作出贡献，根据有关法律法规规定，结合本市实际，决定如下……”在立法目的表述上直接具体地阐述了该立法所要彰显的广州特色。

〔45〕 武钦殿：《地方立法专题研究——以我国设区的市地方立法为视角》，中国法制出版社2018年版，第316页。

整行政机关与公民、法人或其他组织之间的行政关系。立法质量的科学性标准在这些不同部门中应当体现为对各自领域内社会关系的深刻理解和合理调整。同时,不同法律部门所遵循的具体法律原则也不完全一致,这体现出部门法之间理念追求与价值侧重的殊异。如我国《民法典》的编纂,严格区分公法与私法、正确进行民事权利类型划分、注重民事行为规范和民事法律关系逻辑等是其重要的立法经验遵循,[46]并以平等、自愿、公平、诚信、公序良俗、绿色原则等为基本原则。[47] 而我国刑事立法则以罪刑法定、刑法适用平等和罪责刑相适应为基本原则,[48]并以明确、富有实效和有利于实现公平正义为判断其是否为良法的基本衡量标准。[49] 在部门法的立法过程中遵循科学性标准,有利于实现法律体系的协调统一。

第四节 融贯性标准的运用检视

立法质量融贯性标准的运用目的在于实现立法本身各部分内容之间价值理念与形式逻辑的统一以及该立法与其所处特定法律体系内部其他诸规范之间的相互证立与支持,使其彼此之间形成一个和谐统一的整体,避免出现规范间的矛盾或者冲突。对于立法融贯性不足的原因,我们可以从立法程序机制、立法审查力度、立法者意识和能力等方面予以总结。此外,需要引起注意的是立法融贯性不足所产生的影响是相当广泛的,并不单纯局限于立法领域,还可能波及执法和司法等其他领域。

---

〔46〕 孙宪忠:《十九大科学立法要求与中国民法典编纂》,载《北京航天航空大学学报(社会科学版)》2018 年第 1 期。

〔47〕 《民法典》第 4 条规定:“民事主体在民事活动中的法律地位一律平等。”第 5 条规定:“民事主体从事民事活动,应当遵循自愿原则,按照自己的意思设立、变更、终止民事法律关系。”第 6 条规定:“民事主体从事民事活动,应当遵循公平原则,合理确定各方的权利和义务。”第 7 条规定:“民事主体从事民事活动,应当遵循诚信原则,秉持诚实,恪守承诺。”第 8 条规定:“民事主体从事民事活动,不得违反法律,不得违背公序良俗。”第 9 条规定:“民事主体从事民事活动,应当有利于节约资源、保护生态环境。”

〔48〕 《刑法》第 3 条规定:“法律明文规定为犯罪行为的,依照法律定罪处刑;法律没有明文规定为犯罪行为的,不得定罪处刑。”第 4 条规定:“对任何人犯罪,在适用法律上一律平等。不允许任何人有超越法律的特权。”第 5 条规定:“刑罚的轻重,应当与犯罪分子所犯罪行和承担的刑事责任相适应。”

〔49〕 刘艳红:《以科学立法促进刑法话语体系发展》,载《学术月刊》2019 年第 4 期。

一、立法融贯性不足的主要表现

立法融贯性不足的主要表现之一，在于违反了“不抵触”原则。据前所述，我国宪法和法律均对立法的“不抵触”原则作出了相关规定。下位法不得抵触上位法，应当是立法遵循宪法法律、维护国家法制统一的基本共识。但是，截至目前，对于什么情形才算构成“抵触”，即使在学界也仍是一个判定标准尚不明确且存在较大争议的问题。另外，当前立法实务中对于立法抵触的讨论也多停留在抽象层面，或者是用“违背”“矛盾”“冲突”等近义词进行代入解释，并未深入法律条文内部，指出规范之间抵触的基本类别或者形态。这种模糊化处理的方式如不及时予以纠正，甚至可能会破坏现有宪法法律体系所达至的融贯状态。

在厘清什么是立法抵触情形之前，我们有必要先弄清“法制统一”的概念内涵。下位法对于上位法的尊重和遵守，存在两种不同程度的要求：其一是要求下位法或者地方立法必须与上位法或者中央立法完全保持一致，包括所使用语句语词之基本或完全一致；其二是允许下位法或者地方立法在遵循上位法或者中央立法基本原则精神的情况下，在法定范围内拥有创新和变通的权力。有学者根据对近年来全国人大常委会法工委备案审查工作报告有关“法制/治统一”具体内容表述的统计，得出了这样一个结论，即全国人大常委会对于抵触的判定尺度发生了由严到宽的转变，对法制统一的把握有适度“松绑”之迹象。[50] 从既有的地方立法实践来看，大多数情形也是以符合第二类要求为主。我国人口众多、地大物博，各地风土人情各异，经济社会发展程度也不尽相同。正因如此，更应当充分发挥地方立法的积极性和独特优势，使其拥有一定的自主创新空间，以弥补上位法和中央立法的空白和不足，或者进一步细化和完善上位法和中央立法的相关规定。否则，如果下位法对上位法、地方立法对中央立法只是一味地重复和照搬照抄，那么下位法和地方立法也就没有存在的必要了。真正的法制统一，应当是立法主体在其所享有的权限范围内，充分尊重立法内容的合理化差异和多元化表达，在法律体系内部实现“和而不同”，有机协调。

此外，我们也要注意到，事实上法与法之间的不一致并不一定都构成立法抵触。例如，条文与条文之间可能存在某种相异关系，即条文中包含的内容存在明显的不相重叠的关系。如作为上位法的我国《文物保护法》第 28 条第 1 款明确

---

〔50〕 沈广明：《地方立法抵触上位法的判定方法及其价值取向》，载《中外法学》2023 年第 1 期。

规定，“在文物保护单位的保护范围内不得进行文物保护工程以外的其他建设工程或者爆破、钻探、挖掘等作业”，而多个地方性法规又在此基础上对其进一步补充细化，增加了不得进行采石、建窑、烧砖、葬坟、捞沙、挖塘、开矿、毁林开荒、射击、设置户外广告、栽植移植大型乔木、修建人造景点等十余种禁止性行为。有关地方性法规对于采石、建窑、烧砖等上位法没有进行列举的行为模式进行规定，本质上不宜简单地将其视为违反上位法，而可以将其理解为在法定范围内对上位法所作的一种合理扩张，即根据地方的实际情况和需要，在遵守上位法的基础上作出细化的规定以确保地方立法的真实有效性。因此，尽管有些地方性法规对于行为模式的列举并不完全按照上位法的表述形式，在句式、先后顺序上可能会有所调整，在内容方面也有进一步增补扩充，但是不可因此断定其抵触了上位法，并质疑其合法性。

从另外一个例子中可以感受到与上一个例子的明显不同，即规范与规范之间存在显著的互斥关系。如在非婚女性生育权的问题上，作为部门规章的《人类辅助生殖技术管理办法》第 3 条规定：“人类辅助生殖技术的应用应当在医疗机构中进行，以医疗为目的，并符合国家计划生育政策、伦理原则和有关法律规定”；此外，在该办法基础上出台的《人类辅助生殖技术规范》又进一步规定：“禁止给不符合国家人口和计划生育法规和条例规定的夫妇和单身妇女实施人类辅助生殖技术”。又如《吉林省人口与计划生育条例》第 29 条明确规定，“达到法定婚龄决定不再结婚并无子女的妇女，可以采取合法的医学辅助生育技术手段生育一个子女”。按照我国《宪法》第 49 条第 2 款之规定，“夫妻双方有实行计划生育的义务”，与此同时，我国现行《人口与计划生育法》第 17 条明确规定了“公民有生育的权利，也有依法实行计划生育的义务，夫妻双方在实行计划生育中负有共同的责任”。也就是说，根据我国《宪法》，生育权的法定义务主体是夫妻，根据《人口与计划生育法》，生育权的权利主体则是公民。在这种情况下，很难明确界定上述《人类辅助生殖技术管理办法》和《吉林省人口与计划生育条例》到底哪个违反了上位法。那么，非婚女性究竟是否享有生育权呢？作为根本法的《宪法》为公民实现生育权提供了必要保障。计划生育是公民同时也是夫妻的共同义务。这就可以被合理解释为，作为我国公民的非婚女性，只要不违反计划生育义务，即享有生育权利，应当受到同等生育保障和福利待遇。《宪法》第 33 条第 3 款规定，“国家尊重和保障人权”，第 48 条第 1 款规定，“中华人民共和国妇女在政治的、经济的、文化的、社会的和家庭的生活等各方面享有同男子平等的权利”；而在国际社会的层面，生育权作为一项基本人权已经成为普遍共识,1979年联合国大会通过的《消除对妇女一切形式歧视公约》第16条首次将“生育权”明确写入国际公约并规定:“缔约各国应采取一切适当措施,消除在有关婚姻和家庭关系的一切事务上对妇女的歧视,并特别应保证她们在男女平等的基础上:……(e)有相同的权利,自由负责地决定子女人数和生育间隔,并有机会获得使她们能够行使这种权利的知识、教育和方法……”该公约已经于1980年12月4日对我国正式生效,构成对我国保障生育自由国际义务的实际约束,这也意味着我国政府承认和接受“生育权是一项基本人权”的主张。另外,作为彰显我国妇女权益保障水平的宪法性法律——《妇女权益保障法》,在最新的一次修订中明确规定了我国“妇女依法享有生育子女的权利,也有不生育子女的自由”,〔51〕并且增加了不得实施“将限制结婚、生育或者婚姻、生育状况作为录(聘)用条件”行为的规定,使妇女免受因生育带来的就业歧视,为妇女营造更加公正平等的就业环境。〔52〕通过这个例子,我们也可以看出,法律体系的内在一致性和整体统一性,对于增进对个别法律规范的正确理解和解释是十分重要的。

二、立法融贯性不足的类型划分

在我国,立法融贯性不足的问题类型可以大致划分为外部融贯性不足和内部融贯性不足两大类。其中,外部融贯性不足是针对同一个法律体系中的不同法律规范之间的关系而言的,而内部融贯性不足的问题则是以单个法规范文本为讨论对象的。

(一)外部融贯性不足

在我国法律体系的运行实践中,不同法律规范之间的矛盾冲突集中体现为纵向与横向两个维度的立法融贯性不足问题,其中,纵向维度指向的是处于不同位阶的法律规范之间相互冲突,横向维度指向的是相同位阶的法律规范之间相互冲突。法律体系存在的这种结构性缺陷不仅会消解其内在统一性,更会对法治实施效能产生实质性损害。

---

〔51〕《妇女权益保障法》第32条规定:“妇女依法享有生育子女的权利,也有不生育子女的自由。”

〔52〕《妇女权益保障法》第43条规定:“用人单位在招录(聘)过程中,除国家另有规定外,不得实施下列行为:(一)限定为男性或者规定男性优先;(二)除个人基本信息外,进一步询问或者调查女性求职者的婚育情况;(三)将妊娠测试作为入职体检项目;(四)将限制结婚、生育或者婚姻、生育状况作为录(聘)用条件;(五)其他以性别为由拒绝录(聘)用妇女或者差别化地提高对妇女录(聘)用标准的行为。”

1. 不同位阶法规范之间相互冲突

不同位阶的法规范之间相互冲突是立法融贯性不足的典型表现之一。根据我国《立法法》确立的法律位阶，我国《宪法》处于国家法律规范体系的顶端，法律、行政法规、地方性法规等依序形成差序化效力层级。在我国，不同位阶的法规范之间的冲突问题，有两个主要的面向：其一是违宪冲突，由于宪法在我国法律体系中居于至高无上的法律地位，因此违宪冲突对法律权威乃至法律体系和谐统一的破坏是根本毁灭性的，任何违宪的法律规范原则上都应当自始归于无效；其二是下位法与上位法之间的冲突，依据《立法法》的规定，下位法与上位法的冲突主要包括行政法规与法律、地方性法规与法律、规章（包括部门规章和地方政府规章）之间、地方性法规与行政法规、规章（包括部门规章和地方政府规章）与行政法规、省级地方政府规章与省级地方性法规、较大的市地方政府规章与同级人大地方性法规和上级（省级）地方性法规、较大的市地方政府规章与上级（省级）地方政府规章的冲突等。〔53〕 与前者相比，后者实则更为常见，其表现形式也更加多样，诸如，下位法突破被授权范围进行越权立法，不当限缩公民权利和增加公民义务、扩大行政机关的职权，导致下位法的处罚种类与幅度与上位法不一致；下位法与上位法所确定的原则和精神相抵触；下位法对上位法规定的程序或机构调整不当，如按照《甘肃省实施〈工伤保险条例〉办法》的规定，省直事业单位工伤保险管理工作由省级机构负责，但是《工伤保险条例》规定此类工作应由市级机构负责，最终甘肃省地方性法规的这一调整被全国人大常委会法工委明确指出其违反上位法。〔54〕

2. 相同位阶法规范之间相互冲突

相同位阶法规范（以下简称同位法）之间的冲突也是立法融贯性不足的重要表现。同位法是指处于同一法律效力层级的法律规范，如不同部门制定的部门规章之间、不同地方制定的地方性法规之间、地方性法规和部门规章之间的冲突等。实践中，由于立法主体的多元性和立法目的的差异等，同位法之间的冲突也较为常见，如在经济法领域，关于税收征收管理的法律与企业破产法之间可能存在不一致的情况，从而导致在企业破产程序中税收债权的清偿顺序不明确，但是这两部法律均是由全国人大常委会制定的，彼此之间所处的效力层级是相同的。若在同一企业破产案件中，税务机关依据《税收征收管理法》要求优先清偿

〔53〕 曹鎏：《行政法视野下的法律冲突类型化研究》，载《行政法学研究》2010 年第 1 期。

〔54〕 沈广明：《地方立法抵触上位法的判定方法及其价值取向》，载《中外法学》2023 年第 1 期。

税款,[55]同时债权人又依据《企业破产法》主张按照法定顺序清偿债务,[56]那么二者的权利主张就不可避免地发生冲突,不仅增加了司法成本,还可能导致司法不公。同位法之间的冲突,既可以是新法与旧法之间的冲突,也可以是一般法与特别法之间的冲突;既可以是同一法律部门之间的冲突,也可以是跨法律部门之间的冲突。根据是否有冲突解决机制,还可以进一步区分为有冲突解决机制的冲突和无冲突解决机制的冲突,前者如《立法法》第106条所规定的当地方性法规、规章之间不一致时由有关机关依照法定权限作出裁决;[57]后者如因各地方立法主体根据法律、行政法规的授权进行的自主性立法而产生的法律差异等。

(二)内部融贯性不足

立法的不融贯既可以反映在同一法律体系中不同法律规范之间的衔接问题上,也可以存在于同一部法律的不同条款之间,即体现为立法的内部融贯性不足。在同一部法律中,可能会存在条款之间的逻辑矛盾或者价值冲突,如法律规则与法律原则之间的不融贯问题在实践中就较为常见,这可能会影响法律的适用效果。以我国《民法典》对浮动担保登记效力问题的规定为例,《民法典》中虽规定了浮动抵押的设立登记问题,但对其登记效力的规范却不甚明确,这不仅导致"浮动抵押"的"浮动"特性无法充分体现,甚至还与《民法典》中规定的物权公示公信原则发生直接冲突。如《民法典》第396条规定:"企业、个体工商户、农业生产经营者可以将现有的以及将有的生产设备、原材料、半成品、产品抵押,债务人不履行到期债务或者发生当事人约定的实现抵押权的情形,债权人有权

---

[55] 《税收征收管理法》第45条第1款规定:"税务机关征收税款,税收优先于无担保债权,法律另有规定的除外;纳税人欠缴的税款发生在纳税人以其财产设定抵押、质押或者纳税人的财产被留置之前的,税收应当先于抵押权、质权、留置权执行。"

[56] 《企业破产法》第113条规定:"破产财产在优先清偿破产费用和共益债务后,依照下列顺序清偿:(一)破产人所欠职工的工资和医疗、伤残补助、抚恤费用,所欠的应当划入职工个人账户的基本养老保险、基本医疗保险费用,以及法律、行政法规规定应当支付给职工的补偿金;(二)破产人欠缴的除前项规定以外的社会保险费用和破产人所欠税款;(三)普通破产债权。破产财产不足以清偿同一顺序的清偿要求的,按照比例分配。破产企业的董事、监事和高级管理人员的工资按照该企业职工的平均工资计算。"

[57] 《立法法》第106条规定:"地方性法规、规章之间不一致时,由有关机关依照下列规定的权限作出裁决:(一)同一机关制定的新的一般规定与旧的特别规定不一致时,由制定机关裁决;(二)地方性法规与部门规章之间对同一事项的规定不一致,不能确定如何适用时,由国务院提出意见,国务院认为应当适用地方性法规的,应当决定在该地方适用地方性法规的规定;认为应当适用部门规章的,应当提请全国人民代表大会常务委员会裁决;(三)部门规章之间、部门规章与地方政府规章之间对同一事项的规定不一致时,由国务院裁决。根据授权制定的法规与法律规定不一致,不能确定如何适用时,由全国人民代表大会常务委员会裁决。"

就抵押财产确定时的动产优先受偿。”也就是说，浮动抵押的登记效力要在“抵押财产确定时”即抵押财产“固定”后才能实现，在抵押财产“浮动”期间，即使抵押权人已经完成设立登记，也无法对抗第三人，这种登记效力的特殊性就与普通动产抵押的公示公信原则存在矛盾，容易导致规则与原则在理解和适用上产生困难和混淆。如《民法典》第224条明确规定了“动产物权的设立和转让，自交付时发生效力，但是法律另有规定的除外”。

三、立法融贯性不足的成因及其影响

立法不符合融贯性的质量标准可能是立法制度不健全、立法程序机制不完善、立法审查力度不够、立法者意识不足和素质能力水平不高所导致的，除此之外，价值多元性、利益博弈、法律漏洞和规则与原则之间不完全弥合等也是重要原因。在一个法律体系内部，往往需要反映多元的价值观念和多重的利益诉求，这些价值观念和利益诉求之间存在的冲突和竞争使法律规范之间难以完全保持融贯；并且由于人类思维和理性的局限性，立法过程中也将不可避免地存在漏洞或者缺陷，这些漏洞和缺陷导致立法始终无法达致圆满的融贯状态；而法律原则的多样性、笼统性和法律规则的明确性、具体性，也常常使它们彼此之间存在张力，不能完全兼容，从而影响立法融贯性的实现。

立法缺乏融贯性可能导致执法和司法领域遭遇难以化解的尴尬局面。如前文所举的例子，一直以来，《人类辅助生殖技术管理办法》中禁止为非婚女性实施人类辅助生殖技术的规定没有被废止，而《吉林省人口与计划生育条例》中保障非婚女性可以采取合法的医学辅助生育技术手段生育子女的规定也没有被认定为违反上位法。但是，这两个同时存在却相互排斥的规定，确实为司法实践带来了不少困惑。近年来，国内有关非婚女性生育权纠纷的案件已经发生，但由于在我国宪法、法律等上位法并没有明确规定非婚女性享有生育权，各地法院在接收涉及非婚女性使用人类辅助生殖技术的案件时，常常面临“无法可依”的境地，即无法从现有的法律规范体系中寻找到直接确切的裁判依据，于是，作为部门规章的《人类辅助生殖技术管理办法》就在司法审判实践中被大量援引适用。可是当发生缺乏明显直接的法律依据的情形时，法院能否径直选择援引相关部门规章的规定作为裁判依据，这个问题本身就有待进一步商榷并确立合法性的依据。

上位法不明确和立法规定不一致，使司法裁判结果不一的情况时常发生。当某些人民法院以原卫生部制定的部门规章《人类辅助生殖技术管理办法》以及在其基础上出台的《人类辅助生殖技术规范》中的规定作为依据作出否定性裁判的同时，也有一些人民法院作出了相反的判决。如在“赵某诉许某抚养费纠纷”案中，北京海淀人民法院的判决书便清晰阐明“生育决定权是女性独有的权利，生育子女不需要男女双方的合意，女性单独决定即可”；[58]在“陈某玉诉无锡市妇幼保健院医疗服务合同纠纷”案中，江苏省无锡市梁溪区人民法院的判决对丧偶女性生育后所可能面临的一系列涉及道德伦理、代际原则等的质疑进行了回应。[59]从结果导向来分析，立法融贯性不足最为严重的负面影响就在于，公民等权利主体的合法权益从根本上无法受到公正和平等的对待，而当这一负面影响逐渐扩大和加剧时将可能导致法治秩序的混乱。

第五节　技术性标准的运用检视

对于立法是否符合技术性标准的考察，需要从当前立法技术规范本身及其操作主体等多个层面全方位判断。技术性标准的成功运用，不仅得益于对现有立法技术不规范等问题的进一步梳理和反思，同时还有赖于对既有立法技术规范的进一步补充和完善，为良法之治提供技术标准。

一、立法技术性不足的表现

长期以来，我国立法实践中立法技术性不足的问题屡见不鲜，已经成为制约法律体系科学化、精细化的关键“瓶颈”。立法的技术性不足，诸如立法活动统筹失当导致立法缺乏实效性、文本结构安排失当导致立法缺乏逻辑性、立法语言表述失当导致立法缺乏规范性等，会继而引发一系列连锁不良反应，如可能引发法律适用的不确定性、法律体系的不协调性、立法资源的浪费、法律的滞后、公众对法律的误解和不信任、地方立法的碎片化等问题。这些问题不仅影响法律的权威性和公信力，还可能削弱法律在社会治理中的效能。因此，提升立法技术性水平，完善立法技术规范，是现阶段提高立法质量、推进法治建设的重要任务。

---

〔58〕 赵某诉许某抚养费纠纷案，北京市海淀区人民法院（2013）海民初字第23318号民事判决书。

〔59〕 陈某玉诉无锡市妇幼保健院医疗服务合同纠纷案，江苏省无锡市梁溪区人民法院（2019）苏0213民初10672号民事判决书。

（一）立法活动统筹失当导致立法缺乏实效性

为确保立法过程中的技术性特征得以彰显，我国《立法法》对立法的审议、论证、评估等程序机制均作出了相应规定，建立了立法审议、论证和评估等制度。如《立法法》第 39 条规定，对于列入全国人大常委会会议议程的法律案，相关工作机构应当听取各方面的意见，听取意见可以采取座谈会、论证会、听证会等多种形式；[60] 第 42 条规定，针对拟提请常务委员会会议审议通过的法律案，常务委员会工作机构在宪法和法律委员会提出审议结果报告前可以对法律草案中主要制度规范的可行性、法律出台时机、法律实施的社会效果和可能出现的问题等进行评估。[61] 但是，《立法法》仅是对这些制度进行了原则性的规定，目前我国的立法实践仍然缺乏统一的技术参考标准和具体完善的操作细则，这也导致了这些制度的落地效果并不尽如人意。如由于缺乏立法技术标准的科学指导和立法程序机制的有效约束，导致一些急需推进的立法项目未能被及时列入立法规划和立法计划，与此同时，一些仓促上马的立法项目又因为缺乏充分论证而在出台后难以实施，导致立法无法反映真问题、解决真问题，不仅造成立法资源浪费，还严重削弱立法的实效性，使立法与社会实际严重脱节。在地方立法层面，虽然各地方都在积极制定本地的立法技术规范，但是这种局面至今没有得到根本的改善，反而由于各地立法技术标准的不统一加剧了各地立法质量参差不齐、立法活动各行其是的局面，最终受影响的是法律体系整体的协调性和权威性。

（二）文本结构安排失当导致立法缺乏逻辑性

法律文本内容的篇章布局对于体现其逻辑的自洽性、连贯性和完整性来说

---

〔60〕《立法法》第 39 条规定："列入常务委员会会议议程的法律案，宪法和法律委员会、有关的专门委员会和常务委员会工作机构应当听取各方面的意见。听取意见可以采取座谈会、论证会、听证会等多种形式。法律案有关问题专业性较强，需要进行可行性评价的，应当召开论证会，听取有关专家、部门和全国人民代表大会代表等方面的意见。论证情况应当向常务委员会报告。法律案有关问题存在重大意见分歧或者涉及利益关系重大调整，需要进行听证的，应当召开听证会，听取有关基层和群体代表、部门、人民团体、专家、全国人民代表大会代表和社会有关方面的意见。听证情况应当向常务委员会报告。常务委员会工作机构应当将法律草案发送相关领域的全国人民代表大会代表、地方人民代表大会常务委员会以及有关部门、组织和专家征求意见。"

〔61〕《立法法》第 42 条规定："拟提请常务委员会会议审议通过的法律案，在宪法和法律委员会提出审议结果报告前，常务委员会工作机构可以对法律草案中主要制度规范的可行性、法律出台时机、法律实施的社会效果和可能出现的问题等进行评估。评估情况由宪法和法律委员会在审议结果报告中予以说明。"

至关重要。在立法文本结构的问题上,我国《立法法》也进行了相应规定,如第65条第1款规定的"法律根据内容需要,可以分编、章、节、条、款、项、目"等。法律文本结构的设置安排是否得当往往是十分直观的。以修正前的《人民代表大会组织法》为例,作为一部具有一定规模的、内容涉及全国最高权力机关的全国性法律,在整体框架上却欠缺统领性的总则,与此同时,其他相关的国家机构组织法,如我国的《地方组织法》《人民法院组织法》《人民检察院组织法》等均设有总则部分。当然,并不是所有的法律法规都必须具备完整的总则、分则和附则结构,如近年来所提倡的地方小切口立法,就以追求内容的"少而精"为主要特色之一,尤其是在地方立法的问题上,不能够一味地贪大求全,而是要以精准立法、精细立法为目标,提高立法的针对性、适用性和可操作性。此外,章节结构混乱、构成要件与法律后果断裂等也是法律文本结构失序的表现。如在《电子商务法》中,第三章"电子商务合同的订立与履行"与第四章"电子商务争议解决"各自分立,但该法对于电子合同的效力认定规则的规定却散见于第三章和第五章,不同章节之间的主题内容交叉重叠,逻辑线索不清晰;又如,有的法律法规仅规定了法律行为的构成要件,却没有设置与其相互配套的法律归责规范,使法律行为与法律后果之间明显缺乏必要的对应性,这是立法内容结构性缺失的表现。

(三)立法语言表述失当导致立法缺乏规范性

立法语言作为法律规范的外在表现形式,同时也是法律规范最为重要的载体,是立法意图得以准确表达和实现的关键工具,其统一性和一致性直接影响整个法律体系的整体性和协调性,其清晰性和可读性直接影响社会公众对于法律的理解和接受,而其严谨性和准确性则是法律正确解释与适用的基础和前提。但是,在立法实践中,立法语言表述失当的问题其实也并不鲜见,具体有以下几个方面:

1. 有些法律文本存在名称有瑕疵、命名不规范的问题,不能直接直观反映法律法规的性质和内容,这不仅降低了法律法规的识别性,也影响了立法者对于规范条款的设定。在我国,立法名称的层级性是其合法性和权威性的重要体现,如宪法、法律、法规、规章、规定、条例、实施细则等。以"条例"为例,其制定机关应为国务院或者地方立法机关,且凡是国务院制定的条例应当冠以"中华人民共和国"的前缀,而地方立法机关制定的条例则应以其所属地区称谓冠于法规名称之首,如《中华人民共和国道路运输条例》《广东省地方立法条例》等。但是,如《学位条例》其制定机关却是全国人民代表大会常务委员会而非国务院,法规名称与制定机关不符，一般而言，全国人民代表大会及其常务委员会制定的应为“法律”而不是“条例”。另外，地方性法规的命名也同样存在问题，主要表现为名称不能直观地反映其效力层级、适用范围和内容。如地方性法规有执行性立法和自主性立法之分，这应当在法规名称上予以明确体现，且一般来说，执行性立法内容大多是细化上位法的实施性规定，将其命名为“实施细则”“实施办法”更为妥当，如《内蒙古自治区各级人民代表大会选举实施细则》《四川省宪法宣誓制度实施办法》等；而自主性立法则命名为“条例”更为合适。

2. 不少法律法规的立法语言表述存在不明确、不严谨、随意性明显的问题。如有些地方性法规使用大量的日常生活口语或者政策文件语言来代替法言法语，没有将政策语言正确转化为立法语言；或是用词不准确、概念使用前后不一致，标点符号使用不当、句式结构不完整、存在语法错误等导致法条表意不明，容易产生歧义；或是表意模糊、用词含混，如用“大量”“少量”“多数”“少数”等来表述数量，用“一定”“相当”等形容程度，用“正常情况”“特殊情况”表示状态等；或是文字表述冗长拖沓，内容晦涩难懂，增加受众的阅读理解负担以及适用的困境。

二、立法技术性不足的成因及其完善

立法技术性不足是一个多重维度的问题，其产生原因既可能是现有立法技术规范本身的缺失或者不完善，也可能是由于立法者参考不足、运用不当等原因引起的。究其根本，若要彻底解决立法技术性不足的问题，就需要着重从技术规范的制定和执行这两个方面进行系统的检讨和改进。换言之，一部立法要满足技术性标准，既需要制度标准的有力保障和有效规范，又需要立法者提高自身的意识能力水平对其予以严格正确地执行，此二者之间是一体两面的关系，缺一不可。

立法质量的提高有赖于立法技术的提升和完善，需要以立法技术作为重要的工具和手段。一直以来，我国各级权力机关在立法实践中非常重视立法技术规范的运用。如 2009 年和 2011 年，全国人大常委会法工委先后印发了《立法技术规范》试行稿（一）和（二），供省级人大工作参考。在地方立法中，不少地方制定并出台了专门规范立法活动的地方性法规，如《北京市制定地方性法规条例》《上海市制定地方性法规条例》《天津市地方性法规制定条例》《重庆市地方立法条例》《广东省地方立法条例》《浙江省地方立法条例》《吉林省地方立法条例》《海南省制定与批准地方性法规条例》等。各级地方立法机关也在积极探索和积累相关立法经验的同时尝试制定立法技术规范,如《云南省人民代表大会常务委员会立法技术规范》《重庆市地方立法技术规范》《深圳市人民代表大会常务委员会立法技术规范》《汕头市立法技术规范(试行)》《东莞市人大常委会立法技术规范》《金华市地方立法技术规范》《临沂市人民代表大会常务委员会立法技术规范》《龙岩市地方立法技术规范》等。但是,从整体上看,中央和地方现有的立法技术规范虽然数量丰富,在内容上却较为分散和驳杂,彼此之间存在较大差异,难以发挥统一规范立法活动的作用,这可能会对立法的科学性和融贯性造成不良影响,并且进一步导致立法质量评估标准的参差不齐。再如,全国人大常委会法工委印发的《立法技术规范(试行)(一)/(二)》,目前也还只是停留在"试行"阶段,仅具有指导和参考意义,但缺乏必要的权威规范和刚性约束。

在当前立法实践中,一系列技术性问题的存在凸显了制定统一立法技术规范和标准指南的重要性和紧迫性。制定和完善立法技术规范对于提高立法质量来说具有深远的意义。首先,权威的立法技术规范能够起到明确的指导作用,立法者在遵循权威明确的立法技术规范的指引下,能够更精准地把握立法时机,科学地选择立法项目,制定合理的立法规划和计划,并有序地规划立法步骤和工作节奏,这不仅有助于确保立法过程的高效性,也促进了立法成果的科学性和实用性;其次,立法者正确地运用立法技术,贯彻落实立法的技术性要求,将更加有助于实现法律法规的外在表现形式同内在具体内容的有机统一,这种统一不仅体现在法律法规的结构和布局上,也体现在立法语言表达的严谨性和标点符号的规范使用上,从而提高了法律法规的准确性和可执行性,可以说,立法技术的有效规制是确保法律法规内部结构科学布局、章节条款合理设置、立法语言正确严谨的关键;最后,立法质量的技术性标准也为我们提供了判断和衡量立法工作人员是否认真履行职责的重要依据。换言之,立法的技术性标准不仅助力于评价立法成果的质量,还适用于评价立法者的能力水平和工作态度,为高质量立法提供有力的保障。

第六章

立法质量保障机制的完善

系统完整的立法质量判断标准如同一把精准的标尺，为提升立法质量提供了清晰明确的参照系。如何将价值性标准、合法性标准、科学性标准、融贯性标准与技术性标准整全地运用于立法实践，需诉诸立法质量保障机制，需通过具体制度加以落实。本章将深入聚焦立法者与立法能力这一核心命题，从多个维度探索立法质量保障机制的完善进路。具言之，将从健全人大立法体制机制入手，通过优化人大立法程序，确保立法过程的公开、公正与高效。同时，提升立法者的专业素养和立法能力，培养一支既懂法律又熟悉社会实际的立法队伍。此外，还将积极建构科学的立法质量评估体系，以实现对立法成果的全面、客观评价，为持续提升立法质量奠定坚实基础。

第一节 健全人大的立法体制与机制

党的十八届四中全会提出，全面依法治国要坚持立法先行，抓住提高立法质量这个关键，“健全有立法权的人大主导立法工作的体制机制，发挥人大及其常委会在立法工作中的主导作用”。[1] 2023年修改后的《立法法》第6条规定：“立法应当坚持和发展全过程人民民主，尊重和保障人权，保障和促进社会公平正义。立法应当体现人民的意志，发扬社会主义民主，坚持立法公开，保障人民通过多种途径参与立法活动”，明确了全过程人民民主的立法工作机制在完善立法工作中的重要性。从理论上看，健全人大的立法体制与机制贯彻了全过程人民民主的立法原理，有利于使法成为人民意志的自觉表现；从实践上看，健全人大的立法体制与机制将确保法律的正当性与公正性。经由人大主导的立法程序，立法才能最大限度地反映人民意志，人民才有义务遵守法律。以五大判断标准衡量立法是提升立法质量的实体之维，最终仍需通过民主参与以实现程序正义，从而使立法质量的提升得到民众肯认，并最终内化于人民群众的内心遵从。

---

〔1〕《中共中央关于全面推进依法治国若干重大问题的决定》，载《人民日报》2014年10月29日，第1版。

人大主导立法是指在我国立法过程中应由人大把握立法方向，决定并引导立法项目、立法节奏、立法进程和立法内容，以及原则与基本价值取向。它是一项立法原则，同时也指立法体制和机制。[2] 一部立法之所以值得尊重，正是因为其在认真对待分歧的基础上广泛凝聚了共识。人大作为人民的代表机关，扮演的正是处理分歧过程中的主导者。人大主导立法具有深邃的理论内涵与目标追求，在新时代，以健全人大立法体制与机制作为保障立法质量的重要途径大有必要且大有可为。坚持问题导向，发挥人大主导作用，关键在于处理好"三对关系"，分别是党领导立法与人大主导立法之间的关系、人大与政府之间的关系、立法机关与第三方之间的关系。

一、处理好党领导立法与人大主导立法之间的关系

习近平总书记指出："党和法治的关系是法治建设的核心问题。"[3] 坚持党的领导，是社会主义法治的根本要求，是党和国家的根本所在、命脉所在，是全国各族人民的利益所系、幸福所系，是全面推进依法治国的题中应有之义。中国法治建设的历史经验表明，全面推进依法治国离不开党的领导，发挥立法的引领和推动作用离不开党的领导，健全人大立法体制机制与提升立法质量同样离不开党的领导。离开中国特色社会主义民主政治的具体语境就无法理解立法过程的政治背景与发展方向，在当代中国的现实背景下，既没有脱离政治的法治，也没有脱离法治的政治，党的领导、人民当家作主与依法治国应当有机统一。进入新时代，党在政治法律实践中的领导地位进一步夯实，人民代表大会制度作为根本政治制度的重要性进一步被强调。习近平总书记在庆祝全国人民代表大会成立60周年大会上的讲话中指出："在新的奋斗征程上，必须充分发挥人民代表大会制度的根本政治制度作用，继续通过人民代表大会制度牢牢把国家和民族前途命运掌握在人民手中。这是时代赋予我们的光荣任务。"[4] 因此，在党与人大的关系框架下解读党领导立法与人大主导立法之间的逻辑共通点，应成为完善立法质量保障机制的先决问题。

---

〔2〕 李克杰：《"人大主导立法"原则下的立法体制机制重塑》，载《北方法学》2017年第1期。

〔3〕 习近平：《关于〈中共中央关于全面推进依法治国若干重大问题的决定〉的说明》，载《人民日报》2014年10月29日，第2版。

〔4〕 习近平：《在庆祝全国人民代表大会成立60周年大会上的讲话》，载《人民日报》2014年9月6日，第2版。

（一）党领导立法与人大主导立法的内在逻辑

中国共产党的党组织具有与国家政权体系相对应的内部科层等级和结构功能，形成了全面嵌入国家政权体系的组织形式。[5] 在党的建设与国家机构改革的演变过程中，党与国家机关产生了深度融合与嵌入，在紧密相连的同时通过党委、党组实现对公权力机关的政治领导。就党与人大的关系而言，人大主导立法的业务必须在党的领导下开展，不能偏离党的大政方针，这已超越了传统的政党逻辑与政府组织逻辑，呈现出一种新型逻辑，而其背后则有深刻的逻辑共通点，即共同的人民立场与理性诉求。

党领导立法与人大主导立法基于共同的人民立场。主权者和人民只能有一个共同利益，以便国家机关的一切活动都以共同的福祉为宗旨，而要做到这一点，就必须将人民和主权者视为一体。[6] 就价值追求来看，党始终将全心全意为人民服务作为自身宗旨，“把人民拥护不拥护、赞成不赞成、高兴不高兴、答应不答应作为衡量一切工作得失的根本标准”。[7] 党除了为人民谋幸福之外再无个体私利。从实践历程来看，党领导人民打江山、守江山，带领中国人民实现了由站起来、富起来到强起来的伟大飞跃，夯实了党在人民心中的地位。可以说，党的领导是人民群众发自内心的政治认同。人民代表大会是奉行国家一切权力属于人民的宪法理念的制度创举，是人民行使当家作主权力的机构，其背后同样植根着深厚的人民立场，蕴含着人民的意愿和诉求。综上所述，党领导立法与人大主导立法都是基于最广大人民群众的根本利益，都是为人民谋幸福的现实行动，拥有同根同源的行动指南。

党领导立法与人大主导立法拥有共同的理性诉求。党的十八大以来，中共中央高度重视对重大立法事项的集中统一领导，在重要法律规范的制定修改过程中，党中央通过听取全国人大常委会党组汇报与各方面意见作出理性决策，实质性推动立法进程，我国《民法典》的出台即为印证。同时，重大事项请示报告制度的建立也使立法主体能够将立法过程中遇到的重大问题与争议难题及时汇报至党中央，由党中央把握方向并指明路径。这一制度的运用立基于理性诉求，

---

〔5〕 参见封丽霞：《党领导立法的逻辑与意义》，载《行政法学研究》2023 年第 3 期。

〔6〕 参见［法］卢梭：《论人与人之间不平等的起因和基础》，李平沤译，商务印书馆 2007 年版，第 20 页。

〔7〕 参见《习近平在第十三届全国人民代表大会第一次会议上的讲话》，载《人民日报》2018 年 3 月 21 日，第 2 版。

将立法过程中的不稳定因素降至最低，将以党的科学领导确保切实提升立法质量。人大主导立法并不是闭门造车式的拍脑袋决策，而是凝结人民智慧、群策群力的政治活动，科学立法、民主立法、依法立法的背后都体现为一种理性诉求，渴望通过正当程序在广泛凝聚共识的基础上制定出合乎最广大人民利益的良法善法。党领导立法已是经实践证明的理性选择，人大主导立法也是对我国立法体制机制的最佳塑造。综合来看，在理性需求的视角下，党领导立法与人大主导立法同样具备逻辑上的共通之处。归根结底，党领导立法与人大主导立法是中国特色社会主义法治与政治互动的集中体现，是实现党的领导、人民当家作主、依法治国三者有机统一的根本路径，因此必须在实践中毫不动摇地贯彻与实施。

（二）党领导立法与人大主导立法的协同路径

党领导立法与人大主导立法在内部逻辑与实质核心上是互通的，且统归于中国特色社会主义政治与法治实践。在明确目标一致性的同时，应坚守两者各自的角色定位，以合适合理的方式开拓党总揽全局与健全人大立法体制机制的协同路径，力求达致提升立法质量的良善目标。

其一，应明确党对立法工作的领导方式。党领导立法并不代表着党要直接介入立法与履行立法职责，党对立法工作的领导应当是一种政治领导、组织领导和思想领导，党在立法过程中更多的是发挥一种绘制立法蓝图、制定大政方针、把握大局方向、明确指导思想的作用和功能，同时对人大立法过程中遇到的棘手难题及时作出决策，以使立法顺利进行并切实制定出高质量的法律。我国宪法法律赋予了全国人大及其常委会以立法权，党领导立法的过程也是充分尊重、充分相信人大机关履行法定职责的过程，且也是尊重立法权威、保障立法质量的过程。因此，在健全人大立法体制机制的实践中，应坚持党的政治领导、组织领导、思想领导不动摇，使党的领导着眼于宏观大局把控与疑难问题决策的同时，按照宪法法律规定由人大按照法定的权限和程序进行立法。

其二，要通过法定程序使党的主张上升为国家意志。党领导立法代表着党对国家重大政治、经济、文化、社会、民生、生态环境等重要领域作出规划和决策，这些大政方针与决策部署虽然不是国家法律，但却对国家法律的生成、修改与完善有无比重要的作用。对党领导立法的坚守正是体现在对党的大政方针与决策部署的贯彻落实上。以 2018 年通过的宪法修正案为例，其将习近平新时代中国特色社会主义思想写入国家的指导思想，把我国建设成为富强民主文明和谐美丽的社会主义现代化强国确立为国家的共同奋斗目标，正是对党的十九大精神的贯彻落实，代表着党领导立法与人大主导立法之间的协同。坚持党的领导，让党的主张成为国家意志，不仅是全体党员的使命担当，也是人民群众的共同追求与福祉所在，更是健全人大立法体制机制的关键所系。

其三，要围绕提升立法质量这一关键开展工作。党以实事求是的工作态度与群众路线的工作方法保障领导立法的科学性，[8]通过集结人民群众的智慧为提高立法质量提供了现实保障。人大在主导立法的过程中同样围绕实体层面的科学性与程序层面的科学性开展工作，例如，建立基层立法联系点广泛倾听人民群众对于立法的意见建议、建立三审制防范立法决策的随意性，这些措施都能导向立法质量的提升。在已确立立法质量判断标准的前提下，应将党领导立法与人大主导立法的关键点置于立法质量提升的保障之上，切实保证科学立法、民主立法与依法立法的标准落地实施。

二、处理好人大与政府之间的关系

人大主导立法早已得到《宪法》与《地方各级人民代表大会和地方各级人民政府组织法》的确认，然而，人大主导立法在实践中却常常被异化而未能达致应有的要求和目标。就立法权限的主体而言，从中央到设区的市的权力机关和行政机关，均被赋予了立法权限，成为立法的重要主体。因此，如何平衡好人大立法与政府立法之间的关系，也应当成为健全人大立法体制机制、保障立法质量稳步提升的关键所在。就当前现实情况而言，人大主导立法论一定程度上受到政府主导立法论的冲击与消解，一种常见的情形为：以政府立法为主导，立法需求主要源于政府部门管理工作的需要，即政府提出立法规划与立法计划、起草法案、提出议案，同级人大常委会在程序上作出响应并最终予以通过。[9] 处理好人大立法与政府立法之间的关系，应当直面上述问题，坚持规范不等于现实、应然不等于实然、个别不等于全部的立场，[10]明确人大立法相对于政府立法的主导地位，探求人大主导背景下人大立法与政府立法的调处路径，方能使宪法法律精神成为现实遵循，使两者相得益彰、美美与共，使立法质量判断标准与立法质量保障机制在实践中发挥出其应有的功能和作用。

---

〔8〕 刘雁鹏：《论党领导立法的证成逻辑》，载《河北法学》2022 年第 11 期。

〔9〕 陈俊：《论人大主导立法所涉若干重要关系及其立法权行使》，载《政治与法律》2017 年第 6 期。

〔10〕 秦前红：《人大主导立法不能过于理想化》，载《人大研究》2017 年第 2 期。

(一)人大立法与政府立法的关系定位

健全人大立法体制机制、切实保障立法质量提升离不开对人大主导立法的坚持和落实。处理好人大与政府之间的关系,首先需要理顺的问题是为什么应当由人大主导立法而非由政府主导立法。实际上,人大主导立法有深刻的法理逻辑和实践考量,与法律依据、人大性质以及运作利弊息息相关。

其一,人大主导立法具有法律依据。自党的十八届四中全会提出"人大主导立法",该思想就成为《立法法》中的重要指导思想,《立法法》第54条规定:"全国人民代表大会及其常务委员会加强对立法工作的组织协调,发挥在立法工作中的主导作用。"《立法法》作为规范立法活动之法,明确了人大在立法中的定位和作用,且将政策话语上升为国家意志,成为一项重要的法律依据。遵循与坚守人大主导立法,正是贯彻落实法律规定的必然要求与实践体现。

其二,人大主导立法是由人大与政府的关系定位所决定的。从性质来看,人民代表大会是国家权力机关,地位居于同级政府之上,同级人民政府由人大产生、对人大负责并受人大监督,在生成逻辑上,人大自然具有相对政府的主导地位;从职能来看,我国语境下立法权的人民主权属性决定了立法权只能由人民来行使,而人民行使国家权力与立法权的机关是全国人民代表大会和地方各级人民代表大会,人大作为民意机关在政治与法治层面肩负着代表人民立法的权力与责任。因此,党的十八届四中全会决定对这一职能作出科学论断,即人大在立法工作中应居于主导地位。

其三,政府主导立法面临诸多实践困境。在我国的立法实践中曾经出现"政府主导立法"的异化现象,正如习近平总书记所言,"我们在立法领域面临着一些突出问题……立法工作中部门化倾向、争权诿责现象较为突出"。[11] 政府由于各自职能分工的不同,在执行法律的过程中难免出现争权诿责、地方保护等问题,造成为了部门利益而立法的乱象,在使立法蒙受不良名声的同时也偏离了人民群众的福祉诉求。一部成熟的立法要经历立法准备、由法案到法以及法的完善三个阶段,在其过程中离不开政府部门的配合,然而,若完全交由政府主导立法,难免导致立法受部门利益左右的不良结果。行政立法中部门利益渗入已经成为长期困扰立法工作的问题,正因如此,在现代法治社会应当明确人大的主导地位,使政府及其部门发挥好、执行好配套辅助作用,以确保立法以人民利益

---

〔11〕 习近平:《关于〈中共中央关于全面推进依法治国若干重大问题的决定〉的说明》,载《人民日报》2014年10月29日,第2版。

至上,只为人民利益而不掺杂部门私利。综上所述,无论是从理论上讲还是从实践中来看,政府主导立法的合法性是存在问题的,立法质量的提升最终还是应当回归到人大主导的法治轨道上来。

(二)人大立法与政府立法的协调路径

处理好人大立法与政府立法的关系,应当明确人大立法相对政府立法的主导地位并将其落实于实践,既要发挥好人大的主导作用,同时也要注意发挥政府在立法中的重要作用,以二者的有效结合助力立法质量的提升。

首先,要延展人大主导立法的范围。发挥好人大的主导作用,不能仅仅将人大停留于由法案到法的阶段,而应前展至立法准备阶段并延后至法的完善阶段,在提出立法项目、确定立法规划等环节促进人大的实质性参与,以便人大能够尽早确定立法原则、明确立法方向,在整体蓝图与规划上引领立法进行,合理配置权利义务。同时,在法案正式通过与实施以后的立法后评估阶段,也不应由政府自说自话、自我评价,而应让人大真正主导立法评估,对法律的运行实效作出客观评判。此时,政府可以向人大阐述在法律执行中面临的实际困难与对策建议,发挥其基础性作用,辅助人大对法的运行作出全面认定。延展人大主导立法的范围与发挥政府基础性作用相结合,有利于将立法质量判断标准落于实处,以切实保障高质量立法。

其次,发挥好政府立法的重要作用与加强备案审查。人大主导立法并不代表取消政府立法,截至 2016 年 9 月,全国人大及其常委会共制定宪法和现行有效法律 252 部;截至 2016 年 7 月,有立法权的地方人大及其常委会共制定现行有效的地方性法规 9915 件。[12] 以上述数据为基础,含国务院、国务院所属部委以及设区市以上地方人民政府在内的行政立法主体所立之法保守估计也在万件以上,无论从数量来看还是从规模来说都是巨大的,对促进经济社会发展与增进人民福祉发挥着重要作用。因此,应继续发挥好政府立法的基础性作用,克服部门立法倾向,引领政府立法与人大立法和谐共处、相得益彰。此外,在充分尊重政府立法职权的同时也应对其加以一定限制,实现赋权与限权的统一。[13] 对于数量庞杂的政府立法,人大应积极发挥好主导作用,强化主动审查,改变“备而不审”的做法,全面开展对政府立法的审查。当发现有与现行法律、行政法规冲

---

〔12〕 中华人民共和国国务院新闻办公室:《发展权:中国的理念、实践与贡献》,载《人民日报》2016 年 12 月 2 日,第 10 版。

〔13〕 李林:《立法理论与制度》,中国法制出版社 2005 年版,第 115 页。

突等问题时,应积极行使撤销权等,树立人大备案审查之威信,切实强化人大在立法工作中的主导作用且真实发挥实效。综上所述,在明确人大立法与政府立法各自定位的基础上,还应促进二者的衔接与协调,共同助力立法体制机制的健全与完善、立法质量判断标准的贯彻与落实,进而实现立法质量的稳步提升。

三、处理好立法机关与第三方之间的关系

2014 年《中共中央关于全面推进依法治国若干重大问题的决定》提出,“健全立法机关主导、社会各方有序参与立法的途径和方式。探索委托第三方起草法律法规草案”。《立法法》第 57 条第 2 款对第三方参与立法作出明确的规定:“专业性较强的法律草案,可以吸收相关领域的专家参与起草工作,或者委托有关专家、教学科研单位、社会组织起草。”由此,我们可以明晰“第三方”的概念,即立法机关、执法机关与司法机关之外的具有专业立法起草知识与背景的专家学者、科研机构和社会组织等。从实践逻辑来看,第三方参与立法早已先于法律规定而产生。2001 年 2 月,重庆市人大法制委正式委托索通律师事务所起草《重庆市物业管理条例(草案)》,由此开启了委托律所起草地方性法规之先河。自此以后,立法机关委托律所、高等院校起草法律、法规及规章的现象逐渐增多,时至今日,第三方已经成为立法实践中的一个重要主体,见证并参与了立法实践。健全人大立法的体制机制、提升立法质量,不仅应当理顺党与人大、人大与政府之间的关系,也需要处理好人大与这些第三方主体之间的关系。在这一问题上,应首先阐明第三方参与立法的必要性与重要性,并积极探索立法机关立法与第三方参与的协调路径,构筑好立法质量提升的保障机制。

(一)第三方参与立法的必要性与重要性

在现代社会,许多复杂的、事涉专门技术的法案主要是由行政部门起草的。在我国,部门立法现象备受诟病,原因是行政部门借助立法的方式使部门利益合法化,或者通过法律确认部门利益、争权诿责现象较为突出。因此,党的十八届四中全会审议通过的《中共中央关于全面推进依法治国若干重大问题的决定》特别提出要明确立法权力边界,从体制机制和工作程序上有效地防止部门利益。具体措施包括:完善行政法规、规章制定程序,完善公众参与政府立法机制;对部门间争议较大的重要立法事项,由决策机关引入第三方评估;探索委托第三方起

草法律法规草案等。[14] 第三方参与立法应运而生，成为一种保持客观中立，旨在引导立法回归正途的理性选择。从实践来看，第三方参与立法论证与起草实属必要，其将凭借科学性优势与中立性优势助推立法质量稳步有效的提升。

第三方参与立法具有科学性优势。法律是调整社会关系的规范，起草立法不仅需要法学专业知识，更需要对社会情况有深入了解。以高等院校、专家学者与职业律师为代表的第三方在法学研究领域深耕多年，并充分参与法律实务，具有深厚的理论与实践功底。立法机关工作人员虽对立法工作有深入了解与丰富工作经验，然而不同立法所调整的社会关系存在差异，立法机关不可能对每一具体细分领域都有充足的知识储备，当涉及前沿性、专业性问题时也难免面临挑战。此时，引入对某一领域有专业研究的第三方参与，能起到另辟蹊径、借力而行的作用，使立法的法治思维与专业问题的专业思维相结合，共同助益立法的科学性与专业性。

第三方参与立法具有中立性优势。从当前我国的立法实践来看，由政府部门牵头起草立法已成为惯常现象，尽管就专业性与熟悉度而言，由政府部门主持起草立法能够使立法内容更贴合实践，有效对症实践疑难问题的解决，同时减轻立法机关压力、克服立法资源紧缺的困难，然而，部门利益法制化的现实障碍使立法的中立性难以保障。在此情形下，客观中立的第三方参与立法与起草立法就成为一种理性选择。第三方既没有立法权也没有执法权，与立法所调整的社会关系并无较大利益牵扯，因此，其在起草立法时能以一种更加客观中立的姿态分析立法中的实际需求与完善方向，以其专业知识保障高质量立法。不偏不倚的中立性要求是立法工作所必需，政府主持立法不可避免地造成部门立法倾向，人大主持立法又面临资源短缺、人手不足的现实尴尬，在此现实背景下，第三方参与立法与起草立法具有现实优势以及应有的力量与智慧。

（二）立法机关立法与第三方参与的协调路径

第三方参与立法已成为《立法法》规定与实践肯定的制度创举，对提升立法质量有积极而有效的助益。应明确的是，第三方参与立法并不是主导立法，其仍应在健全人大体制机制的话语下展开，立法机关立法与第三方参与的协调应从加强立法机关主导、财政保障第三方参与等方面加以落实。

加强立法机关对第三方的主导作用。在委托第三方参与立法、起草立法的

---

〔14〕 宋方青：《完善立法体制　提高立法质量》，载《光明日报》2014 年 12 月 9 日，第 2 版。

过程中,立法机关应当居于主导地位,以保证不偏离人民群众的意志与诉求。立法是各主体围绕各方利益展开博弈的过程,如果立法机关的主体地位得不到保障,难免使第三方掺杂私利、背离公平公正的价值目标。立法机关作为主导者与委托方,其主导地位不应简单停留于审议阶段,而应在立法准备阶段就得到体现,无论是立法前期的调研评估、立法进行中的法案起草还是立法后评估,都要发挥好支持、指导和监督作用。[15] 在立法全过程,立法机关在为第三方提供便利条件的同时也应及时跟踪立法进度,加强对立法工作的指导,以期真正发挥实质性的主导作用。

为第三方参与立法提供专项财政保障。委托第三方参与起草立法是对原有人大起草立法或政府部门起草立法的一大制度突破,对立法质量提升具有鲜明作用。对这样一项举措,应从物质上加以保障,将人大委托第三方立法的经费列入财政专项保障,同时明确专款专用,不得将该经费擅自挪为他用,由立法机关直接对该笔经费的使用进行管理和监督。财政经费保障在明确立法机关主导地位的同时,可以有效提高第三方参与起草立法的积极性、主动性和实践性,使第三方参与立法发挥实质性的作用和效能。综上所述,处理好立法机关与第三方之间的关系,既要重视发挥好第三方机构的作用,也要巩固好立法机关对立法的主导地位,以二者的衔接协调助力立法质量提升。

第二节 完善人大的立法程序

将价值性标准、合法性标准、科学性标准、融贯性标准与技术性标准真正运用于立法质量的判断,需要依靠久久为功与多方努力。健全人大的立法体制与机制是发挥人大主导立法作用的"实体层面"的建构内容,但必须注意到仅仅依靠"实体"建构难以全面而有效地保障立法质量,因此,还需通过完善人大的立法程序,实现"程序层面"的建构,力求以科学规范的程序要求提升立法质量和效益。根据法律规定,正式立法程序包括法律案的提出、法律案的审议、法律案的表决、法律的公布四个阶段。学界在此基础上将立法程序凝练划分为立法准备阶段、由法案到法的阶段与法的完善阶段,力求对法的诞生与健全做全周期理解。在完善人大的立法程序方面,不能着眼于单一阶段和单一领域,而应以宏观

[15] 王子正、周静远:《委托第三方参与地方立法问题研究》,载《地方立法研究》2017 年第 2 期。

视野和格局进行全方位的审视并采取相应的措施。具体而言，可以采取完善公众参与机制、健全程序规则与保障机制、建立多主体参与的多维度论证咨询机制，以此达成完善人大立法程序进而切实保障立法质量目标的实现。

一、完善公众参与机制

我国《立法法》第6条规定："立法应当坚持和发展全过程人民民主，尊重和保障人权，保障和促进社会公平正义。立法应当体现人民的意志，发扬社会主义民主，坚持立法公开，保障人民通过多种途径参与立法活动。"学界对公众参与立法机制已经有较为充分的认识，如有学者将其理解为"公共权力机构通过开放的途径从公众和利害相关的个人或组织获取信息，听取意见，并通过反馈互动对公共政策和治理行为产生影响的各种行为"。〔16〕 公众参与立法具有深刻的理论基础，与人民主权理论、参与式民主理论、协商民主理论密不可分，并对立法实践大有裨益，具体而言，主要表现在：其一，公众参与立法体现全过程人民民主的实质内涵，能够促进公众合理表达利益诉求。涂尔干认为，现代社会的运行以分工与分化为基础，个体表现出较强的异质性，利益呈现多样化态势。〔17〕 多元利益诉求对立法提出了更高要求，如何达成多元利益的平衡和协调是人大在主导立法工作中所必须面对的问题。全过程人民民主意味着应当允许人民群众在立法的全过程合理有效地表达自身意愿，通过彼此间对话商谈实现资源的合理配置。其二，公众参与立法能够有效提升立法的可接受度。专业第三方参与起草立法固然提升了立法的科学性与专业性，但其将社会公众隔绝于立法之外的做法又将导致公众对立法缺乏了解与信任。公众对立法的陌生乃至误解都会使其无法对一部立法产生真正意义的内心认同，遑论内心遵从。理解层面的抗拒会导致立法难以真正落于实处，在无法激发守法思维的同时也定将导致执法陷入困境。因此，公众参与立法作为《立法法》明文规定的一项制度，应当在实践中予以认真对待和坚守并真切地落实。

然而，从当前的立法实践来看，我们也必须注意到公众参与机制出现了一定程度的异化，以至于仍然存在无法发挥真正意义上的人民民主价值诉求的现象与问题。其一，公众参与立法的参与度不足。从当前立法实践来看，公众能否顺利参与立法过程，其决定权与主导权在于立法机关，既包括人大机关，也包括拥

〔16〕 蔡定剑主编：《公众参与：风险社会的制度建设》，法律出版社2009年版，第6页。

〔17〕 [法]埃米尔·涂尔干：《社会分工论》，渠东译，生活·读书·新知三联书店2000年版，第2页。

有行政立法权的行政机关。《立法法》概括性地规定了应保障人民通过多种途径参与立法活动，同时明确规定对于“专业性较强”“需要进行可行性评价”“存在重大意见分歧或者涉及利益关系重大调整”等情形应召开听证会听取公众意见。然而，上述情形具有一定程度的模糊性，如何认定上述要素需仰赖立法主体的判断。组织召开听证会等公众参与形式存在一定程度的选择性，由此导致公众对立法的参与度不足。其二，公众参与立法的积极性不高。公众的热情度与积极性是保障公众参与机制与提升立法质量的关键，然而就目前来看，此种积极性并未得到很好体现。诚如亚里士多德所言：“凡是属于最多数人的公共事物常常是最少受人照顾的事物，人们关怀着自己的所有，而忽视公共的事物；对于公共的一切，他至多只留心到其中对他个人多少有些相关的事物。”[18]公众对此类集体问题往往会怀有一种漠不关心的态度从而怠于参与立法。此外，公众对于立法信息的获取困难，也在一定程度上加深了对参与立法活动的漠视。综上所述，由于立法主体与公众自身的问题，当前的公众参与立法机制未能发挥应有效能，亟待改进和完善，具体而言，要完善公众参与机制必须重点聚焦以下几个方面。

（一）扩大公众参与立法的主体范围

当前立法实践中的公众参与更多呈现为一种个体参与的样态，具有零散化、个体化特征。社会组织和人民团体参与度的不足致使立法中欠缺“有组织声音”，无法为立法工作提供理性表达和应有诉求。纵观立法的历史与现实，社会组织和人民团体的积极参与，不仅可以提高公众参与的广泛性、有序性和实效性，而且能够由此培育出超越自身利益诉求的现代公共精神。[19] 事实也证明社会组织和人民团体有序参与国家和社会治理不仅是法律规定的结果，也是经过实践证明的良策。当前我国《立法法》仅规定人民团体参与听证的权利，然而立基于实践的审视和要求，人民团体不仅应在重大事项的听证环节发挥作用，更应在起草立法规划、法案起草以及立法前评估和后评估等诸多环节进行实质性参与。因此，完善公众参与机制需从扩大公众参与的主体范围入手，让妇联、消费者协会、企业家协会等人民团体和社会组织以及公民个人都能够有组织地依托相关的体制和机制积极参与立法，发挥应有的作用。

---

〔18〕［古希腊］亚里士多德：《政治学》，吴寿彭译，商务印书馆 1983 年版，第 48 页。

〔19〕顾爱平：《公众参与地方立法的困境与对策》，载《江苏社会科学》2017 年第 6 期。

（二）完善立法信息公开制度

立法信息公开是公众参与的基本前提，公众对立法信息的了解程度直接决定了公众参与立法的效果。当前公众不愿参与立法的一项重要原因即在于对立法信息的茫然。因此，应从根本上解决好立法信息供给问题，实现立法机关与公众的良性互动。其一，在法的立项阶段应向社会公开征集意见，完善和强化立法前评估制度，倾听公众对法“该不该立”的看法，最大限度地反映民意，以防止在法案出台后招致对该法“不该立”的质疑和批判。其二，要全面公开立法内容与立法会议安排。当前许多立法尤其是地方立法在立法过程中仍不甚透明，并未向公众公布制定法规规章的草案文本与相关说明，对于立法会议的安排也未告知公众，致使公众参与立法的渠道受限。完善立法信息公开制度，势必要加大立法相关信息的供给，在制定阶段充分提供关于法律草案的相关信息，并告知公众召开立法会议的时间地点与会议议程等，为公众参与提供便利。其三，在法的完善阶段，不能仅仅由制定机关与第三方进行立法后评估，还应告知公众法在运行过程中遇到的实际困难，将相关执法信息告知公众，以便倾听公众意见，及时地进行立法的立、改、废、释、纂。

（三）建立公众参与立法的激励机制

作为一项公共事务的立法，在公众看来，若不涉及其直接利益，往往选择漠视应对，此种集体行动的困境往往成为制约公众参与立法的主观层面问题。为避免公众因参与立法而遭受个人利益减损的窘境，立法机关应建立公众参与立法的激励机制，为公众提供一定程度的物质保障和精神奖励，力求免除其后顾之忧。首先，立法机关应对积极参与立法的公众给予物质保障与精神奖励。可以通过补贴交通费、餐饮费、住宿费等方式填补公众参与的必要开销，对其中积极建言献策的个人提供适当物质奖励，同时可以向他们颁发证书以示表彰，对发挥重要作用的个人，还可进行通报嘉奖与表彰，最大限度激发其参与热情。其次，应对不按规定要求保障公众参与的立法主体进行必要警示。反面警示的目的和作用在于让公众看到建构公众参与机制的决心和信念，以求在实践中真正将该项制度落于实处。

（四）完善基层立法联系点工作机制

自 2014 年党的十八届四中全会决定建立基层立法联系点以来，全国人大常委会法工委陆续在全国多省份设立立法联系点,为"发展全过程人民民主,保障人民当家作主"提供了现实路径。为充分完善公众参与机制,落实党的二十大关于"建设好基层立法联系点"的重要要求,有必要检视当前基层立法联系点运行中存在的实际问题并提出针对性对策,以进一步推动基层立法联系点工作机制走向深入并发挥实效。当前基层立法联系点制度离实现全过程人民民主的应有要求还存在一定差距,主要表现为以下两个方面:一是参与主体广泛性不足,许多群众对基层立法联系点的作用还没有真切的认识,人大代表也在一定程度上未能积极发挥联系、示范作用;二是制度运行实效性不够,许多群众对基层立法联系点所提的意见和建议未得及时反馈与采纳,官方对个人奖励机制的设置也仍不完备,一定程度上限制了群众积极性的发挥。深化基层立法联系点的建设应从两方面实现制度的精准化。一是持续扩大联系点参与主体范围。推广和加强人大代表联络站与基层立法联系点共建模式,使人大代表发挥自身优势,带动周边群众参与立法建议征集、深度参与立法工作。二是提升公众参与立法的实效性。对于积极提出立法建议达到采纳标准的群众,可以采取提供立法建议采纳说明、给予一定物质奖励的方式进行实际激励,以切实增强群众对基层立法联系点这一全过程人民民主实践形式的真实体验感并积极发挥应有的作用和力量。[20]

二、健全程序规则与保障机制

立法法理学的研究进路将人大立法所关注的核心问题从立法数量转移到立法质量上来。当前人大立法程序中存在的一个突出问题在于人大主导的形式意义在一定程度上大于实质意义,真正实现宪法法律赋予人大的功能定位还有不足之处,必须认真反思。立法质量判断标准的贯彻与立法质量的提升关乎法律运行效果,取决于立法程序的完善程度。对于立法公平这一概念而言,"程序正义确实是实体正义之母"。因为立法本身就是一个"造法"过程而非法律适用的过程,除宪法之外,立法过程并无所谓其他"实体法"的先在拘束,故而立法的程序制度设置对于立法结果与内容的公正具有至关重要的意义。[21] 当前在一定程度上,程序规则的不完善与保障机制的不健全的问题已经成为掣肘人大立法

〔20〕 周天泓:《深化基层立法联系点建设:理论预设、现实问题与应对路径》,载《决策与信息》2023年第3期。

〔21〕 宋方青、周刚志:《论立法公平之程序构建》,载《厦门大学学报(哲学社会科学版)》2007年第1期。

程序有序运行的重要障碍，势必要对其现实困境进行反思与修正，以促进其真正发挥好程序的实质价值。

人大立法程序规则不完善体现在立法准备、由法案到法与法的完善全阶段全过程，其中在立法审议这一立法程序的关键环节体现得尤为突出。立法审议是一部法律实现由法案到法的关键程序，也是健全人大立法程序的关键所在。立法审议在立法规范层面体现为一种程序法要求，其具有独立的程序价值取向。首先，公正价值是立法审议的首要追求。分配正义是一部立法的内在要求，如何实现分配正义需要认真对待社会成员的权利、义务和责任的配置，而对公民权利义务关系的处理必须保证利益相关者有参与协商谈判并表达观点的机会。其次，民主价值是立法审议的天然属性。立法审议意味着多方主体在一定时间空间下的交谈和互动，是支撑多元利益主体表达意见的重要方式。当互动的程度越高，各方主体的利益表达就越充分，民主价值也随之彰显。最后，科学是立法程序追求的另一重要价值。马克思以“表述法律”阐释了立法活动的科学性要求，立法审议在多方利益主体互动的过程中实现了理性商谈，并达致共同目标。综上所述，立法审议具有公正、民主与科学的价值追求和内在目标，应作为健全人大程序规则与保障机制的重要着力点。

以人大立法审议为视域，可以发现当前我国立法实践中仍然存在与应然要求相偏离的情况。其一，立法审议中专门委员会未能发挥应有的作用。立法审查阶段的核心任务在于审查和表决法案，以探讨法案是否能够真正上升为法律。依照《立法法》等相关规定，以宪法和法律委员会为代表的专门委员会在人大开会期间发挥专业性优势，为人大统一审议立法提供决策支撑。然而，由于宪法和法律委员会等专门委员会在组织体制上并不具备独立承担这样庞大职责的能力和条件，故其立法工作主要是由常务委员会工作委员会（如宪法和法律工作委员会）来承担的。〔22〕 这一现象存在的问题是专门委员会由人大代表组成，是民主选举产生的结果，由其协助立法审议并无问题；而常委会工作委员会并非民主选举产生，缺乏民意代表，依赖其完成立法审议存在合法性的问题。其二，立法审议阶段的实际议事功能较弱。当前立法审议阶段的意见交锋与立法辩论缺失，更多仅是象征性的探讨交流，导致协商的充分性难以得到保障，其最终导向于立法审议的形式价值大于实质价值。综上所述，专门委员会作用一定程度的虚置与实际议事功能的欠缺都掣肘了人大实质性立法审议功能的发挥，因此也

〔22〕 周伟：《全国人大法律委员会统一审议法律草案立法程序之改革》，载《法律科学（西北政法学院学报）》2004 年第 5 期。

亟待修正与完善。

(一)强化专门委员会职责分工

人大统一审议需要依靠专门委员会的智识支撑与技能保障,为作出科学合理决策提供体制机制的保障。检视我国的立法实践,我们会发现我国《立法法》对此种安排的制度设计在实践中并未得到充分地贯彻落实,如实践中法律草案的修改由宪法和法律委员会主导,但由于宪法和法律委员会本身功能有限,由此就引发了法工委的职能扩张。换言之,即法律委员会许多具体工作常常由常委会工作机构——法工委实际完成,但这与二者在人大内部机构的结构设置不符,其合法性是存在问题的。[23] 想要化解对常委会工作机构的依赖,真正发挥专门委员会与人大在会议期间统一审议立法的功能作用,势必要对专门委员会的职责分工进行强化,以完善人大立法中的程序规则。

首先,应明确宪法和法律委员会与其他专门委员会在人大会议期间的立法审议职责。依照我国《立法法》的规定,在人大会议期间的立法审议活动中,宪法和法律委员会应发挥基础性作用,为人大立法提供法律方面的专业性审查意见。为避免宪法和法律工作委员会在实践中"僭越"代行人大职权,有必要再次明确宪法和法律委员会的地位,使其真正担负起审议的职责。同时,也应发挥其他专门委员会的专长,使其各自在专业领域承担专业内容的审查职责,最终报送宪法和法律委员会进行合宪性与合法性审查,最大限度地发挥各委员会作用,改变形式参与的既往不当的做法。其次,应设置专门委员会议事程序规则,明确各专门委员会职责分工后仍需依靠程序保障加以落实。英国在 2017 年 7 月发布了修订后的《专门委员会成员手册》,对专门委员会的核心任务与工作程序做了系统性安排,也为议会审议立法案提供了程序保障。我国可以参考这一做法,对专门委员会在人大会议期间所应履行的立法审议相关职责作出程序性的具体要求,以确保实质作用的发挥和实现。

(二)设置立法辩论环节

立法审议阶段人大实际议事功能相对弱这一固有问题已经成为限制立法质量提升的关键。正如施密特所言,议会的理性存在于一种"动态辩论"之中,存在于一个各种分歧和意见的交锋过程……所以说,议会的本质是公开审议论证

---

〔23〕 宋方青、王翔:《论我国人大立法审议机制的功能与优化》,载《厦门大学学报(哲学社会科学版)》2018 年第 6 期。

和反驳,是公开争论和辩论。〔24〕 当前立法实践中的人大审议法案有时表现为一种"走流程"的状态,并未真正对立法草案形成合理有序的探讨与决策,因此引致"形式意义大于实质意义"的质疑。改变走流程式探讨的最好方式是引入立法辩论,推动人大代表在交锋论战中形成对立法草案的实质沟通与有效论证。实际上,早在1987年,在六届全国人大常委会第二十二次会议审议《全国人民代表大会常务委员会议事规则(草案)》的过程中,胡绩伟和杨克冰等委员就曾建议全国人大常委会应建立议事辩论制度。辩论、交流与互动本就为立法审议环节的题中应有之义,当前人大立法审议环节有设置代表团审议、分组会议和联组会议等会议形式,为引入立法辩论提供了法律依据和现实条件。因此,对于意见较为一致的条款,人大会议期间集体讨论即可,对于意见分歧较大、影响较广的相关条款,必须加强立法辩论的环节,让相关代表就该问题进行交锋讨论,以提升立法审议的科学性品格。综上所述,通过强化专门委员会职责分工与设置立法辩论环节,健全程序规则与保障机制,以实质性助推人大审议完善与立法质量提升。

三、建立多主体参与的多维度论证咨询机制

完善人大立法程序是践行全过程人民民主理念、完善民主立法体制机制的重要抓手,其不仅要从人大立法本身入手健全程序规则与保障机制,也要着眼公众维度强化公众参与,特别是需要从源头上建立多主体参与的多维度论证咨询机制,以确保立法的科学性与民主性。从完善人大立法程序的源头视角来看,应采取一种全链条、全方位、全覆盖的体系化思路,将立法视为一种动态的、有序的过程活动,将全过程人民民主的理念贯穿立法的全过程,而不仅仅是由法案到法的阶段。从当前我国立法实践存在的困局来看,应在立法准备阶段下苦功夫以求真正实现人大立法体制机制的健全与完善。

立法准备阶段是为正式立法提供条件、奠定基础的阶段,主要包括确定立法项目、采纳立法建议、接受立法创议、作出立法决策、编制立法规划和年度立法计划、组织法案起草等工作。在这一阶段,立法机关依据立法评估对一定范围、一定时间内的立法工作进行统筹安排,依据立法规划与立法计划确定法案起草机关或者决定委托起草,为法案进入正式立法程序创造条件。立法的准备阶段虽然不属于正式的立法程序,但对正式立法程序产生"锚定"的作用,对法案的形

---

〔24〕 [德]卡尔·施米特:《合法性与正当性》,刘小枫编,冯克利等译,上海人民出版社2015年版,第39-40页。

成具有一定指导性作用。实践中，一般由政府相关部门根据自身立法需求提出立法建议，由人大作出立法决策确定立法项目，进而编制立法规划和立法计划，再由政府相关部门承担起草工作。这种模式可以借助政府相关部门的专业背景为立法的专业性和实效性提供保障，但也可能在起草过程中由于征求意见的对象主要以法案涉及的职能部门为主，导致在一定程度上忽视汇集民意、体现民声、反映民智。立法准备是否充分和完善，很大程度上决定着正式立法阶段立法的质量。当前有些立法准备沦为“走过场”式的虚置状态，根本的原因在于实践中对立法准备的不理解与不重视。为切实提升立法质量，应深化对立法准备阶段的认识，同时在立法准备阶段作出实质性机制设置与完善，这样才能真正助力正式立法，特别是要依托多主体参与的多维度论证咨询机制，并且凭借其民主性优势与科学性优势，才能对前述实质性的完善有所裨益。

（一）多维度论证咨询机制建构的实践需求

新时代人民群众对美好生活的向往不断多元化，立法所需调整的社会关系也在加速变化，人们对良法善治的期待逐渐体现为对高质量立法的需求，公众有序参与立法的需求也随之从“法案到法的阶段”遍及立法的全过程，因此，必须通过完善现有立法论证咨询机制，使立法准备工作充分吸纳民意、反映民意，在立法的准备阶段建构人大主导、政府依托、代表审议、专家论证、公众参与的多维度论证咨询机制。多维度论证咨询机制的建构既是依托于中国特色社会主义法治建设渐进式发展中的一个重大要求，也是提升立法质量的迫切需求，有深刻的规范逻辑与实践逻辑。

从规范逻辑来看，我国《宪法》第 3 条规定的“中华人民共和国的国家机构实行民主集中制的原则”为建构多维度论证咨询机制提供了宪法基础。立法论证咨询是以公民不受限制地参与政治决策为前提的，立法论证咨询中的商谈、辩论与互动更是保障民主集中制在立法领域有序展现的关键。从贯彻落实民主集中制的要求来说，立法领域的论证咨询机制必不可少。从政策话语来看，“有法可依”向“科学立法”的跃迁揭示了我国立法理论的发达和立法论证理论的生发，立法已经不仅仅是将法简单制定出来，而是已成为一种发现规律并表述真理、真切反映时代要求和民意的科学性活动。科学性要求的内在表现即创新公众参与立法方式，广泛听取各方面意见和建议，这也与建构多维度论证咨询机制的要求相耦合。

从实践逻辑来看，地方立法主体的扩容导致地方立法数量剧增，这也呼唤多维度论证咨询机制的建立。仅2023年,各省(自治区、直辖市)人大及其常委会制定地方性法规233件、修改324件、废止93件,批准设区的市新制定地方性法规665件、修改130件、废止51件。[25] 地方性法规数量的急剧增加,恐会带来立法质量降低的现实担忧。另外,照搬立法与重复立法的现象也存在。在这一背景下,构建多维度论证咨询机制,对立法的必要性与可行性作出综合衡量势在必行。

(二)多维度论证咨询机制建构的实践路径

多维度论证咨询机制的建立是服务于立法质量提升的现实安排与必要路径。反思当前立法实践中的诸多困境,有必要完善现有立法论证咨询机制,使立法准备工作充分吸纳民意、反映民意、体现民智,并在立法的准备阶段就构建人大主导、政府依托、代表审议、专家论证、公众参与的多维度论证咨询机制。

一方面,应通过制度化的路径健全立法项目征求意见机制和公众建议采纳情况反馈机制,促进立法准备阶段公众意见咨询机制的规范化、制度化、常态化。首先,在立法准备阶段,应将拟纳入立法规划的立法项目向公众公开征求意见,广泛吸收民意和民智,准确评估立法的必要性与可行性;其次,当公众对法案立项问题提出相关意见建议时,应建立常态化反馈机制,无论是支持法案立项还是不支持法案立项的相关意见,都应予以及时的反馈。对于支持法案立项的情况,应充分吸收公众意见,作为法案立项的合理性说明予以参考;对于不支持法案立项的情况,也应充分研判其中原因,在经过人大论证与专家论证后予以回复和说明,确保公众实质性参与立项讨论。通过公开立项情况和回复公众建议,最大限度地解决公众参与不力的问题,为保障立法质量提供坚实的民意基础。

另一方面,应建设数据库并运用大数据分析等智能化方式,重视网络民意表达,通过对各类网络民意的分析研判,明确立法需求,编制立法规划,并适时调整立法计划,进一步拓展公民有序参与立法途径。当前大数据技术与人工智能技术的迭代升级已对诸多领域有所助益,许多学者也提出应将人工智能运用于立法场域,借助其强大的分析、预测功能提升对网络民意的认知。在今后立法工作中,应在明确人大主导的基础上,运用信息技术手段获取政府部门、人大代表、专家学者与社会公众对立法需求与立法方向的意见,及时将前述意见建议融入立法工作之中。综上所述,通过建构多维度论证咨询机制,将为纾解立法中的实践困境、切实提升立法质量提供助益。

---

〔25〕 闫然:《地方立法统计分析报告:2023年度》,载《地方立法研究》2024年第1期。

第三节 提升立法者的立法能力

立法质量是立法的生命力之所在,立法能力则是立法质量的重要保证。党的十八届四中全会以来,国家高度重视立法质量的提升及立法能力的建设,将其作为推动国家治理体系和治理能力现代化的重要组成部分,并通过立法加以规制。随着党的十九届四中全会决定的提出,面对中国的立法现实,立法能力的建设更显重要和迫切。立法者应当具有理论功底和实践智慧,必须具有将德行知识应用于法律创制的能力。无论是完善人大立法体制机制,还是健全人大立法的程序规则与保障机制,都是强化人大自身建设之举,归根结底还需落于立法能力的建设上。自 2015 年《立法法》赋予设区的市立法权以来,地方立法权主体扩容所致地方立法数量增多已然引发学界关注,地方立法主体的立法能力更成为学界关注和研究的重点问题。当前学界对立法能力这一问题系统全面的研究和阐述还有待加强,为此,本书将对立法能力进行系统性研究,从立法能力的内涵与构成、立法能力之于立法质量的重要作用以及提升立法能力的实践路径三个方面探讨立法者立法能力的建设,为立法质量保障机制的建立健全提供建议和意见,进而助益中国立法质量的全面提升。

一、立法能力的内涵与构成

立法者是立法理论中的核心概念。卢梭曾对立法者下过这样的定义:“要为人类制定法律,简直需要神明。这种神明拥有能通达人类的种种感情而自己又不受任何一种感情影响的最高智慧。”〔26〕也有学者将立法者的立法能力形容为:“其必须抽掉人类固有的不受理性约束的力量,才能赋予他们本身之外的并非靠别人帮助便无法运用的力量。”〔27〕古往今来的诸多学者都对立法者给予了极高的赞叹,并将立法能力理解为一种追求不变理性的能力,需要拥有超凡技术才能达致。而在现代法治国家中,立法者依旧是公众认知中的理性象征,不同的是,主权在民思想所提倡的“由人民经过法定程序选出的代议机关行使立法权”的观点改变了立法者的权力来源,其不再是居于高处的精英和圣者,而是民意的代表者和行使者。按照公众认知,立法者之所以能够成为立法者,不仅在于公众

〔26〕 [法]卢梭:《社会契约论》,李平沤译,商务印书馆 2017 年版,第 44 页。

〔27〕 史彤彪:《西方法治思想精义》,黑龙江教育出版社 2019 年版,第 479 页。

权力的让渡与赋予,也在于其具备一定的理性品格,对国家制度运行、社会运转秩序、公众利益表达等诸多方面有深刻了解和洞察。立法者应拥有良好的立法能力,不仅是立法者自身建设的需要,更是公众期待立法质量稳步提升的希冀。当前学界并未对立法能力这一概念达成共识,对立法能力的构成要素也未达成一致,这些问题的存在在一定程度上掣肘了对立法能力的系统理解。因此,有必要先对这一基本问题进行阐释,方能透过这些组成部分探求其深层次的决定因素。

(一)立法能力的内涵

当前学界对于立法能力的界定不一。有学者从立法这一公共产品的属性出发,将立法能力理解为满足社会需求,依照法定程序产出这一公共产品的能力;[28] 有学者从立法本身的工作属性出发,将立法能力理解为立法主体按照法律规定,有效行使立法权、履行法律赋予的立法职责的能力;[29] 有学者将立法能力定义为立法者在现有制度框架下制定出符合良法要求的法律规范的能力;[30] 还有学者将立法能力分为立法权利能力和立法行为能力,立法权利能力指向立法机关的主体资格,立法行为能力指向立法机关的具体行为。[31] 上述研究均从不同侧面揭示了立法能力的不同特质,为我们认识立法能力提供了视角与思路。

域外对立法能力的研究肇启于福利国家与立法改革运动的兴起,彼时美国立法数量增多而立法质量下降的现象引起了学界反思。在西方语境下,学者围绕议会与政府之间的关系展开探讨,将立法能力的内涵界定为"提高立法机关在政策制定过程中发挥作用的能力",[32] 主要关注议会能够在多大程度上摆脱对政府的依赖而独立通过法案的能力。在中国语境之下,应将立法者的立法能力置于国家治理体系和治理能力现代化的大背景下加以理解,其既是立法者完成法律赋予立法任务的能力,也是在立法过程中所需要的创造能力,更是提供法律这一公共产品的一种立法生产力。综合多个视角来看,可以将立法能力解读

---

〔28〕 李林:《全面深化改革应当加强立法能力建设》,载《探索与争鸣》2017 年第 8 期。

〔29〕 万祥裕、黄立虎:《提升我省新赋予地方立法权的设区的市立法能力之探析》,载《时代主人》2017 年第 12 期。

〔30〕 徐凤英:《设区的市地方立法能力建设探究》,载《政法论丛》2017 年第 4 期。

〔31〕 莫纪宏:《提升地方人大立法权利能力与行为能力的制度路径初探》,载《江苏行政学院学报》2016 年第 5 期。

〔32〕 Christopher Z. Mooney, *Citizens, Structures, and Sister States: Influences on State Legislative Professionalism*, Legislative Studies Quarterly, Vol. 20:1, p. 47 – 67(1999).

为立法者按照法定权限与程序完成立法任务、满足立法需求的本领和能量。[33]

(二)立法能力的构成要素

在明确立法能力的内涵与外延之后,应对立法能力的构成要素进行必要介绍。如前所述,莫纪宏教授将立法能力的构成划分为立法权利能力与立法行为能力,主要关注立法者实际进行立法的能力。这一界分有一定的积极意义,但也忽视了作为整体的立法能力所包含的其他要素。立法能力是一种综合性能力,具体包括认知能力、决策能力、起草能力、协调能力、论证能力、审议能力、解释能力。[34]

认知能力是人们接受、加工和运用信息的能力,表现在人们对客观世界的认识活动之中。正如马克思所言:"立法者应该把自己看作一个自然科学家。他不是在制造法律,不是在发明法律,而仅仅是在表述法律。"[35]依照马克思的观点,立法实际上也是一种寻求科学的活动,是人类运用理论思维能力和理论思维方法探索自然、社会、精神的奥秘,获得关于世界的规律性认识,并用以改造世界、造福人类的活动。其本质在于实现人类对世界的规律性把握,也就是实现"思维和存在"在规律层次上的统一。[36] 新时代下的立法认知能力排斥"闭门造车"式的立法与主观立法,要求立法者应当对立法所依托的客观环境与社会关系进行综合研判,在正确理顺所需调整的权利义务关系后,运用立法语言予以阐述。

决策能力是决策者所具有的参与决策活动、进行方案选择的技能和本领。当前实践中的立法决策常常异化为领导决策而非客观理性决策,真正意义上的决策能力靠的并非领导意志,而是建立在立法过程中对有关资料、意见、主张的理性认识、分析和判断的基础之上,绝不能以先入为主或以立法程序之外所形成的预断、偏见为基础。论立法决策能力,就必须在立法的话语体系下进行,坚持以客观情况为判断标准,而非以领导个人意愿为决策依据。

起草能力是能够用准确的立法语言表达法案实质内容,实现法律与政治平

---

〔33〕 宋方青:《立法能力的内涵、构成与提升——以人大立法为视角》,载《中外法学》2021 年第 1 期。

〔34〕 宋方青:《立法能力的内涵、构成与提升——以人大立法为视角》,载《中外法学》2021 年第 1 期。

〔35〕 《马克思恩格斯全集》(第 1 卷),人民出版社 1956 年版,第 183 页。

〔36〕 孙正聿:《哲学修养十五讲》,北京大学出版社 2004 年版,第 59 页。

衡的能力。[37] 法律的出台离不开法律草案的拟定，草案是表述立法目的、实现立法意愿、保证立法质量的关键一环，法律草案表述的好坏，很大程度上将决定正式法律质量的高低。起草能力要求立法者应当接受立法专业课程与实践的训练，通晓立法理论与实务，具备实现政治与法律相平衡的能力，善于用准确的立法语言表述想要调整的社会关系。

协调能力是立法者妥善处理各种关系，为立法创造良好的条件和环境，促进立法目标实现的能力。一部法律之所以值得尊重，正是因为其在认真对待分歧的基础上广泛凝聚了共识。立法是调整社会关系的系统性工程，立法者在对权利义务关系进行考察和统筹的过程中难免需要对多元利益主体的诉求进行回应和反馈，协调能力即要求对这些不同的声音予以包容接纳，并积极调整处理好各方关系，尽最大可能让更多人感受到"公共正当性理想的基本承诺"，如此才能凝聚共识、形成公共意志。

论证能力是立法主体围绕立法议题进行说理的能力。论证能力存在于立法的全过程全阶段，在立法准备阶段表现为就立法的可行性与必要性展开探讨，在由法案到法的阶段表现为就法案本身的合法性与合理性展开论证，在法的完善阶段表现为就法在实际运作中的实效性展开分析。正如葛洪义教授所言，法律最主要的特征不是强制性，而是说理性。[38] 立法论证过程也是一个说理的过程，意图让公众增进对法的理解，让公众对法产生发自内心的接纳与服从。

审议能力是对列入议事日程法案的必要性、可行性、合法性、科学性以及技术性等问题进行全面充分审查的能力。施米特曾就议会审议做了一段论述，其认为议会的理性存在于一种"动态辩论"之中，其本质是公开审议论证和反驳，是公开争论和公开辩论。[39] 中国语境下的立法审议同样需要在交锋与论辩中探讨法的最佳表达，以使法"愈辩愈明"。

解释能力是立法者在制定、认可、修改、补充、废止法律时对于法存在模糊性理解之处作出阐释的能力。只要法律、法院的判决、决议或契约不能全然以象征性的符号语言来表达，解释就始终必要。[40] 无论是法律本身需要进一步明确含义的情况，还是在实际运用中遇到新情况需要解释的情形，都要求立法者发挥解

---

〔37〕 宋方青：《立法能力的内涵、构成与提升——以人大立法为视角》，载《中外法学》2021 年第 1 期。

〔38〕 葛洪义：《法与实践理性》，中国政法大学出版社 2002 年版，第 5 页。

〔39〕 [德]卡尔·施米特：《合法性与正当性》，刘小枫编，冯克利等译，上海人民出版社 2015 年版，第 39－40 页。

〔40〕 [德]卡尔·拉伦茨：《法学方法论》，陈爱娥译，商务印书馆 2003 年版，第 86 页。

释能力,消除法的模糊性,以实现法的良好运行。

二、立法能力之于立法质量的重要作用

立法能力构成要素的揭示为认识立法这一系统性工程提供了视角与思路。立法能力影响立法质量这一观点已然成为学界共识,然而立法能力究竟在哪些方面影响立法质量以及其如何产生影响作用却未受到学者们应有的关注。系统分析立法能力对立法质量产生的具体影响力,是探讨提升立法能力的先决条件。因此,有必要从前述七大能力出发进行研究,观测立法能力对立法质量的实体层面与程序层面产生哪些深远影响,以期为后续研究奠定基础。

(一)立法能力影响立法质量的实体建构

制度经济学的早期研究曾以"理性人"的行为作为考察基准,其分析模型排除了作为主体的人的基因特征和心智因素对于制度的影响力和形塑力。但必须承认的是,绝对理性人并不存在于任何一项制度设计之中,而作为有限理性、有限意志力和有限自利的集合体的"真实的人"更符合制度设计中的观测需求。在制度经济学的研究变迁中,道格拉斯·诺思将主体先存的心智构念作为制度形成和变迁的重要影响因素,这也成为我们研究立法主体行为的重要理论基础。[41] 基于立法者心智要素与主体能力的角度,行为法经济学立足于人类行为产生的原因、大脑运作的过程进而得出人类的理性行为选择,也是在更深层次探讨主体能力影响制度变迁的窗口。在制度经济学上,主体能力将是推动制度变迁的一个重要影响力,立法领域概莫能外。

立法者必须具备立法活动所要求的理性,需要对国家的制度运作、社会的生活秩序和民众的利益诉求有深刻的理解和认知。从立法的实体建构来看,立法至少需要经历认知复杂社会关系—平衡各方利益诉求—作出符合最大利益公约数的理性决策的过程,实现这一过程的变迁需要依靠立法者调动前述七大能力,凭借获取的立法相关知识,运用逻辑推演能力达成目标。立法者的立法能力是立法者心理过程和逻辑推理过程的总和表征,在立法活动中主要通过立法行为、立法能力和立法效益来展现。从立法能力的决定因素来看,立法者所处的客观环境与所接受的立法知识训练起着较为关键的作用。以地方立法质量的判断为例能够很好地洞悉立法能力对制度实体建构的影响。在长三角地区协同立法

---

〔41〕 金梦:《立法者心智:区域协同立法机制构建的动因》,载《法学》2021 年第 1 期。

中,由于地区经济发展水平的现实差异,以及立法机关人员任职资格的不同,不同地区立法者的立法能力存在一定程度的差别,这些差别也在地区发展的制度实践中显现。从宏观来看,中央立法质量整体高于地方立法质量的现实表征也暗合立法能力差异化与立法质量实体建构的关系逻辑。综合来看,一项制度设计的好坏,很大程度上取决于立法质量的高低,更与立法者的立法能力息息相关。因此,提升立法者的立法能力,将在很大程度上推动制度实效的最大化发挥以及立法质量的提升。

(二)立法能力影响立法质量的程序建构

立法者的心智要素与背景经历构成了立法的"前见",深刻影响着立法质量。然而,立法能力对立法质量的影响不仅仅表现在立法效益的实体层面,也对立法过程中的程序建构产生系统性影响。正如法律的实体价值与程序价值并存,立法作为一项系统性工程,不仅有其建构制度运行的实体价值,也有作为立法这一过程性行为本身的程序价值。

与司法活动具有的终局性相比,立法活动具有延续性,这一特质很好地阐释了立法作为一项过程性行为的核心内核。在立法能力构成要素之中,最能体现立法过程性特质的是立法者的协调能力、论证能力与审议能力。协调能力强调立法者要协调各方诉求,在广泛凝聚共识的基础上寻找一个破解现有难题的立法最优解;论证能力是立法者在由法案到法这一阶段的主要工作,就法案的合法性与合理性进行"三读",以求最接近科学立法的要求;审议能力则是最能体现程序性价值的一个环节,前述引入立法辩论的主张就是为了强化以深思熟虑为标志的理想化的民主立法程序的一项现实举措。立法的性质早已非学界之前认知的结果导向行为,而是一种追求结果与过程并重的系统工程,其中的程序价值是一种独立的价值,有其自身的利益表达和诉求,这一程序价值不应受到忽视。在曾经的立法实践中,在许多立法者的错误认知下,立法成为一种"走过场"式的政治活动,对于提交审议的立法草案不加辨明、不加探讨的直接通过,既不论证也不审议,不仅不利于实体制度的建构,也背离了立法本身的程序性要求,导致立法质量备受诟病。应当明确的是,立法能力之于立法质量具有双重面向,不应只追求结果端的制度建构,也不能只侧重程序上的过分塑造,而应双向共建互补共进。立法能力对于立法质量的实体建构与程序建构构成了二者关系的系统性理解,在后续的实践路径中,应积极探索提升立法者的立法能力,以期为提升立法质量提供现实保障。

三、提升立法能力之构想

认知能力、决策能力、起草能力、协调能力、论证能力、审议能力与解释能力代表着立法者立法能力的不同侧面，并对立法质量提升有显著的实体价值与程序价值促进作用。立法质量提升不能徒托空言，需要通过具体方略加以保障与落实。“制定一部法典的时代，必当在智慧上超迈此前的一切时代，因而，一个必然的结论乃是，其立法能力必定为其他时代所阙如，因而，应当认为这一时代在其他方面亦具有高度修养。”〔42〕立法者既是民意的代表，也是实践智慧的集大成者，对立法工作起着最为基础性的作用。从立法能力的角度出发以提升立法质量必须内外部两端共同发力，进而建构提升立法能力的系统路径。

（一）强化立法能力的内部建设

立法能力的内部建设，既包括对从事立法工作必要资格的约束，也包括对在实际运用立法权的过程中应当如何达致良善的要求，前者指向立法人员组成与任职素质规范，后者对应从事立法工作的相关建议。主体建设与能力建设是立法能力内部建设的两个重要方面，二者如鸟之两翼、车之两轮，不可偏废，需持续发力。

在立法者主体建设层面，应当优化立法者与立法工作者的构成。〔43〕在具体实现路径上，可以从立法者的人员组成与素质要求两方面着手。首先，应依循民主性与科学性的要求打造立法团队。法治建设的持续深入对立法机关提出了更高标准，要求立法机关成员在结构上应实现民主化与专业化的有机结合。民主化要求强调立法机关成员应当是民意代表，由民主选择产生，代表公众行使立法权，专业化要求强调立法机关成员虽为政治性公职但必须具备立法专业知识并以立法为主业，与此同时必须高度注重促进立法机关成员的专职化。正如有学者所言，我们迫切需要培育与法治中国建设目标相适应的具有中国特色的法律职业共同体，这个共同体在范围上应包括职业的立法者。〔44〕立法者的主体要求已然为学术界与实务界所重视，因此，优化立法者与立法工作者之构成将尤为重

〔42〕［德］弗里德里希·卡尔·冯·萨维尼：《论立法与法学的当代使命》，许章润译，中国法制出版社2001年版，第35页。

〔43〕宋方青：《立法能力的内涵、构成与提升——以人大立法为视角》，载《中外法学》2021年第1期。

〔44〕徐显明：《对构建具有中国特色的法律职业共同体的思考》，载《中国法律评论》2014年第3期。

要。从主体来看，可以通过设置专门立法工作人员、立法辅助人员与立法咨询委员会来优化立法团队构成。立法工作人员应为专门从事立法起草、修改和废止工作的人员。立法辅助人员则通过收集立法资料、起草调研报告、沟通相关部门等途径对立法工作人员起到实质性辅助作用。立法咨询委员会可以吸纳具有相关立法知识背景的专家学者，在立法中特别是遇到疑难问题时充分发挥其专业性作用，以期提升立法的科学性。通过界分不同职责以设置团队构成，可以最大限度地让不同类别工作人员各司其职，共同对提升立法质量付诸努力。其次，应加强对立法团队的素质要求。与执法、司法以及法律理论研究的视角都不同，立法比法律理论研究更加接近实际，又比司法实践更接近理论。这就要求参与立法的人员既要有坚实的法学理论基础，又要有丰富的法律实践经历和经验。立法团队应该具备敏锐的政治嗅觉、坚定的政治立场、能够进行清晰明确的书面语言表达，运用法律平衡各方利益冲突。〔45〕 在立法工作人员及辅助人员的选任中，既要考虑其是民意代表这一特质，也要尽可能将具有专业知识背景的立法人才吸纳进立法队伍，确保立法队伍的专业化。

在立法者能力建设层面，应在宪法法律框架下最大限度地激活立法者的工作热情与工作能力。立法权是宪法法律赋予立法主体的法定权力，应当鼓励具有立法权的主体针对需要调整的社会关系积极运用立法手段解决相关困难。对于拥有授权立法权、变通立法权的主体，应鼓励其先行先试、大胆创新，根据地方特色解决好地方问题。同时，鉴于当前高校中对于立法学研究所取得的理论进展，可以邀请学术功底扎实、具有相关方面经验的专家学者为立法团队人员授课，讲授立法起草中需要注意的相关问题，以提升立法主体的整体立法能力。立法不仅是一项工作，更是一门科学、一项技艺。当然这种知识可以是准入前具备，也可以是准入后养成，如通过职业培训的途径获得。澳大利亚国会技能中心（PSC）专门负责议会加强和能力建设项目，包括访问议员和其他议会工作人员的学习计划，这一做法为我国提供了有益镜鉴。可以通过积极开展立法职业训练与培训，来提升立法团队工作人员对于立法工作的感知度与专业度。此外，对于立法中可能面临的专业性问题，可以组织立法团队工作人员赴高等院校、企事业单位等学习调研，在与有专业知识的人员面对面的过程中消除实践困惑。通过主体建设与能力建设双管齐下，将有助于切实强化立法能力的内部建设。

---

〔45〕 孙丽虹、张东华：《立法行为能力的内涵、构成及提升路径研究》，载《河北法学》2023 年第 6 期。

(二)强化立法能力的外部保障

立法能力的内部建设强调提高立法主体中从事立法工作人员的任职条件,并积极加强专业知识学习,打造一支专业的立法队伍。提升立法者的立法能力,不能仅仅依靠内部建设,也需要外部协同。具体而言,可以从制定专门法律、强化财政保障与弘扬崇法氛围三个方面进行制度设计。

首先,可以通过《立法法》为立法工作者提供法律保障。目前的《法官法》《检察官法》《监察官法》均已制定并实施,取得了良好效果。而对于同样从事法律工作的立法人员却没有专门的法律法规予以规范保障。专门法律的缺失使立法工作者的内心认同在一定程度上存在缺失,也导致客观上对于立法工作者的履职保障存在缺位,不符合法治建设大背景下强化立法工作者能力建设的总体要求。因此,可以通过《立法法》对立法工作人员的任职条件、义务和权利、培训与考核、监督、奖惩等内容进行详尽安排,在明确立法基本工作职责的基础上,强化他们的职业归属感与社会认同感,以切实提升其从事立法工作的热情与信心。

其次,应强化对于立法主体与立法工作者的财政保障。立法是对社会资源、社会利益的第一次分配,从而实现社会控制、社会调整及社会动态平衡。对于这一影响巨大的行为,必须有大量的物力、财力的投入。立法工作者在从事立法工作的过程中,难免会受到相关利益主体的干涉与掣肘。为保证立法能够在公正合理的程序下稳步推进,应确保立法活动具备充足的资金,每年财政预算对于立法经费需要单列,并随着立法的需求动态调整。当立法工作人员在立法工作中取得突出成就时,也应适时加以褒奖,当公民对立法工作提出具有建设性意见并实质性推动立法发展时,也应从专项财政经费中予以一定奖励。通过强化物质保障,将切实免除立法主体与立法工作人员的后顾之忧。

最后,应加强法律宣传,弘扬崇法氛围,提升社会对立法工作的认可度与尊崇度。一方面,要引导公众认识立法、理解立法,使公众明白立法不是一项简单的政治活动,而是在洞悉社会关系之基础上促进社会发展的活动,其本质是造福于民。引导公众尊崇立法主体与立法工作人员,将有助于增强立法工作的可接受度与神圣度。另一方面,应当加强宣传,让公众了解立法与自己的切身利益相关,每个人都是参与者,不能作壁上观。当公众热情被积极调动后,公民将自觉高效地参与到立法工作中,以更具"主人翁"的姿态对立法工作发表意见,使立法工作者能够广听八方言路,集合群众智慧,将更多的智识方案融入法案之中。

综上所述,必须通过制定专门法律、强化财政保障与弘扬崇法氛围三项举措,才能进一步提升立法者的立法能力,为提升立法质量打下坚实基础。

第四节　建构立法质量的评估机制和体系

立法质量提升既需推进立法者的能力建设,也需依靠具体的制度保障,立法评估即为实现这一要求的现实方案。从字面上看,立法评估是指特定的主体依据一定的标准,运用一定的方法,对地方规范性法律文件及其实效进行前瞻性、即时性和回溯性的总体评价。〔46〕 立法评估制度的建立可以有效遏制过度立法带来的弊端,大幅节约立法成本,同时也能够修正不符合经济社会发展要求的相关立法,防范不良之法出台,降低不良制度制约经济社会发展的可能。以立法过程与阶段作为参照点,可以将立法评估划分为立法前评估与立法后评估。从立法评估实践来看,尽管2005年以来国务院法制办和相关部委、地方人大常委会和地方政府在总结评估经验的基础上制定发布了立法评估办法,然而,这些立法评估更多是指向立法后评估,主要关注立法实施后3年至5年的实际效果,对立法前评估则较少涉及。实际上,作为立法评估不同侧面的立法前评估与立法后评估,由于法律本身的性质或者法律所处的不同阶段,其所关注的重点也并不相同。立法前评估的目的是解决和克服制约立法设计的制度、规则的约束条件,尽量在制度设计上最大限度地达成各方意见一致,减少立法的试错成本;立法后评估强调的是考察操作性、执行性、有效性和存在问题,也就是法律对经济、社会和环境的实际影响。基于功能作用的不同,两种评估模式各有侧重点,都对提升立法质量有举足轻重的作用。为切实保障价值性标准、合法性标准、科学性标准、融贯性标准与技术性标准的实践应用,应当围绕上述判断标准建构立法质量的评估机制和体系。

一、构建质量判断标准的立法前评估机制

在立法前评估阶段,立法主体主要关注立法的必要性、合法性、协调性和可操作性,关注立法出台对经济、社会和环境的影响以及立法是否能够真正解决现实问题。具体而言,立法前评估意在解决立法项目能否进入立法程序,以及法律

〔46〕 李店标、冯向辉:《地方立法评估指标体系研究》,载《求是学刊》2020年第4期。

是否当立、何时立、如何立的问题。[47] 在当前立法实践中，许多省市针对评估对象和评估内容的需要，结合本地区实际尝试确立地方立法前评估指标体系，建立地方立法前评估机制，用以提升立法质量，取得了较好的效果。为将立法前评估机制真正固定下来，成为贯彻立法质量判断标准、提升立法质量的关键抓手，需要建立现实可行的立法前质量评估指标体系，并通过相应的评估程序加以保障。

（一）建立立法前质量评估的指标体系

立法前质量评估指标体系的设计是建构立法前评估机制的重要环节，目的在于使立法前评估制度化、法治化，从而推进科学立法、民主立法与依法立法。在设计评估指标体系时必须统筹考虑各方面因素，尤其是要能客观全面地反映评估对象的现实情况，满足评估内容的具体要求，服务于立法前评估的目的，保证评估结果的科学性、准确性。因此，在设计质量评估指标体系前，应对评估对象与评估内容进行充分考量。

在评估对象方面，需要从其特殊性以及其与相关法律法规间的协调关系入手。首先，对于立法来说，每部立法都有价值诉求。评估对象的特殊性强调立法应当与已有法律法规存在一定不同之处，若只是对现行立法的简单重复，并未对社会关系作出合乎实际情况的塑造与调整，则该立法是否当立就将存疑。其次，法律规范集合内的统一性即融贯性是立法的一项根本要求。在构建评估指标体系时，需要考虑评估对象与相关法律法规、配套制度等之间的协调关系，既不能与上位法相抵触、相冲突，也不能与其他法律法规相矛盾、相混乱。在评估内容方面，需要从立法的必要性、合法性与可操作性等视角进行审视。必要性解决的是该部立法是否当立的问题，需要考虑是否已有现行法或其他调整手段对社会关系作出了规范，立法是否亟须且迫切。合法性解决的是拟立之法是否在立法权限内制定、所经的立法程序是否符合法律规定、其规定的内容是否合法等问题，需要考虑实体合法与程序合法两个维度。可操作性与立法质量的技术性判断标准相挂钩，解决的是立法中的规范是否切实可行，立法中的语言表述是否具体准确，是否能为公众提供明确的行为指引。

在立法前评估阶段，应根据评估对象与评估内容的约束，结合立法质量的五大判断标准进行指标体系的设计。具体而言，立法前评估的指标体系可以包含必要性指标、合法性指标、融贯性指标、可操作性指标四项一级指标，在每项一级

---

〔47〕 王保民、王碧：《我国中央行政立法前评估指标体系的构建》，载《西安交通大学学报（社会科学版）》2018 年第 5 期。

指标下，又可分为若干个二级指标，对立法进行更为详细、具体的评估。(1)必要性指标。归纳前述考量内容，可就必要性指标设立三项二级指标：一是有无现存同位阶立法已对所欲规范的社会关系进行调整；二是有无其他经济、政策手段足以对社会关系进行调整；三是立法的迫切程度如何以及立法时机是否已经成熟。(2)合法性指标。合法性主要考察是否合乎上位法规定，可就合法性指标设立三项二级指标：一是权限是否合法，立法主体是否有权制定该部立法；二是内容是否合法，法案内容是否违背宪法精神、是否与上位法相冲突；三是程序是否合法，评估立法进入由法案到法的阶段后是否按法定程序进行。(3)融贯性指标。从立法的体系性进行考察，可就融贯性指标设立两项二级指标。一是与同位阶其他立法是否相协调；二是与配套的法律法规是否相协调。(4)可操作性指标。为确保立法在实际执行中的运作，可就可操作性指标设立三项二级指标。一是立法规范是否明确具体无歧义，是否清晰规定假定条件、行为模式和法律后果；二是立法规定的措施是否易于执法者的执法活动；三是立法规定的措施是否易于公众的日常遵守。通过四项一级指标与若干项二级指标的系统性建构，可为立法前评估提供明确的内容指引。

(二)完善立法前质量评估的基本程序

质量评估指标体系是立法前评估实体层面的制度设计内容，仍需依靠程序保障加以落实。立法前评估程序，是指特定评估主体按照一定的步骤、时序和方式，在法律草案交付表决前，对立法项目的必要性、合法性与可操作性等进行评估的过程，具有防止评估制度虚置、优化评估资源配置、排除恣意和专断、正当化评估结果等功能。〔48〕立法前评估程序是贯彻公众参与原则与立法公开原则的一个重要途径，有助于集结多方智识，提升立法的民主性与科学性。结合既往立法前评估实践经验，可将评估程序分为评估启动、评估实施与评估回应三个阶段。

在评估启动阶段，主要关注有关主体依据一定标准启动立法前评估的问题。从启动主体来看，一般是由负责起草立法的部门来扮演这一角色，由其主导前评估程序。就启动标准而言，学界曾对根据什么标准来启动立法前评估展开研究，为保障每一部立法项目都能够通过立法质量判断标准的检验，合理的方式是不局限于“有较大争议的重要立法事项”，而是将立法前评估的对象扩展至所有立

〔48〕 易有禄、万文博：《税收立法前评估程序的建构》，载《江西财经大学学报》2023 年第 2 期。

法项目。

在评估实施阶段，需要确定评估主体并由其依照前述指标体系进行前评估。实际负责前评估的主体并不简单等同于启动主体，评估主体既可以是立法主体内部负责法案审核的内设机构，也可以是具备评估能力的科研院校、专家学者与律所等第三方组织。在确定评估主体以后，需基于前述指标体系的建构，对立法项目进行必要性衡量、合法性衡量、融贯性衡量、可操作性衡量，以便得出全面、客观的评估结论。

在评估回应阶段，评估主体将形成评估结论并将其反馈给评估启动主体。在前述程序中，评估主体已然对立法项目的质量作出判断，无论是肯定性回应还是否定性回应，均需提交立法启动主体，由立法启动主体围绕针对性意见进行修改与提升，力求使立法项目符合立法质量判断标准的检验。综上所述，通过建构质量评估的指标体系与实施程序，将为落实立法质量判断、全面提升立法质量奠定坚实基础。

二、构建质量判断标准的立法后评估机制

综合来看，学界均认可立法后评估是对法律实施一段时间后进行的评估，其目的在于发现问题、改进政策、保障法律实施的有效性，将有助于改进政策和法律水平、增强立法透明度和民主性、促进社会公平正义、提升立法效率和质量，是建设法治社会、推动国家治理体系和治理能力现代化的重要举措。在立法后评估阶段，应从体系化进路入手，透视拉德布鲁赫所定义的“解释、构造、体系”六字任务，以审视立法的实际运行效果。

（一）立法后评估制度运行的实践困境

立法后评估经过长时间的发展相较立法前评估更加成熟。然而，我们也必须注意到其依旧存在诸多问题。在立法实践中，许多后评估主体认为立法已然出台，对法进行完善的成本太高、程序太繁琐，故而将立法后评估视作一种负担，从而将立法后评估制度予以虚置。具体而言，当前的立法后评估制度存在评估主体单一、评估标准欠缺、评估方法陈旧等问题。

1. 评估主体具有单一性。当前立法后评估实践中，往往是政府的法制部门或职能部门来担纲评估主体。例如，江西省首次进行的行政立法后评估，就是由江西省政府法制办和江西省林业厅针对江西省政府规章《江西省生态公益林管理办法》进行的；《苏州市人民防空工程管理办法》的立法后评估，也是由作为政

府职能部门的苏州市民防局负责。政府职能部门实际接触执法工作,对立法运行的时效较为了解,在评估中确有一定积极意义。然而,评估主体的垄断和单一,某种程度上也会影响评估结果的公正性,其往往会作出有利于自身的立法评估结论,掣肘立法评估制度功能的有效发挥。其一,评估主体单一容易导致评估视角受限。如前所述,立法后评估主体常由政府法制部门或职能部门构成,其往往局限于法律条文自身情况以及执法部门执法情况,未能对法律的实施效果进行综合的全景考察,导致难以真实反映法律的运行实效。其二,评估主体单一容易导致公众参与不足。作为全面考察法运行实效的立法后评估方法,妥适且科学的做法应为广泛听取社会公众的意见,广泛吸收社会公众的智慧。然而,单一部门主导的立法后评估将使原本"聚民意、集民智"的公众参与立法流于形式,无法真正反映公众的真实需求。

2. 评估原则与标准欠缺。从地方立法后评估制度来看,公正、公开原则是所有评估办法都坚持的评估原则,例如,《厦门市规章立法后评估办法》第3条规定了合法、合理、公正、公开的原则;《苏州市规章立法后评估办法》和《南京市政府规章立法后评估办法》都在第3条规定了客观公正、公开透明、公众参与、注重实效的原则;《上海市规章立法后评估办法》第3条规定的评估原则是客观公正、科学合理、社会参与、公开透明;《重庆市政府规章立法后评估办法》第3条规定了客观公正、公开透明、合法有序、科学合理的原则;《广东省政府规章立法后评估规定》(2017年修正)第7条规定了合法、公正、公开、公众参与的原则。从立法实践来看,当前立法评估原则欠缺主要表现为评估原则不明确与评估原则落实不足。一方面,尽管各地立法均明确了公正、合理、科学、实效等原则,然而这些原则在立法及相关文件中却并未得到详尽和系统的阐释,以致评估工作缺乏具体指导,容易产生主观臆断倾向;另一方面,尽管这些评估原则已经写入地方立法,但在实践中却仍然未能得到有效执行。以中立性原则为例,其要求评估主体在立法后评估的过程中不偏不倚,不受自身利益干涉,但在实践中以政府部门为主体的评估活动依然无法摆脱部门利益的束缚。

此外,评估标准欠缺的问题同样掣肘立法后评估实效的发挥。其一,各地立法后评估标准不统一。结合各地立法后评估实践来看,有的地方侧重于对立法文本本身进行评估,有的地方侧重于对立法实施效果进行评估,有的地方侧重于对立法的成本效益进行评估。这些不统一的评估标准导致各地评估结果缺乏可比性与精准性,无法为后续的评估工作提供经验借鉴。其二,部分立法后评估标准缺乏科学性。部分地方立法后评估标准缺乏科学依据和理论支撑,例如过度依赖专家意见和数学分析方法，未对社会公众意见建议进行全面梳理考察。其三，部分立法后评估标准模糊，欠缺可操作性。整体来看，大多地方立法后评估仅依靠抽象笼统的原则性条款，尚未建立起一套行之有效的评估指标体系，使评估工作的准确度受到质疑。应当说，评估原则与标准欠缺的问题严重限制了评估工作的有效性，导致评估结果主观化、片面化，同时也将影响评估结果的公信力，削弱立法后评估的权威性。

3. 评估方法缺乏创新。立法后评估需要依托一定的技术性方法进行判断并得出结论，其不仅依赖法学研究方法，更需借助社会学、经济学、统计学、管理学等综合手段。然而，从当前立法后评估实践来看，更多采取的是评估主体“闭门造车”式的书面评估方法，且并未将多学科方法加以应用，导致评估结论的科学性存疑。例如，有学者从秦皇岛市地方立法后评估现状出发，指出其主要以“文献研究法、专家访谈法、问卷调查法、层次分析法、综合分析法等研究方法进行综合分析研究，专项评估中主要使用了文献研究和综合分析法……未能充分使用较为成熟的成本收益方法，使立法后评估方法论指导不足”。〔49〕同时，在评估指标体系的构建中未能将成本收益分析方法作为独立的内容，影响了指标协调和指标权重的有效确定。〔50〕此外，现有的评估方法往往侧重于数据的收集和统计分析，忽视了社会变化和公众需求的动态性。许多评估仍停留在单一的效能测量层面，未能充分考虑法律实施过程中复杂的社会、经济和文化背景，导致评估结果的片面性和滞后性。又如，通过量化指标来衡量立法效果，虽然可以为政策制定者提供一定的参考，但这种方法容易忽略个体与群体层面的实际影响和感受，从而无法全面反映立法的真实效果。因此，提升立法后评估方法的创新性，要积极采用新技术、新工具，如大数据分析、社会网络分析等，以更加全面、立体的方式反映立法的实际效果。这将有助于更好地识别立法中的问题，实现立法的真善美。

（二）立法后评估制度运行的完善进路

前述部分所构建的立法质量判断标准体系已经为立法后评估指明了道路，当前的关键点在于如何将前述标准具体应用于立法实践之中。针对评估主体单

---

〔49〕 刘建明、赵福江：《秦皇岛市地方立法后评估现状、问题与对策》，载《河北科技师范学院学报（社会科学版）》2023年第2期。

〔50〕 刘建明、赵福江：《秦皇岛市地方立法后评估现状、问题与对策》，载《河北科技师范学院学报（社会科学版）》2023年第2期。

一、评估标准欠缺、评估方法陈旧等问题，应当从健全多元主体评估体系、构建统一全面评估标准、综合运用跨学科评估方法等方式进行完善设计。

1. 健全多元主体评估体系

立法后的多元主体评估是指通过各种利益相关者的参与和反馈，对法律的实施情况和效果进行全面评估。这种评估方式能够充分考虑到各方利益和意见，提升评估的客观性和全面性。

首先，应明确评估框架并进行利益相关者识别。明确立法后评估框架需要合理确定评估的目标、范围、周期与方法，让多元主体能够充分全面地了解评估的具体工作。识别利益相关者的目的在于划定哪些主体有必要、有能力参与立法后评估，合理划分各主体在评估中的职责。具体而言，立法主体和政府部门作为立法后评估的主导者，负责设计评估框架、协调各方积极参与；企业和非政府组织作为立法后评估的重要执行者，负责提供智识成果、配合其他主体完成评估事项；公众作为立法后评估的受益者，负责积极参与评估活动，及时真实地反映法运行中存在的问题，反馈自身意见建议；专家学者和第三方机构作为立法后评估的客观评估者，负责依照自身专业知识水平提供中立评估意见，确保立法后评估效果落在实处。

其次，应建立利益相关者参与机制和数据开放交流机制。立法主体、政府部门、企业、非政府组织、公众和专家学者等与法实施运行效果存在密切联系，让利益相关者积极参与立法后评估活动不仅是科学立法的基本要求，也是实现民主立法的重要途径，能够增强立法的公信力与可接受度。在具体参与机制设计上，一是可以定期或不定期召开座谈会，邀请企业代表、公众代表等就法在实际运行中存在的问题进行讨论，研究进一步完善的方向。二是可以根据实际需要举行专家论证咨询会，邀请法学专家特别是立法学方面的专家学者就立法的实施困境与完善路径发表建议，保证立法后评估的专业性和科学性。在建立稳定的利益相关者参与机制之后，有必要搭建数据开放交流平台。数据是否全面精确关乎立法后评估是否高效精准，囿于数据获取渠道的局限性，诸如企业、非政府组织、公众和专家学者等主体无法获得全面、一手的信息数据，导致立法后评估无法贴合实际情况。为破解这一难题，应建立跨部门、跨领域的数据共享平台，推动政府数据开放，鼓励社会组织和公众参与数据分析和应用，提高评估的透明度和参与度，积极通过相关网站、社交媒体等向公众公开评估信息，鼓励公众提出意见和建议。

最后，应完善评估结果反馈机制。评估的目的在于发现问题、分析问题与解决问题,立法后评估不能流于形式,仅以评估结果替代整改结果。通过反馈机制这一立法后评估的落脚点,评估结果得以转化为具体的立法修改或废除方案,进而指导立法的完善和实施。其一,应制定明晰的反馈流程。当立法后评估结果产生后,需要制定相应的评估结果接收、分析、讨论、决策等各环节工作安排,使评估结果顺利传递至立法主体,避免消息滞后。其二,应确保立法主体认真对待评估结果。当评估结果到达立法主体处之后,应要求立法主体通过专题讨论会、座谈会等多种形式充分研究如何将评估结果转化为立法修改意见,确保评估结果体现在法的完善阶段。其三,应强化评估结果落实监督机制。除制定工作规程保证评估结果传导以外,还需依靠跟踪监督机制确保落实效果。立法主体以外的其他利益相关者可以通过定期检查、要求提供落实报告等方式推动立法持续改进。

2. 构建统一全面评估标准

当前学界围绕如何构建统一全面、科学有效的立法后评估标准展开了充分的探讨,有学者认为,"以指标评价法为核心的评估方法,采取的是一种结构化评估模式,但其具有难以克服的内生缺陷,加之实践中的操作不当,致使其既无法提供高精度的评估数值,亦难以深入拓展评估结论",[51]因而提出引入反向评估方法作为立法后评估的新视角。具体而言,第一阶段运用"定量+定性"方法侧重对实施效果进行评估,第二阶段运用"定性→定量"方法侧重对实施效果的影响因素进行分析,第三阶段运用规范分析方法对立法的合法性、合理性与可操作性进行规范反思,通过分阶段的评估模式挖掘更多的评估信息。[52]

但大多数学者仍然从指标体系的角度明确立法后评估的标准,例如,有学者以河北省政府规章立法后评估工作为观测对象,提出在对政府规章的制度设计本身进行评估时,可以按照合法性、合理性、规范性标准进行,对规章实施效果、执行情况进行评估可以按照执行性、实效性标准进行,整合了一套"合法性+合理性+规范性+执行性+实效性"的综合评估标准。[53] 有学者认为,如何科学合理地设定各评估指标的权重是确定评估指标体系的关键问题,其基于层次分析法对《建筑法》实施效果进行立法后评估,在运用问卷调查法和经济学分析方

〔51〕 肖雪、汪全军:《从结构化评估到反向评估:立法后评估的模式转型与方法重构》,载《人大研究》2024年第10期。

〔52〕 肖雪、汪全军:《从结构化评估到反向评估:立法后评估的模式转型与方法重构》,载《人大研究》2024年第10期。

〔53〕 马涛:《地方政府规章立法后评估的实践与思考——以河北省政府规章立法后评估工作为例》,载《中国法治》2024年第6期。

法之后形成了五个一级指标和十五个二级指标的具体权重，即合法性标准下立法内容的合法性（权重 0.04）、立法主体的合法性（权重 0.03）、立法程序的合法性（权重 0.02），合理性标准下法的妥当性（权重 0.06）、法的必要性（权重 0.03）、法的完整性（权重 0.07）、法的连贯性（权重 0.05）、可操作性标准下规定的明确性（权重 0.09）、执法的有效性（权重 0.14）、实践的认可度（权重 0.07）、效益性标准下实际执行效果评价（权重 0.25）、预期目标达成评价（权重 0.05）、技术性标准下名称与体例（权重 0.03）、结构和逻辑（权重 0.05）、语言文字和标点符号（权重 0.02）。[54] 从现有研究成果来看，学者普遍认同应建立具有普适性的立法后评估指标体系，其中，“一级指标需要反映评估实践主体的原则取向，二级指标是对一级指标内涵的细化描述”。[55] 构建统一全面的评估标准，可以从合法性、合理性、可操作性、协调性、规范性与实效性入手，若是地方立法则还应考虑其地方特色性。

合法性是指立法的各项规定是否符合宪法和法律的规定，是否与党和国家大政方针政策相一致。合法性标准不仅是立法准备阶段所应考虑的审查标准，也是立法后评估的基本要求。在二级指标的设定上，合法性标准应包括以下几个方面：一是主体是否享有立法权；二是立法内容是否与宪法、法律法规的内容相抵触；三是立法是否符合立法权限，是否符合正当程序原则。

合理性是指立法的各项规定符合客观实际、科学立法的要求以及公平正义等法律原则，合理性标准关乎一项立法是否与当下的经济社会发展情况相契合，因此必须认真对待。在二级指标的设定上，合理性标准应包括以下几个方面：一是立法内容是否适当，是否遵循公平正义的要求，是否真正促进了社会的公平与正义，包括对不同群体的影响是否公平、是否造成不正当的利益分配等；二是立法内容是否适应经济社会发展水平，既不能过度超前也不能过度滞后，要发挥好立法的引领作用；三是立法内容是否符合比例原则，在法律责任的设定与实施上是否依照最小伤害原则选择对当事人损害最小的方式。

可操作性是指立法条文内容是否真正具体可行，在实践中是否得到有效执行和遵守。法的生命力在于实施，如果立法没有被遵守，那么立法的意义就将荡然无存。在二级指标的设定上，可操作性标准应包括以下几个方面：一是立法内

---

〔54〕 王丹、马世昌：《基于层次分析法的〈建筑法〉立法后评估指标体系构建》，载《北京建筑大学学报》2022 年第 6 期。

〔55〕 宗霏、田侃：《地方性法规立法后评估方法探析》，载《南京中医药大学学报（社会科学版）》2024 年第 1 期。

容是否清晰明确，具有具体的指向性和针对性；二是在政府职责安排上是否明确，是否存在互相推诿的空间；三是立法中的措施手段是否有助于解决实践问题。通过评估立法目标达成度，即观察立法所设定的目标是否得以实现、实现程度为何，可以很好理解可操作性标准。

协调性是指该立法在法体系之间是否协调一致，相关配套制度是否完备，是否达到横纵两维统一。依照法理学的基本观点，体系融贯应是立法的基本要求和内在道德。在二级指标的设定上，协调性标准应包括以下几个方面：一是立法是否与上位法相冲突；二是立法是否与本地区其他立法相冲突；三是立法本身的条文内部是否存在逻辑冲突。

规范性是指立法规范的统一性和完备性。规范性标准主要是从立法本身进行评估，在立法通过并正式实施阶段，存在歧义的条文就将为人们所知悉，因而规范性也应成为立法后评估的重要指标。在二级指标的设定上，规范性标准应包括以下几个方面：一是立法名称是否精确反映了立法的主旨；二是立法体例是否结构完整；三是逻辑层次是否分明，章节安排是否科学；四是立法语音是否规范严谨，是否使用法言法语。

实效性是指立法在实施一段时间后，其产生的社会影响和实际效果。在立法后评估环节，实效性应成为最重要的指标。《宁波市政府规章立法后评估办法》列出了实效性评估的具体要求，即政府规章实施的总体情况、重要制度的执行情况、取得的社会效益和经济效益、实施中存在的问题、实施后社会公众的反应等，可为梳理实效性的二级指标提供经验借鉴。在二级指标的设定上，实效性标准应包括以下几个方面：一是成本收益评估，即立法是否为社会公众带来利好，是否有助于增进社会公共利益，此种利益增进是否大于损害；二是实施效果评估，即立法实施后对社会的实际影响，如经济、社会和环境效应等；三是社会满意度评估，“人民满不满意”是立法接受评估的一个重要要求，应当考察立法是否最大限度地增进了人民福祉，从而有助于国家和社会的进步和发展。[56]

若是地方立法，还应在前述基础上增加考察立法的地方特色性。地方特色性是指“地方立法是否准确反映本地的经济、政治、文化、风俗、民情等实际情况和具体需求”。[57] 地方立法的特色在于因地制宜，而非照搬照抄上位法与兄弟

〔56〕 宗霏、田侃：《地方性法规立法后评估方法探析》，载《南京中医药大学学报（社会科学版）》2024 年第 1 期。

〔57〕 宗霏、田侃：《地方性法规立法后评估方法探析》，载《南京中医药大学学报（社会科学版）》2024 年第 1 期。

省市立法,必须具备自身的独特性。在二级指标的设定上,地方特色性标准应包括以下几个方面:一是是否结合本地区实际情况对上位法做细化规定;二是是否存在重复立法,与本地区的其他地方立法是否能够衔接互补。通过一级指标的统领和二级指标的限缩判断,立法后评估工作将建立一套统一全面、清晰明确的评估标准。

3. 综合运用跨学科评估方法

从我国目前的评估实践情况看,立法后评估的方法虽然已经初步形成体系,但还应当在现有基础上吸收法学、社会学、经济学和管理学等方法以丰富现有的评估方法体系。[58] 立法的实际运行不是简单的法律问题,而是关乎公众利益的社会问题,因而需要运用多种方法加以综合评估。首先,应加强定性分析,通过文献研究、案例分析、专家访谈等方式,对法实施后的影响进行定性描述和分析,包括问题解决程度、社会反映、法律执行的难点和挑战等;其次,运用定量分析,利用统计数据、调查问卷等定量方法,对法实施后的各项指标进行量化分析,比如法律目标的达成程度、遵守度、资源利用情况等;再次,运用经济学的成本效益分析方法,对法实施过程中产生的成本与效益进行分析,评估法实施的经济效果,包括法律执行成本、问题解决成本、社会效益等;最后,还可通过时间序列分析,对法实施前后的时间序列数据进行比较分析,观察法实施后各项指标的变化趋势,以及变化是否与法实施相关。

试举一例,有学者基于《上海市促进中小企业发展条例》立法后评估的实证分析,得出《中小企业促进法》对中小企业的扶持作用有限这一结论,其实证分析过程可为认识"综合运用跨学科评估方法"这一问题提供经验借鉴。在评估方式上,其主要通过第三方评估机构,采取各部门和区县自查、设计和布置调查问卷、文献资料梳理、重点走访和调研等方式,对该条例做了翔实的立法后评估。第一,在企业和政府的信息沟通方面,通过问卷统计方法得出"六成的受访公司不知道创办阶段可以申请开业贷款担保和贴息"结论,通过实地调研方法得出"66.5%受访公司在创办阶段不知道可以申请创业场地房租补贴,12.8%受访公司表示不需要创业场地房租补贴"结论,反映出"企业和政府的信息沟通不对称问题仍然比较突出"。[59] 第二,在企业是否得到实质性好处方面,通过问卷统计方法发现在资金支持问题上,有 14.8% 的受访企业认为资金支持最有帮助,然

---

〔58〕 孙波:《论行政立法后评估制度的完善》,载《江西社会科学》2020 年第 11 期。

〔59〕 沈伟:《法律可以促进中小企业发展吗?——基于〈上海市促进中小企业发展条例〉立法后评估的实证分析》,载《政法论丛》2018 年第 2 期。

而享受到此类服务的企业范围却十分局限,只有7.5%的受访企业表明政府机关提供了该项帮助,因而得出“实际支持并不尽如人意”的结论。第三,在企业得到优惠措施的难易程度方面,通过问卷统计方法和经济学模型发现:“高达41.3%的受访企业认为,审批或办证费用是最大的交易成本,成为所有选项中的最高值。从《条例》的实施效果来看,虽然多数(71.5%)受访企业认为交易成本并未增加,但是行政机关在此方面仍有许多亟待改进之处,过半数(50.6%)受访企业认为,行政机关并未提供公开透明和便捷高效的行政服务,且主要原因在于办事效率不高(58.6%的受访企业认为审批过程应当提高效率)和准入制的高成本(17.2%的受访企业认为应当简化行业准入机制前置)”。[60] 第四,在政府是否积极履行职责方面,通过对政府部门自查报告的统计学分析,发现“那些没数据支撑、缺乏观点的往往是区县中小企业服务机构建设及运行还不到位”。[61] 在通过问卷调查、实地调研收集基本数据的基础上,加入经济学与统计学分析方法,实现了实质意义的立法后评估,对立法后评估中综合运用跨学科评估方法提供了经验样本。

在对立法进行后评估时,不能局限于采取法学视角的定性分析,还应通过多维度多层次的综合评估方法,系统讨论立法后的实际运行效果。首先,需要明确立法后评估对象所处的学科领域。在分析具体评估对象时,应综合考虑评估目标,即主要侧重于对法实施效果的考察,或是对社会影响的考察,抑或对成本收益的考察。在确定评估目标以后,需要进行学科归类。诸如,若是分析立法对生态环境领域的影响,应主要借助环境学、生态学研究方法;若是分析立法对经济社会发展的影响,则主要借助经济学、统计学研究方法。其次,需要组建评估团队、设计评估方法。在确定学科领域后,应积极邀请法学专家以外的经济学家、社会学家、心理学家等具有多学科背景的学者共同参与评估工作。在评估方法的选择上,应侧重于对法学以外其他学科研究方法的使用。除传统的问卷调查法、实地调研法以外,还可借助经济学领域的模型预测方法、社会学领域的空间分析模型法、心理学领域的量表测量法等,进一步提升研究方法的科学化水平。再次,需要实施跨学科评估与整合评估结果。在评估过程中,应注重跨学科知识的融合与应用,确保评估结果的全面性和准确性。例如,站在不同学科专家的立

---

〔60〕 沈伟:《法律可以促进中小企业发展吗?——基于〈上海市促进中小企业发展条例〉立法后评估的实证分析》,载《政法论丛》2018年第2期。

〔61〕 沈伟:《法律可以促进中小企业发展吗?——基于〈上海市促进中小企业发展条例〉立法后评估的实证分析》,载《政法论丛》2018年第2期。

场上对受访者进行不同角度的提问，在得出结果后再运用多学科数据处理方法进行综合比较分析。在完成评估后，还需整合校正评估结果，通过不同学科评估结果的相互印证和补充，确保评估结论的客观性和科学性。在检查校对评估结果无误后，应形成书面报告，系统写明评估目标、评估对象、评估方法、评估过程以及评估结果，为立法主体清晰地展现立法后评估的全过程。最后，需要不断改进优化评估方法。立法后评估永远是一项“未竟的事业”，在完成立法后评估报告之后，评估主体也应通过召开座谈会、研讨会等方式向立法主体、专家学者、社会公众等咨询立法后评估方法存在的问题，广泛吸收各方智慧，反思评估方法的缺漏，通过不断优化完善，进一步提高评估的质量和效率。

综上所述，立法后评估“永远在路上”，针对当前实践中存在的评估主体单一、评估标准欠缺、评估方法陈旧等问题，需要不断健全多元主体评估体系、构建统一全面评估标准、综合运用跨学科评估方法等方式进行完善设计，以期通过立法后评估进一步提升立法质量，助力立法求真。[62]

---

〔62〕 宋方青、李炳辰：《地方立法之真：理论意涵、实践问题与完善》，载《世界社会科学》2025 年第 1 期。

第七章

立法质量与立法效率的有机统一

近年来，党和国家不断提出要重视提高立法质量与立法效率，中央和地方在立法实践中也越加注重立法质量与立法效率的提升。但在立法实践中，立法质量一直以来被着重强调，而立法效率则并没有得到与其重要性相匹配的关注度，片面强调立法质量而完全忽视立法效率会产生不良的社会后果是我们必须认真对待的问题。本章将在对立法效率概念辨析的基础上，分析立法效率存在的具体问题并阐释解决问题的路径与方法，以期为立法质量与立法效率的有机统一、立法质效的最终有效实现提供参考建议和意见。

第一节　立法效率的概念辨析

研究立法效率必须首先明确立法效率的概念，尤其是在当前学界研究对立法效率本身尚未达成共识的情况下，该研究意义重大且紧迫。对立法效率概念本身的研究，应当从其哲学基础展开，实用主义、功利主义以及经济哲学理论为分析质量与效率的对立统一关系提供了不同视角的分析。目前学界研究对立法效率有成本效益和立法速度两种不同的理解，从字面角度分析，立法效率应是成本效益与立法速度有机统一的概念。但结合中国立法实践的语境以及党和国家提出立法效率的原本意图，可以确定立法速度的概念更为合理，并且更具有研究的可行性。此外需要明确的是，这种理解下的立法效率并非脱离立法实践，改革开放初期"宜粗不宜细"的立法理念的形成对此提供了印证。

一、立法效率的哲学基础

探讨立法质量与立法效率的关系时，我们首先需要对质量与效率这一对基本范畴的关系进行理解与阐释。在众多哲学理论中，实用主义、功利主义以及亚当·斯密的经济哲学理论对于这一议题提供了不同视角的分析。

实用主义(pragmatism)哲学强调对概念产生的实际效果进行探索和反思，主张思想的真假和理论的价值取决于它们在实践中的应用效果和解决问题的能力。[1] 在实践活动中,实用主义重视实际的成效,即当下的决策或行动是否能够针对待解决的问题产生积极的、长期的、行之有效的结果。在质量上,实用主义注重的是成果的实用性和对社会或个体的有用性。因此,质量标准是实用主义的应有之义。此外,决策和措施的价值取决于其带来的实际效果,这不仅包括质量,还包括效率。在实用主义的运用过程中,效率意味着在实现预期目标的过程中所需的资源和代价最小化,成本效益分析则是一种必不可少的手段或方法。因此,对于寻求有效途径,实用主义将效率视为衡量方法合理性的重要标准。在实用主义的视角下,效率与质量具有统一性,高质量的法律应当高效,而高效的法律必须以高质量为基础。法律的效率体现在其产生结果的直接性和执行的速度上。同时,立法的质量不应仅通过速度和简单的效果来评判,而应考虑法律长远的社会效益和其对公众利益的贡献。

功利主义(utilitarianism)作为一种伦理理论,主张行为的正确性取决于它们是否能为最大多数的人带来最大的幸福,其提倡最大化的总体幸福或效用。功利主义的代表边沁认为,应当通过一个行为是使人们的幸福增加还是减少来作出赞成或是反对该行为的决定。社会利益并不独立于个人利益,其本质是社会中所有个人利益的总和。[2] 边沁认为,人们作出行为选择的原因和动机根本在于追求快乐、逃避痛苦,政府应通过"趋乐避苦"来增进社会利益,而最大多数人的最大幸福则是判断的标准。[3] 此外,约翰·穆勒则区分了高级的快乐和低级的快乐,即主张精神层次上的高级快乐相较于物质和感官上的低级快乐被认为是更有价值的,在这一层面,穆勒提供了对快乐或幸福的质的衡量。[4] 因此,在功利主义中,决策不仅要考虑效用的数量,也要考虑质量,立法的根本目标是提升社会整体幸福,因此立法效率和质量都应服务于这一目的。高效的立法能够快速回应社会需求,减少拖延带来的负面后果,从而更快地实现幸福最大化;而高质量的立法则确保法律能够有效、持久地促进社会福利,避免因法律缺陷导致的负面效应。立法应在效率和质量之间找到平衡:一方面,立法过程应避免冗长和资源浪费,优先通过能够带来显著幸福提升的法案;另一方面,立法必须基于实证研究和科学评估,确保其内容合理、可行,能够真正改善社会整体福祉。在

---

〔1〕 [美]威廉·詹姆士:《实用主义:某些旧思想方法的新名称》,李步楼译,商务印书馆 2009 年版,第 34 - 35 页。

〔2〕 [英]边沁:《道德与立法原理导论》,时殷弘译,商务印书馆 2000 年版,第 59 页。

〔3〕 [英]边沁:《政府片论》,沈叔平等译,商务印书馆 1995 年版,第 114 - 115 页。

〔4〕 [英]约翰·穆勒:《功利主义》,徐大建译,商务印书馆 2014 年版,第 10 页。

立法的语境下，功利主义者可能会评估法律规定的效果，即它们是否提高了社会的整体幸福。从功利主义的角度看，立法效率不仅是快速制定法律的能力，还包括制定的法律能否有效提升社会福祉。因此，立法质量在功利主义中也是至关重要的，因为只有高质量的法律才能最大化地增进公共利益。

经济学作为研究人类社会经济活动、经济行为、经济结构以及经济利益的学科，与效率的概念密不可分。经济学家亚当·斯密在《国富论》中提出了“看不见的手”这一原理，强调市场自由和效率。在讨论效率的提升时，斯密特别关注市场机制如何促进资源的最佳利用，同时考虑社会成员之间收益的分配问题。一方面，分工(division of labor)允许工人在其最擅长的领域提高专业技能和工作效率，从而增加产量、降低单位商品的成本，最终增加总体生产质量。另一方面，经济体系应该让市场力量自由发挥，通过竞争机制来调节资源的分配，使资源向最能够有效使用它们的领域流动。因此，斯密认为，分工可以极大提高生产效率，市场机制能够确保资源的有效分配并推动质量的提升，从而达成高效与高质量的目标。换言之，效率在其理论中既是个体最大化自身利益的导向，也是市场机制优化资源分配的结果。在这种将“既定数量的稀缺资源分配给各种相互争夺的用途，以便使这些资源得到最有效率的或最适度利用”的过程中，[5]经济哲学将产生的效益视为资源得到有效分配的标准。在亚当·斯密的经济学理论框架下，质量与效率的关系体现为相互促进的动态平衡：高质量的制度、产品或服务能够通过清晰界定产权、降低交易成本和促进分工，提升资源配置的效率，从而实现社会福利的最大化；而效率的提升又为追求更高质量提供了资源和技术支持。亚当·斯密的“看不见的手”这一原理表明，个体在追求自身利益的过程中，会自发推动质量与效率的协同发展，但这一过程需要适度的制度保障，以避免市场失灵。因此，质量与效率并非对立，而是相辅相成，高质量的追求是效率提升的基础，而效率的提升又为质量的持续改进创造了条件。

因此，实用主义更偏向于实际的应用和灵活的问题解决方法，注重的是决策和行为能否实际解决问题。功利主义更关注行为的总体效益，追求最大化幸福，并且在幸福的衡量上，不仅考虑数量还需考虑质量。经济学则通过分工与经济制度追求最大化生产效率。由此可见，质量与效率总是密不可分的一对关系，两者共同构成判断某一事物或措施优劣的标准。

---

〔5〕 [美]丹尼尔·贝尔、欧文·克里斯托尔编：《经济理论的危机》，陈彪如等译，上海译文出版社1985年版，第71页。

二、立法效率的两种理解:成本效益抑或立法速度

从词源的角度来看,根据《辞海》的解释,效率指消耗的劳动量与所获得的劳动效果的比率;[6]而《新华字典》解释为单位时间完成的工作量。[7] 当前学界在效率的不同定义上对立法效率有两种理解,一是指立法成本与立法效益的比率,追求立法效率就是指立法成本的低投入与立法效益的高回报。郭道晖认为,立法效率限于立法效益与成本之比。[8] 张军认为,立法效率是立法效益与立法成本之比,在一定成本投入下立法效益越大,则立法效率越高。[9] 顾伟等人认为,立法效率涉及立法效益和成本两个方面的问题。[10] 李龙亮认为,立法效率直接表现为立法效益和立法成本的比较。[11] 国外也有学者将立法效率理解为成本效益比。卡蓬认为,效率可以表示为有限手段达到目标最大化或以最小投资达到规定的目标。[12] 二是指从立项到颁布的所用时间长短,这种理解下的提高立法效率就是指立法机关加快颁布出台法律的速度。刘松山指出,"无法可依"的现实困境赋予了当时立法实践求快的基本逻辑。[13] 李林认为,十八大以来我国进入大立法时代,催生了大量立法任务,加快立法速度、提高立法效率是我国当前和今后一段时间立法工作的重要任务。[14] 宋方青等人指出立法效率的低下会影响公正的实现,保证立法审议的效率有助于防止议事僵局、议而不决等立法延宕现象。[15] 赵一单认为,实践中提升立法效率的需求引出了快速立法及相应程序的问题。[16] 许安标指出,立法效率是完成繁重立法任务、适应各项事业法治化需求、提供有效制度供给的应有举措,要在确保质量的前提下提

---

〔6〕 夏征农主编:《辞海·语词分册》,上海辞书出版社 2003 年版,第 1218 页。

〔7〕 中国社会科学院语言研究所编修:《新华字典》(第 12 版),商务印书馆 2020 年版,第 534 页。

〔8〕 郭道晖:《立法的效益与效率》,载《法学研究》1996 年第 2 期。

〔9〕 张军:《成本和效率——地方立法的质量基础》,载《乡镇经济》2004 年第 8 期。

〔10〕 顾伟、汪新胜:《略论立法效率》,载《理论月刊》2004 年第 12 期。

〔11〕 李龙亮:《立法效率研究》,载《现代法学》2008 年第 6 期。

〔12〕 Ulrich Karpen, *Efficacy, Effectiveness, Efficiency: From Judicial to Managerial Rationality*, in Klaus Meßerschmidt & A. Daniel Oliver - Lalana eds., Rational Lawmaking under Review: Legisprudence According to the German Federal Constitutional Court, Springer, 2016, p. 307.

〔13〕 刘松山:《当代中国处理立法与改革关系的策略》,载《法学》2014 年第 1 期。

〔14〕 李林:《全面深化改革应当加强立法能力建设》,载《探索与争鸣》2017 年第 8 期。

〔15〕 宋方青、王翔:《论我国人大立法审议机制的功能与优化》,载《厦门大学学报(哲学社会科学版)》2018 年第 6 期。

〔16〕 赵一单:《论快速立法》,载《地方立法研究》2021 年第 5 期。

高效率、加快立法，防止久拖不决。[17] 杨惠等人指出，有些列入全国人大常委会立法规划的法案在数月间即可通过，而有些却延续十几年，这说明在我国的立法过程中，立法效率存在较大差异。[18] 采取何种概念理解立法效率是本文首先面对的问题，首先需要进一步明确这两种理解的合理性，其次需要明确党和国家提出立法质量与效率是哪种含义。

在第一种意义上理解立法效率，必须首先明确立法效益与立法成本的概念。按照《现代汉语词典》的解释，效益指的是效果和利益，比如经济效益、社会效益。[19] 效益即有益的效果或结果，同目的相比照，其是指行为所产生的合目的的有益效果。有关立法效益的概念基本已达成共识，学界一般认为立法效益指的是从立法者的角度出发，判断立法目的是否实现了社会效果。[20] 追求立法效率，就是指以最小成本实现立法行动的最大收益。[21] 立法实施后带来的有益效果包括经济效益与社会效益。[22] 经济效益指的是立法对经济发展产生的有益影响，社会效益指的是立法实施后对社会产生的积极影响，如社会稳定性增强、人民安全感上升等。立法效益是法律效益的组成部分，原因在于法律效益的实现不仅取决于立法本身，还取决于司法、执法和守法等因素。

关于立法成本的理解已经达成部分共识，立法成本必定包含立法机关在制定法律的过程中（包括规划、起草、论证、提案、审议、公布等各阶段）所消耗的人力、物力、财力等直接消耗，有立法自身成本、程序成本、机会成本、基础成本等不同称谓。关于立法成本的其他组成部分则尚未达成共识，有学者认为立法成本既包括立法自身的成本，也包括立法的社会成本，社会成本指的是由于立法因素所导致的社会支出，比如立法本身的物质消耗较少，但导致司法、执法等方面的难度增大，消耗增多。[23] 也有观点认为，立法成本包括程序成本和机会成本，机

---

〔17〕 许安标：《习近平法治思想是新时代科学立法的根本遵循》，载《红旗文稿》2022 年第 19 期。

〔18〕 杨惠、于晓虹：《中国立法效率影响因素的再审视——基于全国人大常委会立法规划的实证分析（1991—2019 年）》，载《中国法律评论》2022 年第 2 期。

〔19〕 中国社会科学院语言研究所词典编辑室编：《现代汉语词典》（第 7 版），商务印书馆 2016 年版，第 1447 页。

〔20〕 郭道晖：《立法的效益与效率》，载《法学研究》1996 年第 2 期。

〔21〕 ［希］［英］海伦·赞塔基：《立法起草——规制规则的艺术与技术》，姜孝贤译，法律出版社 2022 年版，第 7 页。

〔22〕 李龙亮：《立法效率研究》，载《现代法学》2008 年第 6 期。

〔23〕 郭道晖：《立法的效益与效率》，载《法学研究》1996 年第 2 期；张军：《成本和效率——地方立法的质量基础》，载《乡镇经济》2004 年第 8 期。

会成本指的是在不同法律规范之间进行选择时产生的效益差别。[24] 此外,还有学者将立法成本区分为直接成本和间接成本,间接成本指的是实施立法所必然耗费的成本,包括执法成本、守法成本和违法成本。[25]

这种理解下的立法效率属于法经济学或立法经济学问题,而立法效益与立法成本属于法社会学范畴的问题。但是从此角度理解立法效率,还存在以下无法解决的问题:一是立法成本与效益的具体概念尚未达成共识,立法成本与效益可以包含哪些部分尚无定论。二是这种经济学视角下的理解无助于立法效率的实证分析,由当前学界论述可知,目前的研究还停留在理论建构层面,具体如何确定立法的成本与收益存在困难。三是可能造成立法效率与立法质量的关系产生混乱,一方面,判断立法质量需要综合考虑立法成本、执法成本与社会成本;[26] 另一方面,立法实效(效益)本身便是衡量立法质量的重要标准。换言之,成本效益既可以是立法效率的标准,也可以是立法质量的标准。立法质量与效率通过成本效益分析存在内在联系。

在第二种意义上理解立法效率,即从立法速度的角度出发则可以避免以上问题,但是也面临着对立法效率片面化或简单化理解的危险。然而,在立法质量涵盖事前规划、事中起草、事后实施的全过程和全阶段的判断标准体系下,立法效率偏重于对速度的解释可以实现对立法质量更好的补充。

在对两种立法效率概念区分的基础上,需要明确党和国家提出立法质量与效率并重指的是哪种含义上的立法效率。立法质量与效率的问题在党的十八大以后得到了重视,在此之前,党和国家的政策文件虽然分别提到立法质量和立法效率,但并未将其放置在一起讨论。

2014 年发布的《中共中央关于全面推进依法治国若干重大问题的决定》,提到“建设中国特色社会主义法治体系,必须坚持立法先行,发挥立法的引领和推动作用,抓住提高立法质量这个关键。”此处提到了立法质量,但是并没有提及立法效率的问题。而习近平总书记在对该决定的说明中提到,“立法效率需要进一步提高”。[27] 他指出,立法也要注意及时性,“在实践证明已经比较成熟的

---

〔24〕 顾伟、汪新胜:《略论立法效率》,载《理论月刊》2004 年第 12 期。

〔25〕 李龙亮:《立法效率研究》,载《现代法学》2008 年第 6 期。

〔26〕 2004 年国务院印发的《纲要》第 17 条中明确规定:“积极探索对政府立法项目尤其是经济立法项目的成本效益分析制度。政府立法不仅要考虑立法过程成本,还要研究其实施后的执法成本和社会成本。”

〔27〕 习近平:《关于〈中共中央关于全面推进依法治国若干重大问题的决定〉的说明》,载《人民日报》2014 年 10 月 29 日,第 2 版。

改革经验和行之有效的改革举措，要尽快上升为法律。对部门间争议较大的重要立法事项，要加快推动和协调，不能久拖不决”，[28]由此强调立法制定通过的速度和效率。

2019 年 10 月召开的党的十九届四中全会通过了《中共中央关于坚持和完善中国特色社会主义制度、推进国家治理体系和治理能力现代化若干重大问题的决定》，其中提到“完善立法体制机制。坚持科学立法、民主立法、依法立法，完善党委领导、人大主导、政府依托、各方参与的立法工作格局，立改废释并举，不断提高立法质量和效率”。2021 年 1 月，中共中央印发《法治中国建设规划（2020—2025 年）》，其中提到“建设法治中国，必须加强和改进立法工作，深入推进科学立法、民主立法、依法立法，不断提高立法质量和效率，以高质量立法保障高质量发展、推动全面深化改革、维护社会大局稳定”。2021 年 12 月，习近平总书记在十九届中央政治局第三十五次集体学习时讲话指出，“要抓住立法质量这个关键，深入推进科学立法、民主立法、依法立法，统筹立改废释纂，提高立法效率，增强立法系统性、整体性、协同性”，[29]由此将立法质量与立法效率并列。

自党的十九大以来，立法质量与效率并重成为新时期立法工作的核心任务，提高立法工作质量和效率成为人大立法工作的关注点。[30] 曾任全国人大常委会法工委副主任的许安标同志指出，要在确保立法质量的前提下提高效率、加快立法，要敢于在矛盾的焦点上作出立法决断，不能久拖不决。地方人大也出台各种措施促进立法质效的提升。[31] 比如湖南省人大常委会为了解决“入学难”等问题，及时出台修订《湖南省中小学校幼儿园规划建设条例》，坚持在矛盾的焦点上“砍一刀”以提高立法效率。[32] 总之，从学理角度以及提出背景来看，将立法效率理解为立法从立项到颁布的所用时间长短，即立法速度的概念，更切合实

〔28〕习近平：《在省部级主要领导干部学习贯彻党的十八届四中全会精神全面推进依法治国专题研讨班上的讲话》（2015 年 2 月 2 日），载中共中央文献研究室编：《习近平关于全面依法治国论述摘编》，中央文献出版社 2015 年版，第 52 页。

〔29〕习近平：《坚持走中国特色社会主义法治道路　更好推进中国特色社会主义法治体系建设》，载《求是》2022 年第 4 期。

〔30〕刘华东：《不断提高立法质量和效率》，载《光明日报》2019 年 3 月 10 日，第 10 版；谢文英：《努力提高立法工作质量和效率》，载《检察日报》2019 年 3 月 10 日，第 1 版；王比学：《地方立法质量和效率不断提高》，载《人民日报》2022 年 12 月 17 日，第 5 版。

〔31〕霍相博、袁任新、杨延娜：《明方向提质效转作风　提高立法质量效率》，载《河北日报》2023 年 7 月 12 日，第 8 版；黄世钊：《着力提高立法质量和效率》，载《广西法治日报》2024 年 1 月 17 日，第 1 版。

〔32〕陈奕樊：《以良法促善治　湖南立法更有效率更显温度》，载《湖南日报》2022 年 12 月 7 日，第 9 版。

际也更具有研究的可行性。

三、“宜粗不宜细”的立法理念

立法质量与立法效率是相联系的，只要有立法便有立法质量和效率的问题。然而，在20世纪90年代前几乎很少有关于立法质量的讨论。这主要是因为改革开放初期的主要矛盾是“有法可依”的问题，也就是说，在法制不健全的状态下，先解决“有没有”，再面向“好不好”的问题。[33] 由于改革开放初期立法工作偏重于对立法效率的要求，因此形成了“宜粗不宜细”的立法理念。

“宜粗不宜细”这一原则的提出最初针对的是如何解决历史遗留问题，邓小平同志指出：“在历史问题方面一定要搞粗疏，一定不可以搞细致。一搞细就要延长时间，这就不利。要以大局为重。”[34]在此之后邓小平同志也多次强调历史问题的总结应当“宜粗不宜细”。[35] 虽然“宜粗不宜细”的原则最初被用于政策问题，但是随着党的十一届三中全会后我国法制建设工作的展开而成为当时重要的立法指导理念，迫切需要在尽可能短的时间内解决有法可依的问题，为我国改革开放的顺利进行提供法制保障。邓小平同志对此指出：“现在立法的工作量很大，但与之形成鲜明反差的是人力资源却很少……总之，有比没有好，快搞比慢搞好。”[36]此时立法工作的特点在于，先将制度建立起来再逐步向前推进，立法偏重立法效率从而先解决“无法可依”的困境。

“宜粗不宜细”的立法理念在以下四方面助力于提高立法效率。一是“宜粗不宜细”指向法律条文的简略而非繁复。邓小平同志指出：“法律条文的制定在一开始可以粗疏一点，然后再逐步一条条完善。”[37]长期以来，法学研究与法制建设的停滞导致了改革开放初期立法人才的匮乏与立法能力的缺失，此时的立法水平决定了法律草案在技术与内容表述上不可能细致严谨并且面面俱到。另外，改革开放初期社会关系处于快速变动之中，过于细致的法律条文反而不利于改革的进行。改革的进行需要调动人民的积极性与创造性，然而过于繁杂的法律会使一般民众难以把握，限制人民的创造性和积极性。相反，“宜粗不宜细”的立法规定改革的方向与原则，保障改革开放的进行，并且对具体细节与政策措

---

〔33〕《邓小平文选》(第2卷)(第2版)，人民出版社1994年版，第147页。

〔34〕中共中央文献研究室编：《邓小平年谱》(第四至五卷)，中央文献出版社2020年版，第445页。

〔35〕张家芳、王先俊：《“宜粗不宜细”原则与实事求是——纪念邓小平诞辰100周年》，载《长白学刊》2004年第4期。

〔36〕《邓小平文选(1975—1982)》，人民出版社1983年版，第137页。

〔37〕《邓小平文选(1975—1982)》，人民出版社1983年版，第137页。

施保持开放性。二是先制定单行法再制定综合性法律。彭真同志曾指出,“大法又一时制定不出来,这就需要采取各个击破的办法,先制定单行法,以适应改革开放和发展的需要”。[38] 李鹏同志提出,可以先制定单行法,等条件成熟时再制定综合性法律,即像刑法、刑事诉讼法、民法等这样的“大法”。[39] 《民法典》的制定就体现了这一立法思想。1979 年民法制定工作第三次启动,但由于当时并不具备编纂民法典的条件,因此采取了先编纂单行民事法律规范的立法工作方式,《继承法》《民法通则》等法律先后出台,及时满足了人民群众和社会发展的需要。三是先制定成熟的法律。彭真同志指出,“对新的重大问题、重要改革,要制定法律,必须先有群众性的探索、试验……经过对各种典型、各种经验的比较研究,全面权衡利弊,才能制定法律。这是立法的一般性经验,也可以说是规律。”[40] 时任九届全国人大常委会委员长的李鹏同志在审议农业法修订草案时曾指出,“这次不宜大动,成熟一条写一条”“这种方法比较好”。[41] 四是立法程序简化。全国人大常委会曾长期实行“一审制”与“两审制”,直到 1995 年以后“三审制”才逐步确立。[42] 在“三审制”确立前,建设社会主义市场经济法律体系的任务繁重,立法程序的加快与简化促进了法律法规的及时出台。

“宜粗不宜细”理念下对立法效率的要求,集中体现在“一日七法”事例中。党的十一届三中全会后,我国法制建设逐渐起步,且在经济法制方面基本上是一片空白,迫切需要在尽可能短的时间内解决有法可依问题,为改革开放顺利进行提供法制保障。1979 年 1 月,党中央决定在全国人大常委会设立法制委员会,同年 2 月,五届全国人大常委会第六次会议决定设立法制委员会,由彭真担任主任。彭真同志认为,“按照邓小平讲的(法律)有比没有好、快搞比慢搞好的精神,宜先抓条件比较成熟而又急需的法律的起草工作”。[43] 自成立以来不到 4 个月的时间,全国人大常委会法制委员会就拿出了刑法、刑事诉讼法、选举法、地方组织法、法院组织法、检察院组织法、中外合资经营企业法这 7 部法律草案。1979 年 7 月,这 7 部法律在五届全国人大二次会议获得通过,成为中国法治史上著名的“一日七法”。[44] 改革开放初期的立法工作带有一种阶段性的特点,就

---

〔38〕《彭真年谱》(第 5 卷),中央文献出版社 2012 年版,第 282 页。

〔39〕李鹏:《立法与监督:李鹏人大日记》,新华出版社、中国民主法制出版社 2006 年版,第 297 页。

〔40〕《彭真文选:1941—1990》,人民出版社 1991 年版,第 507 页。

〔41〕李鹏:《立法与监督:李鹏人大日记》,新华出版社、中国民主法制出版社 2006 年版,第 609 页。

〔42〕阚珂:《立法“三审制”是怎样确立的?(上)》,载《中国人大》2019 年第 18 期。

〔43〕《彭真传》(第 4 卷),中央文献出版社 2012 年版,第 130 页。

〔44〕刘华东:《改革开放 40 年立法工作的三个片段》,载《光明日报》2018 年 12 月 17 日,第 13 版。

是先把制度建立起来再逐步向前推进。尽管在通过之初依旧存在争议,但这7部法律得到了很高的评价,具有时代的价值与意义。

自党的十一届三中全会以来,全国人大及其常委会高效快速通过了多部法律,在立法方面做了大量工作。然而随着我国立法体系的完善,立法质量问题在20世纪90年代开始逐渐得到关注。“从1978年至今的整整十年中,除现行宪法外,共制定法律80个,通过了20个修改、补充法律的决定和40多个有关法律问题的决定。总的看来,我国已经初步形成以宪法为基础的社会主义法律体系,为我国社会主义法制的完善和发展打下了基础。但是,我们也应该看到,在立法工作方面还有一些问题需要探讨。”[45]同时,“宜粗不宜细”的立法理念也在高效快速的立法过程中暴露出问题。一方面,在“宜粗不宜细”理念的指导下,早期制定的法律规范往往过于笼统,原则性与政策性表述过多,导致法律实施与执行存在困难。另一方面,法律条文的“粗放”也留下了过大的自由裁量权,影响法律公平价值的实现,正因如此,从中央到地方都开始反思“宜粗不宜细”的立法理念以及相关体制与机制存在的问题,并在此基础之上阐述解决问题的路径与方法。

第二节 立法效率存在的问题

立法效率在改革开放初期是立法的首要目标,随着社会主义法律体系完善,对立法质量的要求已经超过了立法效率,并且认为追求过高过快的立法速度和效率会降低立法的科学性与民主性,立法质量没有保障。甚至有观点提出,立法的速度与质量就是一组矛盾关系,强调立法制定通过的速度可能会损害法律的权威。[46] 但是,立法质量与立法效率并非对立的关系,忽略立法效率甚至刻意延缓立法速度,不仅无助于立法质量的提升,反而还会降低立法质量。当前我国立法工作中还存在立法效率不足的问题,一是上级立法机关提前介入地方立法降低了立法效率;二是立法难以及时回应社会需要;三是突发公共事件中立法存在迟滞性。

---

〔45〕 郭林茂:《探讨立法经验,提高立法质量》,载《政治与法律》1990年第1期。

〔46〕 袁启彤:《关于地方立法速度与质量问题的几点思考》,载《人大工作通讯》1996年第16期。

一、立法机关的提前介入

长期以来，对地方立法的关注点在于如何提高地方立法质量。[47] 尤其在地方立法主体不断扩容的背景下，对立法质量的关注几乎成了唯一标准，强调立法效率或立法速度甚至被认为是立法质量低下的原因或是立法政绩观的表现，立法效率被看作可以被立法质量牺牲的价值标准。由此，地方人大试图通过采取立法监督的方式保障、提升地方立法质量。地方立法监督可以分为事前立法监督与事后立法监督，事前立法监督指的是省级人大常委会审查批准设区的市地方性法规制度，而事后立法监督指的是地方性法规备案审查制度。事后立法监督不会对立法效率产生直接影响，但是，上级人大对下级人大的事前立法监督则打乱了其原有的工作节奏，阻碍了地方立法效率的提升。

批准制度的创设可追溯到 1982 年第一次修改的《地方组织法》，该法对较大的市人大常委会进行了初步的赋权尝试，规定其可以拟订地方性法规草案。需要注意的是，此时较大的市人大并没有获得任何草拟权或者制定权。较大的市人大常委会提出的草案需要提请省级人大常委会审议制定，该项权力本质上仍是省级人大常委会立法权的派生。在此项制度中，有且仅有省级人大常委会的立法权，并不存在较大的市人大及其常委会的立法权。尽管如此，依然可以合理认为较大的市已经开始登上地方立法权的舞台。[48] 在地方立法权进一步下放到较大的市这一级时，通过省级人大常委会控制较大的市立法权的制度设计由此初见端倪。1986 年《地方组织法》第二次修改后，较大的市人大及其常委会正式获得了地方立法权。修改后的《地方组织法》规定较大的市人大及其常委会可以制定地方性法规，但需报省级人大常委会批准后施行。时任全国人大常委会秘书长兼法工委主任王汉斌在对《地方组织法》修改进行的说明中提到，建议省级人大常委会简化批准程序，如果没有出现抵触问题则应尽快批准通过。[49] 然而在实践中由于没有详细规定，出现了省级人大常委会批准时间过长、不进行批准或在批准时大量修改的情形。[50] 原本正式赋予较大的市的地方立法权在实践中被省级人大常委会悬置化，与进一步赋予地方人大立法权的立

---

〔47〕 崔卓兰、孙波：《地方立法质量提高的分析和探讨》，载《行政法学研究》2006 年第 3 期；宋才发：《我国地方立法的能力构成与质量提升》，载《河北法学》2024 年第 4 期。

〔48〕 郑磊：《“较大的市”的权限有多大——基于宪法文本的考察》，载《国家行政学院学报》2009 年第 1 期。

〔49〕 乔晓阳主编：《立法法讲话》，中国民主法制出版社 2000 年版，第 247 页。

〔50〕 蔡定剑：《中国人民代表大会制度》（第 4 版），法律出版社 2003 年版，第 309 页。

法意图相背离，而这一问题直到《立法法》制定后才在一定程度上得以缓解。

在2000年《立法法》的制定过程中，争议最大的问题之一是较大的市的地方性法规是否需要报请批准。[51]《立法法》（草案）曾经规定过取消批准制度，将“批准”改为“备案”。[52] 全国人大法律委员会最终采纳了折中观点，虽然保留了批准制度但进一步规定了省级人大常委会审查批准的范围和时间，理由是将批准改为备案的时机和条件“尚不成熟”。[53] 2000年《立法法》颁布后，批准制度在实践中不断完善与适用。各省份先后通过颁布地方立法条例对该制度进行细化。如2001年《河北省地方立法条例》第5章第1节专门规定了由省人大常委会法工委进行审查批准，审查范围为是否符合法定权限和程序、是否与上位法相抵触。虽然批准制度在实践中持续运行，然而由于国务院自1994年以后并未审批增设新的“较大的市”，[54] 长期以来地方立法需求仍然受到了限制。[55] 直到2015年《立法法》第一次修改赋予了所有设区的市以地方立法权，设区的市从而取代较大的市获得了地方立法权，地方立法主体由原来49个较大的市扩容为289个设区的市、30个自治州以及4个不设区的地级市。[56] 设区的市立法能力与水平不一，如何控制约束地方立法权并确保立法质量成为当务之急。全国人大在修改《立法法》的过程中也考虑到了这一点，规定了诸多措施来限制地方立法权。[57] 其中，最为重要的制度措施便是继续实施立法批准制度。

按照我国现行《宪法》《立法法》规定，设区的市人大及其常委会在与上位法不抵触的前提下，制定的地方性法规需报请省级人大常委会审查批准后施行。也就是说，设区的市地方性法规应当在本级立法机关制定完成后报请上级人大常委会审批，但立法实践中这一制度的落实却出现了省级人大常委会“提前介

---

[51] 刘克希：《较大的市制定的地方性法规应当经批准》，载《现代法学》2000年第5期。

[52] 刘松山：《一部关于立法制度的重要法律（中）——〈立法法〉制定过程中争论的主要问题及其解决方式》，载《中国司法》2000年第6期。

[53] 乔晓阳主编：《立法法讲话》，中国民主法制出版社2000年版，第348页。

[54] 李兵：《国务院批准具有立法权的“较大的市”行为研究》，载《行政法学研究》2006年第2期。

[55] 虽然国务院不再审批新增“较大的市”，但不代表没有城市对此提出申请，以浙江温州、福建泉州、江苏南通等为代表的城市曾多次申报“较大的市”。之所以争取较大的市，核心就是在争取地方立法权，立法的相对滞后性在这些城市已经影响到了地方经济的发展。参见曹海东、李萌：《温州“较大的市”之梦》，载《中国经济周刊》2005年第9期。

[56] 赵乐际：《在全国地方立法工作座谈会上的讲话》，载《中国人大》2023年第19期。

[57] 全国人大常委会法工委将这些措施总结为“五道防线”，其分别为：第一，“全面赋权、稳步推进”；第二，设区的市的立法事项限定为城乡建设和管理、环境保护和历史文化保护共三项；第三，不抵触原则；第四，批准制度；第五，备案审查制度。参见王逸吟、刘梦：《五道防线管住地方立法权》，载《光明日报》2015年3月10日，第3版。

入”的趋势，由省人大法制委员会、专门委员会或省人大常委会法制工作委员会在立法计划、立法起草、立法审议阶段提前介入设区的市立法活动，由此导致立法批准制度贯穿设区的市立法的全过程。

“提前介入”机制是地方立法机关偏重立法质量、忽视立法效率的典型体现。这一机制在一定程度上确实起到了维护国家法制统一的功能，但是也限制了地方立法的积极性与自主性，降低了地方立法效率，并且实际上没有实现提升地方立法质量的初衷。提前介入机制对立法效率的影响体现在介入立法计划、立法起草、立法审议过程这三个方面。

设区的市在制定立法计划的时候，省人大常委会就已经提前介入指导。多地出台的立法条例均有对立法计划的介入，浙江、江苏等地直接规定设区的市的立法计划需要报请省级人大常委会征求意见，部分省市尽管规定了立法计划采取备案或者没有对此规定，但在立法实践中也往往深度介入立法计划的制定中。由于省级人大常委会最后需要审批下级立法机关的地方性法规，其将审批作为自身职责，也希望尽早介入设区的市立法并将问题在源头解决，而不至于在事后进行改变或撤销。[58] 省级人大常委会不通过或不赞成的立法项目，设区的市也并不会坚持列入立法计划。省人大常委会在立法计划制定过程中一般通过法制工作委员会与设区的市进行对接，其沟通机制既有书面沟通也有口头沟通，并且常以口头沟通（电话沟通）为主。相较书面沟通，通过当面交谈、电话等方式指导交流似乎提高了提前介入的效率，但加剧了法制工作委员会在指导立法计划过程中的任意性与选择性，干扰了设区的市的工作计划和进度，反而不利于立法效率的提高。相反，通过书面的方式正式提出建议和意见更具有针对性与效率性。当然，最理想的状态是省级人大常委会对设区的市的立法计划真正落实备案形式，不过度干涉介入，尊重设区的市立法机关的独立性和自主性，从而提高立法计划落实的效率。

在立法起草过程中，省级人大常委会的介入指导同样贯穿全过程。设区的市组织立法工作者与专家进行立法调研、研讨、论证，在调研起草过程中以及形成初步的立法草案后均需要听取省级人大常委会的意见。以浙江省人大常委会为例，其专门出台了立法指导意见，要求设区的市在起草过程中征求省级主管部门意见，对重点问题进行调研论证，并着重论证吸收省人大的指导意见。[59] 例

〔58〕 王翔：《省级人大常委会审查批准设区的市地方性法规的功能定位》，载《法学》2023 年第 8 期。

〔59〕 刘立可、赵晓思：《省人大出台设区的市立法指导意见》，载《浙江人大》2018 年第 6 期。

如，X 市在委托专家起草某部地方性法规的过程中，Y 省人大常委会法工委指派了一名立法工作者与起草组对接。[60] 起草组在起草调研过程中，需要与该工作人员进行交流沟通，然而该工作人员本身有其本职工作又无法全程参与，导致其提出的意见与调研结果并不一致，但由于立法批准制度的缘故又不得不考虑吸取其提出的意见，最终导致立法过程中起草与调研的效率低下。尽管如此，该工作人员的意见并不能代表法工委自身的意见，立法草案在提交法工委审阅之后又按照其意见进行了多次实质性的修改，导致立法起草周期延长。

在立法审议阶段，省级人大常委会对地方性法规的审议也进行了提前介入。各地立法条例对审议前介入的规定不一，有的规定在设区的市初次审议 30 日前介入（如青海），有的规定在第一审议后提前介入（如河南），还有的规定在立法草案审议通过前 30 日提前介入（如海南、四川），也有的省份并未在立法条例中规定起草环节的提前介入（如福建、湖南、广东）。然而，无论各地是否对提前介入设区的市的立法审议有所规定，各地在实践中都已经形成了一套常态化的工作机制和流程。例如，福建省人大常委会法工委共有 6 个处室，虽然 2015 年《立法法》修改后针对设区的市立法批准制度专门设置了立法三处，但由于立法工作任务繁重，实际上由每个立法处对应两个设区的市，对其地方性法规进行审查批准。湖南省则是由法工委审查指导处承担具体工作，设区的市在第一次审议后将草案一审修改稿以及相关立法资料提交审查指导处。在设区的市立法机关审议阶段，省级人大常委会也会就立法草案、审议修改内容等提出意见，而这些意见设区的市在后续修改中也要进行吸收。

"提前介入"机制改变了原有上下级人大之间的平等关系，加剧了立法机关之间的科层制关系。最为关键的是，省级人大常委会可能并不比设区的市更了解本地实际情况，提前介入又无法深入每次实际调研与研讨论证会，往往提出的指导建议并不具有提高立法质量的效果。并且由于设区的市在立法的各个阶段都需要省级人大常委会指导，两级立法机关的交流研讨、观点竞争等都增加了立法过程与成本的消耗，降低了地方立法效率。此外，《立法法》规定了省级人大常委会应当在 4 个月内审查批准设区的市立法，设区的市地方性法规在审批后施行。暂且不论额外增加的 4 个月的地方立法周期，实践中甚至出现了超出法定审批期限的情况。例如，2017 年 10 月 23 日广东省茂名市通过了《茂名市冼

---

〔60〕 案例源于笔者在参与立法调研项目时对相关立法工作者的访谈。

夫人文化遗产保护条例》,并报省人大常委会批准后施行,[61]但该部地方性法规并未在4个月期限内获得批准,至今仍未有下文。如果广东省人大常委会的提前介入是有效的,那么该条例应该在4个月内顺利通过;既然无法保证提前介入的有效性,那么事前立法监督不仅无法保证立法质量并且降低了立法效率,其存在的必要性与合理性令人质疑。

二、立法难以及时回应社会需要

法律具有滞后性,难以及时满足社会的法治需要。法律滞后在严格意义上来说指的是立法的滞后性,也就是一国的立法难以满足当前社会需要。[62] 由于立法者面对的是已经出现的社会问题,并且受到当前社会实践情况以及认知水平的影响,因此对未来情形的预测作用有限。立法者难以准确预见未来的社会变化,导致颁布的立法滞后于新问题。并且,社会不断发展变动,每一部法律制定出来便已经落后于现实发展,因此需要不断通过法律的立改废释纂及时回应。频繁修改法律会削弱其权威性和可预测性,因此立法者倾向于保持稳定。

改革开放以来,我国始终处于社会经济快速发展时期,社会关系日益复杂,科技发展迅速使人工智能、区块链等新兴领域兴起,这对国家治理提出了更多更高的要求。随着我国步入社会主义新时代,我国社会主要矛盾已经转化为人民日益增长的美好生活需要和不平衡不充分发展之间的矛盾。人民对美好生活的需要,呼唤立法更好发挥引领、规范和保障的作用。[63] 在中央层面,八届至十二届全国人大常委会立法数量分别为118、102、100、86、214件,立法职权的履行情况总体呈现上升趋势。[64] 在地方层面,2020年至2024年省级人大常委会制定地方性法规数量分别为277、314、376、230、281件,总体来看呈现上升趋势并趋于稳定,设区的市立法自2015年以来数量也不断提升。[65] 可以预见的是,随着对新兴领域、重点领域的关注,社会治理对立法保障仍有较大的需求,立法数量将持续稳定增加。但当前的立法现状难以满足社会快速发展的需要,尤其体现

---

〔61〕 梁奈、黄静渊:《市第十二届人大常委会举行第六次会议通过了〈茂名市冼夫人文化遗产保护条例〉》,载《茂名晚报》2017年10月24日,第5版。

〔62〕 殷冬水:《法律滞后三论》,载《行政与法(吉林省行政学院学报)》1998年第2期。

〔63〕 赵一单:《论快速立法》,载《地方立法研究》2021年第5期。

〔64〕 林彦:《〈全国人大常委会议事规则〉修改建议论要》,载《中国法律评论》2019年第6期。

〔65〕 2023年是各省人大及其常委会履职的第一年,立法工作稳中求进,因此并没有呈现持续上升趋势,但省级地方性法规数量总体呈增长趋势。参见闫然:《地方立法统计分析报告:2023年度》,载《地方立法研究》2024年第1期;闫然、马海棋:《地方立法统计分析报告:2024年度》,载《地方立法研究》2025年第1期。

在地方治理层面。

地方立法质量居于地方立法工作的首要地位,但是,过于强调立法质量也会导致重复立法甚至立法抄袭的现象。为避免立法草案出现质量问题,地方立法工作者可能会采取照搬照抄上位法或者同位阶其他地区地方性法规的做法。一些地方曲解不抵触原则的本意,认为必须完全与上位法保持一致才算遵守不抵触原则,结果导致大量重复上位法的条款出现。[66] 由于目前立法越来越趋于精细化,地方立法空间也受到压缩,出现了省级地方性法规重复上位法、设区的市重复省级地方性法规的现象。[67] 以近年来开展的文明行为立法工作为例,有学者对六部地方文明行为促进条例进行梳理,六部条例共规定了104项否定性法律后果,其中99项都已经在其他立法中规定,也就是说"文明行为立法规范设定的否定性法律后果基本上都是准用性规范,即文明行为立法自身没有规定罚则,而援用其他立法的规定"。[68] 文明行为地方立法中对于不文明行为的规制多是重复上位法中已经规定的法律责任,或是援引已经制定的其他地方性法规中的内容。《立法法》第82条规定:"制定地方性法规,对上位法已经明确规定的内容,一般不作重复性规定。"一部法律应当有独立的立法目的和立法内容,若是成为对现行法律法规的"整合",则很难说有存在的价值和意义。地方立法对上位法的重复规定消解了地方特色,使地方立法的质量堪忧。[69] 在各个地方之间,地方立法存在互相模仿、内容趋同甚至直接照搬照抄的问题。"举例来说,在北京率先制定了《北京市关于禁止燃放烟花爆竹的规定》后,全国各地纷纷效仿出台地方性法规,而相关条文如出一辙。杭州市出台城市卫生管理条例后,各地的仿制品就有几十部之多。"[70] 重复立法无益于地方立法质量的提高,浪费了地方立法资源,也降低了地方立法效率。

对立法质量的偏重和对立法效率的忽视,还导致地方立法在立法实践中立法体例"贪大求全"的现象。根据《立法法》第82条的规定,地方立法可以分为执行性、自主性和先行性立法,然而归根结底这三种类型的法律都可以看作回应地方治理需要的回应型立法。相比于中央立法,地方立法应当遵循"不抵触、有

〔66〕 汤善鹏、严海良:《地方立法不必要重复的认定与应对——以七个地方固废法规文本为例》,载《法制与社会发展》2014年第4期。

〔67〕 彭东昱:《赋予设区的市地方立法权》,载《中国人大》2014年第19期。

〔68〕 蔡金荣:《文明行为立法的可能与限度——以六部地方性法规文本为中心》,载《北方法学》2018年第3期。

〔69〕 钱大军、赵力:《地方治理视野中的地方立法》,载《湖湘论坛》2020年第6期。

〔70〕 封丽霞:《中央与地方立法关系法治化研究》,北京大学出版社2008年版,第452-453页。

特色、可操作”三项基本原则，针对地方实际并通过立法解决地方问题，更具有实用主义的属性。从这一要求来看，地方应更多采取问题导向式的立法，侧重解决地方实际问题，对上位法不作重复性规定。但是，地方立法为追求形式上的完整往往采取“综合式”的立法模式，通过提取公因式的方法抽象总结，追求立法的逻辑自洽。这种综合立法模式在中央层面采用更为合适，其追求对社会问题的一般解决，因此对具体问题并不会面面俱到，而是力求广泛适用。地方立法片面追求体例形式的完整，讲究内容与格式的“大而全”，章节条款一应俱全地向中央立法看齐，不仅丧失了地方立法特色，也使地方立法无法贯彻落实，以至于出现了“几乎所有的立法主体规定所有的事情，但所有的事情在所有的立法层级都得不到完整而有效的规定”〔71〕的情形。

总之，及时回应社会需要，尤其是发挥地方立法在社会治理中的作用，需要重视立法效率而不是单方面偏重立法质量。对于地方立法效率的重视要求地方立法克服形式主义的问题，避免重复立法与立法体例结构的“贪大求全”，应当采取更具针对性、实效性和灵活性的措施。

三、突发公共事件下立法的迟滞性

近年来，全球范围内突发公共事件频发，从自然灾害到事故灾难，从公共卫生事件到社会安全事件，无一不考验着各国政府的治理能力。法律作为社会治理的重要工具，在预防、应对和处置突发公共事件中发挥着至关重要的作用。然而，突发公共事件的突发性和不确定性，往往导致立法进程难以跟上有效应对突发事件的步伐，出现立法迟滞现象。

虽然现代化与全球化给人们提供了丰富的物质生活，但也催生了一个充满不确定性的风险社会。乌尔里希·贝克提出的“风险社会”理论指出，现代化进程使生产力指数式增加，但也将危险和潜在威胁释放到了前所未有的程度。〔72〕现代社会的风险具有突发性、系统性、全球性等特征，其影响范围和规模从局部上升为整体现象，其影响深度从危及某一社会领域升级为影响人类整体的生存和发展。〔73〕 在这一背景下，突发公共事件的频发已成为现代社会的重要特征，这对传统法律体系提出了严峻挑战。尽管法律应对在突发公共事件中处于不可

〔71〕 封丽霞：《地方立法的形式主义困境与出路》，载《地方立法研究》2021 年第 6 期。
〔72〕 ［德］乌尔里希·贝克：《风险社会》，何博闻译，译林出版社 2004 年版，第 15 页。
〔73〕 张劲松：《世界性风险社会与人类命运共同体》，载《上海交通大学学报（哲学社会科学版）》2021 年第 6 期。

取代的地位,但一般立法程序在面对突发公共事件时往往无法快速作出反应。从立法项目的启动到草案的审议通过,一般立法程序包括立项、起草、审议、表决等多个环节,每个环节都设有严格的程序要求。立法的程序性保证了立法内容的科学与民主,但是在不确定以及紧急状态的突发公共事件中却显得效率不足,立法机关在突发公共事件中起到的作用有限。例如,在新型传染病暴发时,现有法律往往难以及时提供有效规制;在重大安全事故发生后,相关法律修订往往需要较长时间。这种滞后性不仅影响应对突发公共事件的效率,也可能导致社会秩序的混乱。

突发公共事件指的是突然发生,对全国或部分地区的国家安全和法律制度、社会安全和公共秩序、公民的生命和财产安全已经或可能构成重大威胁和损害,涉及公共安全的紧急公共事件。〔74〕突发公共事件具有紧急性、不确定性、危害性等基本特征。我国《突发事件应对法》第3条将突发事件分为自然灾害、事故灾难、公共卫生事件和社会安全事件。不同类型的突发公共事件造成的影响和危害不同,对国家应急措施的要求也不相同。比如台风、洪水、地震等自然灾害与重大交通事故、重大安全事故等事故灾难要求国家以最快速度采取救助性措施;而恐怖袭击、重大刑事案件等社会安全事件要求国家主要采取限制性措施,辅以保护性措施;重大传染病疫情等公共卫生事件要求国家同时采取救助性措施与限制性措施。救助性措施或保护性措施要求应急管理机制的快速反应,这主要是要求行政机关采取及时有效的措施,对于紧急立法并无急迫需求。限制性措施由于涉及对公民权利的限制与克减,并且措施的作出具有程序简化性、扩张性、自由裁量性等特点,容易侵害公民的法益。因此,在突发公共事件发生后,需要及时将限制性措施纳入法治轨道。

行政机关在突发公共事件中一般通过颁布规范性文件实施各种限制性措施,但是这些规范性文件并不受监督和约束,可能出现以应急管理名义侵害公民权利的情况。以2019年新冠疫情为例,部分地区在防控过程中采取了明显违反比例原则的措施,部分措施"一刀切""层层加码",产生了不良的社会效果。疫情防控不只是一个医学问题,法律也深度介入其中。〔75〕习近平总书记针对法律与疫情防控的关系指出,"疫情防控越是到最吃劲的时候,越要坚持依法防控,在法治轨道上统筹推进各项防控工作""从立法、执法、司法、守法各环节发力,

---

〔74〕 薛澜、钟开斌:《突发公共事件分类、分级与分期:应急体制的管理基础》,载《中国行政管理》2005年第2期。

〔75〕 王晨光:《疫情防控法律体系优化的逻辑及展开》,载《中外法学》2020年第3期。

切实推进依法防控、科学防控、联防联控”，〔76〕强调在突发公共事件中要坚持法治原则，充分发挥法律在疫情防控中的作用。在突发公共事件中，立法机关面临多重困境。首先是信息不对称问题，在危机初期，决策者往往难以全面掌握事件的性质和影响范围；其次是利益平衡难题，紧急状态下各方利益冲突加剧，难以通过常规立法程序达成共识；最后是制度约束，现有宪法和法律框架对紧急立法权的行使设定了严格限制。这些困境导致立法机关在突发公共事件中的作用受限。一方面，立法难以及时回应社会需求；另一方面，过度依赖行政措施可能损害法治原则。这种两难境地反映了现代社会治理中突发公共事件与立法迟滞性的深层矛盾。

第三节　立法效率的影响因素

提高立法效率需要明确立法效率的影响因素，针对具体因素不断完善相应体制机制设计，最终实现立法效率的提升以及与立法质量的统一。立法效率的影响因素众多，除了制度本身的影响，其他因素诸如经济、社会、文化等也会对立法效率产生影响。立法活动的直接影响因素可以从立法主体、影响立法的政治因素、立法程序三个方面展开分析。

一、立法机关的协商工作

立法指的是国家机关依据法定职权并通过法定程序创制法律规范的活动。〔77〕影响立法效率的最直接因素是立法机关的工作效率，立法机关在立法工作中的协商与妥协对立法活动起到了直接推动或阻碍的作用。协商（deliberation）是从过程的角度切入的，在立法活动中必然涉及立法机关与其他参与主

〔76〕习近平：《全面提高依法防控依法治理能力　健全国家公共卫生应急管理体系》，载《求是》2020年第5期。

〔77〕张文显主编：《法理学》（第5版），高等教育出版社2018年版，第226页。

体的交流协商。[78] 而妥协是从结果的角度考虑的,立法机关所颁布的法律必然是主体间互相妥协的结果。[79] 立法机关的协商与妥协可以根据内在与外在的不同区分为两类情形:一是立法机关内部的协商与妥协,二是立法机关与外部利益相关团体的协商与妥协。立法机关内部以及与与外部集体之间的相互关系直接影响立法的效率。如果内外部之间存在合作与高效交流,那么立法和行政机关能够更加顺畅地工作,提升立法效率。相反,立法机关内部或立法机关与外部的对立和冲突可能延误立法流程,降低效率。

立法机关内部的协商与妥协,指的是组成立法机关的众多立法者在立法活动中必然需要协商与妥协。在立法实践的运行过程中,抽象的立法机关是不存在的。立法机关并非持有单一立场,而是由众多持有不同观念的代表所组成,他们以重视分歧和差别的方式制定法律,而不是通过掩盖差异进行立法。[80] 当立法机关构成人员具有同质性的时候,其内部可能较容易达成共识。然而立法机关是民主的象征,立法机关代表民众行使本区域内的最高权力,立法代表的多元性决定了立法机关内部意见的多样性。作为我国最高国家立法机关的全国人大由将近 3000 名代表组成,而且全国人大代表具有最广泛的代表性和来源性,往往由各行各业的人员组成,代表着社会中的各类群体,其来自不同区域、属于不同民族,拥有不同的经历、学历、价值观念等。[81] 以第十一届全国人大提案为例,595 位代表共提交了 2493 个议案,涵盖了从土地管理法、高等教育法、烟草

---

〔78〕 此处立法协商并非特指立法机关在立法活动中听取人民政协及其委员意见的过程,而是指立法机关在立法活动中,按照一定的程序与相关部门、社会团体或普通民众就立法草案内容通过咨询、讨论、评估、征求意见、提出建议与反馈等方式进行的协商活动。立法协商的概念辨析可参见张献生:《关于立法协商的几个基本问题》,载《中央社会主义学院学报》2014 年第 5 期;朱志昊:《论立法协商的概念、理论与类型》,载《法制与社会发展》2015 年第 4 期;陈建华:《立法协商主体探析》,载《河北法学》2016 年第 3 期;宋方青、赵译超:《中国立法协商:演变、反思与展望》,载《中共中央党校(国家行政学院)学报》2024 年第 2 期。

〔79〕 立法妥协并不意味着持有不同立场的主体必须裁剪或放弃自身的观点,这种情形尤其在涉及安乐死、堕胎、同性恋等道德性立法问题时尤为重要。在道德立场不可调和的情形下,参与立法的主体应当不断进行共同推理,并在此基础上通过多数决的方式最终达成共识。依据多数决产生的立法文本意味着少数派在立法过程中的妥协。参见[美]阿米·古特曼、丹尼斯·汤普森:《民主与分歧》,杨立峰等译,东方出版社 2007 年版,第 1 – 2 页。

〔80〕 [美]杰里米·沃尔德伦:《法律与分歧》,王柱国译,法律出版社 2009 年版,第 32 – 33 页。

〔81〕 有学者注意到了全国人大代表的官员主导和代表构成精英化的倾向,但是全国人大代表仍具有广泛的代表性和来源性。参见赵晓力:《论全国人大代表的构成》,载《中外法学》2012 年第 5 期。

控制法、住宅法等不同法律的修改与制定。[82] 全国人大代表对立法的关注点各有不同，对同一部立法草案也有不同的意见。较大的规模与多元化的构成，决定了立法机关对一部立法草案必然产生分歧，从而影响立法通过的速度与效率。

有观点可能认为，尽管立法机关的规模性决定了其内部分歧，但是常设机构或者其他形式的小规模团体决定了立法进度，因此立法机关内部的分歧对立法效率并没有特别影响。尽管立法机关人数众多，但立法还是由少数人决定，可能是委员会、政党首领或是“权力走廊”。[83] 我国人大常委会是大会闭会期间行使部分代表大会权力的常设会议。[84] 在人数规模方面，第十四届全国人大代表共有 2977 名，而第十四届全国人大常委会则由 175 人组成。[85] 国家立法权行使逐渐被全国人大常委会所主导，各地省级人大常委会的立法数量也远超省级人大。[86] 出现了立法权由立法机关（名义立法者）向其常设机构、专门委员会、工作机构（实质立法者）转移的趋势。[87] 但是这种观点的问题在于，虽然立法常由规模较小的集体或有权者提出草案，但是经由全体代表组成的立法机关进行讨论和表决却是必不可少的。退一步讲，即使认为立法由规模较小的委员会主导，这种小规模集体中也存在协商与妥协。常委会委员针对提交审议的草案具有不同的认识，不同委员的观点态度可能截然相反，甚至还可能产生集体性认识偏差。[88] 只要处于民主国家，立法活动便必然充满分歧，立法机关内部能否尽快达成共识直接影响立法通过的效率。

立法机关外部的利益相关团体，指的是除立法机关外参与立法活动的其他主体，既可能是法律草案的起草者，也可能是法律草案涉及的利害关系人。根据集体行动理论的原理，立法过程是各种社会团体斗争的结果，立法结果是各方利益的平衡点。立法效率的高低取决于团体斗争的激烈程度和结果的确定性。

就法案起草者来说，主要涉及立法过程中立法机关与行政机关的关系问题。

---

〔82〕 刘乐明：《全国人大代表个体属性与履职行为模式实证分析》，载《深圳大学学报（人文社会科学版）》2020 年第 2 期。

〔83〕 ［美］杰里米·沃尔德伦：《法律与分歧》，王柱国译，法律出版社 2009 年版，第 63 页。

〔84〕 蔡定剑：《中国人民代表大会制度》（第 4 版），法律出版社 2003 年版，第 228 页。

〔85〕 《中华人民共和国全国人民代表大会公告第四号》，载《人民日报》2023 年 3 月 12 日，第 1 版。

〔86〕 2023 年省级人大通过地方性法规数量为 10 件，省级人大常委会制定地方性法规 230 件，修改 317 件，废止 93 件，批准设区的市地方性法规 655 件。参见闫然：《地方立法统计分析报告：2023 年度》，载《地方立法研究》2024 年第 1 期。

〔87〕 王理万：《立法官僚化：理解中国立法过程的新视角》，载《中国法律评论》2016 年第 2 期。

〔88〕 刘松山：《人大主导立法的几个重要问题》，载《政治与法律》2018 年第 2 期。

立法主要是议会的职责,但在大多数国家,制定法律的提案权在于政府。[89]《立法法》第57条规定,“综合性、全局性、基础性的重要法律草案”可由相关专门委员会或法工委组织起草,专业性较强的草案可以吸收专家参与起草或者委托专家起草。然而,当前许多法律法规草案实际是由政府相关部门起草。针对这一现象,党的十八届四中全会决定中明确指出,立法工作中部门化倾向的现象较为突出,必须从体制机制和工作程序上防止部门利益法律化,对部门间争议较大的重要立法事项,需要引入第三方评估并充分听取各方意见,不能久拖不决。[90]在2015年《立法法》修改过程中,立法机关也强调了这一问题,“部门主导立法的问题普遍存在,要么导致各相关部门因利益冲突而相互扯皮、推诿塞责,使得该立的法迟迟立不起来;要么由于部门主导而致使部门利益法律化”。[91] 部门利益主导可能导致重要立法事项久拖不决,由此可见部门起草对立法效率的影响。

就立法其他利害关系人来说,立法所规制的内容会直接对社会主体的权益产生限制,受草案影响的相关主体在此时以集体的形式呈现,进而影响立法决策的产生。立法的正当性及其推动社会公共生活民主化的进程,离不开公众的积极参与和意见表达。在立法这一特定领域中,公众的参与实质上是公民行使政治权利的具体表现,也是民主权力的实践形式。作为一种制度化的民主立法机制,公众参与立法强调立法机关与公众之间的双向互动、协商与对话,其核心在于公开性、互动性、包容性以及对民意的尊重。公众参与立法的关键在于其实际效果,即公众通过民主渠道能够对立法产生实质性影响。在当代中国,这种效果很大程度上依赖于公众参与的有序性,即在立法机关的合理引导下,公众在遵守法律和程序规范、维护社会秩序的前提下,自觉、自愿、自律地参与立法活动。[92]比如近年来全国多地出台或修订了文明养犬条例,对禁养犬种、禁养区域、养犬登记、法律责任等事项作出规定,该法直接影响的群体便是养犬者。在出台养犬管理条例的过程中,除行政部门的参与外,必须考虑其他相关利益群体的意见,

---

〔89〕 Ulrich Karpen & Helen Xanthaki, *Legislation in Europe A Comprehensive Guide for Scholars and Practitioners*, Hart Publishing, 2017, p. 7.

〔90〕《中共中央关于全面推进依法治国若干重大问题的决定》,载《人民日报》2014年10月29日,第1版。

〔91〕 全国人大常委会法制工作委员会国家法室编著:《中华人民共和国立法法释义》,法律出版社2015年版,第160页。

〔92〕 宋方青、宋尧玺:《论我国公众有序参与立法的模式与实现路径》,载《法制与社会发展》2012年第6期。

如养犬市民代表、流浪动物救助公益协会等。[93] 立法机关召开听证会或论证会，所吸取的也是相关群体的意见，其必须处理好与相关利益群体的关系并体现在立法之中。

二、影响立法的政治因素

立法效率可以视作政治、经济和文化等诸多因素叠加影响的结果，治理结构、权力分配、选举压力、经济形势、风俗习惯等都会影响立法效率，其中政治因素发挥了主要作用。[94] 长期以来，对立法的认识面临着如下两种极端情况，一是将立法看作政治的附庸，立法活动被贴上"讨价还价""利益迎合""政治分肥"之类的标签；[95] 二是将立法与政治进行严格的分离，将立法建立在一种理性中立的基础上，切断法律与政治之间的联系。[96] 立法虽然深受政治环境影响，但并不意味着立法沦为政治的附庸。

立法的政治因素影响立法效率，不同的制度安排可能对立法效率产生多方面的影响，并且可以通过不同的渠道和机制产生作用。[97] 在我国语境下，立法效率最重要的问题就是如何贯彻好党领导立法以及避免领导个人意志立法的问题。习近平总书记指出，党的领导是推进全面依法治国的根本保证。[98] 立法是国家重要的政治活动，立法工作的全过程和各环节都必须坚持党的领导。[99] 立法工作要坚持党的领导，确保立法方向与原则不出偏差。党的领导有助于确定立法任务的轻重缓急，重要立法任务应及时落实贯彻，集中工作力量，突出重点，确保产生良好的政治效果和社会效果。

---

〔93〕 周欢：《将文明养犬落到实处》，载《人民日报》2024 年 4 月 15 日，第 16 版；孟小钧：《延安市人民政府关于〈延安市养犬管理条例（草案）〉的起草说明》，载《延安日报》2024 年 3 月 29 日，第 3 版。

〔94〕 韩冬临、杜钧天：《经济危机如何改变立法机关中的性别配额制度——基于 149 个国家的事件史分析》，载《世界经济与政治》2021 年第 2 期。

〔95〕 [美]杰里米·沃尔德伦：《立法的尊严》，徐向东译，华东师范大学出版社 2019 年版，第 5 页。

〔96〕 [比利时]卢卡·温特根斯：《作为一种新的立法理论的立法法理学》，王保民译，载《比较法研究》2008 年第 4 期。

〔97〕 立法的政治环境，指的是影响立法活动的政治体制机制，即国家政治结构对立法活动的影响，进而区别于沃尔德伦所提出的"政治的环境"以及维特根斯所提出"立法的环境"。有关"政治的环境""立法的环境"，可参见宋方青、姜孝贤：《立法法理学探析》，载《法律科学（西北政法大学学报）》2013 年第 6 期。

〔98〕 《坚定不移走中国特色社会主义法治道路　为全面建设社会主义现代化国家提供有力法治保障》，载《人民日报》2020 年 11 月 18 日，第 1 版。

〔99〕 赵乐际：《在全国人大常委会立法工作会议上的讲话》，载《中国人大》2023 年第 18 期。

领导个人意志立法是立法政绩观的体现,在此种情形下,立法效率被着重强调,立法速度和完成度成为唯一的目标和指标。地方立法工作以“自上而下”的行政科层制考核方式进行,地方立法的速度以及相关地方性法规、规章和规范性文件是否被上级机关批准、改变或撤销,通常被视作地方立法工作的考核指标。[100]

处理好党领导立法与领导个人“点题”立法的关系,需要根据现实情况对立法项目进行科学研判。领导重视某项问题不代表该法就是个人意志的体现,对于社会问题急需立法纾解的项目应坚持在党的领导下加快加速推进。近年来,地方立法加强对热点民生问题与社会呼吁问题的关注,坚持党的领导推动立法效率的提升。以《哈尔滨市学校用餐食品安全管理若干规定》为例,该地方性法规从代表提出加强学校用餐管理的建议,到最后颁布实施仅用了两年时间,刷新了该市立法速度。[101] 中小学校用餐是当时当地群众关注的民生热点问题,从代表提出建议、建议筛选、审查论证、启动立法项目、开展立法调研、起草立法草案、审议通过,众多程序步骤在两年内完成,反映出党领导立法对社会民生问题的回应。《广州市反餐饮浪费条例》的快速出台也体现了党的领导对立法效率的重要性。在广东省委、广州市委的工作部署下,该条例在短短两个月内便制定通过。[102] 然而,也应该看到行政管理过程中的“政绩工程”发生机理同样适用于立法过程。[103]

三、立法决策程序的复杂性

立法活动本身可视为一种复杂的决策过程,立法效率取决于这个程序的有效性和效率性。立法者意图以所立之规范实现立法目的,并产生正向的社会效果,但是立法机关内部与外部的价值观念分歧往往拖延立法进程,如果没有程序的约束则会导致共识难以达成。立法程序的存在保障法律及时出台,但是在一些紧急情况下,繁琐冗长的程序规则也会限制立法的效率。立法程序在以下三方面影响立法效率。

---

〔100〕 封丽霞:《地方立法的形式主义困境与出路》,载《地方立法研究》2021 年第 6 期。

〔101〕 尹明:《哈市将诞生首部代表建议变“法规”:一纸建议两年“落地”,冰城人大刷新立法“速度”》,载《哈尔滨日报》2019 年 4 月 29 日,第 2 版。

〔102〕 魏丽娜:《急用先行　立法广州速度　汇集民智　法规有效管用》,载《广州日报》2021 年 1 月 30 日,第 8 版。

〔103〕 赵静波:《地方立法特色的缺失及其规制——以地方立法“抄袭”为视角》,载《地方立法研究》2017 年第 6 期。

其一，立法程序通过标准化、流程化的规则影响立法效率。立法程序提供了一种纲领性的决策范式，通过“轨道功能”指导和约束立法者获取立法规律，使任何立法活动都不必因人而异。[104] 在流程化的规则下，立法机关通过法律法规有据可循，立法活动具有了可操作性，也不会因为成员变更以及会议变动而导致时间上的延误或程序停滞。对民众而言，立法行为具有了可预知性和透明性，而不再呈现“黑箱”的状态。立法程序将立法工作纳入了规范化的轨道，保障立法每一个阶段和步骤以及每个方面都相互协调，配合得当，从而保障立法效率。我国《立法法》第 32 条规定，全国人大常委会实行三审制；第 33 条规定，当各方面意见比较一致时也可以实行两审制，当调整事项单一或遇有紧急情况时，也可以一次审议即交付表决。目前部分省份在修改本省立法条例时将立法三审制改为二审制，原因在于各省每年立法任务较重并且立法工作者人员紧缺，减少一次审议有助于减轻人大立法工作量、加快法规出台的速度与效率。无论是三审制还是两审制，最后一审实际上是形式审，如果最后一审还需要提出重大或实质问题，那么该立法草案是无法通过的。

其二，立法程序以冷却机制影响立法效率。在立法过程中，个人暂时性的冲动可能会蔓延至整个群体，导致立法草案审议背离原有目标。所谓的集体思考有可能会侵蚀人数众多的立法机关，而无论这些人员的个人素质如何。[105] 立法程序中设置的三读会制、搁置审议制、穿梭协商制等，通过程序性规则引导参与各方冷静思考，自我反思其中的问题所在。《立法法》第 45 条规定，如果法律草案存在重大争议或其他情况，在必要时，委员长会议可以决定延期审议。以物权立法出台过程为例，2002 年《物权法》草案首次提请审议，而在此之前《物权法》已历经五年的筹备，全国人大及其常委会在立法过程中先后召开了百余次立法座谈会和论证会，并有八次正式审议，形成了较为成熟的草案。《物权法》原本计划于 2006 年 3 月审议表决，但因为学者以公开信的方式质疑批评草案导致其出台被搁置，延期一年半的时间才得以通过。[106] 原本已经成熟的草案因为公开质疑而被延缓审议表决，可见立法程序的冷却机制对立法效率的影响。

其三，立法程序以决策机制影响立法效率。立法并非发现真理的过程，而是人为建构规则的过程。立法过程中立法者所获取的信息和条件是有限的，并且在繁重的立法工作与审议任务下，其作出判断的时间也是有限的，立法者制定的

---

〔104〕 孙潮、徐向华：《论我国立法程序的完善》，载《中国法学》2003 年第 5 期。

〔105〕 ［美］杰里米·沃尔德伦：《法律与分歧》，王柱国译，法律出版社 2009 年版，第 66 页。

〔106〕 谢丁：《〈物权法〉草案搁置?》，载《21 世纪经济报道》2006 年 1 月 2 日，第 1 版。

草案不可能对实际问题作出完美的规定。在社会需求迫切但仍存在分歧的情况下,立法程序通过表决机制使立法者及时作出决策,确保立法进程的推进。同时,立法程序也通过筛选机制,对存在重大缺陷或条件尚不成熟的法案予以搁置或终止,从而提高整体立法效率。《立法法》第45条规定,法律草案如果因为存在重大分歧搁置审议满两年或者暂不表决经过两年的,可以终止审议。立法草案的搁置与决断可以个人信息保护立法为例。21世纪初,对个人信息的保护便已经得到了关注和呼吁,我国在信息化转型过程中面临法制缺失的严峻形势,个人信息保护立法已成现实任务。[107] 早在2003年,有关个人信息保护立法就已得到立项,中国社科院法学研究所被委托起草《个人信息保护法》,2005年专家建议稿起草完成并正式提交,接下来《个人信息保护法》就应进入立法程序。[108] 然而在此之后,由于各方意见与认识不统一以及制定条件尚未成熟,《个人信息保护法》一直未进入立法程序,直至2021年,《个人信息保护法》才得以颁布并开始施行。

第四节　实现立法质量与立法效率的平衡

立法所实现的效果应当是达致立法质量与立法效率的平衡。由于立法实践长期偏重立法质量而忽视立法效率,这不仅直接降低了立法制定后通过的速度,而且无助于立法质量的提升。针对当前实践中存在的问题以及影响立法效率的因素,笔者认为可以从优化地方立法权配置、通过小切口立法及时回应社会需要、完善紧急立法的制度设计等方面完善立法的体制机制,最终实现立法质量与立法效率的平衡,进而实现良法善治的最高目标。

一、地方立法权的优化配置

上级立法机关的提前介入存在内部协商与外部协商的问题,其增加了地方立法的物质与时间成本,降低了立法效率。地方立法权配置的优化有助于提高地方立法效率。省与设区的市两级立法机关处于平等地位,两者是法律上的监

---

〔107〕 齐爱民:《个人信息保护法研究》,载《河北法学》2008年第4期。

〔108〕 傅春荣:《〈个人信息保护法〉呼之欲出》,载《中华工商时报》2005年11月23日,第3版;夏静、张才刚:《个人信息应得到尊重和保护》,载《光明日报》2007年2月13日,第5版。

督关系、工作上的联系关系、业务上的指导关系。[109] 上级立法机关的提前介入阻碍了设区的市立法效率的提升。为解决这一问题,需要从减少上级立法机关的干涉角度切入,最为彻底的措施是取消批准制度,次之是保留批准制度而取消“提前介入”机制,最弱力度的措施就是在保留批准制度与提前介入机制的基础上,尝试赋予设区的市更多自主权。这些措施都有助于理顺两级地方立法机关之间的关系,进而提高地方立法质量与效率。

首先,提高设区的市地方立法效率最为根本的措施是取消批准制度,地方立法监督由事前立法批准改为事后备案审查。批准制度存废之争自其制度设立以来便始终存在,有观点认为批准制度对于维护国家法制统一具有重要作用因而应不断完善,[110] 相反观点则认为批准制度有违议事法理、限制了地方立法自主权因而应当废除。[111] 虽然较大的市于 1986 年正式获得了地方立法权,但批准制度也同时被确立。从 2000 年《立法法》制定到 2015 年《立法法》第一次修改,许多学者与立法工作者呼吁取消批准制度,[112] 然而随着地方立法主体的不断扩容,批准制度也不断巩固完善。早期由于我国宪法并没有规定设区的市具有立法权,批准制度在一定程度上还发挥了提高设区的市地方性法规的法律位阶、弥补合宪性瑕疵的作用。因此有观点认为,取消批准制度应该首先修改宪法,赋予设区的市地方立法权。[113] 2018 年,设区的市的地方立法权被写入《宪法修正案》,支持批准制度的此种理由也失去了存在的必要性。此外,批准制度导致设区的市的地方性法规的法律位阶不清,在司法裁判过程中也出现了法律适用分歧。[114] 从设区的市获得立法权至今,地方立法水平与立法能力建设得到了提升,立法工作队伍也不断得到充实。在我国“统一而又分层次”的立法体制下,取消批准制度既是中央进一步向地方适度分权的体现,也是厘清省市地方立法权关系的重要措施。

---

〔109〕 阚珂:《全国人大与地方人大是什么关系?》,载《法治日报》2015 年 7 月 27 日,第 3 版。

〔110〕 易有禄:《设区市立法权的权限解析》,载《政法论丛》2016 年第 2 期;廖军权、黄泷一:《提升设区的市立法质量的创新机制:立法点评》,载《地方立法研究》2017 年第 1 期。

〔111〕 姜孝贤:《论设区的市地方性法规报请批准制度的困境与出路——以〈立法法〉第 72 条为核心》,载《北方论丛》2019 年第 3 期;冉艳辉:《省级人大常委会对设区的市地方性法规审批权的界限》,载《法学》2020 年第 4 期。

〔112〕 乔晓阳主编:《〈中华人民共和国立法法〉导读与释义》,中国民主法制出版社 2015 年版,第 245 页。

〔113〕 季宏:《较大市法规的批准审查制度》,载《经济导刊》2010 年第 4 期。

〔114〕 王翔:《论省与设区的市地方性法规的冲突及其解决——以批准程序为中心》,载《行政法学研究》2018 年第 4 期。

其次，在批准制度保留的情况下应取消省级人大常委会的提前介入。2018年《宪法修正案》增加批准制度，意味着该措施在很长一段时间内可能不会有所改动，在此情况下，优化地方立法权的配置措施可以从取消或者严格限制提前介入展开。第一，《立法法》第57条规定，全国人大专委会、常委会工作机构应当提前参与立法草案的起草工作，这里指的是中央层面的全国人大专委会与全国人大常委会法工委的提前介入，并没有规定省级人大常委会可以提前介入。提前介入实际上缺乏上位法的依据，导致省级人大常委会在设区的市立法工作中的越位与错位。[115] 第二，省级人大常委会提前介入没有统一的程序与标准。各地立法条例规定不一，有的地方甚至没有规定，因此各地形成了各自的介入流程，在介入的主体、介入启动的时间、介入的标准与程度等方面均没有统一，导致省级人大常委会在介入时具有任意性与选择性。第三，提前介入容易导致省级人大常委会的审查批准流于形式。由于提前介入工作一般是由省人大常委会法工委进行的，在介入指导的过程中，法工委可能提出各种合法性甚至合理性意见，这就导致省人大常委会委员审议时无从入手。但是按照《立法法》第81条的规定，省级人大常委会原本只应审查合法性，只要设区的市立法不与上位法抵触就应及时批准。总之，在保留批准制度的前提下取消“提前介入”的做法，有助于减少常委会工作机构的过多干涉，使省级人大常委会的审查批准更有效率和针对性，节约设区的市立法起草与报请审批的时间。

最后，在维系当前提前介入机制的前提条件下，省级人大常委会应赋予设区的市更多自主权。在本省立法条例有明确规定的情况下，各地应当严格按照立法条例所规定的提前介入时间与程序进行介入指导；在本省尚无规定的情况下，应尽快修改立法条例或出台相应工作办法。具体来说，其一，应明确提前介入的性质。由于上下级人大之间并不具有领导关系，省级人大常委会法工委的介入应仅负责提供关于立法方向、原则精神、是否抵触上位法的意见，对具体细节问题减少干预；并且，提前介入过程中所提出的指导意见也仅供设区的市参考，设区的市在经过反思之后自主决定是否采纳。其二，严格限制提前介入的时间。在立法计划阶段，省级人大常委会可以提前介入。设区的市在制定立法计划时应听取省级人大常委会的意见，这样做的益处在于，一是可以避免立法重复，如果立法项目已经被省级人大及其常委会列入立法计划或者正在进行起草工作，那么设区的市立法出台就面临竞争的风险：设区的市地方性法规是否需要与省

〔115〕 谢维雁、陈丹丹：《省、自治区人大常委会“提前介入”设区的市地方立法规制研究》，载《西南民族大学学报（人文社会科学版）》2023年第3期。

级地方性法规保持一致？如果相关内容不一致是否又需要修改？同一事项两者之间规定不同，那么又应当如何适用？二是帮助设区的市人大确定是否符合立法权限。《立法法》第 81 条规定，设区的市地方性法规可以对“城乡建设与管理、生态文明建设、历史文化保护、基层治理”四类事项作出规定，但是如何把握这四类事项在理论与实务中一直存在争议。[116] 设区的市在制定立法计划时对某一立法事项可能并不确定，省级人大常委会的介入指导有助于筛选过滤超出设区的市立法权限的项目。在立法起草阶段，由于提前介入指导工作不可能贯穿起草过程中的每次调研与研讨会，因此省人大常委会法工委应避免在立法起草的过程中进行干预。适当的介入时间是在设区的市进行第一次审议前，此时可以提出有关合法性问题的实质性意见，帮助设区的市人大及其常委会在审议过程中进行参考，并为草案后续修改留下较为充裕的时间。此外，考虑到部分地方性法规可以只经过一次审议便交付表决，规定提前介入的时间在第一次审议前也可以适用此情形。其三，应严格控制提前介入的程度。省级人大常委会只进行合法性审查，那么提前介入的程度与范围也应以合法性审查为基准。对于立法草案的适当性，立法技术不应干涉。

二、小切口立法的及时回应

各地实践中的小切口立法趋势为规范立法项目选题，避免立法政绩思维，以及时回应社会需要提供了思路。小切口立法在立法实践中又常被称为“小快灵”立法，指的是以社会治理中急需解决的问题为立法切入口，立法方式精细化、布局合理化，并提供切实可行的解决办法的地方立法形式。[117] 小切口立法大大提升了立法工作效率，例如，山西省修改野生动物保护实施办法从启动到通过仅用不到 20 天，禁止野外用火决定从立项到出台仅 1 个月。[118] 地方立法需要几条就制定几条，能用三五条解决就不要搞“鸿篇巨制”，要丰富立法形式，可以搞“大部头”，也可以搞“小快灵”，增强立法的针对性、适用性和可操作性。随着中国特色社会主义体系的不断完善，立法正转向精细化，地方社会治理对立法提出了更多更细致的要求。小切口立法是地方为避免重复立法、突出地方特色，

---

〔116〕 程庆栋：《论设区的市的立法权：权限范围与权力行使》，载《政治与法律》2015 年第 8 期；陈国刚：《论设区的市地方立法权限——基于〈立法法〉的梳理与解读》，载《学习与探索》2016 年第 7 期。

〔117〕 杨铜铜：《地方小切口立法的形式主义困境及其破解》，载《学术界》2022 年第 10 期。

〔118〕 栗战书：《在第二十七次全国地方立法工作座谈会上的讲话》，载《中国人大》2021 年第 24 期。

及时回应并满足社会治理要求而进行的有益探索，对于节约立法成本、提升立法效率有重要意义。具体来说小切口立法有以下三个特征，这也是其提高立法效率的优势所在。

第一，小切口立法具有针对性，以问题为导向。我国幅员辽阔、人口众多，各地实际情况差异较大，区域发展不平衡，在坚持中央统一领导的前提下，赋予地方立法权是为了充分发挥地方的积极性和主动性，解决本地实际问题。小切口立法更符合单一制下央地立法权纵向配置的要求，地方立法应把握好问题导向、实践导向、目标导向。〔119〕小切口立法的选题较小，以解决地方出现的问题为出发点，及时回应社会治理难题，其选题具有特殊性和地方性，集中于中央立法没有规定或无法规定的地方事项，具有先行先试的立法功能。比如在福建省地方立法实践中，省人大常委会 2021 年年初审议通过了《福建省餐饮服务从业人员佩戴口罩的规定》，全文仅 4 条、300 余字，规定了立法主体、社会监督与行政处罚等事项。餐饮服务业与百姓日常生活密切相关，从业人员佩戴口罩也只是属于其中的“细枝末节”，该法切口精准微小，及时回应疫情防控状态下公民大众对公共卫生安全的更高要求，提升餐饮服务卫生水平，受到了社会广泛好评。〔120〕该法起到了很好的示范作用。2022 年，河南、河北两省也通过了餐饮从业人员佩戴口罩的规定。2024 年，安徽省阜阳市也出台了类似规定。除了佩戴口罩的小切口立法，还可以厦门市斑马线立法为例。2023 年，厦门市人大常委会颁布了《厦门经济特区斑马线交通安全管理规定》，全文共 8 条、800 余字，规定行人在通过斑马线时应尽快通过，不得逗留、嬉闹、浏览电子设备等，违反规定将处以警告或 50 元罚款，并积极推进斑马线监控设备全覆盖。该立法选题切口小，关注斑马线这一具体细节问题，但立法调研中发现斑马线交通事故占全市交通事故的 20%，与市民每个人都息息相关。〔121〕通过小切口立法解决社会治理的大问题，以问题为导向，选题切口虽小但社会治理效果并不小。

第二，小切口立法具有简洁性，不“贪大求全”追求体例的完备，而是条款尽量精简。随着《民法典》的出台，行政法、教育法、环境法等领域也兴起了“法典化”浪潮。法典化在提高法律明确性、系统化和统一性方面具有显著优势，然

---

〔119〕 赵乐际：《在全国地方立法工作座谈会上的讲话》，载《中国人大》2023 年第 19 期。

〔120〕 景亚南：《“戴口罩”入法　精准发力助防控——〈福建省餐饮服务从业人员佩戴口罩的规定〉解读》，载《人民政坛》2021 年第 1 期。

〔121〕 詹文、谢慧卉：《“小切口”立法　守护斑马线交通安全》，载《厦门日报》2023 年 7 月 31 日，第 3 版。

而,法典化也存在一些弊端。首先,法典化过程复杂且耗时,需要大量的立法资源和时间投入,可能导致法律更新滞后,难以应对快速变化的社会需求。其次,法典化可能导致法律的僵化。法典一旦颁布,修改程序通常较为繁琐,难以及时调整以适应新的社会问题或技术进步。此外,法典化可能忽视地方性差异和特殊情形,过度强调统一性,导致法律在具体适用时缺乏灵活性。最后,法典化可能加剧法律的复杂性。尽管法典旨在简化法律体系,但在实际操作中,法典的条文数量庞大,解释和适用时仍可能产生新的争议和复杂性。“虽然法典作为一项工具,可有效提升治理能力现代化,但这并不意味着所有立法都必须以法典化的形式开展。”[122] 与“大而全”的立法相反,小切口立法不再关注立法体系结构是否完备,而是在以问题为导向的前提下,以精简化的立法语言、结构为立法内容;在立法体例上,不追求编章节条款的一般立法体例,而是控制全文的条数,有几条就设置几条,力求以最少的条款将问题说清。小切口立法围绕着问题进行条款的设置,由立法目的、适用范围、规制内容、法律后果等核心条款组成,尽量不设置倡导性、价值性等类型条款。在立法语言上,追求语言的简炼与准确,以最少的文本字数制定法律。避免使用“及时”“尽快”等不确定法律概念,力求语言文本的清晰性、准确性。如前文所提福建省有关佩戴口罩的规定仅 4 条、300 余字,厦门斑马线立法仅 8 条、800 余字,体现了小切口立法的简洁性。2023 年福建省人大常委会通过的《福建省发挥村规民约基层治理作用若干规定》全文也仅有 9 条。

第三,小切口立法具有可操作性,追求立法的有效性,要求立法便于执行并产生实效。小切口立法的目的在于解决社会实际问题,根据地方事务以自主性立法的方式解决社会需求与制度空白的矛盾,从而实现社会有效治理这一最高目标。小切口立法虽然选题小、内容简洁,但是注重措施的落地与执行,采用综合性措施解决问题。以福建省有关佩戴口罩的规定为例,明确规定社会公众有权监督餐饮经营主体,对未按规定佩戴的应当责令改正,拒不改正的处以罚款。厦门有关斑马线的小切口立法规定可对违法行人处以警告或 50 元罚款。虽然规定明确,但有观点认为在落实执法上存在困难,取证和处罚均有难度。[123] 为落实这一规定,厦门在多个重要路口已经完成了斑马线监控设备的安装设置,做到了小切口立法的可操作与有效实施。

当前不仅各地积极推动出台小切口立法,区域协同立法中也出现了更多的

---

〔122〕 邹庆键、陈聪艺、付臻:《论“小切口”立法的实践品格》,载《人大研究》2024 年第 5 期。

〔123〕 邬林桦:《马路“低头族”隐患多,需立法规制吗》,载《解放日报》2023 年 8 月 3 日,第 8 版。

小切口立法。重庆、四川两地近年来协同立法,出台了一批“小快灵”法规,建立了常态化合作机制。[124] 在中央层面,一些“小快灵”立法也已出台。《反食品浪费法》就是通过小切口解决餐饮浪费这一社会问题的生动体现。2020 年 8 月,全国人大常委会针对餐饮浪费现象,仅用四个月完成了调研与起草工作,并于 2020 年 12 月和 2021 年 4 月两次审议后通过。[125] 该法不仅出台速度快,并且富有针对性和可操作性,“自助点餐”“外卖点餐”“吃播”等都在其规制范围内,立法贴近实际生活。在该法出台后,各地相继出台地方性法规,政府、社会各界形成合力推进落实反对食品浪费,形成良好的社会风气。总之,小切口立法所具有的针对性、简洁性与可操作性的特征提高了立法效率,有助于高效快速地解决社会治理难题,及时回应社会发展与民生经济的迫切需要。

小切口立法在各地立法实践中已蔚然成风,其重要性、优越性已经得到普遍承认,但如何准确界定小切口立法以及如何破解小切口立法的形式主义困境仍是实践中推进这一立法工作的关键。换言之,小切口立法的规范化、制度化应继续推进,重点关注并克服以下三方面问题。

第一,小切口立法的范围界定不清。小切口立法的核心在于针对特定问题或领域进行精细化立法,但在实际操作中,如何准确界定“小切口”的范围是一个难题。立法者需要在具体问题和全局视野之间找到平衡:范围过窄可能导致立法覆盖面不足,无法全面解决问题;范围过宽则可能失去小切口立法的意义,演变为综合性立法。小切口立法的范围界定不清,容易导致立法选题的纵向、横向与阶段碎片化,机械追求“为小而小”且失于统筹,则会导致立法总成本的不当叠加,拖累整体法治效率,与小切口立法的初衷背道而驰。[126] 如有观点认为,《山西省禁止公共场所随地吐痰的规定》对随地吐痰行为进行小切口立法规制,但其规制对象本身已被《山西省城乡环境综合治理条例》规定的影响环境卫生情形所涵盖,在原有立法基本满足规制需要的情况下,另行立法并无必要,反而浪费立法资源。[127] 此外,城镇户外广告管理条例、城区农贸市场管理条例、城区绿地广场管理条例、校园和医院周边环境管理条例、城区垃圾管理条例等建议主题的分别立法策略并不必然优于“城镇市容和环境卫生管理条例”的统一立法

---

〔124〕 参见王亚同:《川渝协同立法跑出“加速度”》,载《重庆日报》2023 年 9 月 12 日,第 6 版。
〔125〕 参见王萍:《反食品浪费法:“小快灵”立法的生动实践》,载《中国人大》2022 年第 2 期。
〔126〕 参见郑毅:《小而有度:地方“小切口”立法的策略选择》,载《当代法学》2024 年第 6 期。
〔127〕 参见杨铜铜:《地方小切口立法的形式主义困境及其破解》,载《学术界》2022 年第 10 期。

方案,[128]反而可能增加立法成本。

第二,小切口立法的体量过短。小切口立法在形式上追求简洁,但其核心在于精准回应规范目标,而非一味追求篇幅的简短或速度的快慢。立法长度应根据实际需求灵活调整,既不应为短而短,也不应为长而长,而是以解决问题的实效性为根本导向。例如,在制定针对"网络直播带货"的小切口立法时,如果仅仅为了追求形式上的简短,而忽略了直播平台、主播、消费者三方责任的明确划分,可能导致法律在实际执行中难以落地,甚至引发新的纠纷。相反,如果立法能够针对具体问题,如虚假宣传、产品质量责任、消费者维权渠道等,进行细致规范,即使篇幅稍长,也能有效解决问题,提升法律的实用性和可操作性。因此,小切口立法的价值不在于形式上的"短平快",而在于其是否能够精准切中问题要害,实现立法的规范目标。在立法实践中,一些地方将"篇幅简短"作为小切口立法的宣传亮点。例如,某地推出的散煤污染防治条例最终稿仅 14 条、1300 余字,而黑臭水体防治条例也只有 20 条、2200 余字。[129] 这种对"短小精悍"的过度强调,实际上偏离了小切口立法的核心意涵。立法的价值并不在于篇幅的长短,而在于是否能够精准回应实际问题,实现规范目标。如果仅仅为了追求形式上的简短,而忽略了法律内容的完整性、可操作性和针对性,可能导致立法流于表面,难以有效解决实际问题。

第三,小切口立法与法律体系的衔接。法律体系也称为"法的体系"或"法体系","是指由一国现行的全部法律规范按照不同的法律部门分类组合而形成的一个呈体系化的有机联系的统一整体"。[130] 小切口立法通常是针对特定问题的"补丁式"立法,其核心特征在于针对性强、适用范围有限,旨在解决某一具体领域或特定情境下的法律问题。然而,这种立法方式与现有法律体系的衔接问题尤为关键。如果衔接不当,可能导致法律冲突或重复,进而影响法律体系的整体性和协调性。

首先,小切口立法与现有法律体系的衔接需要遵循法律位阶原则。法律位阶原则的贯彻在维护国家法制统一和实施立法审查方面发挥着不可替代的实践功能。[131] 在法律体系中,层级较高的规范性文件往往具有更广泛的适用范围和

---

〔128〕 郝永伟:《关于地方立法碎片化现象的思考》,载《人大研究》2017 年第 3 期。
〔129〕 李思杰:《"小切口"精准立法的漯河实践》,载《人大建设》2022 年第 8 期。
〔130〕 张文显主编:《法理学》(第 5 版),高等教育出版社 2018 年版,第 100 页。
〔131〕 王锴:《法律位阶判断标准的反思与运用》,载《中国法学》2022 年第 2 期。

更高的概括性;而层级较低的文件则通常针对具体领域,内容更为细致和具体。[132] 根据《立法法》的规定,不同层级的法律规范具有不同的效力等级,下位法不得与上位法相抵触。因此,在小切口立法过程中,必须确保其内容与宪法、法律、行政法规等上位法保持一致,避免出现法律冲突,否则小切口立法不仅会造成法律适用上的混乱,还可能触发备案审查程序。

其次,小切口立法应注重与现有法律体系的协调性。法律规范体系在纵向维度上呈现层级化的效力位阶结构,在横向维度上体现为功能互补的协调关系。[133] 法律体系的协调性要求各法律规范之间逻辑严密、内容互补,避免重复或矛盾。小切口立法在制定过程中,需对相关领域的现有法律规范进行全面梳理,明确其适用范围和调整对象,确保新制定的法律规范与既有法律规范在内容上相互补充、逻辑上相互衔接。小切口立法与现有法律规范存在重复或冲突不仅会浪费立法资源,还可能削弱法律体系的权威性和可操作性。

再次,小切口立法还需考虑法律体系的整体性。"诸多规范之各种价值决定着超越法律的法的续造,助益更甚",[134] 法律体系的整体性要求各法律规范在价值取向、基本原则和制度设计上保持一致。在现代法治社会中,多元法律规范间的价值冲突与适用竞合已成为不可避免的常态现象。这种规范冲突的消解与调适,从根本上要求一国法律体系必须具备内在的逻辑自洽性与价值统一性。[135] 小切口立法虽然在适用范围上具有局限性,但其价值取向和基本原则应与整个法律体系相契合。

最后,小切口立法的衔接问题还涉及法律解释和适用的技术性处理。在小切口立法与现有法律体系存在模糊或冲突的情况下,需要通过法律解释或法律适用技术加以解决。例如,通过司法解释、立法解释或法律适用中的体系解释方法,明确小切口立法的具体适用范围和效力边界,确保其与现有法律体系的协调一致。总之,小切口立法与现有法律体系的衔接是一个复杂而重要的问题,需要在立法过程中充分考虑法律位阶、协调性、整体性以及法律解释和适用的技术性处理,以确保法律体系的统一性和权威性。

---

[132] 胡玉鸿:《试论法律位阶划分的标准——兼及行政法规与地方性法规之间的位阶问题》,载《中国法学》2004 年第 3 期。

[133] 舒国滢、王夏昊、雷磊:《法学方法论前沿问题研究》,中国政法大学出版社 2020 年版,第 163 页。

[134] [德]卡尔·拉伦茨:《法学方法论》,陈爱娥译,商务印书馆 2003 年版,第 316 页。

[135] 王夏昊:《法律体系概念的反思和重构》,载《江海学刊》2023 年第 6 期。

三、紧急立法的制度设计

在面对突发公共事件时，某些地区采取规范性文件的方式进行直接管理，迅速反应但作出存在不合理甚至明显违法的行政限制性措施。相比于规范性文件的任意性，通过紧急立法的方式出台法律法规或者“有关法律问题的决定”符合法治原则。立法过程中面临的紧急问题和重大争议，应及时向党组织汇报，由党委及时作出决断，确保重要立法项目的及时性和效率性。

第一，加快立法颁布速度。立法速度的加速出台在制度上可以从立法程序优化、召集临时常委会会议入手，需要立法工作者在短时间内完成较多的立法任务，因此还需要在制度上确定紧急立法程序的人力、物力、财力的保障，将注意力放置在紧急突发事件上。常规立法程序或者立法活动可以在短时间内暂时搁置。从立法程序来说，按照《立法法》规定，法律草案一般要经过三次审议后交付表决，“各方面意见比较一致的”可以在两次审议后交付表决，“调整事项较为单一或者部分修改的”并且“各方面意见比较一致的”可以在一次审议后交付表决。紧急立法按照现有规定来说不一定符合两次审议或者一次审议的条件，应对突发事件调整的通常不是单一事项，各种行政措施的作出涉及社会各方面，并且难以判断各方面意见比较一致，即使有相关参考标准，要达成比较一致必然会延长立法的时间。因此，应当明确紧急立法可以在立法程序方面进行简化，紧急立法可以在一次审议后及时通过。在常委会会议方面，由于人大常委会会议召开有固定时间间隔，即使只需要一次审议，也需要等待会期。在突发公共事件的条件下，迫于时间紧迫性以及公共危害性，可以考虑召开临时性的委员会会议。在突发公共事件影响到活动召开时，通过线上等方式也可以及时召开常委会会议。

需要注意的是，紧急立法制度设计的合理性是确保政府能够迅速、有效应对危机的关键。紧急立法制度的设计需以合法性、科学性与适应性为核心原则，既要满足应对突发事件的紧迫需求，又要保障立法活动的规范性与正当性。首先，合法性要求紧急立法活动必须在宪法和法律授权的范围内进行。宪法作为根本法，为紧急状态下的立法权行使设定了基本框架。紧急立法的制度设计需明确立法机关的权限、程序及监督机制，以确保立法活动不脱离法治轨道。紧急立法权的行使还应符合比例原则，即紧急立法措施与突发事件的严重程度相适应，避免权力滥用。其次，科学性是在紧急立法程序下提高立法质量与效率的重要保障。在突发公共事件下，立法机关可通过引入专家咨询机制、利用大数据分析等手段,提高立法的针对性与可操作性。立法程序的简化应保留必要的审议与监督环节,避免因仓促立法导致法律漏洞或冲突。在立法技术上,立法语言的明确性与简洁性在紧急状态下尤为重要,确保法律条文易于理解与执行。最后,由于突发公共事件的复杂性与多变性,紧急立法应具备灵活性以应对不同情境下的需求。立法机关可通过授权立法的方式,赋予行政机关一定的自由裁量权,以便迅速采取应对措施。紧急立法还应规定合理的时效机制,确保法律在突发事件结束后能够及时调整或废止,避免对常态法律秩序造成长期影响。

在突发公共事件的应对中,已有部分地区加快了立法速度,进行了紧急立法的尝试。2003 年"非典"时期,为应对在防治"非典"过程中部分市民隐瞒病情、拒绝配合隔离治疗的情况,上海市人大常委会在 1 个月的时间内制定出台了《关于控制传染性非典型肺炎传播的决定》,为抗击防治非典工作的展开提供了具有操作性的法律依据。[136] 2020 年年初新冠疫情爆发后,广州市人大常委会决定推进禁止滥食野生动物立法,自 2 月 27 日法工委开展起草工作到 3 月 31 日表决通过,仅用 34 天便制定通过了《广州市禁止滥食野生动物条例》,创下了广州立法史上最快的立法速度。[137] 英国也有此类快速立法设计。英国议会立法的程序十分繁琐,需要经过上议院、下议院分别经过五个阶段才可以进行表决,在两院达成一致后经君主签字同意而成为议会立法。但在紧急情况下,快速立法则可以通过简化程序、加速时间从而快速通过。以《新冠病毒法》为例,该立法的程序仅历时 6 天便颁布出台。[138] 在该法颁布后,英国政府有权采取限制公民人身自由、对病患进行隔离等措施,为疫情的控制发挥了法治保障作用。

第二,及时颁布"有关法律问题的决定"。"有关法律问题的决定"是全国人大及其常委会颁布的与法律问题密切相关的文件。其本身是因应 1982 年《宪法》取消法令表述后出现的术语,一直以来并不是特别清晰的法律概念。[139] 因此也有学者将其称为"抽象法命题决定",并认为"抽象法命题决定"的勃兴是半个世纪以来特有立法观的映照,作出各种决定和决议对于填补转型社会的法秩序空白仍然具有积极意义,虽然司法机关几乎不加甄别地将这类决定视作可适

---

[136] 吕网大、王伟健:《非典时期的紧急立法》,载《浙江人大》2003 年第 6 期。

[137] 魏丽娜:《急用先行 立法广州速度 汇集民智 法规有效管用》,载《广州日报》2021 年 1 月 30 日,第 8 版。

[138] 赵越、孟彦辰:《突发公共卫生事件下的紧急立法研究——以英国〈新冠病毒法〉为对象》,载《卫生软科学》2021 年第 8 期。

[139] 江辉:《论有关法律问题的决定的含义与识别》,载《中外法学》2024 年第 5 期。

用的规范,但在应然层面上并非所有决定都可被适用。[140] 还有学者将其称为“准法律决定”,并认为“准法律决定”的出现是我国全国人大及其常委会的会议制度难以满足快速变化的社会现实带来的大量立法需求的体现,具有合宪性和一定的合理性。[141]《立法法》第 68 条规定,全国人大及其常委会作出的有关法律问题的决定适用该法有关规定。这一规定将一直以来受到学界争议的“有关法律问题的决定”这一全国人大及其常委会行权方式规范化、制度化、程序化。[142] 虽然“有关法律问题的决定”与全国人大及其常委会颁布的法律都具有法律效力,但“有关法律问题的决定”能否替代或部分替代法律?两者之间的密切关系又应如何理解?有学者认为,两者的区分可以依据名称、制定程序、实质内容这三大标准进行判断。其中,名称和制定程序都不是决定性的判断标准;实际应当在通过实质内容判断文件的属性后,在立法过程中相应地调整文件的名称和制定程序。对于实质内容的区别标准,“有关法律问题的决定”的内容应限于解决特定、单一、具体的问题,应当是辅助性的,它不直接设定权利义务关系,适用后不应当直接产生某一具体的法律后果,而是引向法律的适用。[143] 从现代法治国家的基本要求来看,对于两者的区分具有重要意义。

相较于一般立法程序,全国人大作出“有关法律问题的决定”一般在一次常委会审议后即交付表决,具有快速性与便捷性。“有关法律问题的决定”在单纯立法不能及时有效解决问题的前提下,通过发挥自身独特作用在法律“夹缝”中产生,逐渐成为中国特色社会主义法律体系的重要组成部分。[144] “有关法律问题的决定”大致可以分为以下五类:关于授权事项的决定、关于机构设置和调整的决定、关于特定制度设立变更的决定、关于人大工作和会议的决定、关于某一具体社会关系的决定,其中最后一类决定可以在应对突发公共事件的过程中适用。调整某一具体社会关系的决定,往往针对的是社会实践中的某一具体问题所作出的,通过决定的方式对此类社会问题进行调整,但调整的内容较为具体并且有明确的行为引导规范与法律后果,因此与严格意义上的法律关系较为密切。

---

〔140〕 陈鹏:《全国人大常委会“抽象法命题决定”的性质与适用》,载《现代法学》2016 年第 1 期。

〔141〕 王竹:《我国到底有多少部现行有效法律——兼论“准法律决定”的合宪性完善》,载《社会科学》2011 年第 10 期。

〔142〕 谭清值:《全国人大决定行权方式的全面规范化——以〈中华人民共和国立法法〉第 68 条为制度支点》,载《政治与法律》2024 年第 1 期。

〔143〕 江辉:《有关法律问题的决定与法律的区别》,载《人大研究》2012 年第 1 期。

〔144〕 秦前红、刘怡达:《“有关法律问题的决定”:功能、性质与制度化》,载《广东社会科学》2017 年第 6 期。

从效力的角度来看,“有关法律问题的决定”无疑具有法的效力,但在效力位阶方面低于宪法和法律。同时,决定的内容一般也只是暂时调整某些社会关系或者调整某些法律的适用,具有过渡性和暂时性的特征。

新冠疫情发生后,人们对滥食野生动物导致的公共安全问题格外关注。在党中央的领导下,全国人大常委会表决通过了《关于全面禁止非法野生动物交易、革除滥食野生动物陋习、切实保障人民群众生命健康安全的决定》,全面禁止食用野生动物。[145] 在该决定出台后,全国多地先后作出禁止食用动物的决定或修改野生动物保护法地方性法规。相比法律法规的制定,“有关法律问题的决定”在实践中的制度化欠缺,虽然《立法法》规定了适用本法相关规定,但在法律效力、适用范围边界、启动程序上都存在空白之处,需要通过立法不断完善。

---

〔145〕 舒颖:《紧急立法　全面禁“野”》,载《中国人大》2021 年第 2 期。

后 记

党的二十届三中全会通过《中共中央关于进一步全面深化改革 推进中国式现代化的决定》，指出要深化立法领域改革，提高立法质量。作为新时代完善加强法治建设议题的关键环节，高质量立法是合理配置社会资源，促进社会公平正义，保障最广大人民利益的重要手段之一。当前，我国立法格局正经历由高速增长阶段到高质量发展阶段的转向，加快推进新时代法治建设需要对以往立法质量评判的思维理念和方法路径进行系统性整合和重塑，积极探索高质量立法新路径，以高质量立法支撑、保障中国式现代化建设，实现高质量立法与国家社会发展需要的同频共振。从制度层面出发，提升立法质量的关键就在于构建具有中国特色的立法质量判断标准评价体系，推进立法质量判断标准和保障机制的体系化、协同化，以可量化的标准和科学合理的机制助力完善中国特色社会主义法治体系建设。对经典理论中立良法思想的反复叩问和系统梳理，以历史的角度检视提升立法质量的理念与路径嬗变，以比较研究作为反思和完善我国立法质量评估制度的科学方式，是推动我国构建具有中国特色的立法质量判断标准评价体系的理论基础与实践借鉴。在立足我国实际情况的前提下，提出科学合理的立法质量判断标准，厘清其具体内涵和形式要件；通过对立法质量判断标准的深入检视，剖析其现存不足及其成因，并在此基础上构建相应的立法质量保障机制，是有效提升立法质量、推动国家治理体系和治理能力现代化的重要法治保障。

作为最早开始关注立法质量评估的学者之一，因多年来始终坚持的理论研究与实务工作并重的研究方式，我侧重将本次研究重点聚焦于立法质量的判断标准与保障机制的有机结合，致力于探索二者之间的内在联系与协同路径。多年来，以立法的理论研究与立法实践为重要抓手，我全面深入地研究了立法质量评估标准在理论与实践中的适用与完善。一方面，我主编出版了“立法法理学丛书”，带领立法学团队在《人民日报·理论版》《光明日报》《法制与社会发展》《中外法学》《法学评论》《法学》《中国法治》等重要报纸刊物上发表多篇高质量论文。其中，《立法质量的判断标准》《论地方立法的真善美及其实现》《论科学立法的科学哲学证成及其整合策略》《习近平法治思想中的立法原则》《立法能力的内涵、构成与提升——以人大立法为视角》等学术成果为立法质量评估体系的构建提供了重要的理论支撑，也为立法实践中的质量提升提供了具体的指导方向。另一方面，依托厦门大学立法研究中心等科研平台，我们团队积极参与国家和地方立法实践，承担并完成了“立法的民主化科学化新论”“地方法制建设中的立法问题”“我国地方立法权配置的理论与实践研究”“全国人大常委会审查地方性法规的案例研究”“备案审查在地方治理中的地位和作用研究”“公共法律服务工作案例理论研究——以法律援助案例为研究视角”等30多项国家级、省部级课题，切实将理论研究成果转化为具体的立法建议和方案，为立法质量评估提供了可复制推广的经验。应当说，本书是在理论研究与法治实践共同作用下形成的成果。

本书在现有研究的基础上，以解决立法领域的实际问题和实现学术创新为出发点与落脚点，致力于构建一个将立法质量的判断标准与保障机制紧密结合的知识体系和理论框架。通过这一框架，旨在为“何为立法质量的判断标准”以及“如何保障立法质量”这两个核心问题提供系统的理论阐释和切实可行的实践路径，为推动立法质量的提升贡献理论智慧。具体而言，本书围绕立法质量核心议题，分别从立法质量的法理与评析、立法质量的规范分析与实践考察、立法质量判断标准的比较研究、立法质量的具体判断标准、立法质量判断标准的运用检视、立法质量保障机制的完善、立法质量与立法效率的有机统一共七个方面分别展开、逐层递进，系统阐述了立法质量相关理论，梳理了国内外立法质量判断标准的理念和实践演进脉络，对立法质量标准的内涵和要件进行了深入分析，并提出具有针对性的对策，以适应新时代立法工作的需求。

本书是厦门大学立法研究中心成员集体智慧的成果，具体分工如下：我负责设计写作思路与框架、进行统稿以及撰写导论部分；其余章节由佘子钰、吴丽丽、蔡荣欣、刘永胜、嵇红涛、郑俐萌、陈子剑、赵行简共同撰写。

宋方青

2025 年 3 月于厦门大学法学院